交流永磁电机
进给驱动伺服系统

赵希梅　编著

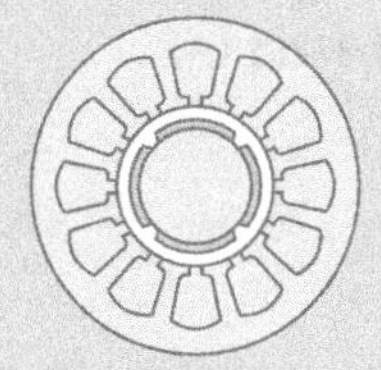

清华大学出版社
北　京

内 容 简 介

本书全面系统地阐述了现代数控机床最新采用的交流永磁同步电动机(PMSM 和 PMLSM)进给驱动伺服系统。第 1～6 章概括介绍了伺服系统的一些基本概念,系统的结构、组成及分类,重点介绍了 PMSM 本体的基本结构、系统的工作原理、各主要环节的设计等相关内容。第 7 章指出了 PMSM(PMLSM)伺服系统有别于其他类系统的一些特殊问题。第 8 章对 PMSM 电气闭环伺服系统的稳定性与快速性进行了时域和频域分析,并对三阶和多轴系统增益进行了性能设计,继而对与其相连接的机械传动部件的特性作了相应介绍。第 9 章介绍了新一代 PC 数控系统,其中包括数控加工轨迹的插补原理及方法；着重介绍了实现轨迹控制原理及方法；以及在高速高精度轨迹控制中的高级方法,如前瞻控制、jerk 限制等。在附录中,初步介绍了 jerk 的力学定义及在国内外的研发、应用情况。

本书可作为高等院校电气工程、自动化、电力电子与电力传动、机械工程等专业的研究生和高年级本科生的教学用书或参考书,也特别适合从事电机驱动控制、数控等工程技术人员研发设计时参考。

图书在版编目(CIP)数据

交流永磁电机进给驱动伺服系统/赵希梅编著.—北京：清华大学出版社,2017(2022.8 重印)
ISBN 978-7-302-48793-7

Ⅰ.①交… Ⅱ.①赵… Ⅲ.①永磁式电机—交流电机—伺服系统 Ⅳ.①TM351.12

中国版本图书馆 CIP 数据核字(2017)第 272623 号

责任编辑:冯 昕
封面设计:傅瑞学
责任校对:刘玉霞
责任印制:曹婉颖

出版发行:清华大学出版社
网　　址:http://www.tup.com.cn,http://www.wqbook.com
地　　址:北京清华大学学研大厦 A 座　　**邮　　编**:100084
社 总 机:010-83470000　　**邮　　购**:010-62786544
投稿与读者服务:010-62776969,c-service@tup.tsinghua.edu.cn
质量反馈:010-62772015,zhiliang@tup.tsinghua.edu.cn
印 装 者:涿州市京南印刷厂
经　　销:全国新华书店
开　　本:185mm×260mm　　**印　　张**:14　　**字　　数**:340 千字
版　　次:2017 年 11 月第 1 版　　**印　　次**:2022 年 8 月第 2 次印刷
定　　价:42.00 元

产品编号:077154-01

前言

FOREWORD

现代数控机床是集当今各个领域高新技术于一体的工作母机，它是一个国家综合国力的衡量与象征，成为国家的一项重要战略物资。而其中的进给驱动伺服系统又是数控机床关键的组成部分之一，它对数控机床的加工精度、生产效率具有决定性的影响。而且它本身也涉及许多技术领域，虽经过半个多世纪的发展、几代的更替，但在理论上和实践方面仍有许多问题还在继续深入探讨中。本书结合当前国内外的相关文献，特别是书后所列参考文献[1-6]，根据作者本人在教学与科研活动中的经验总结和学习体会，编写此书用于教学，并希望在出版后与读者交流，提高本人的认识水平，能为中国早日成为制造强国作微薄贡献。

在当前，进给系统中所采用的电气执行元件虽有多种，并且各具特点，都找到了最适于其应用的场合，但综观当前与未来发展来看，唯有 PMSM(包括 PMLSM)以其优良的伺服性能而成为首选。

本书在选材上，首先注意到了进给驱动伺服系统的完整性。过去往往专注于进给系统电气驱动部分的讲述，而忽略了进给系统中的机械传动部件的特性分析、设计、选用以及对前级电气驱动部分的影响。本书学习了文献[1,3]的做法，完善了整个进给装置的电气驱动-机械传动过程的统一描述。其次，也是更重要的一点，在选材上特别注意内容的先进性与前瞻性。文献[2]站在当前 PC 数控系统最新发展的基础上，把数控加工原理的本质概括为“分解与合成”。本书讲述进给驱动系统，应该交代坐标运动控制系统位置指令的由来，不准备讨论各种插补算法，但对插补器的输出作为位置进给坐标运动系统的输入指令还是需要了解的。所以，本书对轨迹插补，特别是有关轨迹控制的原理、实现方法的相关内容以及提高轨迹精度的各种方法，特别是前瞻控制等高级控制方法、限制与控制 jerk 等都做了较详细的介绍。文献[4,15]对 PMSM 与 PMLSM 的具体结构、工作原理、齿槽及谐波扰动等问题做了详细介绍，文献[5,6,8,11-14]等所述相关内容对本书亦有很多的裨益，书后各篇重要刊物上发表的学术论文所提供的思想都对本书有很大的启发。在此，非常感谢国内著名的数控专家、学者、前辈们所出版的著作对本书所作出的贡献和沈阳机床集团专家们的鼓励和支持。

最后，感谢郭庆鼎教授对本书提出了许多宝贵的修改意见，纠正了许多失当之处，对此作者铭记在心。同时还要感谢赵久威硕士在查找资料、绘制图形、打字修改等诸多方面所给予的帮助。

由于本人水平有限，临近付梓之时，心绪难诉，深感“纸上得来终觉浅，绝知此事要躬行”。由于本人缺乏数控工程方面的实践，书中谬误之处在所难免，恳请各位专家、学者不吝赐教，也望诸位用书的读者指正。

作　者

2017 年 7 月于沈阳

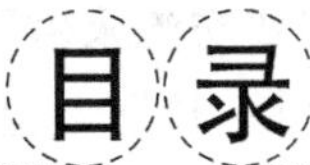

目录

CONTENTS

第1章 伺服系统概述

随着微电子技术、电力电子技术、计算机技术、自动控制技术、新材料技术和新工艺的不断进步,伺服技术的发展已经达到了相当高的水平。

伺服系统应用无所不在,遍及各个领域。例如,绕地飞行的卫星,地面飞驰的高铁与电动汽车,海上游弋的邮轮与舰艇,探索宇宙深处星体的天文射电望远镜巨型天线,工业上的数控机床与机器人,生活产品 DVD 影碟机,办公室自动化设备,等等。可以说,没有伺服系统,就没有现代化。

1.1 伺服系统的基本概念

1.1.1 伺服系统的定义

在自动控制系统中,被控对象的输出量能够以一定的速度和足够的精度跟踪输入量的变化且复现输入量的系统,称为随动系统,亦叫伺服系统。被控制量可能是气体或液体的压力、流速、流量或温度等过程控制变量;但在大多数情况下,所指的伺服系统是指被控对象是机械(或机构)运动体的位置、速度、加速度乃至加加速度(jerk)的控制系统,这种由动力及传感器所组成的负反馈系统称为伺服机构,即伺服系统。

1.1.2 伺服系统发展回顾

"伺服"一词是英文 Servo 的音译,它源于拉丁文 Servus,意为奴隶之意。众所周知,在奴隶社会中,奴隶必须无条件地服从主人的命令,从事繁重的体力劳动。从这里可以体会到"伺服"一词的寓意。后来,随着经济技术的发展,人们就把这个社会学中的名词引申到工程技术领域中,用于控制被驱使机械的运动。1866 年,英国工程师罗伯特·怀特黑德(Robert Whitehead)发明了鱼雷,第一次用压缩空气做动力驱动鱼雷在水下运动,并击中水上目标。1868 年,法国工程师法尔科(J. Farcot)发明了反馈调节器,并把它与蒸汽机阀连接起来,操作蒸汽船的船舵,并称之为伺服机构(servo-mechanism)。在总结前人的经验基础上,美国黑曾(H. Hazen)于 1934 年发表了《关于伺服机构理论》的论文,促进了经典控制理论的诞生。

第二次世界大战后不久,美国空军面临着研发飞机的任务,委托巴森兹公司与麻省理工学院(MIT)的伺服机构研究所，在1951年研发出三坐标数控铣床，用于加工复杂的飞机叶片。

1952年巴森兹公司的福雷斯特(J. W. Forrester)等4人向美国专利局申请了“数控伺服机构”的专利，历经10年的考核，终于在1962年得到批准，这件事震动了当时国内外的数控界。“伺服机构”专利重要性由此可见一斑。

此后，由于经济发展和国防、空间技术的需要，伺服技术得到突飞猛进的发展，新产品层出不穷，理论越来越成熟，尤其是日本和德国在数控机床方面的制造和应用达到了国际领先水平。

1.1.3 伺服系统的组成

伺服系统有各种应用场合，其系统的组成环节各异。但是伺服系统作为一种自动控制系统，都有大致相同的结构和组成环节，如图1-1所示，它表示的是一般化的伺服控制系统的各功能环节及其组成的系统原理图。

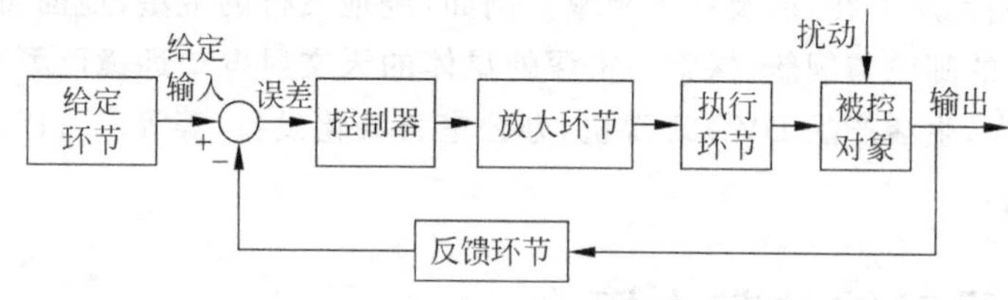

图1-1 伺服系统的一般结构

(1) 给定环节：产生给定的输入信号；

(2) 反馈环节：对系统输出(被控制量)进行测量，将它转换成反馈信号；

(3) 比较环节：将给定的输入信号与反馈信号加以比较，产生误差信号，常以○表示；

(4) 控制器(调节器)：根据误差信号，按一定规律，产生相应的控制信号，控制器是自动控制系统实现控制的核心部分；

(5) 放大环节：控制器输出的控制信号能量不足以直接激励执行环节动作，放大环节可经由能源提供出足够的功率；

(6) 执行环节(执行机构)：控制信号获得功率放大后，激励被控对象使其被控量产生变化；

(7) 被控对象：控制系统所要控制的设备或生产过程，它的输出就是被控量；

(8) 扰动：除给定输入信号外，能使被控量偏离给定输入信号所要求值或规律的来自系统内部或外部的一种与给定输入信号要求相左的物理量。

1.2 对伺服系统的基本要求

一般来说，可根据各种形式的被控变量，例如蒸汽流量、液面的高度或温度等变量构成伺服系统；但实际上，在绝大多数情况下，非常重要的伺服机构都是机电式的，因为伺服机构的重要目的是用电动机和齿轮箱(机械变速箱)来确定受控物体的位置，所以伺服机构就是伺服系统，又称为随动系统。大多数书中所称的伺服系统多是针对这种伺服系统而言的。

各类伺服系统广泛应用于工业、国防武器、空间技术和科学实验中。由于被控对象不同，工作要求不同，对伺服的具体要求也千差万别，要针对具体情况，具体对待。但是，对伺服来讲，普遍存在着一些共同的要求。为了说明这些普遍的要求，需要充分认识伺服系统的输入输出过程。

1.2.1　稳定性好

稳定是指伺服系统在给定输入或外界干扰作用下，经由短暂调节过程后，系统的输出量到达一个新的或者恢复到原来的平衡状态。

实际系统中存在电感与电容，而电感中的电流、电容上的电压不能跃变；运动体存在机械质量，而有较大的机械惯性；电源所能提供的功率也是有限的。由于系统存在这样的电磁和机械惯性，在有限的功率驱动下，输出量在给定信号或干扰信号作用之后不可能瞬间达到给定信号的期望值，抑制干扰信号也需要经过一个短暂的调节过程，才能使输出达到新的或恢复到原来的平衡状态，这一动态过程亦叫过渡过程或动态特性。被控量的动态过程较全面地反映出系统的控制品质。图 1-2 表示系统几种输出信号的动态过程曲线。

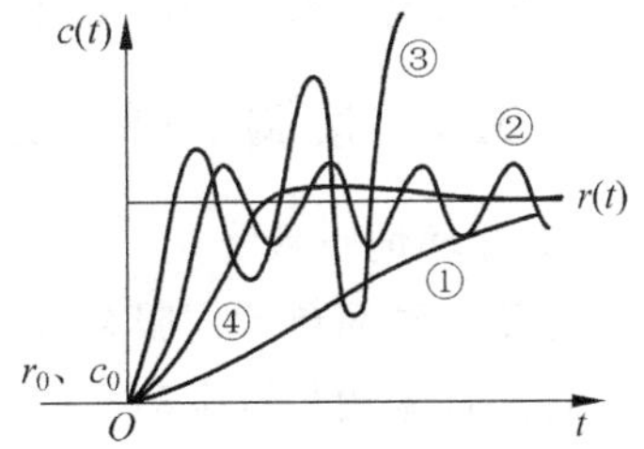

图 1-2　系统的动态过程

由上述分析可知，稳定性反映了动态过程的振荡倾向和系统重新恢复平衡工作状态的能力。

如果系统受到扰动后偏离了原工作状态，而控制装置再也不能使系统恢复到原状态，并且越来越偏离原状态，或当指令改变时，控制装置再也无法使被控对象跟踪指令运行，并且误差越来越大，如图 1-2 中的过程③所示，这样的系统就称为不稳定系统。不稳定系统完全由该系统的结构和参数所决定，是系统的本质特性，与外界输入信号无关。系统稳定是系统工作的前提条件。不但要求控制系统稳定，而且要求系统具有一定的稳定裕量，即相当的抗扰动能力或称鲁棒性。

1.2.2　动态特性快速精准

动态特性反应在动态过程中，对给定信号的响应，要快速并且振荡强弱有度，上升平稳均匀。如果过程持续时间长，将使系统长久地出现较大偏差，也说明了系统响应迟钝，难以复现快速变化的指令信号，如图 1-2 的过程①所示。

稳定性和快速性的性能要求，在过渡过程中往往是矛盾的，要求既快又稳，则被控制量与给定量的偏差小，偏差存在的时间短，即系统的动态精度高，如图 1-2 中的过程④所示。

1.2.3　稳态特性平稳无差

跟随给定信号的过渡过程的结束到达一个新的平衡状态后，或者系统受扰动重新恢复平衡之后，最终保持的精度，反映了动态过程结束后的稳态特性。对稳态特性的要求主要是被控量与给定量的偏差越小越好，理想情况下偏差为零。

由于控制对象与控制目的不同，因而对系统的动态特性、稳态特性要求也不相同。例如，随动系统主要用于跟踪控制，对快速性要求相对较高，而对机器人控制系统则不允许产生振荡而又要求有较高的轨迹控制精度；对数控机床驱动，则要动、静态误差更小，精度更高。

对于同一个伺服系统，要求它首先要具有较充分的稳定性、动态特性和稳态特性。快、稳、准三个要求是相互制约的，往往产生矛盾。如提高快速性，将导致系统的振荡增强；改善系统的相对稳定性，就可能使系统反应迟钝，延长动态过程；提高稳态精度，就可能引起系统动态性能改变(过渡过程时间及振荡性甚至导致不稳定)。在具体设计时，要满足控制对象的主要要求，兼顾其他性能，折中处理，但首先要确保系统是稳定的。

1.3 伺服系统的分类

伺服系统可按不同原则进行分类。

1.3.1 按调节理论分类

1) 开环伺服系统

这是一种简单的伺服系统，没有被控系统输出量的检测与反馈。最典型的开环系统就是执行元件采用步进电动机的伺服系统。这种系统的信息流是单方向指向的，每给一个脉冲信号，步进电动机就转动一个角度，而这个旋转角度值不再反馈到输入端，即输出量不参与输入端对系统的控制。开环伺服系统因其结构简易、成本低廉的特点，应用领域广阔。

2) 闭环伺服系统

闭环伺服系统具有输出量的检测装置，把输出量检测后反馈到系统的输入端，与输入信号进行比较，得到差值，经过放大和变换后驱动执行元件向减小误差的方向变化，直到误差等于零为止。在这类系统中，控制信号不但由给定信号决定，而且也由最终输出信号参与控制，这样就共同决定了最终的输出量，精度显著提高。但也应该看到，如果闭环系统内各个环节的参数匹配不好，将会引起系统振荡，甚至使稳定性受到破坏。一般来说，闭环伺服系统控制性能好，但调试复杂，成本相对也高，适用于高性能要求的应用场合。

3) 半闭环伺服系统

半闭环系统主要用在系统最终输出量不易测量的场合。而选择在最终输出量之前的某一个适当的位置上取得反馈信号，但要求这个反馈信号与最终的输出信号间具有简单的对应关系。与开环系统相比，它具有反馈通道，提高了伺服系统的性能。半闭环系统也存在着稳定性问题，因为它本质上也是一个闭环的系统，只是没有在系统最终的输出量上取负反馈而构成闭环。这类系统的性能介于开环和闭环系统之间。性能没有闭环系统高，调试却比闭环系统方便，因而广泛应用。

半闭环伺服系统不能补偿半闭环点到最终输出量处之间的传递误差，这段是开环的，未被闭环所包围。

1.3.2 按使用执行元件分类

在伺服技术发展的不同时期，先后出现了不同的伺服系统。

(1) 气压伺服系统：最初以压缩空气为动力推动水中负载(鱼雷螺旋桨)。

(2) 电-气伺服系统：系统的误差检测与前级放大部分用的是电气技术，而执行元件是气动的。

(3) 电液伺服系统：系统的误差测量与前级放大部分是电气的，而系统的功率放大与执行元件是液压的。

(4) 液压伺服系统：系统的误差测量与放大执行全是由液压元件完成的系统。

(5) 电动伺服系统：组成系统的元件除了机械部件外，均是电磁电子元件，而执行元件是各种类型的电动机。根据执行元件所采用的电机类别又可分为直流伺服系统和交流伺服系统。

① 直流伺服系统的执行元件为直流伺服电动机或无刷直流伺服电动机。

② 交流伺服系统的执行元件为各种交流伺服电动机，其中又细分为感应电机交流伺服系统和同步电机交流伺服系统，按电机的运动型式又可分为由旋转型执行元件和直线运动型执行元件所构成的交流伺服系统。当今性能最好、应用最广的执行元件是交流永磁同步电动机和交流永磁直线同步电动机，本书将主要对由这两种型式的执行元件构成的伺服系统做详细介绍。

1.3.3　按系统信号特点分类

(1) 连续伺服系统：系统传递的电信号都是时间的连续函数，而不是离散的，称该系统为连续伺服系统。

(2) 数字伺服系统：系统中至少有一处传递的电信号是时间断续的、离散的脉冲数字信号，则称为数字伺服系统，又称为采样系统或离散伺服系统。

1.3.4　按系统部件输入-输出特性不同分类

(1) 线性伺服系统：系统各部件的输入-输出特性在正常的工作范围内是线性关系。描述这种系统运动的微分方程是线性微分方程，如方程的系数是常数，则称为定常线性伺服系统，如系数不是常数而是时间的函数，则称为变系数线性伺服系统。

(2) 非线性伺服系统：系统中含有输入-输出特性的是非线性部件，描述这种系统特性是非线性微分方程，对非线性系统的处理比较困难。

严格地讲，任何实际的伺服系统都具有一定非线性因素存在，因为该系统的元部件总是存在一定的死区和饱和现象。

1.4　伺服系统的发展历程

伺服系统的发展经历了由液压到电动的过程。电动伺服系统的发展与伺服电动机的发展密不可分，作为执行元件的伺服电动机在很大程度上决定了整个伺服系统的性能优劣，因为整个伺服系统的电磁惯性与机械惯性主要由伺服电机所决定。伺服电机至今已有半个多世纪的发展历史，主要经历了三个阶段。

1) 第一阶段(20 世纪 60 年代之前)

这个阶段是以步进电机驱动的液压伺服马达或以功率步进电动机直接驱动为中心的步进电机时代，是液压伺服系统的全盛时期。整个系统为开环系统。液压伺服系统具有巨大的扭矩，控制简单，可靠性高，在整个速度范围内保持恒转矩输出，主要应用在重型设备和一些关键设备场合。它的主要缺点是需要清洁的液压源，易污染环境，效率低，维护麻烦。

2) 第二阶段(20 世纪 60—70 年代)

这一时期是直流伺服电机诞生到全盛的发展时代。由于直流电动机具有十分优良的调速性能,特别是大惯量直流电动机在很多高性能的驱动装置中都有应用,从发展主流上看,整个伺服系统也由步进电机的开环控制转变成直流伺服电机闭环控制系统。但是,直流伺服电动机存在机械换向器,使其结构复杂,维护工作麻烦,重载高速运行时整流器容易产生火花,在工作中转子也容易发热,影响到与之相连接的机械设备的精度,难以应用在高速大容量场合。虽几经努力改进,但最终机械整流器的缺点扼住了其发展与应用势头,难逃被淘汰的命运。

3) 第三阶段(20 世纪 80 年代至今)

由于伺服电机结构及永磁材料、半导体功率器件技术、控制技术的发展,出现了无刷直流伺服电机(方波电流驱动)、交流伺服电动机(正弦波电流驱动)、矢量控制感应电机、永磁同步电机等新型驱动形式。尤其 80 年代以后,矢量控制技术更加成熟,极大地推动了交流伺服驱动技术的发展,达到了使交流伺服系统的性能与直流伺服系统相媲美的水平,有的性能指标,甚至前者超过了后者。交流电机克服了直流电机的固有缺点——需要机械换向器和电刷,具有强的过载能力,而转动惯量又大为降低,为伺服系统性能的提高创造了前提。

1.5 交流伺服系统的组成

交流伺服系统构成原理图如图 1-3 所示。

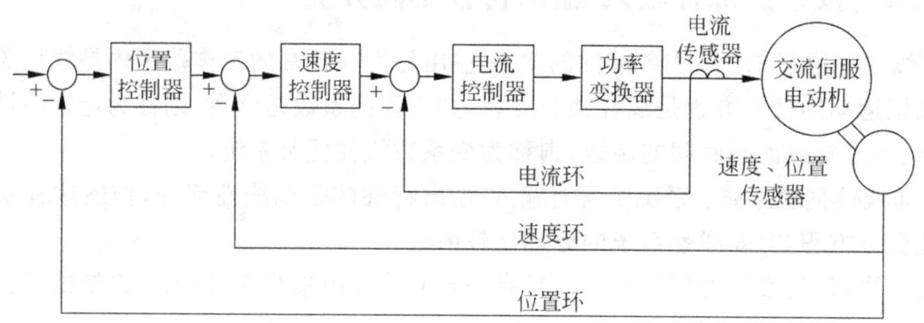

图 1-3 交流伺服系统原理图

该系统的组成有执行元件交流伺服电动机,功率变换器,电流、速度、位置传感器与相应的位置、速度、电流控制器以及它们组成的控制三个变量的三个闭环。系统的控制作用简述如下:

电流环与速度环为内环(局部环)、位置环为外环(主环)。其中,电流环的作用是使流过电机绕组的交流电流实时、准确地在幅值、频率和相位上跟踪电流指令,限制电枢电流以免其在动态过程中超过允许的最大值,使系统具有所允许的恒定的最大加(减)速转矩,尽量提高系统的快速性。速度环的作用是尽量按速度给定指令的速度运动,增强系统抗负载扰动能力,抑制运行速度波动,以要求的速度尽早到达指令位置。

位置环的作用是保证系统位置静态精度和动态跟踪性能,这也是采用位置环最直接的目的。

1.5.1　交流伺服电动机

交流伺服电动机分为三相永磁同步电动机(PMSM)和三相感应电动机(IM)。其中在伺服系统中性能最好、应用最广的是正弦电流控制型的三相永磁同步伺服电动机。

这两种交流伺服电动机的特点如下。

1. 永磁同步型交流伺服电动机

(1) 正弦波电流控制型转矩脉动小,低速运行平稳,但控制上稍为复杂一点;而方波电流型控制上简单,但输出力矩较正弦波电流型的稍大,转矩波动也较大,在低速时表现尤甚。

(2) 采用稀土永磁体励磁,提高了功率密度。

(3) 采用电子换向,不需要维护,散热好,惯量小,能对电流相位进行精细调节,形成了良好的正弦性。

(4) 弱磁控制困难,不易实现恒功率运行。

(5) 要防止定子绕组电流过大,可能导致转子永磁体失磁。

2. 感应型交流伺服电动机

(1) 采用磁场定向控制,可得到类似于直流伺服电动机的控制效果。

(2) 需要无功励磁电流,增加了电机的损耗。

(3) 较容易实现弱磁控制,适合高速及恒功率负载驱动。

(4) 结构简单、坚固、价格低廉、适应大功率应用。

(5) 控制技术复杂,转子参数易受温升影响。

1.5.2　功率放大变换器

交流伺服系统功率放大变换器的主要功能作用是为伺服系统提供足够的动力以驱动机械负载按所要求的规律运动。首先要通过由功率二极管组成的三相桥式整流器将电网的三相 50Hz 交流电转换为直流电。为保证整流器件安全和输出电压平稳,需要加设缓冲电路,以抑制尖峰电压与电流。在直流电压输出端,连接滤波电容和电阻及相应的开关,以获得稳定平稳的直流电压。功率放大变换器的主电路包括逆变电路和大功率开关管驱动电路。

逆变电路的功能是将稳定平滑的直流电转变成幅值、频率及相位均可调控的三相交流电,输送到电动机的定子绕组中。对逆变电路而言,必须有运算电路、PWM 发生电路、检测信号电路、保护电路等,用于对功率主电路实行控制及安全保护。逆变部分是功率放大变换器的核心部分。

大功率开关管驱动电路直接与开关逆变电路相连,是弱电与强电间连接的桥梁,其性能优劣对安全逆变至关重要。

如果为了减小这部分主电路的体积,对于小功率的应用场合,可以采用智能功率模块,它集成了逆变元件、驱动器及相应的保护电路等部分。

1.5.3　传感器

在交流伺服系统中,要求对交流伺服电动机定子绕组电流以及对转子的运动速度与位置信号进行实时检测。经过信号变换后,构成电流环、速度环与位置环,必须有相应的传感器及其信号变换电路。电流传感器通常采用主电路纯电阻隔离检测式或者霍尔电流传感器。构成电流闭环的方法有两种:一种是用检测出的交流电流直接反馈组成闭环;另一种是把三相交流电流通过坐标变换方法变换成正交双轴上的电流矢量之后再闭环。

速度和位置的检测可以通过采用增量式（或绝对式）光电编码器和无刷旋转变压器来实现。

1.5.4 控制器

交流伺服系统在不同的应用场合，对控制性能有不同的要求，因而，在实际应用中，交流伺服电动机有不同的控制形式。从被控制量来说主要有转矩控制/电流控制、速度控制和位置控制。

1. 转矩控制/电流控制与电流控制器

有些负载，例如螺栓拧紧机构，只要求电机提供必要的紧固力，并根据所需紧固力的大小来决定伺服电机的转矩和转矩限制，而对伺服电机的速度和位置没有要求。在这种场合，就应该采用转矩/电流控制形式。此外在伺服电机系统中，电机永磁转子的磁极位置由轴上的位置传感器测量出来，并以此信号作为定子电流控制的依据（即作为参考方向），从而实现磁场和电流的正交控制。在这种情况下，交流伺服电动机所产生的电磁转矩与电枢电流成正比，故转矩控制实际上也就是电流控制。实现这种控制的单元，就称为电流控制器。

电流控制器的作用就是控制绕组电流，是三环控制系统的最内环。对其外环的速度控制抑或位置控制，它都是至关重要的环节，因为无论是速度控制抑或位置控制，最终都得转换为先控制电流，而后逐次实现对速度和位置的控制。因此，要求电流控制器适应电流变化快速的特点，既能满足电流指令在形式上的要求，又要简易便于实现，确保电力半导体器件的安全。

对电流控制器，要求绕组电流安全、实时、快速、准确地跟踪指令电流的变化，精确地控制电磁转矩。该控制器通常用 PI 控制规律，也可以采用滞环控制方式。小时间常数是该控制器的特点。

2. 速度控制与速度控制器

速度控制器的作用是保证电机的转速和速度指令值相一致，消除负载扰动等因素对电机速度的影响。速度指令值与电机的速度反馈相比较，其差值通过速度控制器直接产生电枢电流指令，控制电机的加减速。就控制规律而言，该控制器一般是 PI 方式，也可以采用其他控制方式。速度控制器具有较大时间常数，它主要反映了电机转子和轴上机械负载的惯性，但对电磁惯性也有一定的反映，它的时间过程要比电流控制器慢得多。

3. 位置控制与位置控制器

位置控制器是利用其输出作为伺服电机的速度指令，并使电机带动负载准确跟踪复现位置指令变化规律，或精确定位在某一位置上。利用位置大偏差产生最大速度指令，使电机以最大加速度加速到最大速度后，以该速度恒速运行；在位置小偏差区域，便产生逐渐递减的速度指令，使电机减速运行，直至最终定位。在许多应用场合，为避免出现位置超调，位置控制器通常设计成单纯的比例（P）型控制器。为提高位置稳态精度，希望位置控制器具有较高的增益，但过高的增益也容易引起不稳定，这是应该注意的。另外，有时为了实现对位置的及时跟踪，位置控制还可以增设前馈控制环节。位置控制器虽然用比例控制器，但由于位置是速度的积累过程，所以位置是受到速度控制器制约的。由此可见，要想得到优良的外环控制，必须首先做好内环控制。

图 1-1 表示了伺服系统的一般结构方框图，图 1-3 表示的是以交流伺服电动机为执行元件的交流伺服系统原理图，比图 1-1 中所指的内容具体了很多，而图 1-4 则是包括数控机床的机械传动部件在内的整个进给驱动的伺服系统结构的方框图。总的看来，在前述图 1-1 和图 1-3 的基础上，伺服电机的输出轴端与其相配套的机械传动部件相连，从而驱动切削刀具运动或工件运动。

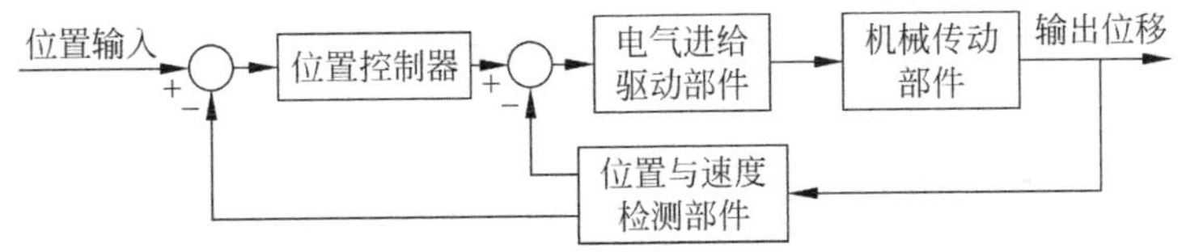

图 1-4　数控机床的进给驱动伺服系统结构方框图

由图 1-4 可知，该系统装置的任务就是把位置输入控制指令转换成数控机床刀架或工件滑板的直线移动或旋转运动。伺服电机轴输出的是旋转运动，正是机械传动部件把伺服电机轴旋转运动变成工具或工件的移动或旋转运动。这个过程的运动一般都是降速的，因而在变换运动形式的同时，力矩或力是增大的。常用的机械传动部件包括引导和支承执行部件的导轨、丝杠螺母副、齿轮齿条副、蜗杆蜗轮副、同步齿形带等，但其中应用最多的还是滚珠丝杠副。

1.6　伺服系统的典型输入信号

首先阐述为什么要研究典型测试信号：

(1) 实际伺服系统在工作中，可能遇到各种不同的输入信号，而这些信号的变化规律完全是不确定的，往往不可能以解析方法表达。例如，火炮跟随系统在跟踪打击目标敌机的过程中，火炮操作者根本不可能事先确定飞机的飞行轨迹，火炮伺服系统的输入信号就是一个变化多端的复杂未知信号。

(2) 另外，伺服系统的性能不但与被控对象的特性相关，同时也与输入信号有关。输入信号通过对象与控制器组成的闭环系统得到输出被控量，研究输入信号的形式是很重要的。

(3) 在选择控制方案、设计与分析各种伺服控制系统的性能时，需要相互对比其性能优劣，这就需要有一个比较的基准作为参考，而且根据伺服控制对象的需要，选择同一类型的输入信号才能作出比较与判断。

(4) 实际的输入信号往往是一种或多种典型信号的组合。典型信号是可以用解析方法表达的时间函数，尽管与实际输入信号有一定的差别，但在输出性能的主要方面可以得到与实际系统相一致的结果。

综合各方面的情况来看，研究典型的输入信号，并以此作为测试信号是特别有意义的。

典型的输入信号有如下几种。

1) 阶跃输入函数(step input function)

阶跃信号表示输入量的一种瞬变，如图 1-5 所示。其数学表达式为

$$r(t)=R\cdot u(t)=\begin{cases}R, & t\geqslant 0\\ 0, & t<0\end{cases}$$

式中：R——恒值；

$u(t)$——单位阶跃函数。当 $R=1$ 时，也可用 $1(t)$ 表示单位阶跃函数。

当起始时刻为 $t_0=\tau$ 时的单位阶跃函数如图 1-6 所示，其数学表达为

$$r(t)=u(t-\tau)=\begin{cases}1, & t\geqslant\tau\\0, & t<\tau\end{cases}$$

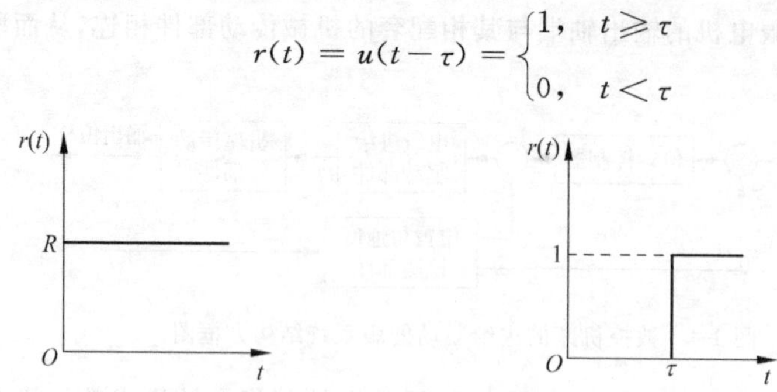

图 1-5 阶跃输入函数　　图 1-6 当 $t_0=\tau$ 时的单位阶跃输入函数

由分析可知，阶跃函数占有很宽的频带。阶跃作用等价于频域内无限多个正弦信号的合成结果。在实际伺服系统中，相当于在伺服电机轴上突然加上或卸去负载，这是突发载荷变化，是对电机最不利的工作情况。对于突加给定输入信号，要求电机输出能够瞬时跟踪上，这也是一种最不利的工况。可以通过考察该工况下系统的反应情况来考核系统对突发启动的响应能力。

2）斜坡（速度）输入函数（ramp input function）

斜坡函数表示一个匀速信号，该信号对时间 t 的变化率是一个常数。斜坡函数等于阶跃函数对 t 的积分，如图 1-7 所示。它可用来检测系统匀速运动的性能，斜坡函数的数学表达式为

$$r(t)=R\cdot t\cdot u(t)=\begin{cases}R\cdot t, & t\geqslant 0\\0, & t<0\end{cases}$$

式中：R——恒值；

$t\cdot u(t)$——单位速度函数。

3）抛物线（加速度）输入函数（parabolic input function）

抛物线输入函数表示匀加速信号，由速度输入函数对 t 的积分而得，如图 1-8 所示。加速度输入函数的数学表达式为

$$r(t)=\frac{1}{2}R\cdot t^2\cdot u(t)=\begin{cases}\frac{1}{2}R\cdot t^2, & t\geqslant 0\\0, & t<0\end{cases}$$

式中：R——恒值；

$R\cdot t^2\cdot u(t)$——单位加速度函数。

从阶跃输入函数到速度函数再到加速度函数，它们相对时间 t 的变化逐次加快。在实际系统中，很少采用比抛物线函数更快的输入函数。

4）脉冲输入函数（pulse input function）

实际的脉冲输入函数如图 1-9 所示。数学表达式为

$$r(t)=\begin{cases}\frac{A}{h}, & 0\leqslant t\leqslant h\\0, & t<0,t>h\end{cases}$$

式中：h——脉冲宽度，应极小，一般工程上要求 $h<0.1T$，T 为系统的时间常数；

A——恒值。当 $A=1$，$h\to 0$，称为理想单位脉冲，其表达式为

$$r(t)=\delta(t)=\begin{cases}\infty, & t=0\\ 0, & t\neq 0\end{cases}$$

$$\int_{-\infty}^{0}\delta(t)\,\mathrm{d}t=1$$

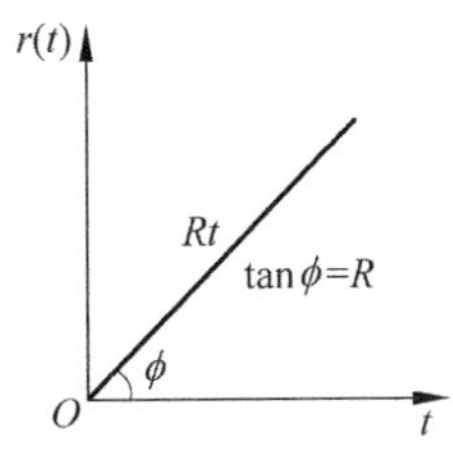

图 1-7　斜坡输入函数

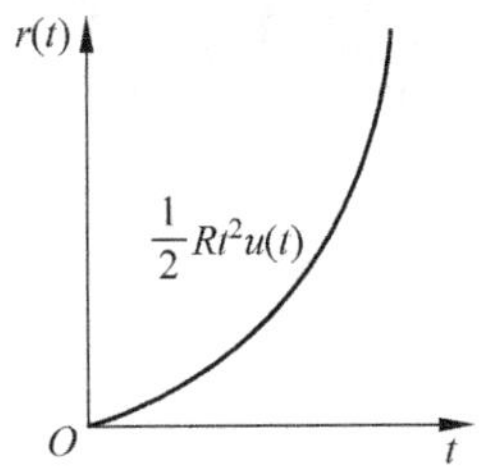

图 1-8　抛物线输入函数

单位脉冲可看作是单位阶跃函数的导数，$r(t)$只在 $t=0$ 时有突跳，所以 $r(t)$在 $t=0$ 时的导数为∞，而在其他处皆为零。

5）正弦输入函数

正弦输入函数如图 1-10 所示，其数学表达式为

$$r(t)=A\sin(\omega t+\varphi)$$

式中：A——振幅；

φ——相位移；

ω——振荡角频率。

正弦函数容易获得，因而十分有用。若求得系统对所有频率的正弦函数的响应特性，则可准确地确定整个系统的特性。

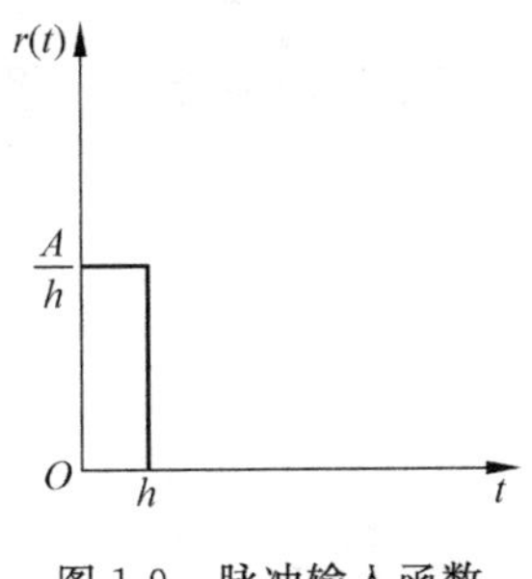

图 1-9　脉冲输入函数

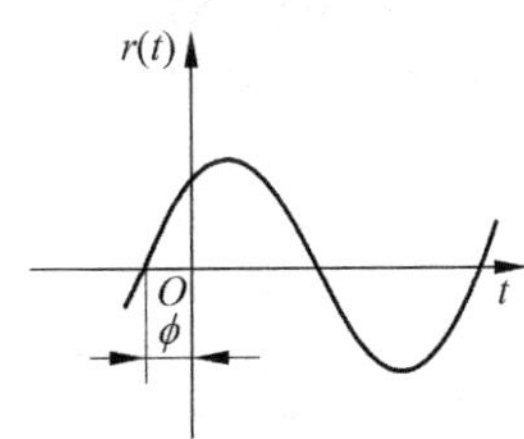

图 1-10　正弦输入函数

6）加加速度函数(jerk function)

由于这是一个较少讨论的物理量，它的意义还没有得到广泛的认识，这里只是提出来供进一步讨论，但在机械工程或机械加工中已获得了应用。实际上，加加速度(也称为急动度)函数就是加速度对时间的变化率，定义为$\frac{\mathrm{d}a}{\mathrm{d}t}=\dot{a}$，记为 $j=\dot{a}$ 或$\dot{a}=jerk$。关于急动度的详细讨论将在附录中给出。

第 2 章

旋转式永磁同步伺服电机(PMSM)控制系统

近年来,随着永磁材料技术的进步和成本的逐渐降低,永磁同步伺服电动机以其优良的伺服性能,逐渐占据了电动伺服系统执行元件的主导地位,广泛应用于各个领域。

2.1 旋转式永磁同步伺服电机控制系统的组成

旋转式永磁同步伺服电机(PMSM)控制系统的组成如图 2-1 所示。系统的基本结构部件有:

执行元件——旋转式永磁同步伺服电机;

功率放大变换器——电压型脉宽调制(PWM)逆变器;

检测元件——电流传感器,速度传感器、位置传感器、磁极位置传感器三者通常共用一个传感器;

控制器——电流控制器、速度控制器、位置控制器,三个控制器分别与相应的三个传感器构成电流环、速度环与位置环。

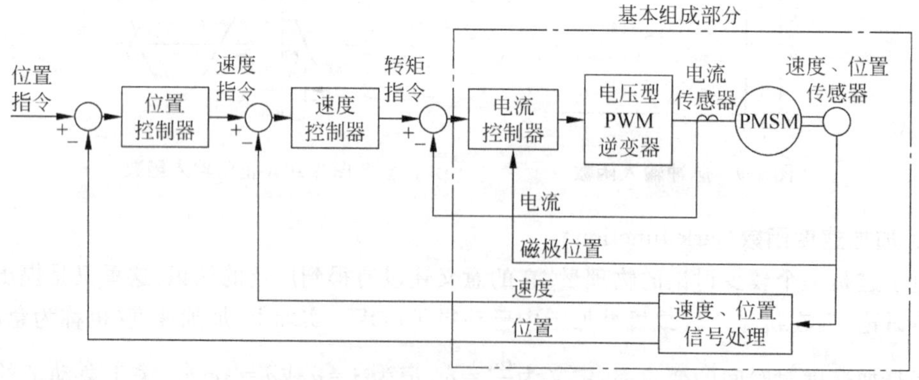

图 2-1 旋转式永磁同步伺服电机控制系统的组成

2.2　旋转式永磁同步伺服电机的结构与基本工作原理

旋转式永磁同步电动机用永磁体代替了电励磁，从而省去了转子上的励磁线圈、滑环与电刷，其定子电枢与电励磁同步电机基本相同，定子中通以正弦对称三相交流电，故称为永磁同步电机。

旋转式永磁同步电机是由定子、转子和其间的气隙三大部分组成，如图 2-2 所示。

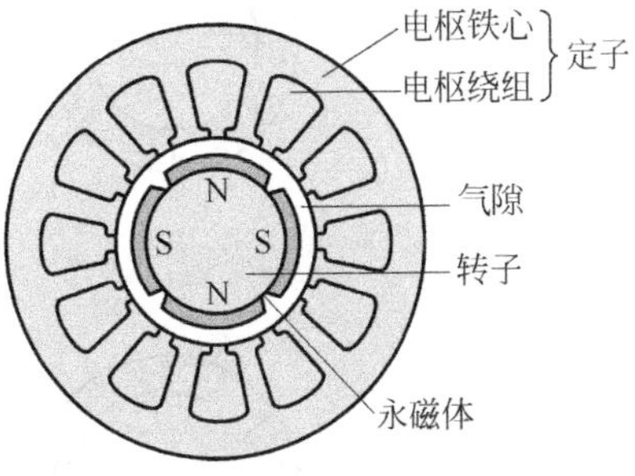

图 2-2　旋转式永磁同步电动机定、转子结构示意图

定子部分主要由电枢铁心和三相对称电枢绕组组成，电枢绕组嵌放在铁心槽中。

转子部分主要由转轴、导磁轭和永磁体组成。永磁体贴紧磁轭，导磁轭为圆筒形，套在轴上。

气隙部分：定子与转子之间为电机的气隙部分，为转子在定子内的旋转运动提供足够的空间。气隙部分的长短、形状对电机的电磁性能与力学性能有重要影响，是非常重要的一部分结构，许多电磁过程和参数都发生在这一区域。

一般的旋转式永磁同步电动机虽然效率较高，广为应用，但还不能作为伺服电机用，因为在有些情况下可能存在“失步”问题。一旦发生“失步”现象，就不能很好地实现伺服功能。为此还需要在上面的旋转式永磁同步电机的本体上进行改造，即在转子同轴上连接位置、速度传感器，用于检测转子永磁体磁极相对于定子绕组电流形成的磁通势（相当于电枢磁极）的位置与转子速度。

当永磁同步电机的定子绕组中通过对称的三相电流时，定子将产生一个以同步转速旋转的旋转磁场。在稳态情况下，转子的转速亦为恒定的同步转速。于是，定子旋转磁场与转子永磁体所产生的主极磁场保持相对静止。它们之间相互作用，产生电磁转矩，驱动转子旋转，进行机电能量转换，实现了电能到机械能量的变换。当负载变化的时候，转子的瞬时转速就会发生变化，这时，如果在转子轴上设有位置传感器，就可以将转子上永磁体的磁场位置方向作为空间方位的基准，通过逆变器来控制通过定子绕组中电流的幅值大小、相位和频率，特别是能快速控制相位，从而产生连续转矩作用到转子上，电机就不会因负载的增大而“失步”，进而可以正常运行。

上述为旋转式永磁同步交流伺服电机闭环自控式的工作原理，保证了电机在任何情况下都不会失步，甚至在堵转情况下系统内部的电磁调节过程也可正确进行；而他控式变频电源，施于同步电机定子绕组中的电流参数不受控于转子位置。

为了实现磁场矢量（由转子永磁体所产生）与电流指令矢量在空间上正交，在以检测磁场位置作为基准时，则可以通过电流环的延迟作用把电流指令控制在与磁场正交的空间位置，完成最优的转矩控制。如果电流环的电流指令为正弦波形的电流指令，则电机绕组中所通过的电流就为正弦波，这就是一般所称的旋转式永磁同步交流伺服电动机。

永磁同步电动机的磁路结构不同，则电机的运行特性和控制方法也不同。根据转子上永磁体安装位置的不同，可分为面装式永磁同步电动机（SPMSM）、外嵌式永磁同步电动机（EPMSM）和内埋式永磁同步电机（IPMSM）三种，每一种还可以有多种不同的具体结构形式，其特性也各有差异，适合于不同的应用场合。

就转子结构而言，有表面凸装式、嵌入式和内埋式三种基本形式，如图 2-3 所示。

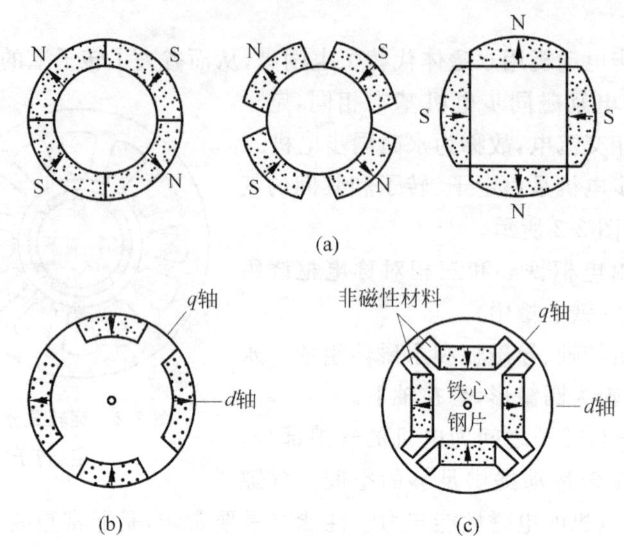

图 2-3 永磁同步电机常用的转子结构
(a) 凸装式；(b) 嵌入式；(c) 内埋式

2.3 旋转式永磁同步伺服电机的数学模型

2.3.1 为简化数学模型要做的一些假设

(1) 电机的磁路是线性的，如果不计剩磁、饱和、磁滞和涡流效应，就可以利用叠加原理；

(2) 电机的定、转子之间的气隙磁场在空间按正弦规律分布，不计高次谐波的影响；

(3) 电机的转子上没有阻尼绕组，永磁体也没有阻尼作用；

(4) 永磁三相交流同步电机，定子绕组为三相对称绕组，在空间上互差 120°；

(5) 不计定、转子表面的齿槽效应影响，不考虑频率变化和温度变化对定子绕组漏抗和电阻的影响；

(6) 电机结构对直轴和交轴都是对称的；

(7) 反电动势是正弦形的。

完全满足上述假设条件的电机，就是所谓的"理想电机"。实际使用的电机与其有所差别，可在使用中采取一定措施抑制其不良影响。

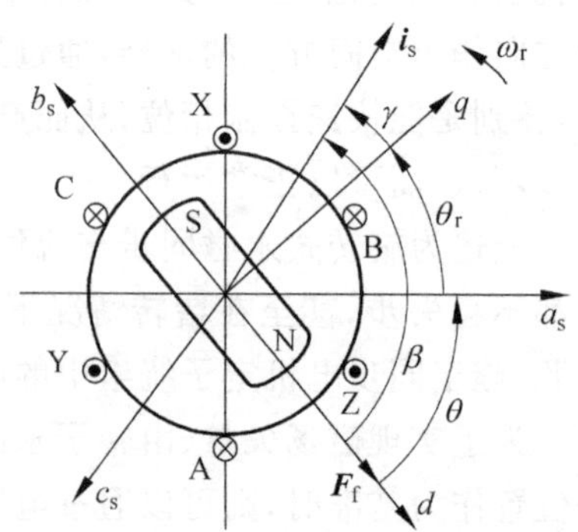

图 2-4 二极 PMSM 电机模型简图
a_s—A 相绕组轴线；b_s—B 相绕组轴线；c_s—C 相绕组轴线；$\boldsymbol{i}_s$，$\boldsymbol{F}_f$—空间矢量；A，X—A 相线圈；B，Y—B 相线圈；C，Z—C 相线圈

2.3.2 定子电压方程

在前面假设的基础上，可以画出一台二极 PMSM 的物理模型简图，如图 2-4 所示。

在图中，假定了定子电流的正方向。正向电流流进相绕组产生的正弦分布磁通势波的轴线就是该相绕组的轴线。假定绕组中反电动势的正方向与电流正方向相反，取转子逆时针旋转方向为正方向。

对于由 PMSM 组成的交流系统来说，用固定于转子上的 d、q 参考坐标系来描述和分析该系统的稳态和动态性能是十分方便的。

当观察者站在地面去看时，对 d、q 坐标系中的两个绕组而言，它们与定子三相交流绕组产生同样的旋转磁动势，因而这两者是等效的。但 d、q 绕组是旋转的直流绕组，如果观察者站在转子铁心上，它们就和观察者没有相对运动，即可视为一个直流电动机的物理模型。这样用直流电机来描述和处理交流电机的数学模型，要方便得多。

正弦波永磁同步电动机的转子磁通由永久磁体决定，且恒定不变。一般采用永久磁链定向控制，即两相旋转坐标系中的 d 轴定向在转子磁链 ψ_f 的方向上，在永磁体内部是 S 极→N 极的方向为 d 轴方向，q 轴顺着旋转方向超前 d 轴 90°电角度。转子参考坐标系的旋转速度即为转子轴速度。转子参考坐标系的空间坐标由 q 轴与固定轴线(A 相绕组轴线)间的电角度 θ_r 来确定。当然也可以用 A 相绕组轴线与 d 轴间的电角度 θ 来确定。

于是，以转子参考坐标表示的定子电压方程为

$$u_q = R_s i_q + L_q p i_q + \omega_r L_d i_d + \omega_r \psi_f \tag{2-1}$$

$$u_d = R_s i_d + L_d p i_d - \omega_r L_q i_q + p\psi_f \tag{2-2}$$

磁链方程为

$$\psi_q = L_q i_q \tag{2-3}$$

$$\psi_d = L_d i_d + \psi_f \tag{2-4}$$

$$\omega_r \psi_f = e_f \tag{2-5}$$

转矩方程为

$$T_e = p_n(\psi_d i_q - \psi_q i_d) = p_n[\psi_f i_q + (L_d - L_q) i_d i_q] \tag{2-6}$$

式中：u_d、u_q——d、q 轴电压；

i_d、i_q——d、q 轴电流；

L_d、L_q——d、q 轴电感；

R_s——定子相电阻；

ω_r——转子电角速度；

ψ_f——永磁体基波励磁磁场链过定子绕组的磁链；

p——微分算子；

e_f——永磁体正弦磁场在转速 ω_r 下于定子 q 轴绕组中所产生的旋转感应电动势。

在动态方程中，令 $p=0$，则可以得到相应的稳态方程：

$$\begin{cases} u_q = R_s i_q + \omega_r L_d i_d + e_f \\ u_d = R_s i_d - \omega_r L_q i_q \end{cases} \tag{2-7}$$

由上述定子电压动态方程(2-1)、(2-2)可以画出 PMSM 的动态等效电路，如图 2-5(a)所示，图 2-5(b)为其稳态等效电路。

在稳态运行时，d、q 轴电流恒定，于是动态等效电路就简化为稳态等效电路了。

在上述数学模型中的 d、q、0 变量与原 A、B、C 三相变量间关系，根据图 2-4 可以写成

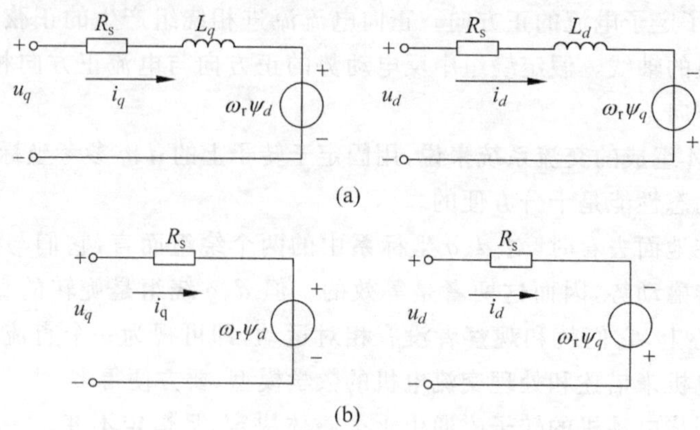

图 2-5 PMSM 动态和稳态等效电路

(a) PMSM 的动态等效电路；(b) 简化的稳态等效电路

$$\begin{bmatrix} u_q \\ u_d \\ u_0 \end{bmatrix} = \sqrt{\frac{2}{3}} \begin{bmatrix} \cos\theta_r & \cos\left(\theta_r - \frac{2\pi}{3}\right) & \cos\left(\theta_r + \frac{2\pi}{3}\right) \\ \sin\theta_r & \sin\left(\theta_r - \frac{2\pi}{3}\right) & \sin\left(\theta_r + \frac{2\pi}{3}\right) \\ \sqrt{\frac{1}{2}} & \sqrt{\frac{1}{2}} & \sqrt{\frac{1}{2}} \end{bmatrix} \begin{bmatrix} u_A \\ u_B \\ u_C \end{bmatrix} \tag{2-8}$$

其反变换为

$$\begin{bmatrix} u_A \\ u_B \\ u_C \end{bmatrix} = \sqrt{\frac{2}{3}} \begin{bmatrix} \cos\theta_r & \sin\theta_r & \sqrt{\frac{1}{2}} \\ \cos\left(\theta_r - \frac{2\pi}{3}\right) & \sin\left(\theta_r - \frac{2\pi}{3}\right) & \sqrt{\frac{1}{2}} \\ \cos\left(\theta_r + \frac{2\pi}{3}\right) & \sin\left(\theta_r + \frac{2\pi}{3}\right) & \sqrt{\frac{1}{2}} \end{bmatrix} \begin{bmatrix} u_q \\ u_d \\ u_0 \end{bmatrix} \tag{2-9}$$

u_0 为零(轴)序分量。上述变换关系对电流和磁链同样是适用的，在以上数学模型中，ψ_f 是永磁体基波励磁磁场链过定子绕组的磁链。对于凸装式永磁体的转子结构，可以用解析法对永磁体做近似计算。此时，可将每极永磁体模拟为具有恒定励磁电流的线圈，其外形尺寸与永磁体相同，高度就是永磁体的厚度。如果二者能产生同一气隙磁场，那么，对外所提供的空间磁通势必须是相同的。于是就产生了折算到定子侧的等效励磁电流的概念(因为转子侧没有电流线圈)。这样，在磁链方程式(2-3)中，直轴磁链就是由两部分构成的，即直轴电流 i_d 和等效励磁电流 i_f。

磁链方程可以写成

$$\psi_d = L_d i_d + L_{md} i_f \tag{2-10}$$

式中：L_{md}——d 轴励磁电感，

$$L_{md} i_f = \psi_f \tag{2-11}$$

于是，d、q 两轴上的电压方程变为

$$\begin{cases} u_q = R_s i_q + pL_q i_q + \omega_r (L_d i_d + L_{md} i_f) \\ u_d = R_s i_d + p(L_d i_d + L_{md} i_f) - \omega_r L_q i_q \end{cases} \tag{2-12}$$

注意在式(2-8)与其反变换式(2-9)中的角度 θ_r 是旋转的 q 轴与固定的 A 相轴线间的

夹角，与后文中的 θ 角定义是不同的（θ 角是 d 轴与 A 相轴线间的夹角）。但 d、q 轴之间是正交的关系，公式表面形式虽有不同，但实质是一致的。

2.3.3 转矩方程和运动方程

电机的电磁转矩是由磁链和电流相作用而得到的，可根据下式求得：

$$T_e = p_n(\psi_d i_q - \psi_q i_d) \tag{2-13}$$

式中：p_n——极对数。

将磁链方程代入上式，有

$$T_e = p_n[\psi_f i_q + (L_d - L_q) i_d i_q] \tag{2-14}$$

电动机的运动方程为

$$T_e = T_L + B\Omega_r + Jp\Omega_r \tag{2-15}$$

式中：T_L——负载转矩；

B——粘滞摩擦系数；

Ω_r——机械角速度；

J——转子和所带负载的总转动惯量。

机械角速度 Ω_r 与电角速度 ω_r 的关系为

$$\omega_r = p_n \Omega_r$$

于是有

$$T_e = T_L + B\left(\frac{\omega_r}{p_n}\right) + Jp\left(\frac{\omega_r}{p_n}\right) \tag{2-16}$$

下面进一步分析转矩的形成过程。

在转子参考坐标系中，若取 d 轴的反方向为虚轴，取 q 轴为实轴，则可以构成一个复平面。在这个复平面内，可将定子电流空间向量 $\boldsymbol{i}_s$ 表示为（在电机气隙空间内产生的磁动势是空间向量，它是由定子电流产生的，电流为时间相量，但它产生的气隙空间磁动势与电流成正比，为叙述简便起见，故也称电流为空间向量或空间相量）：

$$\boldsymbol{i}_s = i_q - \mathrm{j} i_d \tag{2-17}$$

$\boldsymbol{i}_s$ 与 d 轴间角度为 β，于是可有

$$i_d = \boldsymbol{i}_s \cos\beta \tag{2-18}$$

$$i_q = \boldsymbol{i}_s \sin\beta \tag{2-19}$$

将上两式代入式(2-14)中，就得到

$$T_e = p_n\left[\psi_f \boldsymbol{i}_s \sin\beta + \frac{1}{2}(L_d - L_q)\boldsymbol{i}_s^2 \sin 2\beta\right] \tag{2-20}$$

或表示为

$$T_e = p_n\left[L_{md} i_f \boldsymbol{i}_s \sin\beta + \frac{1}{2}(L_d - L_q)\boldsymbol{i}_s^2 \sin 2\beta\right] \tag{2-21}$$

上式表示出电磁转矩 T_e 与 β 角的关系，如图 2-6 所示。

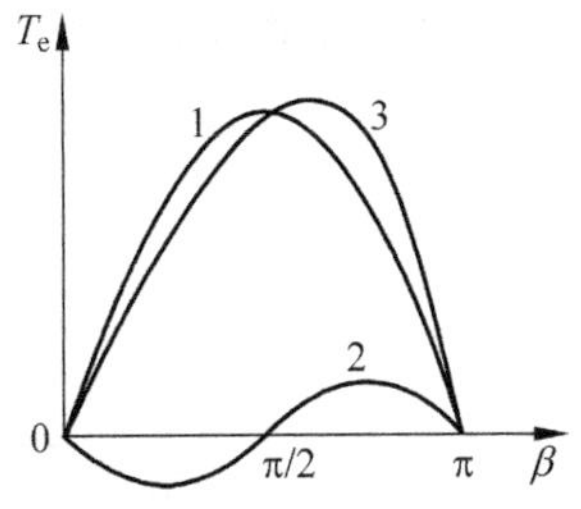

图 2-6　T_e-β 关系曲线

β 角实质上是定子三相电流合成的旋转磁通势波轴线与永磁体磁场轴线间的角度。在上两式中，括号内第一项就是由这两个磁场之间相互作用所产生的电磁转矩，如图 2-6 中的曲线 1 所示。括号内第二项是磁阻转矩（曲线 2），它是由转子的凸

极效应而产生的,并与两轴电感参数的差值成正比。

进一步分析可以看出,对于电动机作用而言,当 $\beta<\pi/2$ 时,磁阻转矩与电磁转矩 T_e 相反,具有制动的性质;当 $\beta>\pi/2$ 时,磁阻转矩才具有驱动的性质。这一点与电励磁的凸极同步电动机恰恰相反。这是因为对于电励磁凸极同步电动机,凸极效应反映在直轴电感 L_d 大于交轴电感 L_q 上,而对于嵌入式或内埋式永磁伺服电机,转子凸极性反映在直轴电感 L_d 上要小于交轴电感 L_q 上。所以,在由嵌入式或内埋式结构组成的 PMSM 中,可以灵活利用这个磁阻转矩,例如在以恒功率方式运行时,通过调整和控制 β 角,可以提高输出转矩和扩大调速范围。但由于磁阻转矩的存在,输出转矩中可能存在一定的波动。

当 $\beta>\pi$ 时,永磁同步电动机将变为发电机运行。而对于凸装永磁同步电动机,则 $L_d=L_q$,即两轴电感相等,于是电磁转矩变成

$$T_e = p_n L_{md} i_f i_q = p_n \psi_f i_q \tag{2-22}$$

这是因为凸装式永磁伺服电机中,永磁材料的磁导率十分接近于空气,所以交、直轴的电感基本相同,而表现为一个隐极式同步电动机。由此可见,在凸装式永磁转子的交流伺服电动机所产生的电磁转矩中没有磁阻转矩,电磁转矩仅与定子电流交轴分量 i_q 有关,当定子绕组中流过的直轴分量为零时($i_d=0$),每单位定子电流产生的电磁转矩最大,而且转矩的响应与定子电流响应成正比。

2.3.4 状态方程

上述电压方程、转矩方程和运动方程构成了 PMSM 的数学模型。这个模型是非线性的,因为它含有变量转子角速度 ω_r 与电流 i_d 或 i_q 的乘积项。而且在动态调节分离过程中,电流 i_d 与 i_q 互相影响,在两轴电流趋向于分离、实现稳态垂直正交过程中难免发生耦合,增加了非线性因素。

为了便于动态仿真研究,可将电压方程和运动方程写成状态方程的形式,即

$$pi_d = (u_d - R_s i_d + \omega_r L_q i_q)/L_d \tag{2-23}$$

$$pi_q = (u_q - R_s i_q - \omega_r L_d i_d - \omega_r L_{md} i_f)/L_q \tag{2-24}$$

$$p\omega_r = (p_n T_e - p_n T_L - B\omega_r)/J \tag{2-25}$$

式中:L_d——直轴电感;

L_q——交轴电感。且

$$\begin{cases} L_d = L_{s1} + L_{md} \\ L_q = L_{s1} + L_{mq} \end{cases} \tag{2-26}$$

对于凸装式转子结构,交、直轴励磁电感相等,即 $L_{md}=L_{mq}=L_m$,L_{s1} 为定子绕组的漏感,可用交、直轴磁链模型图 2-7 来说明。

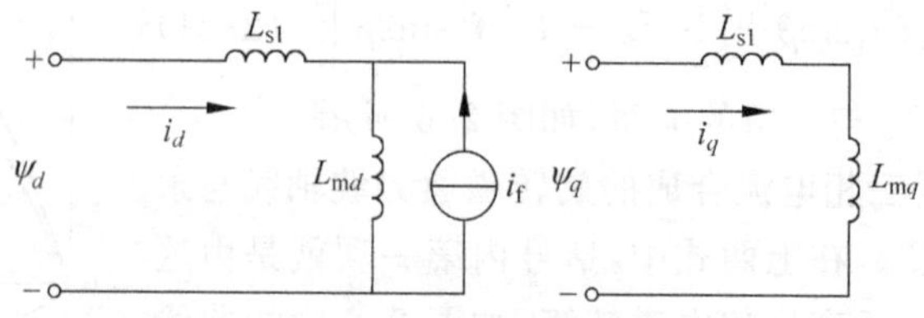

图 2-7 交、直轴磁链模型

2.4　旋转式永磁同步伺服电机矢量控制原理

随着旋转式永磁同步伺服电机的应用日益广泛，不同的应用场合，不同的应用对象，对伺服电动机性能要求的侧重点亦不同。选择不同结构的伺服电动机时，应结合具体需要，采用不同的控制方法，如最大转矩控制、弱磁控制、功率因数 $\cos\varphi=1$ 控制、最大效率控制、$i_d=0$ 控制等。但对于伺服驱动来说，如果选用凸装式结构，在基频以下的恒转矩运行范围中，令 $i_d=0$，控制定子电流矢量 $\boldsymbol{i}_s$ 使之正好落在 q 轴，于是 $i_q=i_s$。此时，磁链、电压和转矩方程就得以简化为

$$\psi_d = \psi_f \tag{2-27}$$

$$\psi_q = L_q i_q \tag{2-28}$$

$$u_d = -\omega_r L_q i_q = -\omega_r \psi_q \tag{2-29}$$

$$u_q = R_s i_q + L_q p i_q + \omega_r \psi_f \tag{2-30}$$

$$T_e = p_n \psi_f i_q \tag{2-31}$$

于是，由于 ψ_f 恒定，电机的电磁转矩 T_e 便与定子电流幅值成正比，控制定子电流就可以很好地控制转矩，即通过灵活地控制电流就可以完成电机转矩的任意控制，这是交流伺服系统最关键的瞬时控制作用，使转矩响应和电流响应具有一样的快速能力，达到和直流电机同样的水平。

图 2-8(a)是按转子磁链定向并采用 $i_d=0$ 控制时 PMSM 的矢量图。

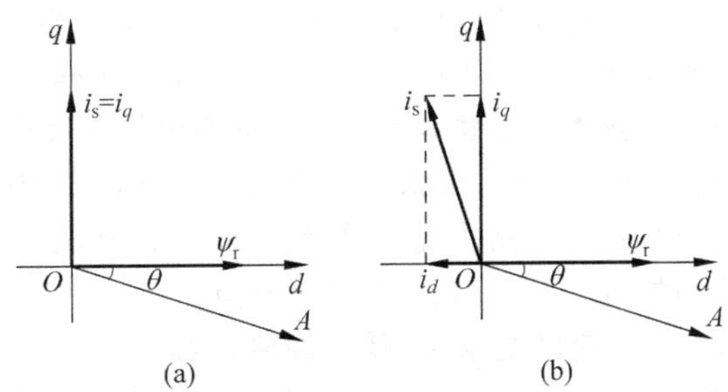

图 2-8　按转子磁链定向的正弦波永磁同步电动机矢量图

(a) $i_d=0$，恒转矩调速；(b) $i_d<0$，弱磁恒功率调速

这时控制方法也很简单，只要能检测出转子 d 轴的空间位置，控制逆变器使三相定子的合成电流(或磁动势)矢量位于 q 轴上(q 轴领先于 d 轴 90°电角度)就可以了。

按转子磁链定向并使 $i_d=0$ 的正弦波永磁同步电动机自控式交流伺服速度控制系统的原理图如图 2-9 所示。

和直流电机调速系统一样，转速调节器 ASR 的输出为定子电流给定值。由图 2-8 可知：

$$i_A^* = i_s\cos(90°+\theta) = -i_s^*\sin\theta \tag{2-32}$$

$$i_B^* = -i_s^*\sin(\theta-120°) \tag{2-33}$$

$$i_C^* = -i_s^*\sin(\theta+120°) \tag{2-34}$$

要特别注意，这里的 θ 角是旋转的 d 轴(而不是 q 轴)与静止的 A 相绕组 A 轴之间的夹角，可由转子位置检测器测出。经查表法读出相应的正弦函数值后，与 i_s^* 信号相乘，即得到定子的三相电流指令信号 i_A^*、i_B^*、i_C^*。图 2-9 中的交流 PWM 变压变频逆变器须用电流控制，可以

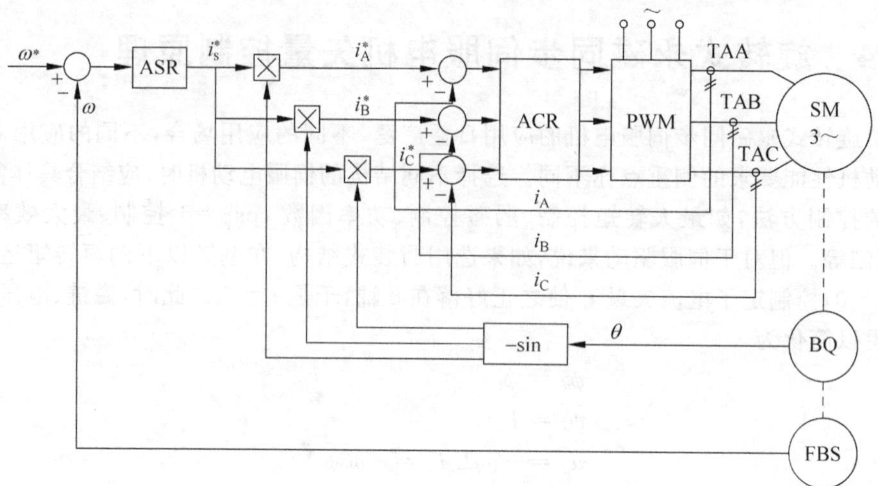

图 2-9 按转子磁链定向并使 $i_d=0$ 控制的 PMSM 自控式速度控制系统

用带电流内环控制的电压型 PWM 变压变频器，也可以用电流滞环跟踪控制的变压变频器。

如果在小范围内，需要在基速以上做短期运行，最简单的方法是将 i_d 由 $i_d=0$ 变为 $i_d<0$，由定子电流 i_s 提供一个电枢反应去磁分量 i_d，其产生与 ψ_f 相反的去磁作用，如图 2-8(b) 所示。但是，由于永磁体的磁导率与空气相仿，磁阻很大，相当于电机的定、转子之间增大了等效气隙，为达到去磁升速的效果，就需要较大的直轴去磁电流分量。因此，常规的按凸装式设计的正弦波伺服电机在弱磁升速的恒功率区间运行的效果较差，不可以做长期运行。如要扩大调速范围，使电机既能在恒转矩区间工作，又要在恒功率区间运行，就应该采用经过特殊设计的、通过弱磁调速技术来拓宽调速范围的伺服电机以及相应的控制方法。

在转子磁链定向并使 $i_d=0$ 控制的正弦波永磁同步电动机自控式变频调速系统中，定子电流与转子永磁磁通互相独立，控制系统简单，转矩恒定性好，脉动小，低速范围宽，适应于数控机床、机器人等应用场合。然而，它也有如下缺点：

(1) 当负载增加时，定子电流随之增大，使气隙磁链和定子反电动势都增大，这就迫使定子电压升高。为了保证足够的电源电压，电控装置必须有足够大的容量，而正常工作时，有效利用率却不高。

(2) 负载增加时，定子电压分量和电流矢量的夹角也会增大，使功率因数下降。

(3) 在常规情况下，弱磁恒功率不宜长期运行，且运行范围不大。所以这种控制方式虽有广泛应用，但适用范围也受到限制，这也是该系统目前需要解决的问题。

2.5 旋转式交流永磁同步电机矢量控制系统设计

2.5.1 状态方程与控制框图

一般常用的永磁同步伺服电动机通常采用面装式永磁体转子结构，适合采用电流 $i_d=0$ 的控制方法。

由于伺服电动机的 $L_d=L_q=L_s$（L_s 为永磁同步电机定子的等效同步电感），可以把状态方程(2-23)、(2-24)变换成如下形式：

$$p\begin{bmatrix} i_d \\ i_q \end{bmatrix}=\begin{bmatrix} -\dfrac{R_s}{L_s} & \omega_r \\ -\omega_r & -\dfrac{R_s}{L_s} \end{bmatrix}\begin{bmatrix} i_d \\ i_q \end{bmatrix}+\frac{1}{L_s}\begin{bmatrix} u_d \\ u_q \end{bmatrix}-\frac{1}{L_s}\begin{bmatrix} 0 \\ e_f \end{bmatrix} \tag{2-35}$$

式(2-35)表明可以用 d、q 轴电压 u_d、u_q 来控制 d、q 轴电流 i_d、i_q。由于 $e_f=\omega_r\psi_f$ 是永磁体磁链在 q 轴电枢绕组中所感应的旋转电动势，因此是不可控的。

转矩方程

$$T_e = p_n\psi_f i_q \tag{2-36}$$

系统的运动方程

$$J\frac{d\omega_m}{dt} = T_e - T_L \tag{2-37}$$

式中：J——系统的转动惯量，$J=J_M+J_L$（J_M 为电机的转动惯量；J_L 为负载转动惯量）；

ω_m——电机轴的角速度，$\omega_m=\omega/p_n$；

T_L——负载转矩。

根据式(2-35)～式(2-37)，可以得到 d、q 坐标系下的永磁正弦波同步电动机控制框图，如图 2-10 所示。

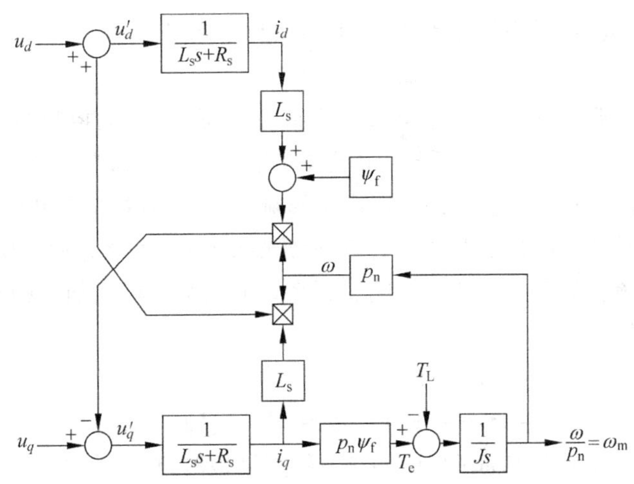

图 2-10 d、q 坐标系下永磁同步电动机控制框图

2.5.2 解耦控制与坐标变换的实现

由于永磁转子的磁极位置角 θ 可以检测，因此 d、q 轴的电枢电压是可控的。由式(2-1)、式(2-2)可知，电动机的参数 R_s、L_d、L_q、ψ_f 是可测的，变量 i_d、i_q、ω_r 也是可测的，因此电压 u_d、u_q 就是可控的。

直接加在永磁同步电机定子绕组上的电压，是变压变频逆变器输出的三相交流电压 u_A、u_B、u_C，它与 d、q 轴电压之间的关系为

$$\begin{bmatrix} u_A \\ u_B \\ u_C \end{bmatrix}=\sqrt{\frac{2}{3}}\begin{bmatrix} 1 & 0 \\ -\dfrac{1}{2} & \dfrac{\sqrt{3}}{2} \\ -\dfrac{1}{2} & \dfrac{\sqrt{3}}{2} \end{bmatrix}\begin{bmatrix} \cos\theta & -\sin\theta \\ \sin\theta & \cos\theta \end{bmatrix}\begin{bmatrix} u_d \\ u_q \end{bmatrix}$$

$$=\sqrt{\frac{2}{3}}\begin{bmatrix}\cos\theta & -\sin\theta\\ \cos\left(\theta-\frac{2}{3}\pi\right) & -\sin\left(\theta-\frac{2}{3}\pi\right)\\ \cos\left(\theta+\frac{2}{3}\pi\right) & -\sin\left(\theta+\frac{2}{3}\pi\right)\end{bmatrix}\begin{bmatrix}u_d\\ u_q\end{bmatrix} \tag{2-38}$$

所以，如把 u_d、u_q 的指令记为 u_d^*、u_q^*，把 u_A、u_B、u_C 的指令记为 u_A^*、u_B^*、u_C^*，把其输入给逆变器，则控制 u_A、u_B、u_C 与控制 u_d、u_q 是等价的。

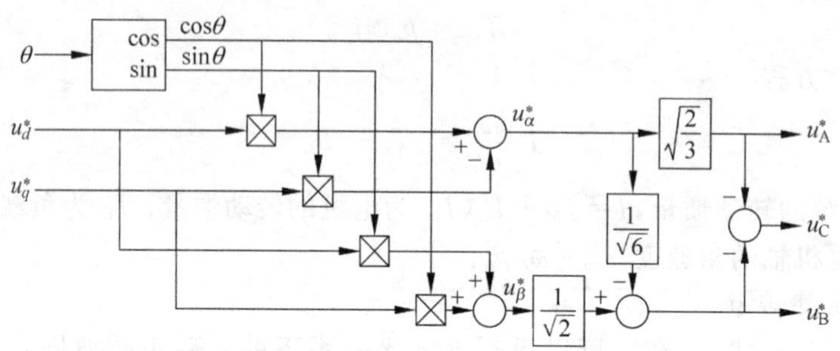

图 2-11 从 u_d^*、u_q^* 到 u_A^*、u_B^*、u_C^* 的实现框图

为了简化计算，u_C^* 可以不依赖于式(2-38)，而从下式得到：

$$u_C^* = -u_A^* - u_B^* \tag{2-39}$$

对转矩的控制实际上是对 d、q 轴电流的控制，而电流 i_d、i_q 的控制是通过控制 d、q 轴电压 u_d、u_q 实现的。从式(2-35)可以看出，永磁同步电动机的 d、q 轴间存在着相互干涉的旋转电动势，旋转电动势对电流 i_d、i_q 的控制产生影响，是无法直接消除其影响的。但是，可以考虑先求出旋转电动势，通过控制，使旋转电动势被抵消掉，也就是通过所谓的解耦控制消除旋转电动势对电流控制产生的扰动影响。那么如何做呢？根据如下的关系式来控制 u_d、u_q 即可：

$$u_d = u_d' - \omega_r L_s i_q \tag{2-40}$$

$$u_q = u_q' + e_f + \omega_r L_s i_d = u_q' + \omega_r(\psi_f + L_s i_d) \tag{2-41}$$

由于旋转电动势 $\omega_r L_s i_q$ 和 $\omega_r(\psi_f + L_s i_d)$不能直接检测，但其中的 ω_r、i_d、i_q 却可以检测，而 L_s 和 ψ_f 又是常数，可以事先离线测定，因此旋转电动势可以在控制回路中实时计算出来，参与系统的控制。

虽然说 i_d、i_q 可以检测，但在实际的交流伺服系统中，能直接通过电流传感器测量的还是定子的三相电枢电流 i_A、i_B、i_C，需要通过电路的实时计算才能得到 i_d、i_q，这时可以利用下式计算求出：

$$\begin{bmatrix}i_d\\ i_q\end{bmatrix}=\begin{bmatrix}\cos\theta & \sin\theta\\ -\sin\theta & \cos\theta\end{bmatrix}\sqrt{\frac{2}{3}}\begin{bmatrix}1 & -\frac{1}{2} & -\frac{1}{2}\\ 0 & \frac{\sqrt{3}}{2} & -\frac{\sqrt{3}}{2}\end{bmatrix}\begin{bmatrix}i_A\\ i_B\\ i_C\end{bmatrix}$$

$$=\sqrt{\frac{2}{3}}\begin{bmatrix}\cos\theta & \cos\left(\theta-\frac{2}{3}\pi\right) & \cos\left(\theta+\frac{2}{3}\pi\right)\\ -\sin\theta & -\sin\left(\theta-\frac{2}{3}\pi\right) & -\sin\left(\theta+\frac{2}{3}\pi\right)\end{bmatrix}\begin{bmatrix}i_A\\ i_B\\ i_C\end{bmatrix} \tag{2-42}$$

在实际构成控制回路时，希望尽量减少电流传感器的数量，这时 i_C 可由 i_A、i_B 计算得到：

$$i_C = -i_A - i_B \tag{2-43}$$

于是得到

$$\begin{bmatrix} i_d \\ i_q \end{bmatrix} = \begin{bmatrix} \cos\theta & \sin\theta \\ -\sin\theta & \cos\theta \end{bmatrix} \sqrt{2} \begin{bmatrix} \dfrac{\sqrt{3}}{2} & 0 \\ \dfrac{1}{2} & 1 \end{bmatrix} \begin{bmatrix} i_A \\ i_B \end{bmatrix}$$

$$= \sqrt{2} \begin{bmatrix} \sin\left(\theta + \dfrac{\pi}{3}\right) & \sin\theta \\ \cos\left(\theta + \dfrac{\pi}{3}\right) & \cos\theta \end{bmatrix} \begin{bmatrix} i_A \\ i_B \end{bmatrix} \tag{2-44}$$

由式(2-44)，可以画出从 i_A、i_B 到 i_d、i_q 的实现框图，如图 2-12 所示。

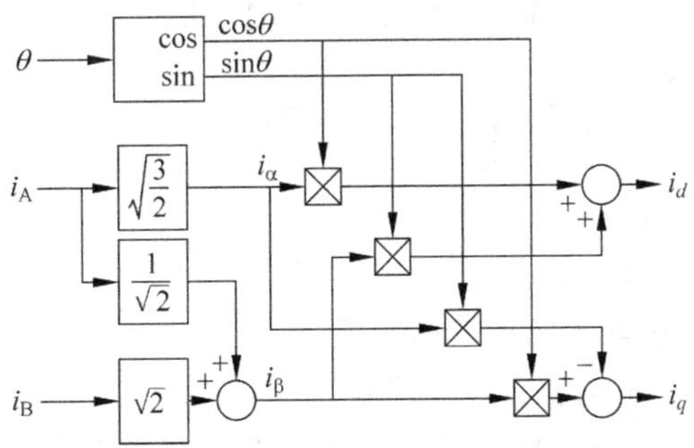

图 2-12　从 i_A、i_B 到 i_d、i_q 的实现框图

若进行式(2-40)、式(2-41)的解耦控制，将其代入式(2-35)，便可得到

$$p\begin{bmatrix} i_d \\ i_q \end{bmatrix} = \begin{bmatrix} \dfrac{R_s}{L_s} & 0 \\ 0 & \dfrac{-R_s}{L_s} \end{bmatrix} \begin{bmatrix} i_d \\ i_q \end{bmatrix} + \frac{1}{L_s} \begin{bmatrix} u'_d \\ u'_q \end{bmatrix} \tag{2-45}$$

由此可见，可以通过 u'_d、u'_q 对 i_d、i_q 简单地进行控制。

式中的 u'_d、u'_q 表示加在 d、q 轴上的电枢绕组阻抗压降，在解耦控制的条件下，变成可控制的输入变量。但这种方法由于 u'_d 及 u'_q 中包含有电流变化率，测量难度大，因此作为精确输入也较困难。

2.5.3　电流实现反馈线性化控制

另外，从反馈线性化的观点出发，重新研究 2.3.4 节的状态方程如下：

$$L_d p i_d = u_d - R_s i_d + \omega_r L_q i_q$$

$$L_q p i_q = u_q - R_s i_q - \omega_r L_d i_d - e_f$$

在上述两式中，存在转子角速度 ω_r 和电流 i_d、i_q 两个变量相乘的乘积项，表明这是一个非线性动态系统，转子速度和两轴电流之间存在着复杂的干涉关系。即转子速度干扰了电流的响应，而电流驱动转子速度的变化。对此，最好还是进行反馈线性化处理，选择一个新变量构成一个新的线性系统，所选择的新变量必须包含原变量乘积的非线性项。

现选择新变量为

$$V_d = u_d + \omega_r L_q i_q \tag{2-46}$$

$$V_q = u_q - \omega_r L_d i_d - \omega_r \psi_f \tag{2-47}$$

若 $L_d = L_q = L, R_s = R$，将式(2-46)、式(2-47)分别代入状态方程(2-23)、(2-24)中，就得到了线性化了的电气子系统的动态方程

$$V_d = L\dot{i}_d + Ri_d \tag{2-48}$$

$$V_q = L\dot{i}_q + Ri_q \tag{2-49}$$

在上述由新变量所构成的线性化系统中，看不到转子速度的扰动项了，而完全是一个电流控制的动态方程了。

这时，就可以针对线性化后的电流子系统动态方程，设计一个电流负反馈 PI 控制器。

$$V_d = K_{pd} e_d + K_{id} \int e_d \mathrm{d}t \tag{2-50}$$

$$V_q = K_{pq} e_q + K_{iq} \int e_q \mathrm{d}t \tag{2-51}$$

式中：e_d——d 轴电流误差，$e_d = i_d^* - i_d$；

e_q——q 轴电流误差，$e_q = i_q^* - i_q$；

i_d^*——d 轴电流指令值；

i_q^*——q 轴电流指令值；

K_{pd}、K_{pq}——d 轴与 q 轴的比例控制增益；

K_{id}、K_{iq}——d 轴与 q 轴的积分控制增益。

现将式(2-50)、式(2-51)分别代入以电流表示的新变量方程(2-48)、式(2-49)中，就可以重新得到原来的电压方程：

$$u_d = -\omega_r L_q i_q + K_{pd} e_d + K_{id} \int e_d \mathrm{d}t \tag{2-52}$$

$$u_q = -\omega_r L_d i_d + K_{pq} e_q + K_{iq} \int e_q \mathrm{d}t \tag{2-53}$$

现将式(2-50)、式(2-51)分别代入线性化后的电流动态子系统中，这就可得到 d、q 轴电流的传递函数：

$$G_d(s) = \frac{I_d(s)}{I_d^*(s)} = \frac{K_{pd}s + K_{id}}{Ls^2 + (K_{pd} + R)s + K_{id}} \tag{2-54}$$

$$G_q(s) = \frac{I_q(s)}{I_q^*(s)} = \frac{K_{pq}s + K_{iq}}{Ls^2 + (K_{pq} + R)s + K_{iq}} \tag{2-55}$$

由式(2-54)、式(2-55)可知，$G_d(s)$ 与 $G_q(s)$ 皆为二阶系统，现将其与标准的二阶系统作比较，可以求出相应的控制增益。

若标准二阶系统为

$$G(s) = \frac{\omega_n^2}{s^2 + 2\xi\omega_n s + \omega_n^2} \tag{2-56}$$

令其分母为零，可得到标准二阶系统的特征方程为

$$s^2 + 2\xi\omega_n s + \omega_n^2 = 0 \tag{2-57}$$

式(2-56)的标准方程分别与式(2-54)、式(2-55)相比较，可以知道，只要确定标准二阶系统的阻尼比 ξ 与自然无阻尼角频率 ω_n，就可以得到 PI 电流控制器的控制增益：

$$2\xi\omega_n = \frac{K_{pd}+R}{L} = \frac{K_{pq}+R}{L} \tag{2-58}$$

$$\omega_n^2 = \frac{K_{id}}{L} = \frac{K_{iq}}{L} \tag{2-59}$$

即

$$K_{pd} = K_{pq} = L \cdot 2\xi\omega_n - R \tag{2-60}$$

$$K_{id} = K_{iq} = L\omega_n^2 \tag{2-61}$$

在这里，只要被控对象旋转式永磁同步伺服电机的参数 L 和 R 已知，并指定 ξ 和 ω_n，电流控制器的增益便可求出。由于伺服电机的电气子系统的主要被控变量是电流 i_d 和 i_q，它们是在较高频率 PWM 电压作用下施于定子绕组中的，绕组电磁时间常数大小取决于绕组的电感和电阻，而时间常数很小，故电流的反应速度很快，比机械子系统的输出速度 ω_r 反应快得多。与机械子系统的动态过程相比较，有时可以忽略电气子系统的电磁惯性，而将其闭环传递函数视为一个比例因子。因而，在电机的速度控制设计中，可以只针对机械子系统进行速度控制器设计，而不必再涉及电气子系统，这将大大简化系统的设计。

2.5.4 速度控制器设计

电流控制器的设计目标是消除转子速度 ω_r 对电流响应变化的影响，使电流两个分量 i_d、i_q 快速稳定地达到各自的指令值，并且在响应的任何时刻，电流都能保证分离的两个分量是正交的。电流控制器为外环控制，即为速度环控制提供充分的动力——电磁转矩。

速度控制器的设计目标，就是要使伺服电机转子所驱动的机械负载按照所要求的恒值或速度变化规律运动，不管内外扰动如何，都以希望的定位精度到达所预定的位置。一般来说，速度控制器通常也采用 PI 控制器。如果采用比例控制就会存在稳态误差，采用增大比例增益的办法虽可使稳态误差减小，但对稳定性不利。为了使稳态误差为零，应该增加积分环节。积分的作用是把误差存在历史过程记忆起来，直至消除误差。采用积分-比例控制器，不但可使系统稳定，而且能有足够的稳定裕度。在这种控制器中，控制器的输出中包含了输入偏差的全过程，只要有偏差就将误差积分，并把它记忆下来直至最终消除误差。所以由这个 PI 控制器，可以构成一个速度无差控制器。

由于电流响应很快，其响应速度远远大于速度响应，因此为了简化速度控制系统的设计，可以把电流闭环系统视为小惯性或当作一个比例因子来看。图 2-13 所示的是一个简化的速度控制系统框图。

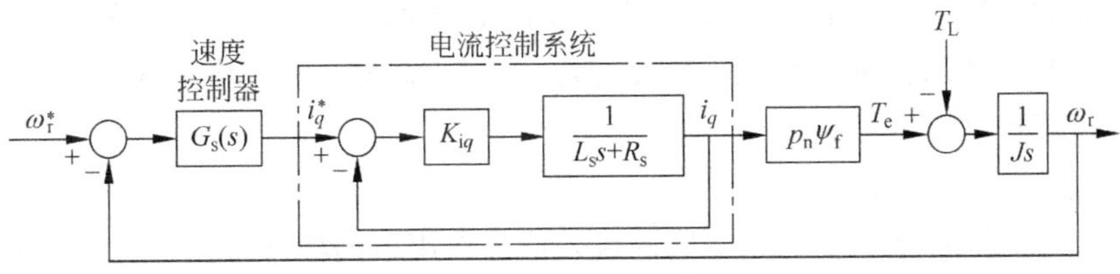

图 2-13　简化的速度控制系统框图

根据文献[12]，可根据伺服系统开环传递函数分母中含有积分环节的个数分为不同型别的伺服系统。通过分析研究表明，0 型系统的稳态精度低，而Ⅲ型和Ⅲ型以上的系统又很难稳定。因此，为了保证系统的稳定性和较高的稳态精度，根据伺服系统的输入信号，通常采用Ⅰ型或Ⅱ型系统。典型Ⅰ型系统的开环传递函数为

$$W(s)=\frac{K}{s(Ts+1)} \tag{2-62}$$

式中：T——电机转子系统的惯性时间常数；

K——系统的开环增益。

图 2-14(a)为其Ⅰ型闭环结构框图，(b)为它的开环对数频率特性。

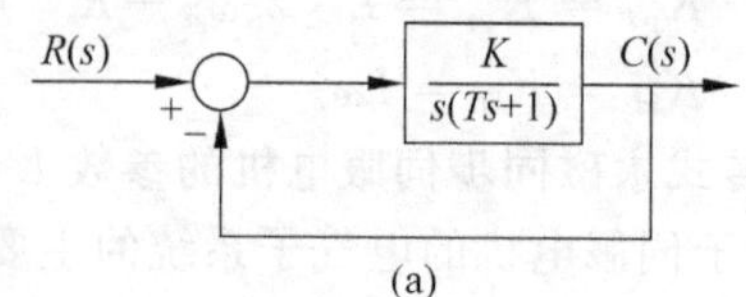

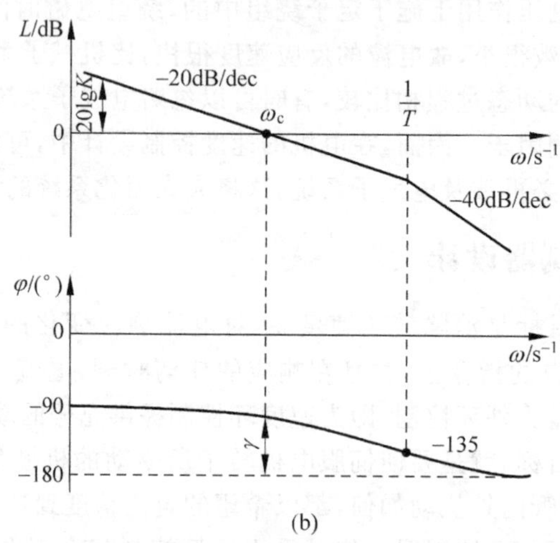

图 2-14　典型Ⅰ型系统的闭环结构及其开环对数频率特性

(a) 闭环结构；(b) 开环对数频率特性

只要参数满足

$$\omega_c < \frac{1}{T}$$

$$\arctan\omega_c T < 45^\circ$$

系统就一定稳定，且相角有足够的稳定裕度，$\gamma=180^\circ-90^\circ-\arctan\omega_c T>45^\circ$。

典型Ⅰ型系统的开环传递函数如式(2-62)所示，它含有开环增益 K 和时间常数 T 两个参数。其中时间常数 T 在实际系统中往往是控制对象本身固有的，不可能改变，能够由控制器改变的只有开环增益 K，也就是说，K 是唯一待定参数。下面将详细分析增益 K 值与系统主要性能指标之间的关系。

1）稳态跟随性能指标

系统的稳态跟随性能指标可用不同的输入信号作用下的稳态误差来表示。Ⅰ型系统在几种典型输入信号作用下的误差情况如表 2-1 所示。

表 2-1　Ⅰ型系统在不同的典型输入信号作用下的稳态误差

输入信号	阶跃输入 $R(t)=R_0$	斜坡输入 $R(t)=v_0 t$	加速度输入 $R(t)=\frac{a_0 t^2}{2}$
稳态误差	0	v_0/K	∞

由表 2-1 可见，在阶跃信号输入下的Ⅰ型系统在稳态时是无误差的，在斜坡信号输入下则有恒值的稳态误差，而且与 K 值成反比；在加速度信号输入时，稳态误差为∞。因此，得出的结论是：不能将加速度信号输入Ⅰ型伺服系统中。

2）动态性能跟随指标

典型的Ⅰ型系统是一种二阶控制系统。文献[12]已经给出了二阶系统的动态跟随性能与参数间的准确关系，如前面所述，闭环传递函数的一般形式为

$$W_{\mathrm{cl}}(s)=\frac{C(s)}{R(s)}=\frac{\omega_{\mathrm{n}}^2}{s^2+2\xi\omega_{\mathrm{n}}s+\omega_{\mathrm{n}}^2} \tag{2-63}$$

式中：ω_{n}——无阻尼时的自然振荡角频率或称固有频率；

ξ——阻尼比，或称衰减系数。

由式(2-62)的开环传递函数，可以求出其闭环传递函数

$$W_{\mathrm{cl}}(s)=\frac{W(s)}{1+W(s)}=\frac{\dfrac{K}{s(Ts+1)}}{1+\dfrac{K}{s(Ts+1)}}=\frac{\dfrac{K}{T}}{s^2+\dfrac{1}{T}s+\dfrac{K}{T}} \tag{2-64}$$

通过比较式(2-64)和式(2-63)可得到系统参数 K、T 与标准二阶振荡系统参数 ω_{n}、ξ 之间的关系：

$$\omega_{\mathrm{n}}=\sqrt{K/T} \tag{2-65}$$

$$\xi=\frac{1}{2}\sqrt{\frac{1}{KT}} \tag{2-66}$$

$$\xi\omega_{\mathrm{n}}=\frac{1}{2T} \tag{2-67}$$

一般取 $0.5\leqslant\xi\leqslant1$ 的欠阻尼，在零初始条件下的阶跃响应动态指标可以由此计算出来。

3）典型Ⅰ型系统抗扰性能指标与参数的关系

图 2-15(a)所示的是在扰动 $F(s)$作用下的典型系统，其中 $W_1(s)$是扰动作用点前面部分的传递函数，后面部分是 $W_2(s)$，于是

$$W_1(s)W_2(s)=W(s)=\frac{K}{s(Ts+1)} \tag{2-68}$$

在只讨论抗扰动性能时，可令输入变量 $R=0$，而把这时的输出量写成 ΔC。现在，将扰动 $F(s)$前移到输入作用点，则可以得到图 2-15(b)所示的等效结构框图。显然，图中虚框部分就是典型的Ⅰ型系统。由图 2-15(b)可知，扰动作用下的输出变化量 ΔC 的象函数为

$$\Delta C(s)=\frac{W(s)}{1+W(s)}\cdot\frac{F(s)}{W_1(s)} \tag{2-69}$$

虚框内环节的输出变化过程就是闭环系统的跟随过程，这说明抗扰性能的优劣与跟随性能的优劣有关。然而，在虚框前面，还有 $1/W_1(s)$作用，因此在扰动作用前面的 $W_1(s)$对抗扰性能也有很大的影响。仅靠典型系统的开环传递函数 $W(s)$并不能像分析跟随性能那样唯一地决定抗扰性能指标，扰动点的位置对输出变化的影响也是一个重要的因素。某种定量抗扰性能指标只适用于一种特定的扰动作用点。

因此，本书选取如图 2-16 所示扰动作用下的系统结构。控制对象在扰动点前后的结构分别是 $K_{\mathrm{d}}/(T_1s+1)$和 $K_2/(T_2s+1)$，在控制对象前面的控制器采用常用的 PI 控制规律，

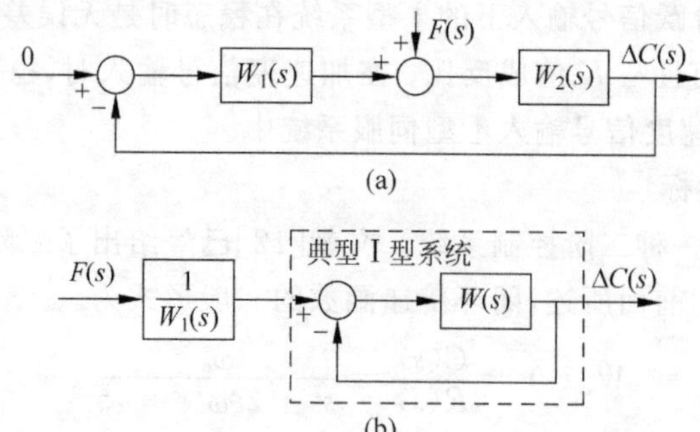

图 2-15 扰动作用下的Ⅰ型系统的动态结构图

(a) 扰动 $F(s)$作用下的典型Ⅰ型系统；(b) 等效结构框图

其传递函数为

$$W_{\mathrm{pi}}(s) = K_{\mathrm{pi}} \cdot \frac{\tau_1 s + 1}{\tau_1 s} \tag{2-70}$$

取 $K_1 = K_{\mathrm{pi}} K_{\mathrm{d}} / \tau_1$，$K_1 K_2 = K$，$\tau_1 = T_2 > T_1 = T$，则得等效图如图 2-16(b)所示。

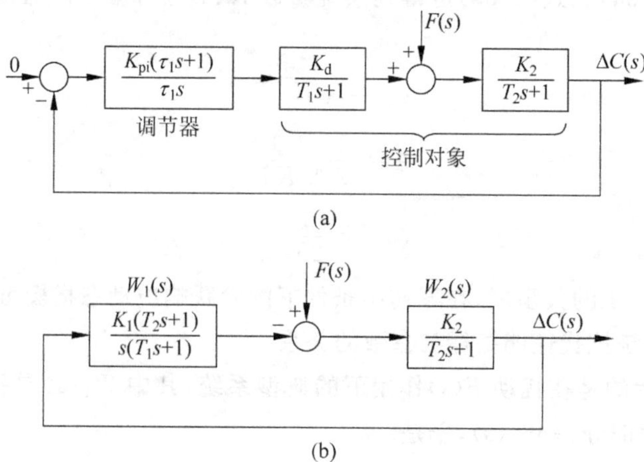

图 2-16 典型Ⅰ型系统在一种扰动作用下的动态结构

(a) 扰动作用下的结构；(b) 等效框图

也就是说，用控制对象中带较大时间常数的惯性环节$(T_2 s+1)$消掉控制器的比例微分环节$(\tau_1 s+1)$，就得到

$$W_1(s) = \frac{K_1(T_2 s + 1)}{s(T_1 s + 1)} \tag{2-71}$$

$$W_2(s) = \frac{K_2}{T_2 s + 1} \tag{2-72}$$

而 $W_1(s)W_2(s) = W(s)$，属典型Ⅰ型系统。

在阶跃扰动信号 $F(s) = F/s$ 作用下，对于图 2-16(b)所示的等效框图，可以得到

$$\Delta C(s) = \frac{F}{s} \cdot \frac{W_2(s)}{1 + W_1(s)W_2(s)} = \frac{\dfrac{FK_2}{T_2 s + 1}}{s + \dfrac{K_1/T_2}{Ts + 1}}$$

$$= \frac{FK_2(Ts+1)}{(T_2s+1)(Ts^2+s+K)} \tag{2-73}$$

如果选择 $KT=0.5$，则

$$\Delta C(s) = \frac{2FK_2T(Ts+1)}{(T_2s+1)(2T^2s^2+2Ts+1)} \tag{2-74}$$

则可求出最大的输出动态降落 ΔC_{max} 和恢复时间 t_v，这是我们最关心的两个抗扰动性能指标，只要在合理的范围内，就认为抗扰动性能达到了要求。

对典型Ⅱ型系统，也可以做出同样的分析，得出的结论是：Ⅰ型和Ⅱ型系统除了稳态误差有区别外，一般来说，在动态性能上，Ⅰ型系统在跟随性能上能做到超调量小，跟随性较好，但抗扰能力较差，而Ⅱ型系统的超调量相对较大，抗扰性能却较好，这在选择型别时是重要的参考。

在数控机床的进给伺服控制系统中，由于要求的速度信号是斜率恒定的斜坡输入信号，所以选择Ⅰ型系统时，稳态跟随误差是恒定的，并与系统的比例增益 K 成反比，可以通过选择较大的 K 值来减小稳态跟随误差，这是在实际应用中最典型的一个例子。

上文从原理上讲述了速度控制器的工作原理和设计方法。但在伺服系统的应用中，还要考虑到一些影响速度伺服控制性能的其他因素，摩擦力、负载惯性质量、电路参数的变化、未建模动态等诸多不确定因素，都是上述 PI 控制器所不能克服或不完全能解决的问题。因此，必须在 PI 控制器的基础上增添新的控制手段或采用全新的控制方法，以更好地解决上述困难，保持系统的设计性能。

上述有关问题，另辟章节予以研究。

2.5.5 位置控制器设计

位置控制的根本任务就是实现执行机构对位置指令的准确跟踪。被控制量一般是机构负载的空间位移。当位置指令随机变化时，系统能将被控量准确无误地跟踪并复现位置给定量。在生产活动中，例如仿形机床、火炮群跟踪雷达无线或电子望远镜瞄准目标、机器人动作等控制等都属此类。

由于位置控制系统中的位置指令是经常变化的，是一个随机变量，要求输出量准确跟踪给定量的变化，因此输出响应的快速性、灵活性、准确性就成了位置控制系统的主要特征，也就是说系统的跟随性成为主要指标。

图 2-17 是位置伺服系统的组成框图，对于位置伺服系统来说，位置控制器的输入位置指令信号不同时，位置伺服系统所表现的特性是不同的。典型的位置输入仅有三种形式：①位置阶跃输入；②斜坡位置输入；③加速度位置输入。现在以斜坡位置输入为例来研究位置系统的特性。

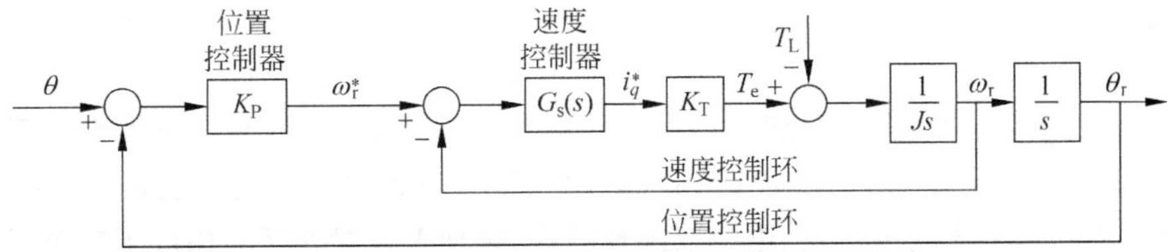

图 2-17　位置伺服系统的组成框图

当位置控制器的增益为比例常数 K_P 时，由于位移函数的微分为速度信号，所以当加入斜坡位置函数时，就相当于一个阶跃速度指令信号加入速度控制器的输入端，其输出响应就是对阶跃速度指令信号的响应，可以通过改善内环速度控制系统的阻尼参数等方法得到所希望的响应。图 2-18 为斜坡位置函数和阶跃速度等速斜坡输入位置信号。

由于速度环的截止频率远较位置环的高，可以将速度系统等效传递函数简化为 1，这样就以得到图 2-19 所示的位置伺服系统简化框图。显然，图 2-19 是一个典型的一阶惯性环节，其闭环传递函数为

$$W_{cl} = \frac{x_c(s)}{x_r(s)} = \frac{K_P}{s+K_P} = \frac{1}{Ts+1}$$

式中：T——系统的时间常数，s，$T=\frac{1}{K_P}$。

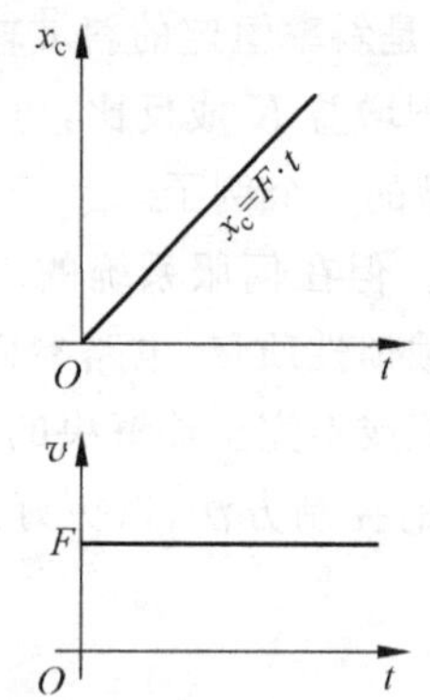

图 2-18 斜坡位置函数和阶跃速度等速斜坡输入位置信号

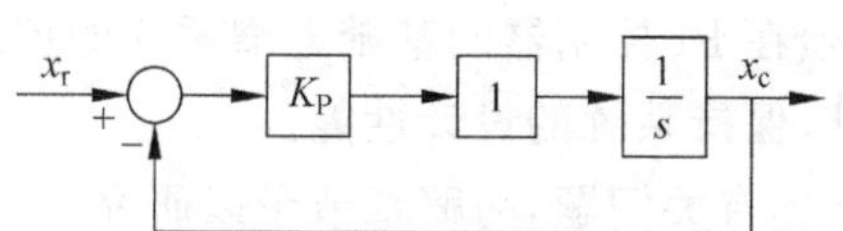

图 2-19 位置伺服系统简化框图

$$x_r(t) = F \cdot t \tag{2-75}$$

其拉氏变换为

$$x_r(s) = \frac{F}{s^2} \tag{2-76}$$

这实际上是要让机械传动系统按一定速度运动的指令。这时，图 2-19 中的偏差为

$$E(s) = \frac{s}{s+K_P} \cdot \frac{F}{s^2} \tag{2-77}$$

拉氏反变换后得到

$$E(t) = \frac{F}{K_P}(1-e^{-K_P t}) \tag{2-78}$$

当 $t\to\infty$时，得到最终的误差为

$$E(t)\big|_{t=\infty} = \frac{F}{K_P} \tag{2-79}$$

以上分析说明了位置伺服系统可以近似简化成一阶惯性环节。位置控制对快速性要求是很高的，为此要求位置环应该具有较高的截止频率，截止频率的高低表征了系统的快速性。如果速度控制系统是由速度、电流双闭环组成，再加上位置外环而构成了三个闭环控制之后，由于每个闭环都有自己的调节对象，这就易于控制。然而，由于每次由内环设计到外

环时，都要把内环视为一个相对简化的等效环节，而这种等效之所以能成立，是以外环的截止频率远低于内环为先决条件的。这样一来，位置环的截止频率就被限制得太低，从而有可能影响位置控制系统的快速性。为了提高系统的快速性，可以采用适当形式的位置控制器。除了在大多数情况下采用比例形式控制器外，有时还可以有 PID 形控制和并联反馈校正控制方式。但要注意在具体工作中，是否允许有位置出现超调现象。

本章主要介绍了旋转式永磁同步伺服电机位置三环控制系统在位置斜坡输入指令时，系统的工作情况，对电机后续的机械传动系统未作介绍，它也是伺服系统的重要组成部分，将在第 8 章内有关部分结合数控机床进给驱动伺服系统作相应介绍。

第3章 伺服驱动的负载机械特性

3.1 旋转体的运动方程

目前，在机电一体化产品与伺服系统中，广泛使用交流伺服电动机驱动。对于一个机电一体化产品的设计者来说，不仅需要充分了解交流伺服电动机的特性，而且需要深入了解被驱动对象——机械装置的特性，并将交流伺服电动机和被驱动机械装置统一考虑，才能设计出品质优良的机电一体化产品。

在选择交流伺服电动机时，首先必须了解被驱动机械所要实现的各种运动，了解整个机械装置的工作过程，看看对交流伺服电动机驱动系统究竟提出了哪些要求，以此作为选择交流伺服电动机的依据。因此，有必要充分理解驱动对象的机械特性及其力学性质。

首先，以交流伺服电动机为例加以说明。

1. 转速

伺服电动机的转速是指其转子的旋转速度，以单位时间内转过的角度(rad/s)，或单位时间内的转数(r/min)来表示。

这种在单位时间里角度 θ 的变化称为角速度 Ω，二者之间的关系为

$$\Omega = \frac{\mathrm{d}\theta}{\mathrm{d}t} \quad (\mathrm{rad/s}) \tag{3-1}$$

当用电动机转速 n 来表示时，则

$$\Omega = 2\pi n \quad (\mathrm{rad/s}) \tag{3-2}$$

现在，来考虑直线运动和旋转运动之间的关系。直线运动的线速度 v 是指单位时间里运动体所移动的距离 s(m)。若旋转半径为 r(m)，角速度为 Ω(rad/s)，则线速度和角速度之间的关系为

$$v = \Omega r \quad (\mathrm{m/s}) \tag{3-3}$$

2. 转矩

伺服电动机的转矩 T_e 是以作用在转子上的力 F(N)与其作用点的旋转半径 r(m)之积来表示：

$$T_e = Fr \quad (\mathrm{N \cdot m}) \tag{3-4}$$

3. 功

某物体在受到力 F 作用并沿力的方向移动 s 时，力 F 所做的功 A 用力 F 与距离 s 的乘积表示：

$$A = Fs = Fr\theta = T\theta \quad (\mathrm{J}) \tag{3-5}$$

式中：θ——旋转体所转过的角位移；

T——旋转体所受到的转矩。

4. 功率

单位时间内所做的功称为功率 P(J/s 或 W)。当旋转体运动时，功率 P 可用转矩 T 和角速度 Ω 之积表示为

$$P = \frac{\mathrm{d}A}{\mathrm{d}t} = T\frac{\mathrm{d}\theta}{\mathrm{d}t} = T\Omega \quad (\mathrm{W}) \tag{3-6}$$

当物体受力 F 的作用后移动距离 s 时，若所做的功为 A，则直线运动时的功率为

$$P = \frac{\mathrm{d}A}{\mathrm{d}t} = F\frac{\mathrm{d}s}{\mathrm{d}t} = Fv \quad (\mathrm{W}) \tag{3-7}$$

5. 动能和惯量

质量 m(kg)的物体以速度 v(m/s)沿直线运动时的动能为

$$E_{\mathrm{k}} = \frac{1}{2}mv^2 \quad (\mathrm{J}) \tag{3-8}$$

把直线运动和旋转运动的速度表达式代入式(3-8)，便可以求得旋转运动时的动能

$$E_{\mathrm{k}} = \frac{1}{2}mv^2 = \frac{1}{2}mr^2\Omega^2 = \frac{1}{2}J\Omega^2 \tag{3-9}$$

式中：J——转动惯量，$\mathrm{kg \cdot m^2}$，$J = mr^2$。

当一个旋转体是由若干个旋转质点组成时，该旋转体的转动惯量等于各质点的转动惯量之和：

$$J = \sum_i m_i r_i^2 \quad (\mathrm{kg \cdot m^2})(i = 1,2,3,\cdots) \tag{3-10}$$

但实际旋转体是由连续质点组成的。若在半径 r 处的质点密度为 $\rho(\mathrm{kg/m^3})$，该处的体积微分为 $\mathrm{d}V$，则旋转体的转动惯量为

$$J = \int_V \rho \mathrm{d}V \quad (\mathrm{kg \cdot m^2}) \tag{3-11}$$

在实际设计机电一体化产品时，需要知道伺服电动机所驱动的机械惯量 J，并把它折算到伺服电动机轴上。如图 3-1 所示，在具有惯量为 J_1 的交流伺服电动机轴上，借助于变速机构连接具有惯量为 J_2 的负载。

设交流伺服电动机的角速度为 Ω_1，负载的角速度为 Ω_2，则整个机械系统的动能为

$$E_{\mathrm{k}} = \frac{1}{2}J_1\Omega_1^2 + \frac{1}{2}J_2\Omega_2^2 = \frac{1}{2}\left(J_1 + \frac{\Omega_2^2}{\Omega_1^2}J_2\right)\Omega_1^2$$
$$= \frac{1}{2}\left[J_1 + \left(\frac{Z_2}{Z_1}\right)J_2\right]\Omega_1^2 = \frac{1}{2}(J_1 + \alpha^2 J_2)\Omega_1^2 \tag{3-12}$$

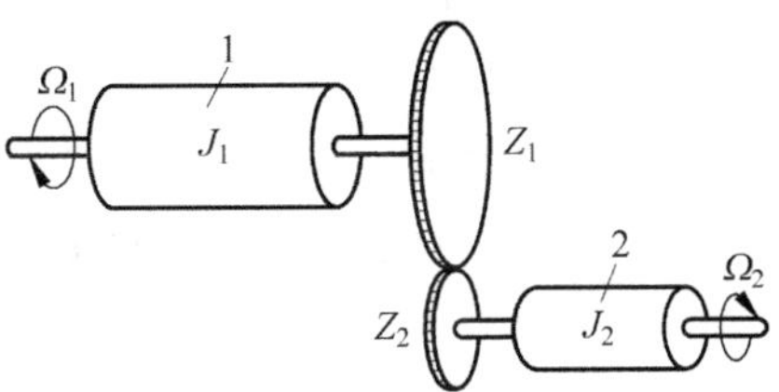

图 3-1　用变速机构连接的旋转体

1—交流伺服电动机；2—负载

式中：α——变速比，$\alpha = Z_2/Z_1$。

在图 3-2 中,若在惯量为 J_1 的交流伺服电动机轴上,直接连一个惯量为 J_2 的滚筒,并借助于软连接将一个质量为 m 的质点连接在该滚筒上,则质点 m 在交流伺服电动机轴上的惯量折算值可用下述方法来求得。

设交流伺服电动机的角速度为 Ω,转速为 n,滚筒直径为 D,质点 m 的速度为 v,则全部的动能 E_k 可由下式表示:

$$E_k = \frac{1}{2}(J_1 + J_2)\Omega^2 + \frac{1}{2}mv^2 = \frac{1}{2}\left(J_1 + J_2 + \frac{mv^2}{\Omega^2}\right)\Omega^2 \tag{3-13}$$

把 $v=\pi Dn, \Omega=2\pi n$ 代入上式,则有

$$E_k = \frac{1}{2}\left[J_1 + J_2 + \frac{m(\pi Dn)^2}{(2\pi n)^2}\right]\Omega^2 = \frac{1}{2}\left(J_1 + J_2 + \frac{mD^2}{4}\right)\Omega^2 \tag{3-14}$$

式中:J_1——交流伺服电动机的惯量;

J_2——滚筒的惯量。

由式(3-14)可见,质量为 m 的质点在直径为 D 的旋转轴上作直线运动,回转轴的惯量为 $mD^2/4$。

图 3-3 表示通过丝杠牵引质量为 m_1 的质点和质量为 m_2 的工作台。

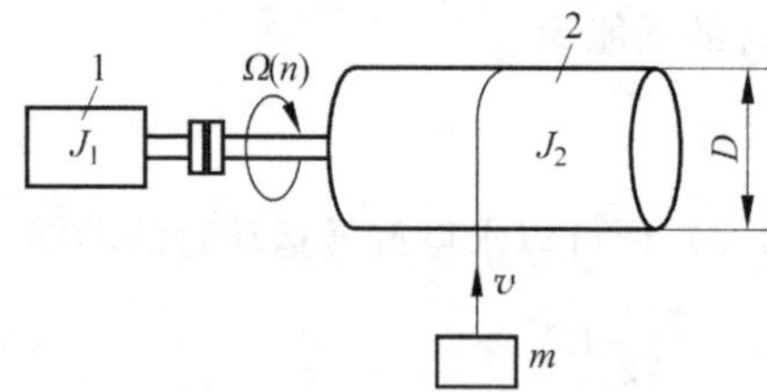

图 3-2 直线运动体的惯量

1—交流伺服电动机;2—滚筒

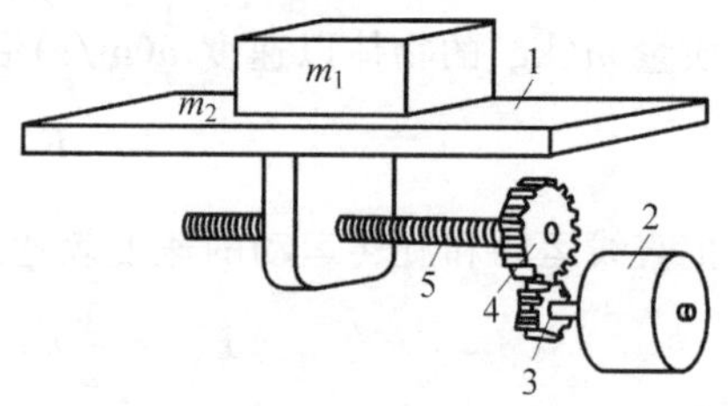

图 3-3 牵引丝杠驱动的物体

1—工作台;2—交流伺服电动机;3—小齿轮;4—大齿轮;5—丝杠

机械系统的总惯量 J 的计算如下:

$$J = J_1 + J_2 + \alpha^2\left[J_3 + (m_1 + m_2)\frac{D^2}{4}\right] \tag{3-15}$$

式中:J_1——交流伺服电动机的惯量;

J_2——小齿轮的惯量;

J_3——大齿轮的惯量;

D——转动丝杠的直径;

m_1——质点的质量;

m_2——工作台的质量;

α——减速比。

6. 运动方程式

据牛顿第二定律可知,当质量为 m 的物体在受力 F 作用时,若以速度 v 运动,则有

$$F = m\frac{dv}{dt} \tag{3-16}$$

牛顿第二定律也适合于旋转运动。

设旋转半径为 r,角速度为 Ω,并把 $v=r\Omega$ 代入上式,则有

$$F = mr\frac{\mathrm{d}\Omega}{\mathrm{d}t} \tag{3-17}$$

两边乘以 r，得

$$Fr = T = mr^2\frac{\mathrm{d}\Omega}{\mathrm{d}t} = J\frac{\mathrm{d}\Omega}{\mathrm{d}t}$$

即

$$T = J\frac{\mathrm{d}\Omega}{\mathrm{d}t} \quad (\mathrm{N\cdot m}) \tag{3-18}$$

式中：J——旋转体的惯量；

T——转矩。

3.2 负载的转矩特性

在机电一体化机器中，驱动机械运动的交流伺服电动机运行方式通常如图 3-4 所示。

交流伺服电动机从零速起动，一直加速到所规定的速度，并以此速度运行。当完成工作接到停止命令时，交流伺服电动机就从工作速度开始减速，直到停止，这就结束了一个连续运行的过程。为了按上述运行方式来控制交流伺服电动机，必须产生足够的转矩 T_e，以克服负载转矩 T_L、机械部分的摩擦转矩 T_f 和负载加减速时所需要的加速转矩 $T_a\left(T_a=J\frac{\mathrm{d}\Omega}{\mathrm{d}t}\right)$之和的反作用。

如上所述，交流伺服电动机所产生的转矩和负载转矩之间的关系如图 3-5 所示。

若用运动方程表示，则有

$$T_e = T_L + T_f + J\frac{\mathrm{d}\Omega}{\mathrm{d}t} \tag{3-19}$$

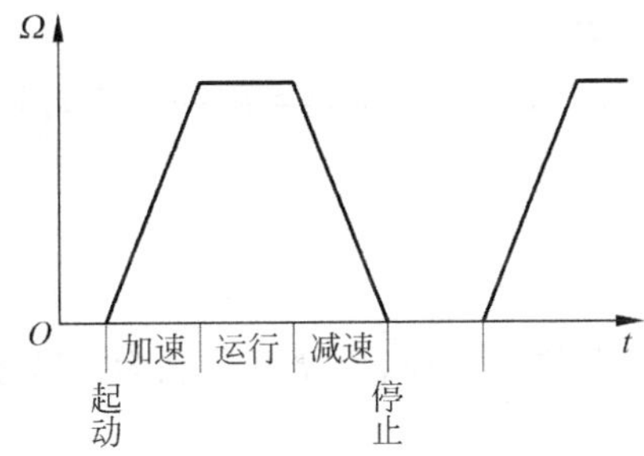

图 3-4　运动方式

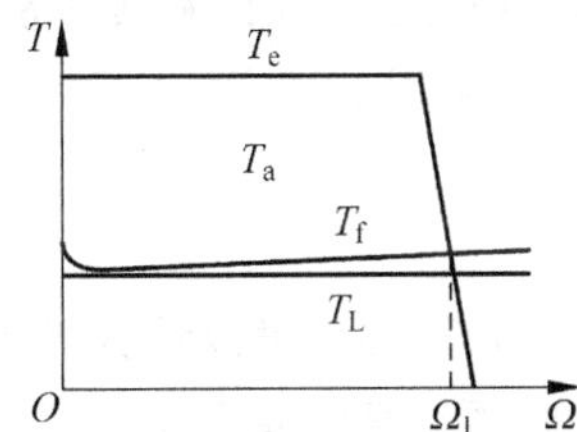

图 3-5　交流伺服电动机所产生的转矩和负载转矩之间的关系

旋转体在轴承等处所受到的摩擦转矩在加速过程中的变化情况相当复杂，但一般可认为有如下规律：物体从静止状态开始转动时，存在较大的静摩擦转矩，当电动机所产生的转矩大于该摩擦转矩时，电动机便开始旋转。电动机旋转起来后，摩擦力便随之变小，而后随着角速度的上升而逐渐增加。除起动时外，旋转摩擦转矩可分为与角速度有关的摩擦转矩和与角速度无关的摩擦转矩。通常，与速度成比例的摩擦系数较小，可以忽略不计。一般来说，由电动机所驱动的负载，其转矩-速度特性可大致分为三类，如图 3-6 所示。

(1) 恒转矩负载：在这类负载中，负载转矩不随负载速度变化而变化，负载功率则随着速度

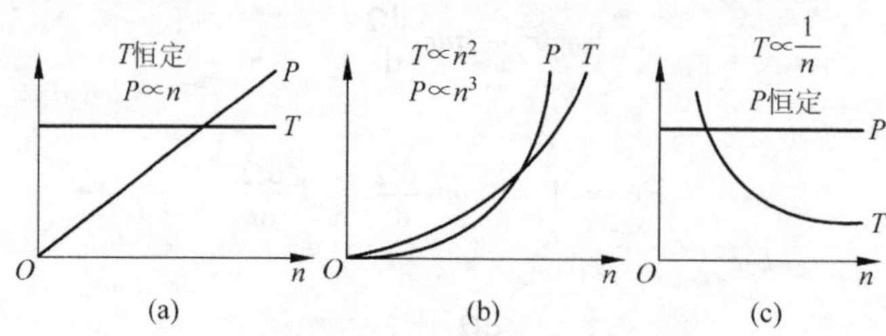

图 3-6 负载的种类和转矩-速度特性

(a) 恒转矩负载；(b) 流体负载；(c) 恒功率负载

的增大而线性增加。像卷扬机等重力负载、机床进给机构等摩擦负载就是恒转矩负载的代表。

(2) 流体类负载：这类负载的转矩与转速的二次方成比例，功率与转速的三次方成比例。风机、水泵等就是这类负载的代表。

(3) 恒功率负载：这类负载的特点是转矩与转速成反比，但其乘积即功率近似保持不变。这类负载的典型代表有金属切削机床的主轴驱动和卷取机等。

由图 3-5 知道，交流伺服电动机的转矩-转速特性是一条直线，即转矩为一个常数。所以交流伺服电动机特别适用于驱动机床进给轴这类恒转矩负载。

下面，根据不同负载，就计算交流伺服电动机容量与转矩的方法作简要说明。

1. 摩擦负载

传送带和机床工作台等负载是使物体在水平方向上运动，这类负载就是一种摩擦负载。当质量为 m 的物体对摩擦面施加的垂直方向的力为 F_v 时，若摩擦系数为 μ，则使物体沿水平方向移动的力为

$$F_h = \mu F_v \quad (\mathrm{N}) \tag{3-20}$$

当以速度 v 移动时所需的功率为

$$P = F_h v = \mu F_v v \quad (\mathrm{W}) \tag{3-21}$$

当物体以角速度 Ω 作旋转运动时，若轴承半径为 r，则此时所需要克服的摩擦转矩 T_f 和所提供的功率 P 分别为

$$T_f = \mu F_v r \quad (\mathrm{J}) \tag{3-22}$$

$$P = \mu F_v r\Omega \quad (\mathrm{W}) \tag{3-23}$$

在一定的速度内，可以认为摩擦系数不变，故对一定的速度而言，摩擦负载为恒转矩负载特性，其功率与速度成正比。

2. 重力负载

卷扬机、多关节型机器人等机械克服重力将物体上、下移动，这种负载称为重力负载。将质量为 m 的负载以速度 v 向上卷起时的力 F_v 和功率 P 分别为

$$F_v = mg \quad (\mathrm{N}) \tag{3-24}$$

$$P = F_v v = mgv \quad (\mathrm{W}) \tag{3-25}$$

由于重力加速度 g 是一定的，不随速度而变化，所以这种负载对速度而言呈现恒转矩特性，功率与速度成正比。

3. 恒功率负载

机床的主轴和卷取机等负载都是恒功率负载的例子。在切削加工时，切削阻力的合力

F 如图 3-7 所示。在合力 F 中，需要提供分力 F_f，以使驱动装置移动，作纵向进给。由于图 3-7 中所示的刀具不作横向进给运动，所以分力 F_p 并不消耗功率。主分力 F_v 对应于主轴的驱动功率。若主轴运动速度及进给速度分别为 v 和 v_f，则主轴驱动功率和进给功率分别为

$$P_v = F_v v \quad (W) \tag{3-26}$$

$$P_f = F_f v_f \quad (W) \tag{3-27}$$

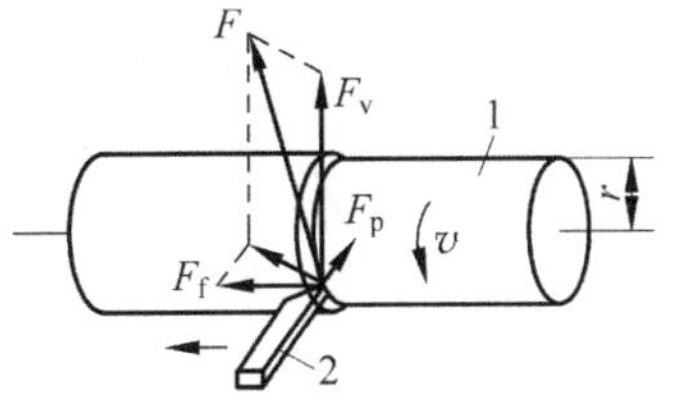

图 3-7 切削阻力的分力
1—被加工工件；2—车刀

切削阻力因工件的材质而异，与刀具材质几乎无关。当工件的材质及切削角度一定时，虽然可以认为切削阻力是一定的，但由于工件半径的变化，转矩也随之改变。一般来说，当被加工的工件半径变小时，应使工件的转速升高；而当工件半径较大时，应使其转速降低。这样才能保证工件圆周的线速度保持为一常数，不随半径变化而变化，从而确保加工质量。

4. 加速负载

在印制电路板的元件插入装置、绘图机等负载中，其负载很轻，但却处于频繁起动与制动运行方式中，在这种情况下，不仅需要较大的起动与制动转矩，也需确定交流伺服电动机的容量。

设质量为 m 的物体以加速度 $a\,(\mathrm{m/s^2})$ 加速或减速时的功率分别为

$$P_a = (ma + F_L)at \quad (W) \tag{3-28}$$

$$P_d = (-ma + F_L)(v_0 - at) \quad (W) \tag{3-29}$$

式中：F_L——负载的阻力；

v_0——初始速度。

惯量为 J 的旋转体以角加速度 $\Omega\,(\mathrm{rad/s^2})$ 加、减速度时的转矩分别为

$$T_a = J\Omega + T_L \quad (\mathrm{N \cdot m}) \tag{3-30}$$

$$T_d = -J\Omega + T_L \quad (\mathrm{N \cdot m}) \tag{3-31}$$

式中：T_L——旋转体的阻力矩。当初始角速度为 Ω_0 时，所需的加、减速功率分别为

$$P_a = (J\Omega + T_L)(\Omega_0 + \Omega t) \quad (W) \tag{3-32}$$

$$P_d = (-J\Omega + T_L)(\Omega_0 - \Omega t) \quad (W) \tag{3-33}$$

当初始角速度 $\Omega_0 = 0$ 时，即从静止状态以角加速度 Ω 加速到 $\Omega = \Omega_1$ 时的功率为

$$P_a = (J\Omega + T_L)\Omega t \quad (W) \tag{3-34}$$

从初始速度 $\Omega_0 = \Omega_1$，以角加速度 Ω 减速到静止状态时的功率为

$$P_d = (-J\Omega + T_L)(\Omega_1 - \Omega t) \quad (W) \tag{3-35}$$

3.3 几种典型的非线性现象

在交流伺服系统中，除了在第 2 章中介绍过电机转子速度干涉交、直轴电流所造成的非线性因素之外，执行元件伺服电动机一般还兼有死区和饱和特性，如图 3-8(a)、(b)所示。由于电机轴上都存在摩擦力矩和负载力矩，因此，当输入电压达到一定数值时，电机才会转动，即存在不灵敏区，当输入电压超过一定数值时，电机的转速就会出现饱和，见图 3-8(c)。

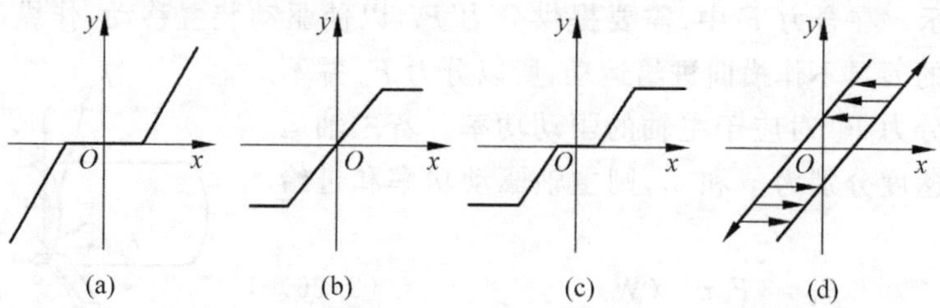

图 3-8 伺服系统可能存在的几种典型的非线性特性

另外，各种传动机构，例如齿轮减速装置、杆系传动，由于加工和装配精度限制，在传动过程中都存在间隙特性，如图 3-8(d)所示。由此可见，这些非线性特性在实际的伺服系统中是普遍存在的。在性能要求很高的伺服系统中，必须认真对待这些非线性因素。

3.3.1 现象分析

死区又称为不灵敏区，其特性如图 3-9 所示。它的特点是：当输入量 $|x| \leqslant \Delta$ 时，输出量 $y=0$；当 $|x|>\Delta$ 时，y 与 x 呈线性关系。图中 $-\Delta \sim \Delta$ 是死区范围，$K=\tan\beta$ 是死区特性直线段的斜率。

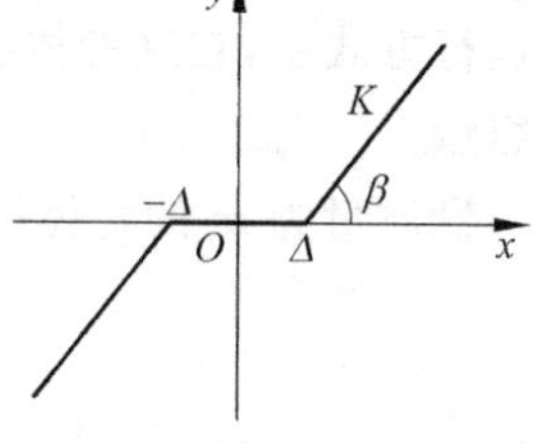

图 3-9 死区特性

系统中的死区是由测量元件的死区、放大元件的死区以及执行机构的死区造成的。对于图 3-10 所示的系统，K_1、K_2、K_3 分别为误差检测器、放大元件和执行机构的传递系数，Δ_1、Δ_2、Δ_3 分别为它们的死区。把放大元件和执行机构的死区都折算到误差检测器上，得到总的死区特性为

$$\Delta = \Delta_1 + \frac{\Delta_2}{K_1} + \frac{\Delta_3}{K_1 K_2} \tag{3-36}$$

由此可见，处于系统前向通路最前边的元件，其死区造成的影响最大，而放大元件和执行元件死区的影响，可以通过提高这些元件前几级的传递系数来减小。

死区对系统最直接的影响是造成稳态误差。当输入信号是斜坡函数时，死区的存在会造成系统输出量在时间上的滞后，从而降低系统的跟踪精度，如图 3-11 所示。

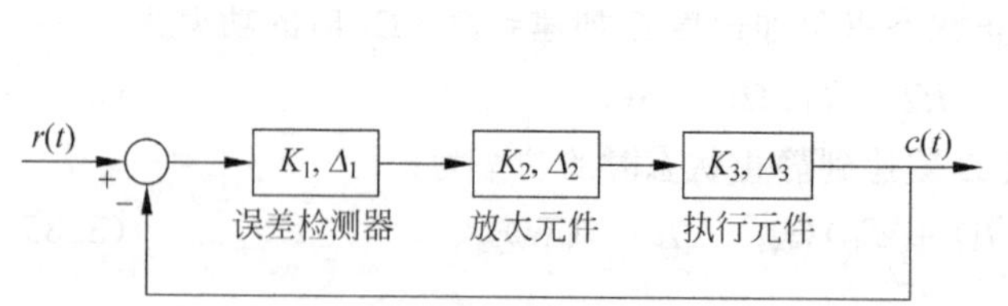

图 3-10 含有死区的非线性系统

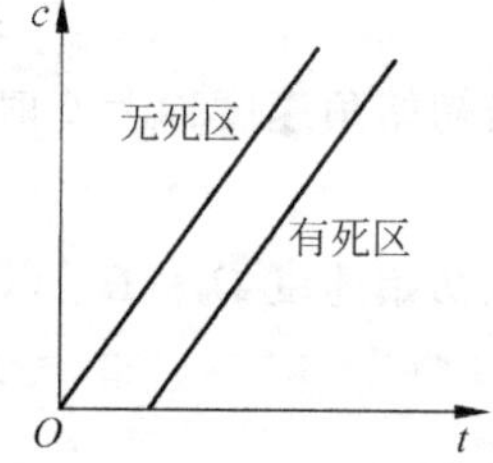

图 3-11 斜坡输入时，系统的输出量

死区特性的等效增益如图 3-12 所示。在图 3-12(a)中，K 为死区特性直线段的斜率，k 为死区特性的等效增益。显然，当 $|x| \leqslant \Delta$ 时，$k=0$；当 $x \to \infty$ 时，$k \to \infty$，如图 3-12(b)所示。因此，死区的存在相当于降低了系统的开环增益，从而提高了系统的稳定性，减弱了过渡过程的振荡性。另外，死区能滤除在输入端作小幅振荡的干扰信号，从而提高系统的抗干扰能力。

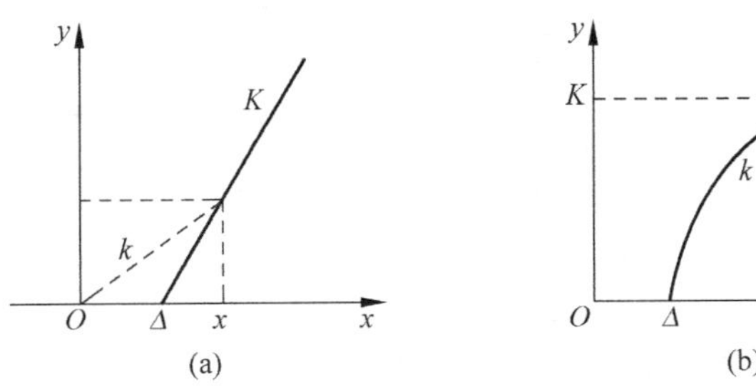

图 3-12　死区特性的等效增益

3.3.2　饱和现象研究

具有饱和特性的元件很多，几乎各类放大器和电磁元件都会出现饱和现象。实际上，执行元件的功率限制也是一种饱和现象。饱和特性及其等效增益如图 3-13 所示。图 3-13(a)所示为饱和特性，它的特点是：当输入量 $|x| \leqslant a$ 时，输出量与 x 呈线性关系。图中 $-a \sim a$ 是线性范围，K 是线性范围内的传递系数。由图可见，饱和特性在线性范围内的增益为 K，而在饱和区虽然输入量继续增大，但输出却保持不变，所以饱和特性的等效增益 k，将随着输入量的增大而减小，如图 3-13(b)所示。

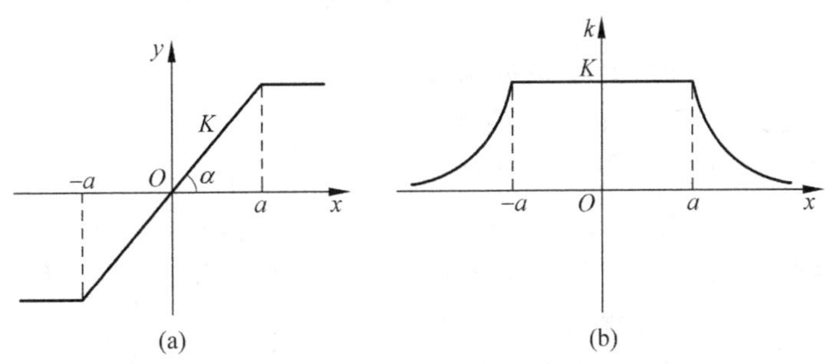

图 3-13　饱和特性及其等效增益

(a) 饱和特性；(b) 等效增益

饱和特性对系统性能的影响是多种多样的，下面仅讨论两种情况。对稳定的系统而言，饱和特性带来的开环增益下降，会使系统的超调量下降，振荡减弱。这可用图 3-14 所示的伺服系统为例来说明。图 3-14 所示为具有饱和特性的伺服系统框图，定性说明如下：当系统中无饱和限制时，开环传递函数为 $G(s)=\dfrac{K_1K_2}{s(T_{\mathrm{m}}s+1)}$，其根轨迹如图 3-15(a)所示，当开环增益为 $K=K_1K_2$ 时，闭环极点位于 s_1 和 s_2 处，在幅值较大的阶跃信号作用下，系统的阶跃响应如图 3-15(b)中的曲线 1 所示。当考虑饱和限制后，幅值较大的阶跃输入使系统工作在饱和区，于是，开环增益 $K=K_1K_2$ 下降，闭环的两个极点变为 s_1' 和 s_2'，它们比 s_1、s_2 更靠近实轴，见图 3-15(a)。这相当于阻尼比 ξ 增大，系统的阶跃响应如图 3-15(b)中的曲线 2 所示，显然超调量下降，振荡减弱(对于开环增益减小时，稳定裕度反而减小的个别系统，饱和特性的引入反而会使系统的振荡情况加剧)。

对于振荡发散的不稳定系统，当受到饱和限制后，系统会出现自激振荡。例如，在如图 3 14 所示的伺服系统中，若 $G(s)=\dfrac{K_2}{s(T_{\mathrm{m}}s+1)(s+1)}$，并且不考虑饱和限制，当开环增益

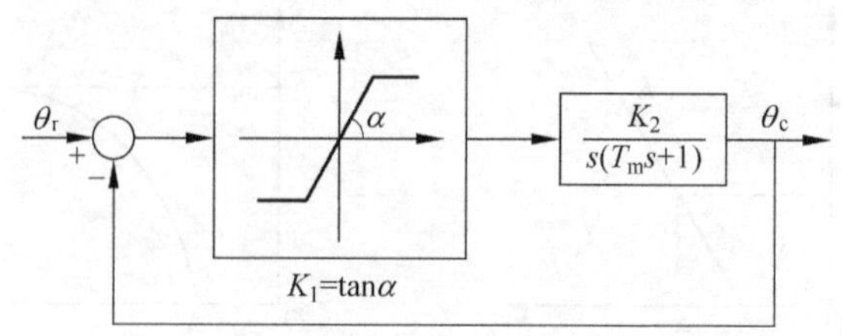

图 3-14　具有饱和特性的伺服系统框图

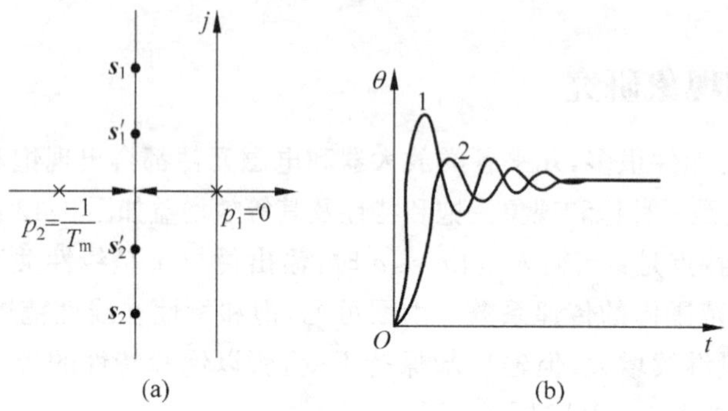

图 3-15　系统的根轨迹图及阶跃响应曲线

$K=K_1K_2$ 大于临界值 K_c 时，系统是振荡发散的，其阶跃响应曲线如图 3-16 中的曲线 1 所示。当考虑了饱和特性后，系统的发散结果会使误差 e(e 为指令输入与输出的误差)增大，从而使饱和特性的增量 K_1 下降，当 $K=K_1K_2$ 小于系统的临界开环增益 K_c 时，系统的输出就有收敛的趋势；当收敛到使 e 进入饱和特性的线性范围时，$K=K_1K_2$ 又大于 K_c，输出又振荡发散。反复上述过程，使系统输出既不能无限发散，也不会收敛到零，最终将不稳定的发散振荡压抑为大幅度的自振，如图 3-16 中的曲线 2 所示。

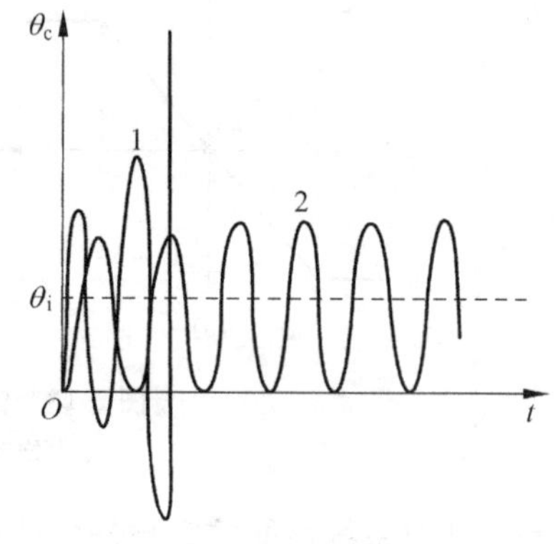

图 3-16　图 3-14 中 $G(s)=\frac{K_2}{s(T_m s+1)(s+1)}$时，系统的阶跃响应曲线

总之，饱和特性对系统性能影响比较复杂，并因系统结构参数的不同而不同，但粗略地看，可以用线性系统开环增益减小时，对系统性能产生的影响做近似分析。例如，使系统的稳态误差增大，当系统输入信号为斜坡函数时，因跟踪速度受到限制，从而使系统的跟踪误差变大。但一般来说，饱和特性会使系统的动态特性变好。

在设计伺服系统时，应力求在输入信号增大时，所有元件同时进入饱和区，至少也要使功率级首先进入饱和区，这将使功率元件得到充分利用，在经济上是合理的。

3.3.3　间隙现象的讨论

传动机构(如齿轮传动、杆系传动)的间隙也是控制系统中常见的非线性因素，由加工精度和装配上的限制，间隙往往是很难避免的。如图 3-17(a)所示的减速齿轮箱中，一对齿轮的啮合间隙如图 3-17(b)所示。主动轮的 A 位于从动轮的齿 B_1、B_2 中间。图 3-17(c)给出了这对啮合齿轮输入量和输出量之间的关系。当主动轮正向转动而未越过间隙 b 时，从动轮不动，这相当于死区 Ob 段；然后从动轮随主动轮以线性关系旋转，即 bc 段；当主动轮反转时，必须越过 $2b$ 的空行 cd 段以后，从动轮才反转，即 de 段；当主动轮再正转时，从动轮再次停止，即 ef 段；然后从动轮跟随主动轮正向旋转，即 fb 段。从而形成了如图 3-17(c)所示的间隙特性。它具有非单值非线性特性，因为一个输入值可以有两个输出值。

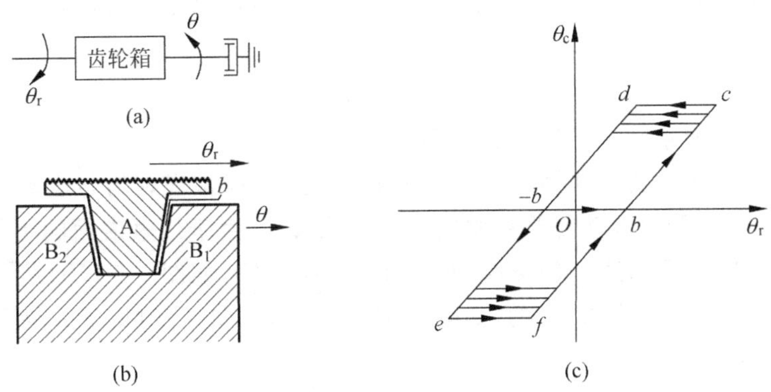

图 3-17 齿轮间隙和间隙特性

间隙特性对系统性能的主要影响：一是增大了系统的稳态误差，降低了控制精度，这相当于死区的影响；二是使系统过渡过程的振荡加剧，甚至可能使系统不稳定，这一点可以用间隙特性在正弦信号作用下，输出的波形图 3-18 来说明。

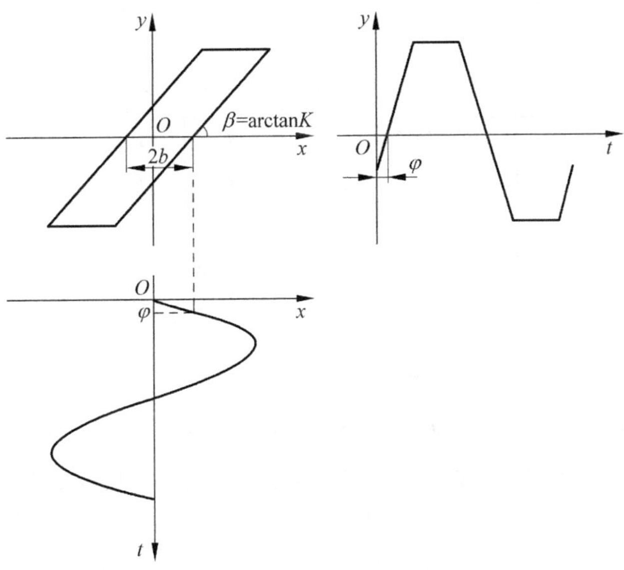

图 3-18 间隙的输入-输出波形

由图 3-18 可见，输出在相位上落后输入 φ 角，这相当于在开环系统中引入一个相角滞后环节，从而使系统的相角裕度减小，过渡过程振荡加剧，动态性能变坏，甚至造成系统不稳定。从能量的观点来分析，当主动轮越过间隙时，系统的执行元件不带动负载，因而不消耗能量，与没有间隙特性的系统相比，相当于蓄能增多，使得主动轮通过间隙重新带动负载时的总能量增大，因而使系统的振荡加剧，间隙过大，蓄能过多，从而造成系统自振。

减小齿轮啮合间隙的直接办法是提高齿轮的加工和装配精度，此外，也可以采用各种校正装置来补偿间隙的不良影响。

3.3.4 摩擦分析

在机械机构传动中，摩擦是必然存在的物理因素。当机械工作面进入滑动接触时，都存在制动摩擦力，其主导摩擦力 F_f 称为粘性摩擦力，它与滑动表面的相对速度 $\dot{x}$ 成正比，是线性的，即

$$F_f = f\dot{x} \tag{3-37}$$

式中：f——粘性摩擦系数，如图 3-19(a)所示。

另外，还存在两种非线性摩擦。一种是库仑摩擦 F_2，通常表现为与运动方向相反的恒定制动力。另一种是开始运动需要克服的静摩擦力 F_1。由于接触表面的不规则，所以 F_1 总大于 F_2，但是，随着运动速度的提高，F_1 逐渐减小到 F_2，如图 3-19(b)所示。实际考虑时，可以近似认为 F_1 是突变为 F_2 的，如图 3-19(c)所示。图 3-19(d)表示各种摩擦的组合特性。

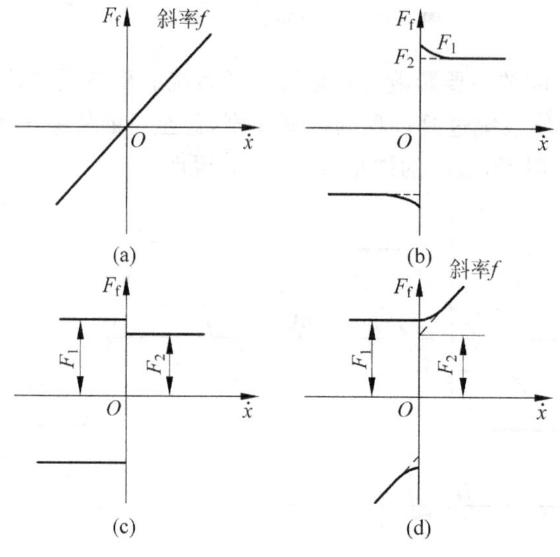

图 3-19 各种形式的摩擦特性

非线性摩擦的影响，因系统的具体情况而定。对小功率伺服系统来说，它就是一个很重要的非线性因素。关于它的影响，从静态方面来看，相当于在执行机构中引入了死区，会增大系统的稳态误差、降低系统的精度，这一点和死区的影响雷同；对动态性能最重要的影响是造成系统低速运动时的不平滑性，即当系统的输入轴作低速平稳旋转时，输出轴却是跳动式地跟着旋转。在工程中这种低速爬行现象是很有害的，将导致数控机床无法进行精确加工，火炮、雷达不能正确跟踪目标，甚至丢失目标。所以，对伺服系统最小平稳跟踪速度是有一定要求的。

以上定性介绍了前向通道中一些常见非线性因素对系统性能的影响，如果这些因素发生在反馈回路中，其影响可能又是另外一番情形。

3.4　机械谐振

伺服电机的输出轴通过机械减速箱带动被控的机械负载，齿轮减速箱可以看作是一个力矩变换器，也就是说，在高性能伺服机构的减速器中输入一个高速低转矩的旋转运动，而输出端上将产生一个低速高转矩输出运动。这是因为加速大惯量的负载通常需要高转矩。传动比的选择应使电动机的转矩-速度特性与负载的要求相匹配。由电机轴到负载运动的传递与变换过程中，往往假设参与这个过程中的所有运动部件都是刚性的，运动链没有任何形式的变形，也不会引起任何额外的附加运动。

实际上，机械传动轴在传递力矩的过程中，都有不同程度的弹性变形，随着对伺服系统动态性能要求的不断提高，系统的通频带宽度随之增宽，而机械的这种弹性变形所造成的变形与谐振对系统性能的影响也随之增加，甚至可能破坏系统的稳定性，因此，必须认真考虑机械传动链弹性变形对伺服系统性能的影响。

图 3-20 表示伺服电动机经过二级齿轮减速器到负载的传动链示意图。这里，先给出减速器的齿轮传动比定义：

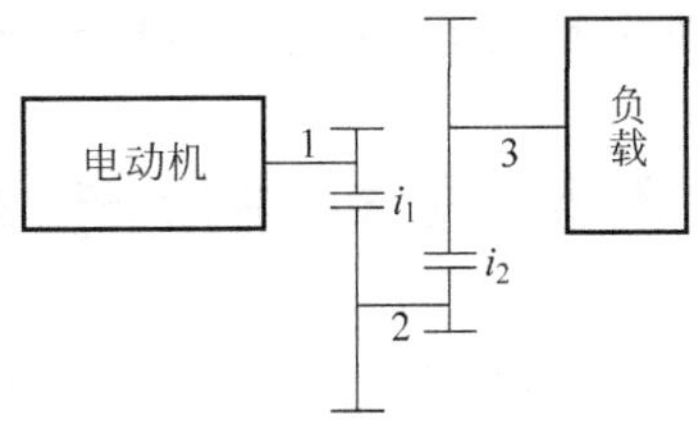

图 3-20　二级减速齿轮传动示意图

当两个直齿圆柱齿轮啮合传动时，其主动轮 1 的转速 n_1 与从动轮 2 的转速 n_2 之比，称为齿轮的传动比，用 i 来表示。通过换算知道，

$$i_{12} = \frac{n_1}{n_2} = \frac{z_2}{z_1}$$

式中：n_1——主动轮转速；

n_2——从动轮转速；

z_1——主动轮齿数；

z_2——从动轮齿数。

对于减速器，$n_1 > n_2$，$z_2 > z_1$，则 $i_{12} > 1$，图 3-20 所示为二级齿轮传动，有三根轴，为简化分析，设三根轴长度、粗细、材料均相同，因而有相同的弹性模量，二级减速的传动比分别为 i_1、i_2，总传动比为 $i_1 i_2$。

当伺服电机输出力矩为 M_d 时，轴 1 即承受力矩 M_d，此时轴 2 承受力矩显然在增大，变为 $M_2 = i_1 M_d$，而轴 3(即负载轴)所承受的力矩进一步增加为 $M_3 = i_1 i_2 M_d$。现在来考虑在承受力矩的情况下，三个轴产生的弹性变形角：

轴 1 的扭转变形角 $\varphi_1 = M_d / K_L$；

轴 2 的扭转变性角 $\varphi_2 = i_1 M_d / K_L$；

轴 3 的扭转变形角 $\varphi_3 = i_1 i_2 M_d / K_L$。

由此可见，传动轴越靠近负载，其扭转变形角也越大。

如果将各轴变形角都折算到轴 3 上，就得到整个减速装置的总的扭转变形角：

$$\varphi = \varphi_3 + \frac{1}{i_2}\varphi_2 + \frac{1}{i_1 i_2}\kappa_1 = \varphi_i\left(1 + \frac{1}{i_2^2} + \frac{1}{i_1^2 i_2^2}\right) \tag{3-38}$$

为简化分析，现将整个装置的扭转变形都集总在负载轴上，如图 3-21 所示。

在图 3-21 中，电机采用永磁同步伺服电动机，用 $i_d = 0$ 控制方式，q 轴电流 i_q 也就相当

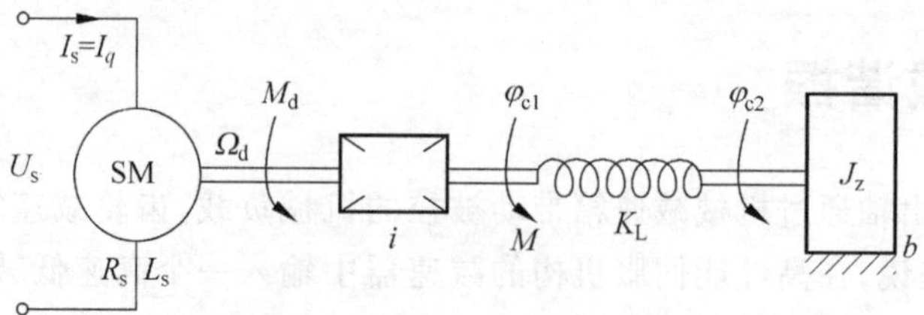

图 3-21　传动装置弹性变形示意图

于电枢定子电流。

图 3-21 中，φ_{c1}、φ_{c2}分别表示负载轴两端所转角度，K_L 为扭转弹性模量，Ω_d 为伺服电机轴角速度，J_z 为负载转动惯量，M_d 为电机的电磁转矩。

通过对图 3-20 的定性分析可知，由于考虑了传动装置的弹性变形，使得整个伺服系统由电机的输入电压 u_s 到负载轴端的变形转角 φ_{c2}之间的传递函数中，出现了新增的机械振荡环节，导致可能出现机械谐振。防止机械谐振的主要办法是增加机械阻尼、串联补偿等措施，把新增的附加机械谐振频率赶出伺服系统的通频带之外，使谐振频率远离通带上限。

3.5　机械刚度与伺服刚度

在工程应用中，机械零件与机械机构的刚度是一个十分重要的基本概念。例如，齿轮轴的过度变形就会影响齿轮的啮合状态，机床传动链变形过大就会降低加工零件的精度。那么，什么是刚度呢？

刚度的定义：一个机械零件或机构的刚度是指它在弹性范围内抵抗变形（弯曲、拉伸、压缩）的能力，按下式计算：

$$K = \frac{P}{\delta} \tag{3-39}$$

式中：P——作用于机构的恒力；

δ——由于作用力而产生的形变；

K——伺服静刚度，N/m，如果负载是外施的交变作用力，则称伺服动刚度。

对旋转运动体则有

$$K = \frac{M}{\theta} \tag{3-40}$$

式中：M——施加的力矩；

θ——旋转角度；

K——转动刚度，N・m/rad，也有静、动态刚度之分。

此外，根据作用力（力矩）作用方式不同，还分为其他多种形式的刚度。与机械传动相似，整个伺服系统包含了机械传动和电气伺服控制两大部分，从整体上考虑，在恒定外负载作用下，伺服系统抵抗位置偏差的能力，也就是伺服电机为消除位置偏差而产生的转矩（或力）与位置偏差之比。

当外负载不变时，伺服刚度越大，则伺服误差越小，所以要求系统的伺服刚度要足够大。但应注意，这里所讲的伺服刚度是整个伺服系统表现出来的抵抗外力而不产生误差的能力，它与前面讲的机械结构刚度是不同的。这里的刚度概念，包含了电气控制系统的检测与控制能力与品质，是可调的，而不只是由机械本身唯一决定的。

例如，当位置指令 $\theta^*=0$ 时，如果在伺服系统上施加一个负载转矩 T_L，电机轴的位置 θ 就会产生一个变化量 $\Delta\theta$。于是，负载转矩 T_L 与位置变化量 $\Delta\theta$ 之比，就定义为伺服刚度，用 K 表示，即

$$K=\left|\frac{T_L}{\Delta\theta}\right| \tag{3-41}$$

由上式可见，伺服刚度 K 是表示在位置指令为零的情况下施加负载转矩 T_L 时，伺服电机轴扭转程度的一个参数。由于伺服系统通常采用 PI 型速度控制器，稳态时，伺服电机的速度为无静差，速度控制器的直流增益→∞，因而即使位置控制器的增益 P 有限，经过速度控制器的高直流增益扩大之后，也会极大地减小位置偏差量。因而表现出伺服系统的刚度很高，这是实际应用中所希望的。

3.6　机械负载的折算与匹配

永磁同步伺服电机的输出轴经过机械传动到执行元件(例如工作台或刀架)，称为机械传动部件。机械传动部件的设计对整个伺服系统的性能有十分重要的影响，而且还要求伺服电机的速度环动态特性与机械部分的特性相协调，借助于调节技术可以将这二者实现良好的匹配。

为使进给系统的执行部件具有快速响应能力，必须选择加速能力强的电动机，要综合考虑转矩、惯量时间常数、速度范围等因素，又不能造成电机容量的浪费。为此，最终必须使电机的惯量与进给系统机械负载惯量相匹配，也就是说，设电动机惯量 J_M、负载转动惯量 J_L(折算到电机轴上)和总惯量 J_Σ($J_\Sigma=J_M+J_L$)之间有合理的匹配关系，推荐为

$$0.25\leqslant\frac{J_L}{J_M}\leqslant 1 \tag{3-42}$$

$$0.5\leqslant\frac{J_M}{J_\Sigma}\leqslant 0.8 \tag{3-43}$$

$$0.25\leqslant\frac{J_L}{J_\Sigma}\leqslant 0.5 \tag{3-44}$$

J_M 可在产品样本中可查到。J_L 可根据负载的运动方式和结构不同，通过相应的计算求得。

(1) 回转体的惯量计算

常用的回转体有：滚珠丝杠、联轴节、齿轮、齿形波带轮等，均属于固体回转体，如图 3-22 所示，惯量的折算公式为

$$J=\frac{\pi\gamma}{32g}D^4L\quad(\mathrm{kg\cdot m^2}) \tag{3-45}$$

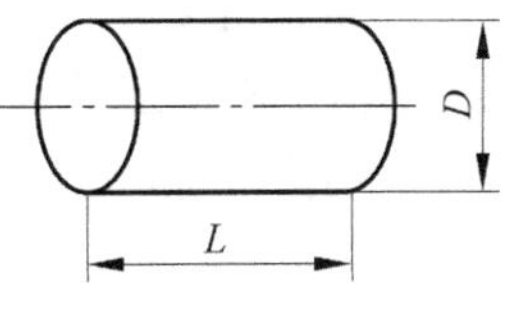

图 3-22　回转体

式中：γ——回转体材料密度；

D——回转体直径；

L——回转体长度；

g——重力加速度，$g=9.8\mathrm{m/s^2}$。

有台阶的回转体，可按每个台阶分别计算后相加，则

$$J=\frac{\pi\gamma}{32g}(D_1^4L_1+D_2^4L_2+\cdots) \tag{3-46}$$

(2) 直线运动物体的惯量

直线运动物体(见图 3-23)应将其惯量折算成旋转体的转动惯量。

$$J=\frac{W}{g}\left(\frac{L}{2\pi}\right)^2 \tag{3-47}$$

式中：W——直线运动物体的重力,N；

L——电动机转一圈时,物体移动的距离,cm,若电动机与丝杠相连,则 L 取为丝杠导程 h_{sp}。

例如：设工作台质量为 m_T,工件质量为 m_W,丝杠导程为 h_{sp},则直线运动惯量折算到丝杠上的转动惯量为

$$\frac{1}{2}(m_W+m_T)v^2=\frac{1}{2}J_{W+T}\omega^2$$

设在 Δt 时间内,丝杠转了一圈,则上式变为

$$\frac{1}{2}(m_W+m_T)\left(\frac{h_{sp}}{\Delta t}\right)^2=\frac{1}{2}J_{W+T}\left(\frac{2\pi}{\Delta t}\right)^2$$

所以

$$J_{W+T}=(m_W+m_T)\left(\frac{h_{sp}}{\Delta t}\right)^2 \tag{3-48}$$

对于图 3-23 右边的齿轮齿条传动装置,根据转动惯量的定义,可直接折算到小齿轮上的转动惯量 J_{W+T} 为

$$J_{W+T}=(m_W+m_T)r_G^2 \tag{3-49}$$

式中：r_G——小齿轮节圆半径。

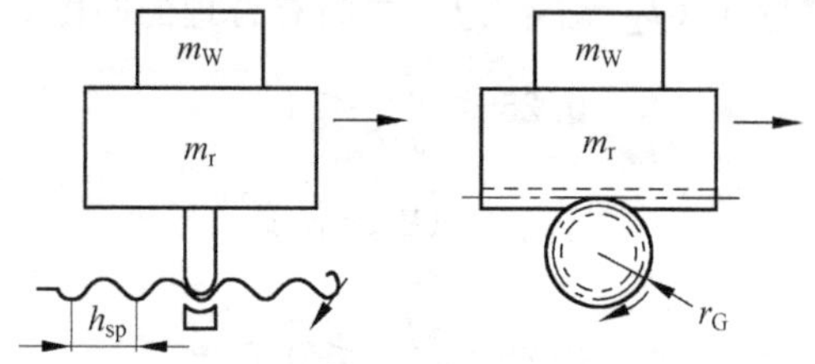

图 3-23 直线运动物体

说明：齿轮齿条传动装置可以实现旋转运动和直线运动之间的转换,当齿轮为主动件时,可将旋转运动转换成直线运动,这在数控机床加工中心机械手换刀装置中被采用；在大型数控龙门铣床上,常采用双齿轮齿条传动,以实现进给运动,从而保证伺服系统的动态特性,不采用滚珠丝杠传动以免去长丝杠的制造困难。

第 4 章 永磁直线同步电动机(PMLSM)伺服系统

4.1 直线电动机的发展和应用简述

在许多工业领域中，被控机械的运动路径往往是直线位移形式。然而遗憾的是，由于直线运动驱动器没有得到充分的发展，长期以来不得不借助旋转电动机的旋转运动加上机械转换环节，使旋转运动最终变成直线运动。显然，这种获得直线运动的方式具有“间接”的性质。如果驱动器给被控机械提供足够大的直线运动所需的推力，满足受控机械直线位移运动的需要，那么二者在运动形式上就可以直接匹配一致，从而省去机械运动形式的变换环节，使其具有合理性。

以电磁原理工作的各种形式的直线电动机是提供大功率、高推力的主要执行元件。由于它能直接产生连续单向或往复短行程的机械直线运动，省去了中间机械传动变换装置，因而得到了广泛应用，形成了“直线运动工业”。

早在 19 世纪末与 20 世纪初，人们就开始从事直线电动机的研究，想用它来推动织布机上的梭子和作为推动列车的动力，但均未获成功。直到 50 年代中期，直线电机作为电磁泵，被用来抽吸液态金属。60 年代以后，世界先进国家由于发展高速运输系统的需要而快速发展起直线电动机的理论和应用。

对感应式直线电机的研究较早。感应式直线电机结构简单，坚固耐用，适应性强，成本低，制造容易，所以在各个领域中首先得到了推广应用。主要用途归纳如下：

1. 工业直线传动

(1) 传动带：感应直线电动机的初级是固定不动的，次级就是传送带本身，所用的材料就是金属带或金属网与橡胶的复合皮带。这种采用直线电动机的传送带兼有矿车与普通皮带运输机的优点，可提高运输能力，节省投资。

(2) 传送车：在工业生产中，可用直线电动机驱动车子传送工件。为了实现生产自动化，要求小车能在始点、终点和沿途若干点上准确定位，直线电动机通过调速装置、速度传感器、行程开关或无触点开关的联合作用，能使小车准确定位。

(3) 行李和货物存取的移动装置。

(4) 桥式起重机或吊车的移动装置。

2. 电磁泵

由于液态金属有很高的温度,因此作为电磁泵的感应式直线电动机初级要用耐火材料覆盖,次级就是液态金属。当初级通电后,在液态金属中便产生定向的驱动力,以达到泵送液态金属的目的。液态金属可以是钠、锂、铝、钢等。

3. 工业装置的执行器件

感应式直线电动机可以用于门、窗、阀、开关的自动开闭装置,以及自动剪切生产上的进给驱动装置等。

4. 驱动高速列车

近几十年来,感应式直线电动机在交通运输的应用方面受到了人们的极大重视。许多先进国家对直线电动机的理论与应用做了大量研究,有的国家还进行了高速铁路的试验和营运。在这种应用中,将直线电动机的初级固定在车身上,次级安置于地面,用气垫(或磁垫)使车与地面分离,用直线电动机驱动高速列车,速度可达 400～500km/h。这是感应式直线电动机最典型的应用。

5. 其他方面应用

感应式直线电动机除了在上述各方面的应用外,还可以用于熔融液态金属的搅拌装置、电磁锤、车辆冲击试验台的加速装置、人造纤维的拉力试验装置等,其应用遍布各个工业领域。在军事领域,甚至可能用于助力航空母舰上飞机的弹射起飞。

上面所列举的这些应用,感应式直线电动机都是作为动力转换而使用的,这是前一时期应用直线电动机的主流。随着矢量控制理论和应用技术的进步,和感应式旋转电动机一样,它的应用范围逐渐扩大,在数控机床进给系统中也有使用。与此同时,还有直线直流电动机、直线步进电动机、直线同步电动机等各种形式的直线电动机,它们与相应的旋转式电动机一样,在许多方面也都有应用,并且有其本身最适于应用的场合。特别是近年来,随着永磁材料性能的提高,其价格逐渐为工业产品所接受,永磁直线同步电动机以其独特的优势被广泛应用在高、精、尖的数控机床中,作为伺服驱动实现高精度定位控制。

4.2 永磁直线同步伺服电动机

半个世纪以来,数控机床的进给驱动技术虽然历经了多次改进变化,但长期以来,进给传动的基本形式仍然是"旋转电动机＋滚珠丝杠"。近年来,随着对加工效率和加工质量的要求不断提高,进给传动的机构虽几经改进提高,但仍然难以达到新的要求。自从出现了高精度的直线传动,人们便开始打破传统的进给驱动模式,采用新型的直线电动机驱动,直接将安装刀具的拖板连接在直线电动机的动子上,实现了直接驱动。直接驱动好处在于取消了机械运动形式的变换环节,实现了所谓的零传动方式。

4.2.1 直线电动机直接驱动实现“零传动”链

在传统的“旋转电动机+滚珠丝杠”的伺服进给方式中，电动机输出的旋转运动，要经过联轴器、滚珠丝杠螺母副等一系列中间传动和变换环节以及相应的支撑，才能变为被控对象——溜板或刀架的直线运动。由于中间存在着运动形式的变换环节，将导致以下不良后果：

(1) 使传动系统的刚度降低，起动和制动初期的能量都消耗在克服上述中间环节的弹性变形上，尤其是精密细长的滚珠丝杠是进给传动刚度的薄弱环节。弹性变形使系统的阶次提高，从而使系统的鲁棒性降低，伺服性能下降。弹性变形更是数控机床产生机械谐振的根源之一。

(2) 中间传动环节的存在，增加了运动的惯量，在不增加系统放大倍数的情况下会使系统的速度、位移相应变慢。但在增加放大倍数的情况下，又会使系统的稳定性变差，可能导致不稳定。

(3) 由于机械制造精度的限制，中间传动环节不可避免地受到间隙、死区、摩擦以及弹性变形的影响，使系统的非线性因素增加，进一步提高精度变得很困难。

(4) 为提高生产率和改善零件的加工质量而发展起来的超高速加工，不但要求数控机床具有超高速运转的大功率精密主轴驱动系统，而且要有一个反映快速、灵敏、高速轻便、精确、鲁棒的进给伺服系统。现在的进给速度已从 6～8m/min 提高到 40～50m/min 以上，加、减速度也从 $3m/s^2$ 提高到 $25～30m/s^2$，这就对数控机床的进给系统的动态性能提出了十分苛刻的要求。而目前所采用的传统进给方式所能达到的最高进给速度仅为 30m/min，加速度为 $3m/s^2$，这与超高速切削的要求相差甚远。

传统的进给驱动严重地限制了切削速度的提高，为满足超高速切削的需要，革除中间传动与变换环节已是势在必行，这就使得一种崭新的进给方式——直线伺服电动机驱动系统应运而生了。直线伺服电动机主要有以下优点：

(1) 直线电动机最重要的优点是具有比传统旋转电动机大得多的加、减速度。由于数控机床的直线进给行程较短，一般不超过几百毫米，在很高的进给速度下，只有短时间达到设定的高速状态和在高速下瞬时准确停止运动，高速直线伺服电动机才有实际应用的意义。为实现曲线或曲面的精确加工，在运动轨迹的拐弯处也要求较高的加、减速度，可达到$(1～10)g(g=9.8m/s^2)$，这是传统旋转电动机进给方式的 10～30 倍。由于加、减速度大，效率高，实际可用的最高速度可达 150m/min。

(2) 加、减速过程的缩短，可改善工件的加工表面质量，提高刀具的使用寿命。

(3) 传动刚度的提高，提高了传动精度和定位精度。不存在中间环节的磨损问题，简化维护，提高了可靠性。

(4) 进给的行程长度不受限制。旋转电动机在实现长行程传动时，滚珠丝杠的长度增加，会使惯量增加，刚度大幅度下降，伺服品质恶化。

(5) 运动安静，噪声低。

与现有各种直线伺服电动机相比较，感应式直线伺服电动机最早应用在数控机床上，典型的例子是德国 Ex-cell-o 公司于 1993 年开发出来的 XH-240 型高速卧式加工中心，采用了转速 24000r/min 的内装式电主轴，三个进给轴在世界上首次采用 Indramat 公司生产的感应式直线交流伺服电动机直接驱动进给部件，快速移动速度最高为60m/min，最大加速度为$9.8m/s^2$。

然而，各国在数控机床中作为伺服进给驱动应用最多的还是永磁直线同步伺服电动机(PMLSM)。由于采用高性能永磁材料，这种电动机具有的特点是推力强度大、耗损小、时间常数小、响应快、控制简单容易，而其主要的缺点是永磁体的高成本带来的整体装置的高价格，以及严重的端部漏磁场等问题。下面将介绍永磁直线同步电动机的基本结构与工作原理。

4.2.2 永磁直线同步电动机的基本结构

传统的旋转式永磁同步电动机在结构上是这样布置的，初级的三相对称绕组安放在铁心槽内作为电枢，称为定子；而在电动机的转子上安装永磁体，在电磁转矩的推动下，转子在定子内圆的空间的气隙磁场中作旋转运动，将电能由定子转换为机械能驱动机械转子运动。而永磁直线同步电动机往往与此相反，它将永磁旋转同步电动机的定子作为直线位移的运动体(称为动子)，为了由电源获得电功率，它必须带动馈电电缆一起运动，首先获得电能的这部分结构即动子称为初级；反而把次级称为定子，在它的全长上沿行程方向的一条直线上，一块接一块地交替安装N、S极永磁体。在定子与动子之间是气隙，这和旋转电机的气隙是一样的。图4-1所示的就是一个单边平板型结构的永磁直线同步电动机的结构示意图。

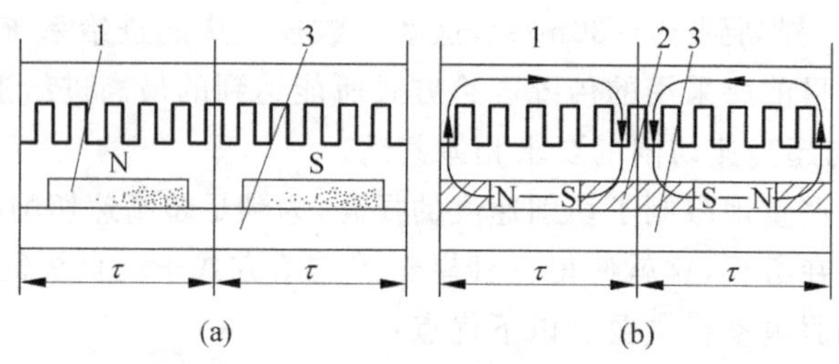

图4-1 单边平板型永磁直线电动机结构示意图

(a) 面装式；(b) 内嵌式

1—永磁体；2—低碳钢极；3—轭；τ—极距

4.2.3 永磁直线同步电动机的基本工作原理

直线电动机不仅在结构上与旋转电动机相似，而且在基本工作原理上也相似。图4-2所示的就是一台永磁直线同步伺服电动机的工作原理示意图。

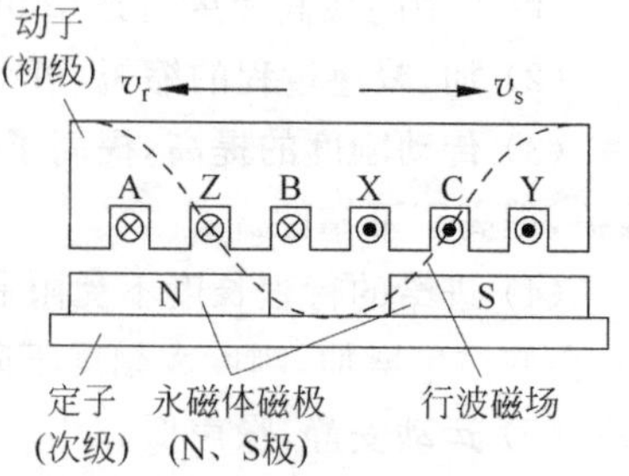

图4-2 永磁直线同步伺服电动机工作原理示意图

在这台永磁直线同步伺服电动机动子的三相对称绕组中，通入三相对称正弦电流后，同样会在动子-定子的气隙中产生气隙磁场。当不考虑由于铁心两端开断而引起的纵向端部效应时，这个气隙磁场的分布情况与旋转电动机相似，即可以看成沿展开的直线方向呈正弦分布。当三相电流随时间变化时，气隙磁场将按A、B、C

相序沿直线运动，这个原理与旋转电动机相似。

但二者还是存在差异。直线电动机气隙磁场沿直线方向平移，而不是沿气隙旋转的，将这个平移的磁场称为行波磁场。显然，行波磁场的移动速度与旋转磁场在定子内圆表面上的线速度 v_s(称同步速度)是一样的。对于永磁直线同步伺服电动机来说，定子上的永磁体的励磁磁场与动子形成的行波磁场相互作用便会产生电磁推力，由于定子固定不动，那么在这个电磁推力的作用下，动子(即初级)就会沿行波磁场运动的相反方向作直线运动，其速度为 v_r，恰与行波磁场的同步速度 v_s 大小相等，方向相反。对换任意两相动子电流相序就可以实现动子反向移动。上述便是永磁直线同步电动机的基本工作原理。

4.2.4　永磁直线同步电动机的端部效应

1. 单边平板式直线感应电动机的端部效应

直线电机与旋转电机的基本工作原理虽然相似，但由于结构和运动形式不同，二者还是存在显著的不同点，即所有的直线电机在不同程度上都存在特有的端部效应。在直线电动机动子的运动方向上，经常存在一个入口端和出口端，在两个端口区域的附近处，磁场的分布与中间位置的磁场分布显著不同，这给直线电机的运行特性带来了不良影响，这就是通常所说的“端部效应”，这种现象在旋转电机中是不存在的。由于感应式直线电机应用较早，对其理论的研究也比较深入，故本文先以直线感应电机为例来说明直线电机的端部效应问题，稍后指出永磁直线同步电动机的端部效应与其不同之处，以资对比。

图 4-3 表示单边初级带有一个金属平板次级的直线感应电动机的磁场分布，在图 4-3 所示的直线感应电动机中，行波磁场方向上的涡流分布，如图 4-4 所示。由图 4-4 可知，这种分布是不对称的，会使推力不是一个恒值，从而产生推力波动。因此，定义在次级长度方向上的端部效应，称为纵向端部效应。在高速时端部效应显著。

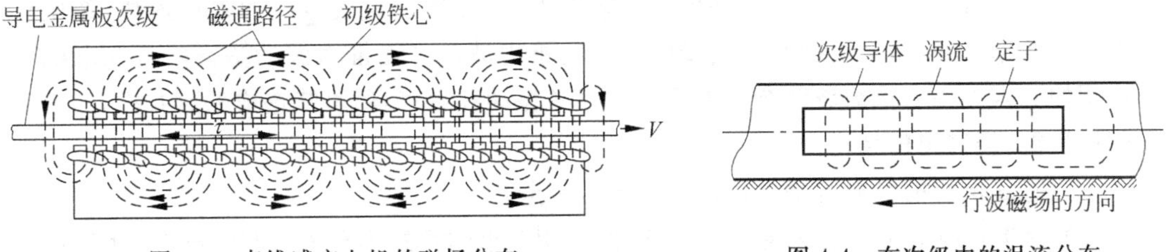

图 4-3　直线感应电机的磁场分布　　图 4-4　在次级中的涡流分布

除了纵向端部效应外，还存在着横向端部效应。当直线电机次级采用实心结构时，次级导电板中感应的电流也呈涡流形状，即使在初级铁心范围内，在次级中电流也存在纵向分量。在它的作用下，气隙磁通密度沿横向分布呈现出了马鞍状，这种效应称为横向端部效应，如图 4-5 所示。

端部效应分为静态和动态端部效应。仅考虑初级电流的端部效应，称为静态端部效应，当初级和次级有相对运动或次级中也有电流时，纵向和横向端部效应对磁场的影响，称为动态端部效应。

直线电机的端部效应在理论上很复杂，不容易清晰地用解析公式表出。在工程设计上要考虑到，无论哪种端部效应，对直线电动机的运行都有害，主要表现在会降低气隙磁通密度、使电机的推力不能保持恒定、产生波动、增加损耗、降低有效功率，这些不良影响都要尽力避免和消除。

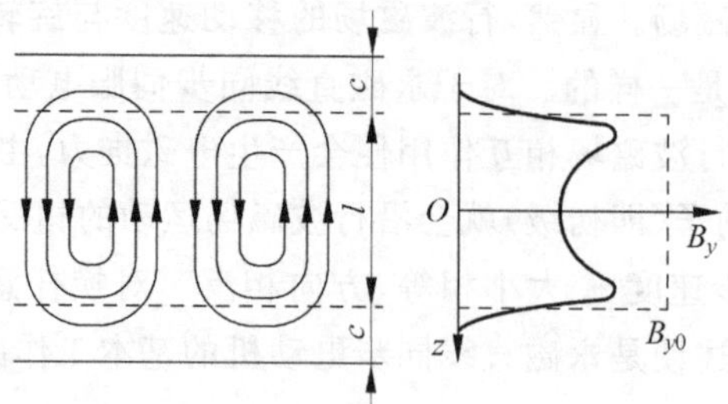

图 4-5 直线感应电的横向端部效应

2. 永磁直线同步电动机的端部效应

对永磁直线同步电动机的端部效应情况，也可以借助于直线感应同步电机的端部效应理论进行分析。但是应该指出，由于采用高磁能积的强磁体作为永磁材料，所以它的端部效应更为突出，如图 4-6 所示。

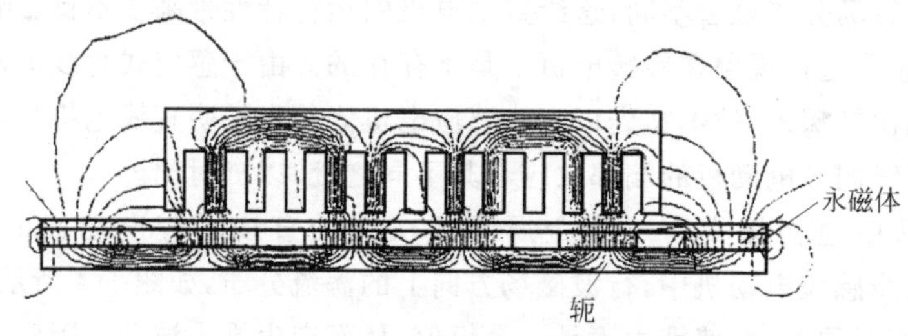

图 4-6 短初级面装式 PMLSM 的磁场分布

对于永磁直线电机，其纵向端部效应影响更大，它会增加直线电机的附加损耗，降低直线电机的效率，特别是会引起直线同步电动机的推力波动。而推力波动是影响直线电机广泛应用的原因之一。推力波动会使电机产生机械振动和噪声，还可能造成低速共振，严重恶化伺服性能，损害定位精度。

永磁直线电机的纵向端部效应由以下原因引起：

(1) 由于直线电机的初级绕组不连续，使各相绕组的互感不相等，即使提供三相对称电压，电流也不可能对称，在气隙中除了产生正序行波磁场外，还会产生逆序和零序磁场，从而在气隙中形成脉振磁场。另一方面，即使在绕组中通过三相对称电流，由于纵向端部效应的影响，也会在气隙中产生脉动磁场，使电机推力产生波动。

(2) 由于电机动子铁心是开断的，使得铁心端部的气隙磁阻发生了急剧的变化，由此产生了一个周期性的推力波动，这和齿槽力生成的机理是类似的。在分析直线电机的推力波动时，常常将铁心开断和开槽引起的磁阻力合称为定位力，因为它们都由气隙磁阻变化引起的永磁励磁磁场严重畸变而产生。

这里讲的齿槽定位力和纹波力都是不希望存在的推力波动，但是二者产生的原因不同。纹波力由动子电流和定子的永磁体磁场相互作用而产生，而定位力是由于动子铁心和定子磁场间磁阻变化而产生的波动力。两种力之间并无关联，它们可能同时存在，也可能单独存在。

4.3　永磁直线同步电动机的齿槽定位力及其削弱

图 4-7 所示为面装式永磁直线同步电动机一个极性下的物理模型。动子铁心采用开口槽，槽宽为 b，齿宽为 a，齿距 $\lambda=a+b$，可以认为各槽、齿是等宽的。在动子三相绕组不通电且绕组开路的情况下，移动动子所需要的力就称为永磁直线电机的定位力。

定位力产生的主要原因是动子齿槽的存在，永磁定子的磁极与动子齿槽的相对位置不同时，主磁路的磁导不一样，动子趋向于定位在动、定子之间磁导最大的位置，即稳定的平衡点，在此位置上磁阻力为零。当位置偏离时，自有恢复到该位置的作用力，或趋向于另一个相邻的稳定平衡点，可见这个力的作用方向是交变的。定位力主要源于动子齿槽，所以称为齿槽效应定位力或磁阻滞力。从根本上来看动子和定子的磁路系统不均匀，是产生齿槽效应力及其波动的主要原因。

齿槽力由定子永磁体与动子齿间作用力的切向分量构成。在图 4-7 中，动子移动时，处于永磁体中间部分的动子齿槽与永磁体间的磁导几乎不变，这些动子齿槽周围的磁场也基本不变，而与永磁体的两侧面 A 和 B 对应的由一个或两个动子齿构成的一小段封闭区域内的磁导变化却很大，导致磁场储能改变，产生单方向力。因此，产生齿槽效应的区域主要是永磁体两侧的拐角处而不是整个永磁体。动子转过一个齿距后，两侧产生的脉动力之和便构成了齿槽效应力，如图 4-8 所示。由图可见，这是一个周期函数，其基波分量波长与齿距一致，而且基波分量是齿槽力的主要部分，图中 λ 为齿距（机械角度）。齿槽效应会降低电动机位置伺服的精度，特别是在低速时更为严重。齿槽效应也会使电动机产生振动和噪声，这个脉动力的频率与动子或定子的谐振频率一致时，振动和噪声便会进一步放大。

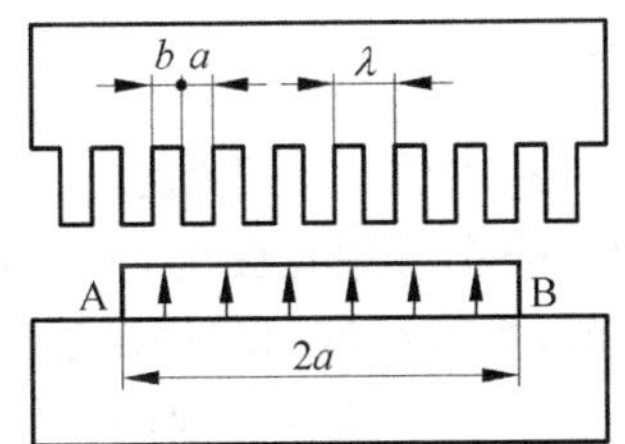

图 4-7　面装式 PMLSM 一个极下的物理模型

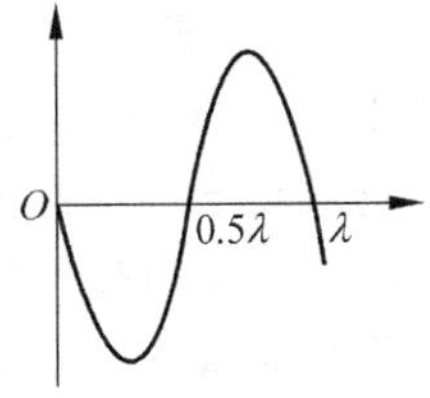

图 4-8　齿槽效应力

削弱和消除齿槽效应力的措施有以下几种。

1) 合理选择永磁体宽度

由于永磁体两侧产生的脉动力是相互独立的，而齿槽力又是两者之和，所以齿槽力中各谐波一定与永磁体宽度（极弧宽度）相关。经验表明，选择永磁体宽度比动子齿距的整倍稍大一点，即令

$$2\alpha=(K+0.14)\lambda,\quad K=1,2,\cdots \tag{4-1}$$

可以有效地抑制齿槽力中的基波分量。

若将永磁体宽度选择为

$$2\alpha=(K+0.61)\lambda,\quad K=1,2,\cdots \tag{4-2}$$

则齿槽中奇次谐波最大，偶次谐波最小，这意味着齿槽力半波对称。

由于齿槽力主要发生在永磁体两侧拐角处，所以采用修圆拐角或减小槽口宽度等措施，都会影响这两个区域内的磁场变化和齿槽力生成。

另外,应注意永磁体宽度既与齿槽力的削弱有关,又与纹波力波动的削弱有关。但对同一永磁体宽度,难以同时满足这两方面的要求,应予以综合考虑。

2) 选择合适的齿槽宽度比

分析表明,选择合适的齿槽宽度比可削弱或消除齿槽力中的谐波。对于面装式永磁直线同步电机,若再选择合适的永磁宽度,可进一步削弱或消除余下的谐波。

一般来说,选择齿槽宽度比为1是合适的,但不同结构、不同尺寸的电动机要通过磁场的计算,来确定最佳的齿槽宽度比。

3) 斜槽或斜极

动子斜槽或定子斜极是削弱或消除齿槽力的有效措施。动子斜槽,斜一个齿距,可基本消除所有的齿槽效应力波动。但要注意,齿槽力对于动子斜槽尺寸精度的反应很敏感。斜槽尺寸很小的偏差,也会使齿槽效应力剩余较大的谐波波动力。

因为永磁体难以加工,因此,定子斜极比较困难,可以采用多块永磁体连续移位的措施,也能达到与动子斜槽同样的效果。

4) 采用分数槽绕组

在"电机学"教科书中已作了详细分析,此处不再赘述。

4.4 永磁直线同步电动机的纹波力及其削弱

在分析纹波力时,做如下假设:

(1) 动子电流不含偶次谐波;

(2) 不考虑永磁体和定子的阻尼效应;

(3) 定子的永磁励磁磁场对称分布。

为产生恒定的电磁推力,要求PMLSM的电动势和电流均为正弦波。但实际上,定子侧的永磁励磁磁场或动子侧绕组的空间分布不可能是完全理想正弦的,所以感应电动势的波形一定要发生畸变。由逆变器馈入动子的三相电流,尽管经过调制可以达到逼近正弦波,但其中还是含有许多高次谐波。将因感应电动势或电流波形畸变引起的谐波力,称为电磁纹波力;而将因动子铁心齿槽的存在引起动子与定子间主磁路的磁阻变化而导致的力的脉动,称为齿槽效应定位力,如4.3节所述。

若动子绕组为Y连接,且没有中线,则动子相电流中不含3次和3的倍数次谐波。于是,在动子电流基波分量与感应电动势基波分量同相位的情况下,A相电流和感应电动势可通过以下过程得到:

由于永磁直线同步电动机行波磁场是沿气隙作直线移动的,因此行波的移动速度为

$$v_s = 2f_1\tau_s \tag{4-3}$$

式中:f_1——馈入动子的三相电流基波频率;

τ_s——动子的极距;

v_s——行波移动速度。

为了分析研究方便,与旋转式永磁同步电动机保持类似的形式,这里仍沿用电角频率来表示其行进速度,因有

$$\omega_s = 2\pi f_1$$

其中 ω_s 为动子的电角速度，即为基波角频率。故有行波移动速度 v_s 化成基波电角频率，可表示为

$$\omega_s = \frac{\pi}{\tau_s} v_s \tag{4-4}$$

这就完成了动子行波直线移动速度 v_s 到旋转电角速度的转换，就可以用旋转式永磁同步电动机的公式了。

这样一来，就可以将 A 相电流与感应电动势写成

$$i_A(t) = I_{m1} \sin\omega_{s1} t + I_{m5} \sin 5\omega_{s1} t + I_{m7} \sin 7\omega_{s1} t \tag{4-5}$$

$$e_A(t) = E_{m1} \sin\omega_{s1} t + E_{m5} \sin 5\omega_{s1} t + E_{m7} \sin 7\omega_{s1} t \tag{4-6}$$

式中，ω_{s1} 为基波角频率，对应基波的行波移动速度 v_{s1}，在稳态运行情况下，就是动子对应的电角速度 ω_s。

A 相的电磁功率为

$$P_{eA} = e_A(t) i_A(t) = P_0 + P_2 \cos 2\omega_{s1} t + P_4 \cos 4\omega_{s1} t + P_6 \cos 6\omega_{s1} t + \cdots \tag{4-7}$$

同理，可写出 B 相和 C 相电磁功率为

$$\begin{aligned} P_{eB} = e_B(t) i_B(t) &= P_0 + P_2 \cos 2\left(\omega_{s1} t - \frac{2}{3}\pi\right) + P_4 \cos 4\left(\omega_{s1} t - \frac{2}{3}\pi\right) \\ &\quad + P_6 \cos 6\left(\omega_{s1} t - \frac{2}{3}\pi\right) + \cdots \end{aligned} \tag{4-8}$$

$$\begin{aligned} P_{eC} = e_C(t) i_C(t) &= P_0 + P_2 \cos 2\left(\omega_{s1} t + \frac{2}{3}\pi\right) + P_4 \cos 4\left(\omega_{s1} t + \frac{2}{3}\pi\right) \\ &\quad + P_6 \cos 6\left(\omega_{s1} t + \frac{2}{3}\pi\right) + \cdots \end{aligned} \tag{4-9}$$

电磁力为

$$F_e(t) = \frac{1}{\Omega_s}(P_{eA} + P_{eB} + P_{eC}) \tag{4-10}$$

其中 Ω_s 为动子所对应的机械角频率，即机械角速度。

$$\begin{aligned} F_e(t) = &F_0 + F_6 \cos 6\omega_{s1} t + F_{12} \cos 12\omega_{s1} t + F_{18} \cos 18\omega_{s1} t \\ &+ F_{24} \cos 24\omega_{s1} t + \cdots \end{aligned} \tag{4-11}$$

式中

$$F_0 = \frac{3}{2\Omega_s}(E_{m1} I_{m1} + E_{m5} I_{m5} + E_{m7} I_{m7} + E_{m11} I_{m11} + \cdots) \tag{4-12}$$

$$\begin{aligned} F_6 = \frac{3}{2\Omega_s}[&I_{m1}(E_{m7} - E_{m5}) + I_{m5}(E_{m11} - E_{m1}) \\ &+ I_{m7}(E_{m1} + E_{m13}) + I_{m11}(E_{m5} + E_{m17}) + \cdots] \end{aligned} \tag{4-13}$$

$$\begin{aligned} F_{12} = \frac{3}{2\Omega_s}[&I_{m1}(E_{m13} - E_{m11}) + I_{m5}(E_{m17} - E_{m7}) \\ &+ I_{m7}(E_{m17} - E_{m5}) + I_{m11}(E_{m23} - E_{m1}) + \cdots] \end{aligned} \tag{4-14}$$

$$\begin{aligned} F_{18} = \frac{3}{2\Omega_s}[&I_{m1}(E_{m19} - E_{m17}) + I_{m5}(E_{m23} - E_{m13}) \\ &+ I_{m7}(E_{m25} - E_{m11}) + I_{m11}(E_{m29} - E_{m7}) + \cdots] \end{aligned} \tag{4-15}$$

$$\begin{aligned} F_{24} = \frac{3}{2\Omega_s}[&I_{m1}(E_{m25} - E_{m23}) + I_{m5}(E_{m29} - E_{m19}) \\ &+ I_{m7}(E_{m31} - E_{m17}) + I_{m11}(E_{m35} - E_{m13}) + \cdots] \end{aligned} \tag{4-16}$$

写成矩阵形式：

$$\begin{bmatrix} F_0 \\ F_6 \\ F_{12} \\ F_{18} \end{bmatrix} = \frac{3}{2\Omega_s} \begin{bmatrix} E_{m1} & E_{m5} & E_{m7} & E_{m11} \\ E_{m7}-E_{m5} & E_{m11}-E_{m1} & E_{m13}+E_{m1} & E_{m17}+E_{m5} \\ E_{m13}-E_{m11} & E_{m17}-E_{m7} & E_{m17}-E_{m5} & E_{m23}-E_{m1} \\ E_{m19}-E_{m17} & E_{m23}-E_{m13} & E_{m25}-E_{m11} & E_{m29}-E_{m7} \end{bmatrix} \begin{bmatrix} I_{m1} \\ I_{m5} \\ I_{m7} \\ I_{m11} \end{bmatrix} \tag{4-17}$$

上述分析表明，次数相同的感应电动势和电流谐波作用后，产生一个平均力，不同次数谐波电动势和电流间作用将产生脉动频率为基波频率6倍次的纹波力，各纹波力的幅值与感应电动势和电流波形的畸变程度有关。

图4-9给出了在感应电动势和电流波形给定情况下产生的纹波推力。可以看出，其主要成分是6次谐波推力。通常用纹波系数δ来定量描述推力脉动程度，将其定义为

$$\delta = \frac{F_P}{F_0} \tag{4-18}$$

式中：F_P——纹波推力峰-峰间的脉动幅度；

F_0——平均纹波平均推力。

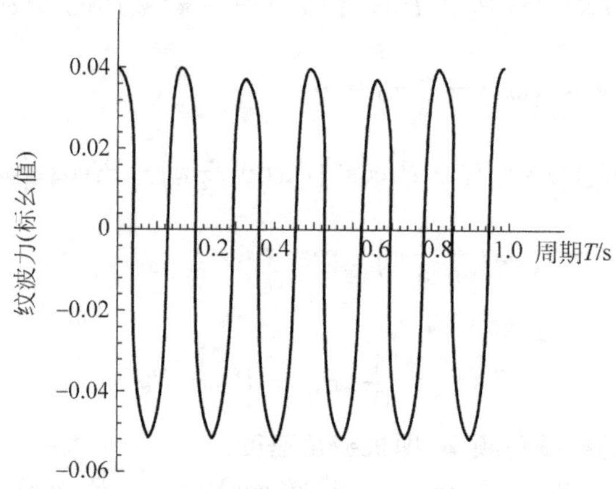

图4-9 纹波推力

如果已知各谐波推力的幅值，则δ可以表示为

$$\delta = \frac{2F_H}{F_0} \tag{4-19}$$

式中：$F_H = \sqrt{F_6^2 + F_{12}^2 + F_{18}^2 + \cdots}$。

在高速区，这个纹波有可能被系统惯量滤掉；但是在低速区，这个纹波推力将使动子速度发生波动，会严重影响速度的平稳性，也会使位置伺服的定位精度和重复性变坏。为尽可能减小纹波推力，使推力输出平滑，应使感应电动势和电流波形尽可能地接近理想正弦波形。

感应电动势中的谐波是由永磁励磁磁场在动子绕组中感生的，因此它与励磁磁场和动子绕组的空间分布有关。实际上，纹波推力的实质是由动子、定子磁场相互作用而生成的。下面从永磁励磁磁场与动子磁动势之间互相作用的角度来分析谐波推力。

动子k次谐波电流产生的γ次谐波磁动势波为

$$f_{sk} = F_{sk}\sin(k\omega_s t \pm \gamma\theta_s) \tag{4-20}$$

式中：$k=1,5,7,\cdots$；$\gamma=1,5,7,\cdots$；θ_s是沿动子气隙位移的空间坐标。

这些移动的磁动势波的速度和方向为

$$\omega_{sk} = \pm \frac{k}{\gamma}\omega_s \tag{4-21}$$

式中："+"号表示与基波磁动势移动方向相同；"−"号表示与基波磁动势行进方向相反。

两个谐波次数不同的行波磁动势相互作用不会产生电磁推力，只有次数相同的空间谐波磁场相互作用后才会产生电磁推力。如果这二个谐波磁场行进速度相同，便会产生平均推力。如果行进速度不同，只能产生脉动纹波推力，其平均值一定为零。

如果 ε 是定子永磁励磁磁场的谐波次数，$\varepsilon=1,3,5,\cdots$，那么只有在满足 $\gamma=\varepsilon$ 的条件下，才会产生推力。当动子的速度为 v_{s1}（对应的基波角频率为 ω_{s1}），这个推力的波动频率为

$$\omega_{\gamma k} = \gamma\left[\omega_{s1} - \left(\pm \frac{k}{\gamma}\omega_{s1}\right)\right] = (\gamma \mp k)\omega_{s1} \tag{4-22}$$

式中："+"号与反向行进磁动势波相对应；"−"号与正向行进的磁动势波相对应。

例如，$k=5$ 和 $\gamma=7$ 时，推力脉动频率为 $12\omega_{s1}$，因为 5 次谐波电流产生的空间磁动势中的 7 次谐波相对动子反向行进，速度为 $(-5/7)\omega_{s1}$，它相对定子的速度为 $(12/7)\omega_{s1}$，如果定子励磁磁场中存在 7 次谐波（$\varepsilon=\gamma=7$），则两者产生推力的脉动频率为 $12\omega_{s1}$。以此可列表 4-1。

表 4-1 推力脉动频率

k	γ										
	1	5	7	11	13	17	19	23	25	29	…
1	0	6	6	12	12	18	18	24	24	30	
5	6	0	12	6	18	12	24	18	30	24	
7	6	12	0	18	6	24	12	30	18	36	
11	12	6	18	0	24	6	30	12	36	18	
13	12	18	6	24	0	30	6	36	12		
17	18	12	24	6	30	0	36	6	42		
19	18	24	12	30	6	36	0	42	6		
23	24	18	30	12	36	6	42	0	48		
25	24	30	18	36	12	42	6	48	0		
29	30	24		18	42						
31					18						

在表 4-1 中，列出的是动子 k 次谐波电流产生的 γ 次谐波磁场与定子 ε 次谐波励磁磁场生成的谐波推力，条件是 $\gamma=\varepsilon$。谐波推力的次数为 $(\gamma\mp k)$，$(\gamma\mp k)$ 应为 6 的整数倍，并以此来决定是应相加还是相减。于是，可将整个推力表示为

$$F_e = \sum_{\gamma=k} F_{\gamma k} \pm \sum_{\gamma\neq k} F_{\gamma k}\cos(\gamma \mp k)\omega_{s1} t,\quad k=1,5,7,\cdots;\ \gamma=1,5,7,\cdots \tag{4-23}$$

式中，$F_{\gamma k}$ 为谐波推力的幅值。当 $\gamma=k$ 时，可以产生平均推力；当 $(\gamma-k)$ 为 6 的整数倍时，取正值；当 $(\gamma+k)$ 为 6 的整数倍时，取负值。

式(4-23)表明，纹波推力的脉动频率等于馈电谐波频率的 $6n$ 倍，$n=1,2,3,\cdots$。此式对于永磁体为面装式、嵌入式的永磁直线同步电动机均适用。

动子谐波电流产生的磁动势波幅值决定于谐波电流幅值，在动子移动速度不变时，定子

谐波励磁磁场幅值决定了感应电动势中谐波分量的幅值，于是式(4-23)可表示为

$$F_{e} = \frac{3}{2\Omega}\Big[\sum_{\varepsilon=k} E_{m\varepsilon} I_{mk} \pm \sum_{\varepsilon \neq K} E_{m\varepsilon} I_{mk} \cos(\gamma \mp k)\omega_{s1} t\Big]$$

$$k = 1,5,7,\cdots, \quad \gamma = 1,5,7,\cdots \tag{4-24}$$

式中，当$(\varepsilon-k)$为 6 的整数倍时，取正值；当$(\varepsilon+k)$为 6 的整数倍时，取负值。

式(4-24)表明，若减小谐波推力，就要减小感应电动势和动子电流中的谐波分量。为此，首先应使永磁体产生的励磁磁场在空间分布尽量为正弦规律，以降低磁场中各次谐波的幅值。其次，在绕组设计上，应使谐波绕组因数尽量地小，可以采用短距离和分布绕组。最后，应使动子电流尽量逼近正弦。由于供电的逆变器采用的是高频开关器件的 PWM 调制技术和跟踪参考正弦电流反馈技术，所以低次电流谐波含量不大，而含有幅值较低的高次谐波，由此产生的高频推力波动，很容易被动子的机械惯量滤掉。

在纹波推力中，6 次谐波推力是主要的，其次是 12 次谐波。如果能消除这两种谐波推力，那么动子所产生的推力就基本上是恒定的了。由式(4-24)可得到 6 次谐波推力为

$$F_{6} = \frac{3}{2\Omega}[I_{m1}(E_{m7}-E_{m5}) + I_{m5}(E_{m11}-E_{m1}) + I_{m7}(E_{m1}+E_{m13}) + I_{m11}(E_{m5}+E_{m17}) + \cdots] \tag{4-25}$$

同理可得

$$F_{12} = \frac{3}{2\Omega}[I_{m1}(E_{m13}-E_{m11}) + I_{m5}(E_{m17}-E_{m7}) + I_{m7}(E_{m17}-E_{m5}) + I_{m11}(E_{m23}-E_{m1}) + \cdots] \tag{4-26}$$

对于面装式 PMLSM，可以通过永磁体的形状和极弧宽度或者采用其他有效措施，使永磁体的励磁磁场尽量按近似正弦分布。但是对于插入式，特别是内装式 PMLSM，很难使励磁磁场呈正弦分布。除了在电机设计方面，还可以从控制角度，采取有效方法消除或减弱推力波动。

在定子永磁体励磁磁场中，5 次和 7 次谐波是主要的。若忽略 11 次以上的谐波，根据式(4-25)和式(4-26)，则有

$$(E_{m7}-E_{m5})I_{m1} + (-E_{m1}I_{m5}) + E_{m1}I_{m7} = 0 \tag{4-27}$$

$$-E_{m7}I_{m5} + (-E_{m5})I_{m7} = 0 \tag{4-28}$$

由上述两式，可解得

$$I_{m5} = \frac{E_{m5}(E_{m7}-E_{m5})}{E_{m1}(E_{m5}+E_{m7})}I_{m1} \tag{4-29}$$

$$I_{m7} = \frac{E_{m7}(E_{m5}-E_{m7})}{E_{m1}(E_{m5}+E_{m7})}I_{m1} \tag{4-30}$$

对于给定的电动机，通过磁场计算或实验可求出 E_{m1}、E_{m5} 和 E_{m7}。由推力指令可得出 I_{m1} 的大小，根据式(4-29)和式(4-30)，可解出 I_{m5} 和 I_{m7}。显然，如果向正弦参考电流中注入这样的 5 次、7 次谐波电流，那么就会基本上消除 6 次和 12 次谐波推力，因为此时的动子参考电流波形是由 I_{m1}、I_{m5} 和 I_{m7} 决定的。

总之，无论是由于端部效应引起的推力波动，还是由于齿槽效应或电流和励磁磁场引起的电磁谐波推动力的波动，都十分不利于 PMLSM 伺服系统在高精度、高响应情况下的应用，除了要在电机的设计与制造中考虑这些削弱因素问题外，还要在控制技术上发挥优势，

尽量消除或削弱这种因素的不良影响。

注意，在4.3节和4.4节中的讨论虽然是针对PMLSM，但对PMSM同样有效，在此不再赘述。

4.5 直线电动机在机床上应用发展缓慢的原因分析

随着各类旋转伺服电动机广泛应用在各种伺服驱动场合，相应类型的直线电动机也随着发展起来。特别是随着PMSM在数控机床的进给系统在驱动上被大量采用，PMLSM十几年前在高档数控机床上就已被采用，并且在历届国际机床博览会上的展出已经引起工业界的重视，这种零传动被视为数控机床新一代进给驱动的方向。尽管如此，近二十年来，PMLSM等直线伺服驱动，在数控机床上的应用并未像人们所希冀的那样，遍及整个数控界，为什么会如此呢？研究认为这是有原因的。

首先，进给伺服驱动中的直线电动机生产成本高，特别像PMLSM电动机，其高性能永磁材料成本高，在长行程的情况下，所用的永磁材料多，不但加工费用高，而且材料用量多，成本更高。

其次，PMLSM等直线电动机的配套技术发展不完善。直线电动机只能以整台位移装置的形式出现，不像旋转电动机那样仅以单体电机的形式出现。多年的单体电机的使用习惯，使旋转电动机在传动设备中找到了适合于自身的安装位置。而直线电动机采用“零传动”，传动的机械部件是省掉了，但它需要对使用的机械重新布置，找到安放直线电动机的合适位置，这就需要对机械部分重新设计，从而对整体做较大的改动。

具体来说，在彻底解决以下几个亟待解决的运行问题之后，才能更有利于其推广应用。

1）发热问题

直线电动机的初、次级绕组在电磁能量的转换过程中，必定要产生热量，电动机的驱动力越大，所产生的热量也越大。由于直线电动机位于机床床身的“腹部”，散热条件差，容易增高温升，可能使机床发生热变形，甚至可能形成恶性循环，严重时将破坏机床和零件的加工精度。而以往采用的旋转电动机，都是安装在床身的端部，不存在这样严重的散热问题。如若采用直线电动机进给驱动，就必须解决好直线电动机的散热问题。

2）隔磁及其防护问题

由于旋转电动机的磁场是封闭的，而直线电动机却相反，它的磁场是敞开的，并且它处于机床工作台附近，工件、工具与切屑等磁性物质都很容易被磁场吸住，这就使机床不能正常工作，因此必须设法解决直线电动机的隔磁及其防护问题。

3）负载干扰问题

直线电动机的控制只能采用全闭环控制，对一个稳定系统来说，其工作台负载（工件重量、切削力等）的变化就是外界干扰，这些干扰没有经过任何缓冲或削弱就直接作用到伺服电机动子上，若自动调节不好，就会引起系统的性能下降，甚至产生振荡而失稳。因此对整个直线电机进给驱动系统而言，除了要求直线电动机有较强的带负载能力（可适当增大电动机容量）外，也必须同时具备速度、位置检测负反馈和高速信息传输、校正、响应等能力。另外也须尽量减小导轨间的摩擦、阻尼。

4）垂直进给中的自重问题

当直线电机应用于垂直进给机构时，由于存在拖板等自重，因此必须解决好直线电动机断电时的自锁问题和通电工作时重力加速度对其造成影响的问题。为此，除了增加合适的平衡配重块及采取断电机械自锁装置外，还必须同时在电动机驱动模块和伺服控制电路上采取相应措施。

第5章 交流伺服系统常用传感器

5.1 概述

现代高精度数控机床等机电一体化产品，对伺服系统的要求越来越高。高性能伺服电动机、控制器、变流器以及高性能位置和速度传感器等都是伺服系统不可缺少的组成部分，特别是高响应能力、高精度的传感器是伺服系统的关键部件。在某种意义上说，机电一体化产品的性能优劣主要取决于传感器的性能。目前，伺服驱动已由直流伺服电动机转向交流伺服电动机，并且交流伺服技术已成为伺服驱动运动控制的主流。这种转变也不可避免地给安装在电动机轴上的传感器带来某些变化和新发展，如永磁交流伺服电动机磁极位置的检测及其相关处理技术，就是以往伺服传感器所未遇到的。

在实际中，为研究方便，首先将检测装置作简要分类。

(1) 按安装位置及耦合方式分为直接检测和间接检测。速度和位置传感器大都安装在伺服电动机轴的非负载侧，通过检测电动机轴的转角和角速度来间接反映运动机构的直线位移和移动速度，这就是通常所说的半闭环控制方式，也就是间接检测。间接方式简单可靠，被检测的位移无长度限制。缺点是旋转运动变直线运动的误差不在闭环内，影响最终位移检测精度，在要求很高时，需要对传动链误差进行补偿。对于半闭环控制来讲，检测元件安装在电机轴上，所以传感器也应该是旋转运动形式的。对于全闭环控制系统来讲，由于速度和位置传感器是安装在平移运动机构上的，所以速度和位置传感器也相应地具有作直线移动的形式，这称为直接检测。其检测精度主要取决于检测传感器的精度，不受伺服传动链的直接影响。但检测装置要与被检测的行程等长，这对伺服距离是一个很大的限制，而且长传感距离对其安装技术要求很高。因此，本书介绍的位置传感器都具有随电动机轴一起作旋转运动的性质，同时，对于检测直线位移的传感器也一并作介绍。

(2) 检测位移(或转角)的计算方法分为增量式和绝对式。增量检测方式只测量位移增量，每移动一个位移测量单位就给出一个相应的测量输出信号。这种方式的优点是装置比较简单，位移中的任何一点都可以是测量的起点。但也存在一些缺点，例如，在此类传感方式下，移动的距离是靠测量结果的输出信号计数后读出的，一旦计数有误，此后的测量结果就将全部错误。另外，在系统发生故障(如断电等)时，由于没有记忆能力，不能恢复故障前所在的位置。待故障排除后，必须将被检测机构移至起点，重新计数才能找到故障前的正确位置。在大量使用这种检测方式的伺服装置所组成的生产线中，复位是非常麻烦的。绝对式检测方式克服了增量方式的缺点，它的任何一个被检测的位置都以同一个固定的零点作为基准参考点，对应着一个确定的数值。也就是说，输出数值是轴位置的单值函数，在一转范围内，二者具有一一对应的关系。这种方式的好处在于，在故障停电数据丢失，或在运行时虽然通电但无数据读出的情况下，由于轴位置和数据的一一对应关系，轴位置便能被保留和记忆，一旦供电后就可以从停止前的位置开始正常运行。其缺点是，在把位置绝对信号进行采样处理时，由于延迟时间的存在，故不满足高速控制的需要。如果把位置绝对信号进行并行传输，虽然可以提高工作速度，但引线增多，也不便于实际应用。采用绝对检测方式，如果对分辨率要求越高，其信道就越多，结构也更加复杂。

(3) 按检测信号的类型分为模拟式和数字式。模拟式检测是直接对被检测量进行检测，无须量化处理，在小量程内可以实现高精度检测；数字式检测的特点是，被检测量量化之后，可以转化为脉冲个数，便于处理与显示，检测精度取决于检测单位，与量程基本无关，检测装置较简单，数字信号抗干扰能力强。

(4) 按运动形式分为旋转型和直线型。上面所谈到的间接检测方式，由于传感器安装在电机或丝杠的轴端，所以都是采用旋转式检测器，而在直接检测方式中，都采用直线型传感器。

(5) 按信号产生及转换的原理分为光电效应、光栅效应、电磁感应原理、压电效应、压阻效应、磁阻效应、霍尔效应等类检测装置。

由上述可知，伺服系统中所采用的位置与速度传感器种类很多，特性各异，在不同的历史时期，在不同的领域中得到了广泛应用。现在把它们的分类列于表 5-1 中，并就其中最常用的几种检测装置作较详细的说明。

表 5-1　位置和速度传感器的分类

<table>
<tr><th colspan="2">分　类</th><th>增　量　式</th><th>绝　对　式</th></tr>
<tr><td rowspan="2">位移传感器</td><td>旋转型</td><td>脉冲编码器，自整角机，旋转变压器，圆感应同步器，光栅角度传感器，圆光栅，圆磁栅</td><td>多极旋转变压器，绝对脉冲编码器，绝对值式光栅，三速圆感应同步器，磁阻式多极旋转变压器</td></tr>
<tr><td>直线型</td><td>直线感应同步器，光栅尺，磁栅尺，激光干涉仪，霍尔位置传感器</td><td>三速感应同步器，绝对值磁尺，光电编码尺，磁性编码器</td></tr>
<tr><td colspan="2">速度传感器</td><td>交、直流测速发电机，数字脉冲编码式速度传感器，霍尔速度传感器</td><td>速度-角度传感器，数字电磁、磁敏式速度传感器</td></tr>
<tr><td colspan="2">加速度传感器</td><td>压阻式，压电式</td><td></td></tr>
<tr><td colspan="2">电流传感器</td><td>霍尔元件电流传感器，电流检测 IC</td><td></td></tr>
</table>

5.2　光电编码器

随着光电子学和数字技术的发展，光电编码器被广泛用于交流伺服电动机的速度和位置检测中。

按脉冲与对应位置(角度)的关系，光电编码器通常分为增量式光电编码器、绝对式光电编码器以及将上述两者结合为一体的混合式光电编码器三类。

按编码器运动部件的运动方式来分，又可分为旋转式和直线式两种。交流伺服电动机为旋转运动，可以借助机械连接变换成直线运动形式，反之亦然。所以直线式光电编码器用得较少，只有在那些结构形式和运动方式都有利于使用直线式光电编码器的场合才被采用。旋转式光电编码器容易做成全封闭型，实现小型化，传感长度不受限制，有较强的适应环境能力，因而在实际中获得了广泛的应用。下面将主要讨论各种类型的旋转式光电编码器。

5.2.1 增量式光电编码器

增量式光电编码器的特点是每产生一个输出脉冲信号就对应一个增量位移角，但不能通过输出脉冲区别出是哪一个增量位移角，即无法区别是在哪个位置上的增量，编码器能产生与轴角位移增量等值的电脉冲。这种编码器的作用是提供一种对连续轴角位移量离散化或增量化以及角位移变化（角速度）的传感方法，它不能直接检测出轴的绝对角度。

增量式光电编码器由以下四个基本部分组成：光源、转盘（动光栅）、遮光板（定光栅）和光敏元件，如图 5-1 所示。

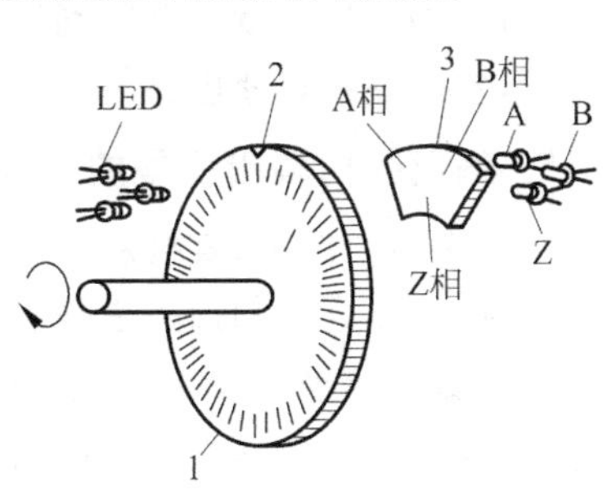

图 5-1 增量式光电编码器的构造
A 相、B 相、Z 相—遮光板缝隙
A、B、Z—受光元件；LED—发光二极管；
1—旋转圆盘；2—转盘缝隙；3—遮光板

转动圆盘上刻有均匀的透光缝隙，相邻两个透光缝隙之间代表一个增量周期。遮光板上刻有与转盘相应的透光缝隙，以用来通过或阻挡光源和位于遮光板后面光敏元件之间的光线。通常，遮光板上所刻制的两条缝隙使输出信号的电角度相差 90°，即所谓两路输出信号正交。同时，在增量式光电编码器中还备有用作参考零位的标志脉冲或指示脉冲，圆盘每转动一周，只发出一个标志脉冲。因此，在转动圆盘和遮光板相同半径的对应位置上刻有一道透光缝隙。标志脉冲通常与数据通道有着特定的关系，用来指示机械位置或对累积量清零。

下面，就使用增量式光电编码器应该了解的几个基本问题进行说明，这些问题的考虑对其他类型传感器也同样适用。

1. 增量式光电编码器的分辨率

光电编码器的分辨能力是以编码器轴转动一周所产生的输出信号基本周期数，也就是用脉冲数/转（ppr）表示的，并以此定义为编码器的分辨率，因此光栅盘上的槽或窗口数目就等于编码器的分辨率。换言之，在转动圆盘上透光和不透光的扇形条数就等于编码器输出的增量周期数。转盘上刻制的缝隙越多，编码器的分辨率就越高。所谓分辨率是指检测装置能够测量的最小位移量，它取决于检测元件本身，也与测量线路有关。

在工业电气传动中，根据不同的应用对象，可选择分辨率为 500～5000ppr 的光电增量编码器。在交流伺服电动机控制系统中，常选用分辨率为 2500ppr 的编码器。

2. 增量式光电编码器的精度

增量式编码器的精度与其分辨率完全无关，这是两个不同的概念。精度是一种度量在所选定的分辨范围内，确定任一脉冲相对另一脉冲位置的能力。通常，精度用角度、角分或角秒来表示。编码器的精度与转盘缝隙的加工质量、转盘的机械旋转情况等制造精度因素有关,也与安装技术有关,使用者应该特别加以注意。

3. 增量式光电编码器输出的稳定性

编码器输出的稳定性是指在实际运行条件下,保持规定精度的能力。影响编码器输出性能稳定性的主要因素是温度对电子器件造成的漂移、外界加于编码器的变形力以及光源特性的变化。由于受到温度和电源变化的影响,编码器的电子电路不能保持规定的输出特性,在设计和使用中都要充分考虑到这一点。

4. 增量式光电编码器的响应频率

编码器输出的响应频率取决于光敏元件、电子处理线路的响应速度。当编码器高速旋转时,如果其分辨率很高,那么编码器输出的信号频率将会很高。如果光敏元件和电子线路元件的工作速度不能与之相适应,就有可能使输出波形严重畸变,甚至会产生丢失脉冲的现象。这样,输出信号就不能准确反映轴的转角位移。所以,每一种编码器在其分辨率确定的条件下,它的最高转速也是一定的,也就是说它的响应频率是受限的。

5. 编码器内输出信号的处理

在大多数情况下,直接从编码器光电元件获取的信号电平较低,波形也不规则,还不能适应控制、信息处理和远距离传输的要求,所以在编码器内还必须将此信号放大与整形。经过处理的输出信号一般为近似正弦波或矩形波。由于容易对矩形波输出信号进行数字处理,所以这种输出信号在定位控制中的应用十分广泛。

但是,当输出信号为近似正弦波时,也有其独特的优点:

(1) 在定位停止时,没有振荡现象。

(2) 把输出的近似正弦波和余弦波信号微分合成,可以得到模拟速度信号。

(3) 可以进行电子内插,以较低的成本得到较高的分辨率。

基于上述原因,近似正弦波输出方式在打印机和磁盘的磁头定位控制中得到了广泛应用。

近似正弦波输出信号的合成如图 5-2 所示,矩形波输出输出信号如图 5-3 所示,在许多实际应用中,要求交流伺服电动机在正反两个方向上能实现可逆运行,这就要求编码器输出两路正交信号。

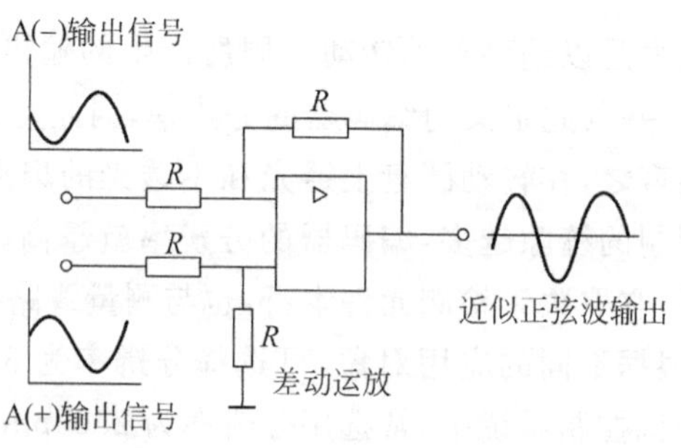

图 5-2 近似正弦波输出信号的构成

对应编码器的某一旋转方向,两个信号明确而单值地表示了从“0”到“1”和从“1”到“0”的跃变逻辑。所以,对这两个跃变逻辑信号与某相静态逻辑信号进行编码,可以设计出正反方向鉴别电路,如图 5-4 所示。方向判别电路的输出波形如图 5-5 所示。

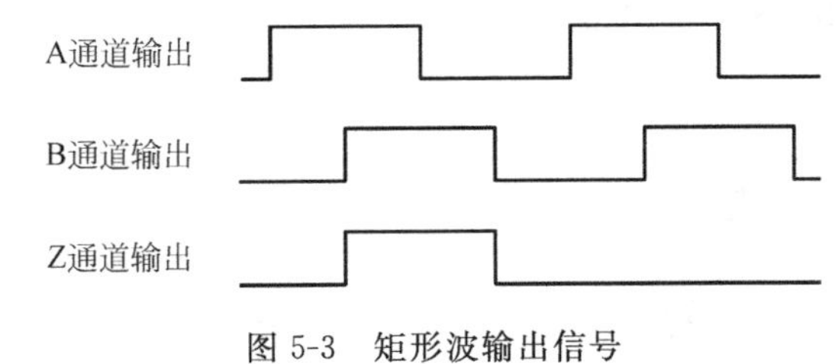

图 5-3　矩形波输出信号

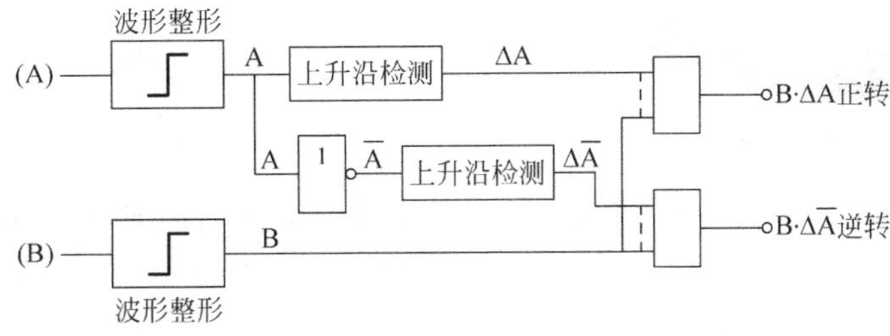

图 5-4　旋转方向判别电路框图

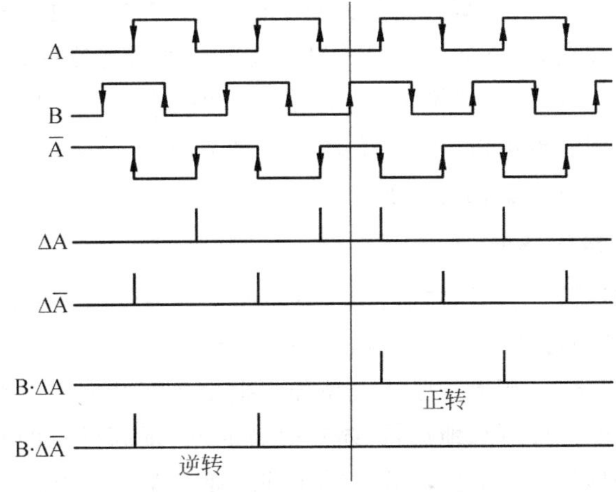

图 5-5　方向判别电路的输出波形

5.2.2　绝对式光电编码器

1. 绝对式光电编码器的基本结构

与增量式编码器不同，绝对式编码器用不同的数码来分别指示每个不同的小增量位置。通常，在旋转码盘上制成 8～12 个码道，码型为循环二进制码（葛莱码）。码盘和编码器的构造分别如图 5-6 和图 5-7 所示。

绝对式光电编码器的零点固定，输出为矩形波的自然二进制码（葛莱码可以转换成自然二进制码）。输出是轴角位置的单值函数，即输出的二进制数与轴角位置具有一一对应的关系。

除了绝对式光电编码器外，还有旋转变压器以及绝对式磁性编码器。但应用最多的还是绝对式光电编码器。通常在停电时数据丢失，或在运行时虽然通电但无数据读出的机械运动情况下，就需要采用绝对式光电编码器。

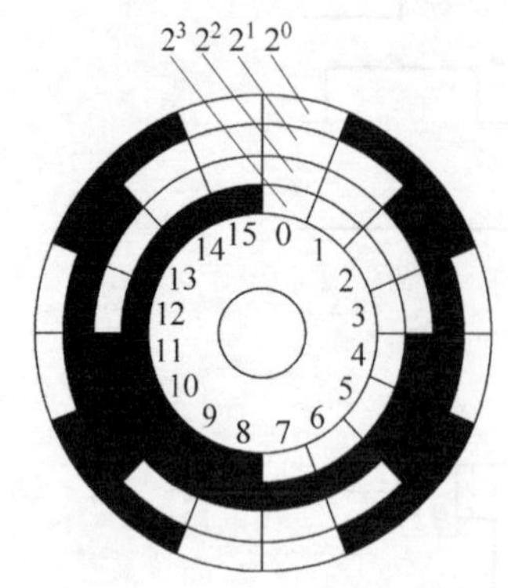

图 5-6　绝对式光电编码器的码盘构造

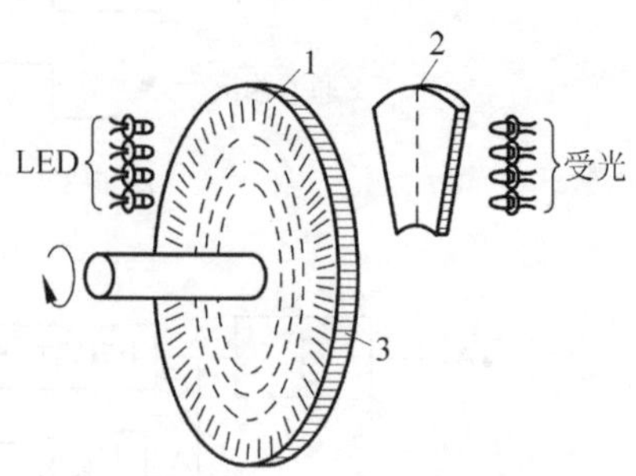

图 5-7　绝对式光电编码器结构示意图

1—缝隙；2—固定缝隙板；3—旋转圆盘

现有的绝对式光电编码器多为单转式，它所能测量轴角的范围是 0°～ 360°，不具有多转检测能力，测量角位移的范围只限于 360°以内，因而不满足多转数运动控制中检测绝对位置的要求。单转式绝对式光电编码器的另一个缺点是，在把位置绝对值信号进行采样处理时，由于延迟时间的存在，故不适应高速控制的需要。如果把位置绝对值信号进行并行传输，虽然可以提高工作速度，但引线增多，也不便于在数控机床和工业机器人上应用。

因此，要想在交流伺服电动机中真正实现绝对定位控制，就必须解决上面所提到的那些问题，并且要满足高精度与小型化的要求。

2. 多转绝对式光电编码器

为了克服单转绝对式光电编码器所存在的问题，适应多转数运动控制位置检测的需要，目前已经开发出了多转绝对式光电编码器，并在定位控制中得到了应用。

随着产业结构的变化，生产形态已从少品种大批量生产转向多品种小批量生产。在这种形势下，如何使生产能连续可靠地进行、缩短交替时间、提高设备的开动率等都成为保证生产线提高效率的重要因素，从而要求数控机床和工业机器人的伺服驱动实现交流化，位置控制实现绝对值化。

传统的数控机床和工业机器人的位置检测器大都采用增量式位置传感器，在电源投入时，还不知道被控对象在绝对空间的机械位置(坐标值)。为了校正位置，必须对编码器进行回归原点操作。如果只有一台机器，那这种回归原点的操作倒不算很麻烦。但当这些机器被大量使用在生产线中时，在每天开始送电或停电后重新送电时，若把所有这些机器都做回归原点操作，将十分麻烦。特别是对工业机器人来说，现在大多数是多关节型的，都要经过复杂的运算实现坐标变换。但是，若能知道机器人各轴的绝对位置，那么在机器人再操作之前，就不需要将机器人回归原点，也就不必进行坐标变换了。

假如在工作中停电，机器人和作业之间的复杂位置关系将会中断。在恢复供电后，进行手动操作有困难的场合也不少。基于这种背景，数控机床和工业机器人要求实现绝对位置控制的呼声将越来越高。

实现位置控制绝对值化的最重要的元件就是绝对位置检测器。对于数控机床和工业机器人来说，由于交流伺服电动机是多转数运动，若想实现绝对位置控制，就必须要有与之相适应的多转绝对位置检测器，而一般的单转绝对位置检测器是无法满足交流伺服电动机多转数绝对位置运动控制要求的。

多转绝对式光电编码器的电路结构如图 5-8 所示。实际上可以看成由一个单转绝对式光电编码器和一个增量式磁性编码器组成。其中单转绝对式光电编码器的任务是在一转之内实现高分辨率、高精度的绝对位置检测。而增量式磁性编码器是用来检测转轴的旋转次数，转轴每旋转一周，磁增量编码器就发生一个脉冲，并送入计数器进行计数。实际上，对于增量式磁性编码器来讲，在这里它每一个脉冲对应于转角增量为 360°。

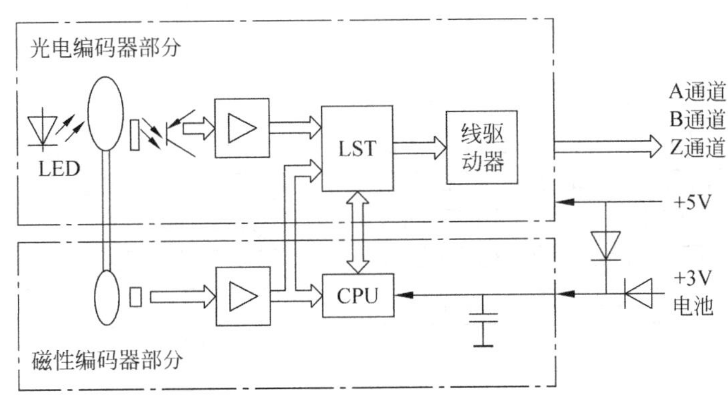

图 5-8 多转绝对式光电编码器的电路结构

1—圆盘；2—固定缝隙；3—光敏二极管；4—磁性圆盘；5—磁阻元件

由于单转绝对式编码器的发光元件功耗较大，用电池供电困难，故由电源供电。增量式磁性编码器在正常情况下也由电源供电。由于采用了低功耗磁阻元件，在停电时用电池供电。当电源断开时，备用电池投入运行，使计数器处于保持状态，即保存了转轴的转动次数这一信息。断电不会影响单转式光电绝对编码器在一转范围内的位置信息，这样就不会因为断电而使转轴最终的位置信息丢失。在电源重新投入工作时，备用电池切除，整个多转绝对式光电编码器就可以从停电时的原位置开始，随着轴的转动，继续向外部提供正确的位置信息。

多转绝对式光电编码器能够进行转轴旋转次数的检测与信息记忆，以及一转内对绝对角度的检测、信号修正、数据处理、信号传输，具有很强的灵活性。与传统的单转绝对式光电编码器相比，其结构虽然复杂，但功能却大为增强，用途更为广泛。此外采用专用的微机和大规模集成电路作为信号处理，能使这种编码器实现小型化。

由于这种编码器能在一转内精确检测绝对角度，故对各种极对数的永磁交流伺服电动机很容易进行匹配，来测量转子的磁极位置。由于它同时具有多转数测量功能，并备有电池，所以非常适用于生产线中工业机器人的定位控制，今后将发展成直接驱动用的高分辨率超小型的多转绝对式光电编码器，以满足各种绝对值定位控制系统的需要。

5.2.3 混合式光电编码器

所谓混合式光电编码器就是在增量式光电编码器的基础上，加装了一个用于检测永磁交流伺服电动机磁极位置的编码器而组成的一种光电编码器。其中用于检测交流伺服电动机磁极位置的这种编码器实际上是一种绝对式编码器，它的输出信号在一定的精度上与磁极位置具有对应的关系。通常，它给出相位差为 120°的三相信号，用于控制交流伺服电动机定子三相电流的相位。这种混合式光电编码器的结构与输出信号波形如图 5-9 所示。

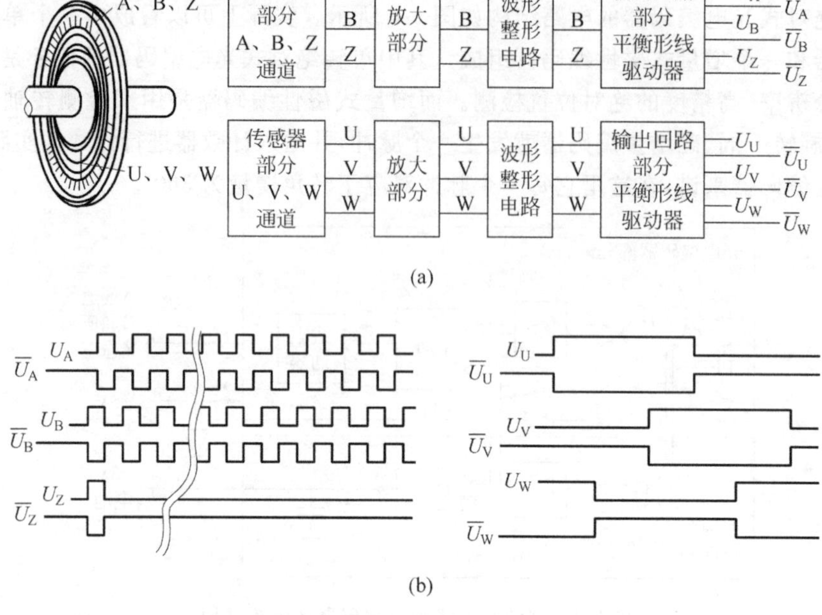

图 5-9 混合式光电编码器的组成与输出信号波形

(a) 交流伺服电动机用光电编码器的组成；(b) 交流伺服电动机用光电编码器的输出信号波形

这种检测磁极位置的方法常用于所说的无刷直流伺服电动机中。

在转动圆盘内侧制成空间位置互成 120°的三个缝隙，受光元件接受发光元件通过缝隙的光线而产生互差 120°的三相信号，经过放大与整形后输出矩形波信号 U_U、$\overline{U}_U$、U_V、$\overline{U}_V$、U_W、$\overline{U}_W$。利用这些信号的组合状态来分别代表磁极在空间的不同位置。这里，每相输出信号 U_U、$\overline{U}_U$、U_V、$\overline{U}_V$、U_W、$\overline{U}_W$ 的周期为空间 360°，在每一个周期中可以组合成六种状态，每种状态代表的空间角度范围为 60°，即在整个磁极位置 360°空间内，每 60°空间位置用一个三相输出信号状态表示。这种检测磁极位置的方法虽然简单易行，但会使伺服系统的低速性能变差，从而产生明显的步进运动。

5.3 旋转变压器

在数控机床、工业机器人等伺服驱动系统中，现已采用永磁式交流伺服电动机，这就要求必须检测出转子磁极的绝对位置，同时也要求能检测出转子的运动速度和系统的位置信息。除了可选择光电编码器作为传感器外，由于旋转变压器具有结构坚固耐用等突出优点，因此在机电一体化产品中获得了越来越广泛的应用。

旋转变压器有一相定子绕组输入、两相转子绕组输出的结构方式，它所配用的 R/D(旋转变压器轴角/数字转换器)用来检测转子两个绕组输出电压振幅比，以此求取旋转变压器的转子角位置，这种检测转角的方式称为跟踪方式。

作为移相器应用时，通常旋转变压器的定子为两相励磁绕组，转子为一相输出绕组。在这种结构情况下，所用的 R/D 转换器用来检测输出信号的相位变化，这种检测方式称为相位检测方式。这两种检测转角位置的方式不同，所选用的 R/D 也不同，应该特别加以注意。下面仅就常用的相位检测方式如何检测出转子角位置加以说明。

旋转变压器由定子铁心与线圈、转子铁心与线圈以及转子输出变压器组成，如图 5-10 所示。

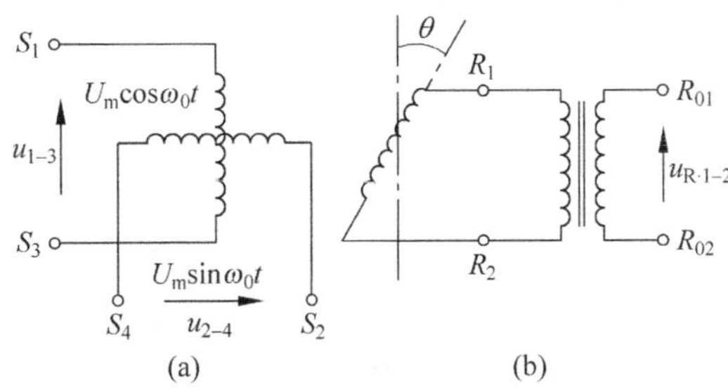

图 5-10　旋转变压器结构示意图

(a) 定子；(b) 转子及转子输出变压器

定子铁心上的两相绕组轴线在空间上正交，并且以相位差为 90°的正弦和余弦电流进行励磁，通常励磁电流的频率远远高于工频。

转子铁心上绕有一个转子绕组(有的旋转变压器在转子上绕有两相正交绕组)，为了把转子绕组的输出电压无接触地取出来，故把转子输出变压器的一次线圈接到转子绕组的输出端，这样就可以取代传统的滑环和电刷。这个转子输出变压器的二次线圈在静止侧，其输出信号中就包含有转子位置的信息，经过电子线路处理后，就可提取出各种有效信息参与系统控制。

下面，首先来分析旋转变压器的输出信号与输入信号的关系。

设对旋转变压器的定子线圈 S_1-S_3、S_2-S_4 分别施加励磁信号 u_{1-3}、u_{2-4}：

$$\begin{aligned} u_{1-3} &= U_m\sin\omega_0 t \\ u_{2-4} &= U_m\cos\omega_0 t \end{aligned} \tag{5-1}$$

式中：U_m——励磁信号的幅值；

ω_0——励磁信号角频率。

如果旋转变压器的转子位置由基准位置转过了 θ 角，则转子的输出信号电压为

$$\begin{aligned} u_{R\cdot1-2} &= k(u_{1-3}\cos\theta - u_{2-4}\sin\theta) \\ &= k(U_m\sin\omega_0 t\cos\theta - U_m\cos\omega_0 t\sin\theta) \\ &= kU_m\sin(\omega_0 t - \theta) \end{aligned} \tag{5-2}$$

式中：k——旋转变压器的变压比。

由式(5-2)所表示的旋转变压器输出信号可以看出，对于定子的正弦励磁信号 $u_{1-3}=U_m\sin\omega_0 t$ 来说，旋转变压器的转子从基准位置所转过的 θ 角，变成了在输出信号中的相位移角 θ。也就是说，输出信号在时间上的相移角 θ 正好是旋转变压器转子偏离基准位置的空间位移角 θ。如果设法将这个相位移信号加以处理并提取出来，那么就可以得到旋转变压器的转子位置信息，也就是可以得到交流伺服电动机转子磁极位置信息。旋转变压器定子的励磁信号和输出信号的相位关系如图 5-11 所示。若把励磁信号 u_{1-3} 作为基准电压，通过相位检波电路对相位进行检出，从相位检波电路的输出中就可以得到 $kU_m\sin\theta$ 信号。由于把旋转变压器定、转子线圈的位置调准到分别与交流伺服电动机电枢及磁极的位置相重合，则

信号 $kU_m\sin\theta$ 就原封不动地表示了交流伺服电动机转子磁极的位置。用这个包含转子位置信息的正弦信号去调制速度调节器的输出信号,就可得到由转子磁极位置所决定的交流电流指令信号,将其作为控制交流伺服电动机定子电流相位的依据。由转子磁极在空间上的位置控制定子电流在时间上的相位,实现了交流电流的正弦化,这就是正弦电流控制型自控式交流永磁伺服电动机驱动系统的基本原理。

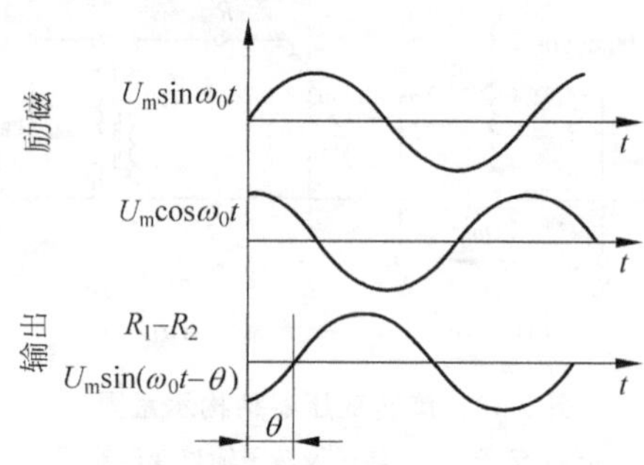

图 5-11 旋转变压器的励磁信号与输出信号的相位关系

为了得到频率稳定的旋转变压器励磁信号,通常采用晶体振荡器作为振荡源。由于晶体振荡器频率很高,需将其输出信号适当分频,可得到两相正交的励磁信号 u_{1-3} 和 u_{2-4},采用这两个分频信号对旋转变压器定子进行高频励磁,通过高频数字信号处理,容易得到旋转变压器转子的旋转角度信息。

若转子旋转角速度为 ω_r,则有

$$\theta = \omega_r t \tag{5-3}$$

$$u_{R\cdot 1-2} = kU_m\sin(\omega_0 - \omega_r)t \tag{5-4}$$

由上式可见,由于旋转变压器转子旋转,其输出信号的角频率也随之发生变化,输出信号的角频率变化正好等于旋转变压器转子即交流伺服电动机转子的角速度 ω_r。

如果把输出信号 $u_{R\cdot 1-2}$ 的角频率变化提取出来,就得到了电动机的旋转角速度信息。这种关系无论在速度是恒定还是变化的情况下都适用。显然,角速度是角度位置的微分,而且一般来说转子角速度 ω_r 都远远小于旋转变压器定子线圈励磁信号的角频率,因而使速度信号的提取变得比较容易。

实际上,这是在利用旋转变压器的移相功能来检测电动机转子的磁极位置和速度。

从原理上讲,用光电编码器来检测转子的磁极位置是把位置这一连续变化的量在每周内离散成六等分,每一种输出信号的编码组合代表空间 60°角,显然这种磁极位置的检测分辨率是很低的。而旋转变压器本身所输出的位置信息是连续变化的模拟量,经过高频数字化处理后去调制速度调节器的输出信号,因而可对电枢电流的相位实现精细控制。这样就使交流伺服电动机获得十分平稳的低速特性,这是旋转变压器用于交流伺服控制的一个突出特点。但这种方式使得电子处理电路复杂化,成本提高。

在使用旋转变压器的情况下,常用一种称为旋转变压器/数字转换器(RDC)的电路将转子磁极位置信号和系统位置信号转换成数字信号输出,提供给系统使用。下面介绍 AD 公司最新一代可编程正弦波振荡器 AD2S99 及高精度、可变分辨率的旋转变压器/数字转换器 AD2S80A 组成的位置检测系统,它精度高、速度快、可靠性好,在高精度伺服系统中得到

了广泛应用。

正弦波振荡器 AD2S99 的内部结构如图 5-12 所示。它将输出的正弦激励信号送入旋转变压器中的原边(转子绕组),从旋转变压器的副边(两个定子绕组)输出两个正交信号。将这两个信号分别引入到 AD2S99 的 SIN 和 COS 引脚上,构成一个同步锁定闭环系统,这样可保证正弦波激励信号的稳定性。AD2S99 会输出一个同步基准信号(3V 方波),它可以补偿温度变化引起的相位漂移,因而不需要另加外部相位补偿电路。此信号与 SIN 和 COS 引脚信号同步锁定,并可作旋转变压器/数字转换器(RDC)的过零参考点。当引脚 SIN 和 COS 上的信号不良或脱落时,LOS 引脚就会变为高电平,作为微处理器的故障处理信号。AD2S99 的标准输出频率有 2kHz、5kHz、10kHz、20kHz 四种,可以通过 SEL1 和 SEL2 的逻辑电平的设置调整,其中间频率可通过在 FBIAS 与电源之间连接电阻的大小来调节。

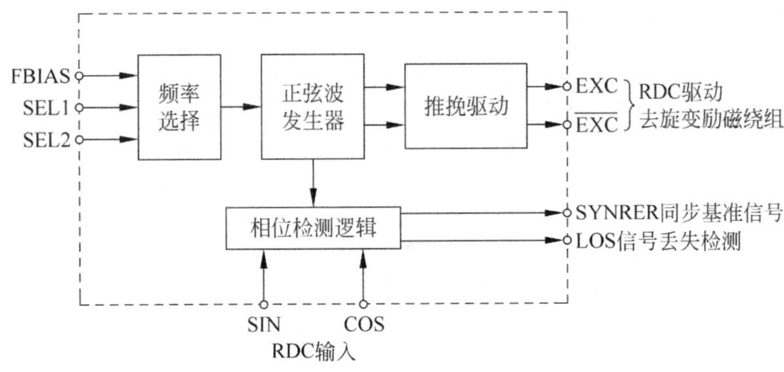

图 5-12　AD2S99 内部功能框图

AD2S80A 是最新一代的旋转变压器/数字转换器芯片机。其分辨率有 10、12、14、16bit 几种可以选择,可由引脚 SC1 和 SC2 的逻辑状态来决定。而其带宽及跟踪速度等动态特性则通过选择外围元件决定。通常跟踪速度的范围与分辨率的关系如表 5-2 所示。通过这些性能指标,根据公式可以选择出外围电路元件。关于计算公式,受限于篇幅,这里不再叙述。另外,AD2S80A 可输出与速度成正比的模拟信号,来代替测速发电机,这一点非常重要。AD2S80A 的内部功能如图 5-13 所示。

表 5-2　分辨率/跟踪速度范围表

分辨率/bit	$P=2^n$(n: 分辨率)	跟踪速度范围/(r/s)
10	1024	0～1024
12	4096	0～260
14	16384	0～65
16	65536	0～16.25

由图 5-13 可知,由 A3 和 A4 构成两个积分环节,AD2S80A 运行于Ⅱ型伺服环的跟踪方式。输出将自动跟踪输入,并且速度逐步上升到最大跟踪速度。因为它是采用一种比率式跟踪方法,输出的数字角度只与输入的 SIN 和 COS 信号比值有关,而与它们的绝对值无关,这样具有高的噪声抑制比,可以减少从旋转变压器到转换器 RDC 远距离长线带来的误差。16 条数据线输出口有三态输出数据锁存功能,通过对 BYTE SELECT 引脚的控制,可以向 8 位或 16 位数据总线传输。

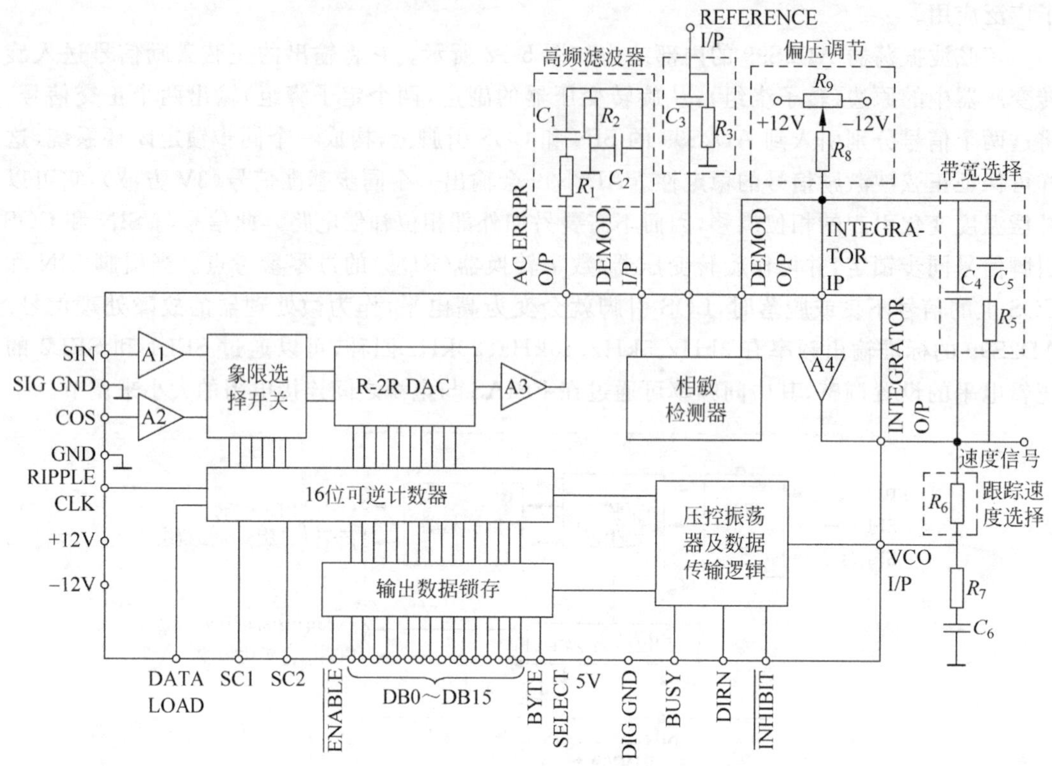

图 5-13 AD2S80A 内部原理框图及外围电路

系统采用数字信号处理器 DSP(或单片机)采集和处理转子位置信号，因此需要将 AD2S80A 与 DSP 进行接口。以 ADS299 和 AD2S80A 组成的位置测量系统与 DSP 的接口示意原理如图 5-14 所示。

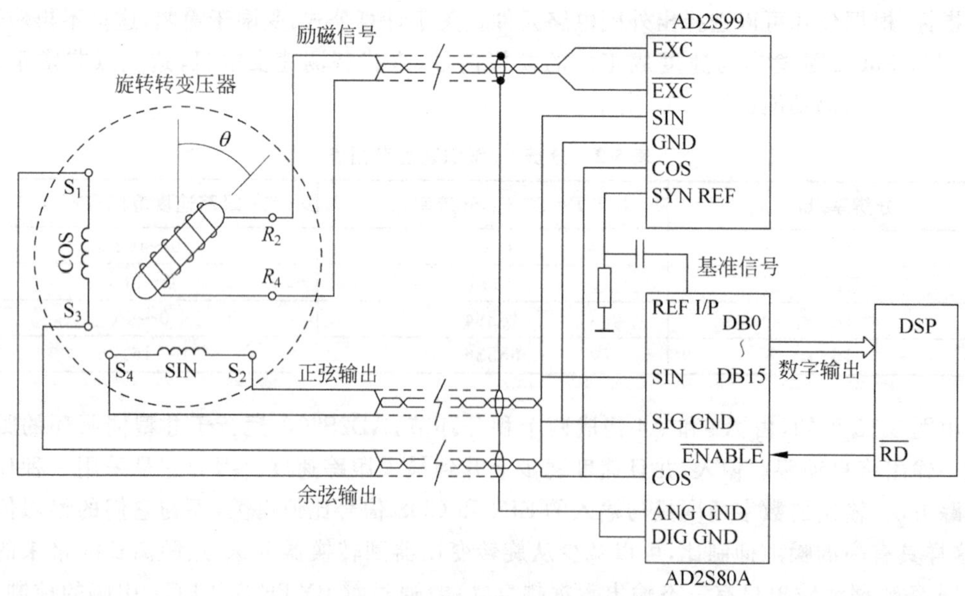

图 5-14 采用 RDC 的变换电路

图 5-14 中的旋转变压器的转子绕组由 AD2S99 激励，其定子输出分别接到 AD2S99 和 AD2S80A 的相关引脚，而 AD2S99 向 AD2S80A 提供参考基准信号。需要注意的是，因 AD2S80A 内部无变压器，若输入信号超过 2V，则应变换成适合电压后再输入。旋变的两条信号地线应该与转换器的 SIN GND 管脚相连以减少其 SIN、COS 信号的耦合。同时由于这个原因，应该用屏蔽的双绞线把旋变和 SIN、COS 信号分别相连。信号地和模拟地在内部连接，而模拟地与数字地必须在外部连接。DSP 通过对 RDC 的操作，可以读取 AD2S80A 转换的表示转子位置的 16 位二进制数据，并在内部进行数据处理。

5.4　光栅

光栅是利用光的反射、透射和干涉现象制成的一种光电检测装置，有物理光栅和计量光栅。物理光栅刻线比较细密，两刻线之间距离(称为栅距)在 0.002～0.005mm 之间，它通常用于光谱分析和光波波长的测定。计量光栅刻线较粗，栅距在 0.004～0.025mm 之间，在数字检测系统中，通常用于高精度位移的检测，是数控系统中应用较多的一种检测装置，尤其是在闭环伺服系统中。

光栅位置检测装置由光源、长光栅(标尺光栅)、短光栅(指示光栅)和光电元件等组成(见图 5-15)。

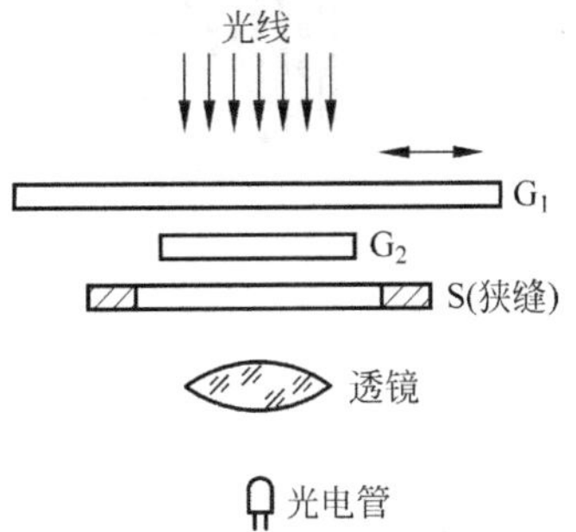

图 5-15　光栅位置检测装置

按照不同的分类方法，计量光栅可分为直线光栅和圆形光栅；透射光栅和反射光栅；增量式光栅和绝对式光栅等。本节仅介绍直线光栅。

根据光栅的工作原理将光栅分为直线式透射光栅和莫尔条纹式光栅两类。

5.4.1　直线式透射光栅

在玻璃表面刻上透明和不透明的间隔相等的线纹(即黑白相间的线纹)，称为透射光栅。其制造工艺为在玻璃表面加感光材料或金属镀膜上刻成光栅线纹，也可采用刻蜡、腐蚀或涂黑工艺。透射光栅的特点是：光源可以采用垂直入射光，光电接收元件可以直接接收信号，信号幅值比较大，信噪比高，光电转换元件结构简单。同时，透射光栅单位长度上所刻的条纹数比较多，一般可以达到每毫米 100 条线纹，达到 0.01mm 的分辨率，使检测电子线路大大简化。但其长度不能做得太长，目前可达到 2m 左右。

如图 5-16 所示，它用光电元件把两块光栅移动时产生的明暗变化转变为电流的变化。长光栅装在机床移动部件上，称之为标尺光栅；短光栅装在机床固定部件上，称之为指示光栅。标尺光栅和指示光栅均由窄矩形不透明的线纹和与其等宽的透明间隔组成。当标尺光栅相对线纹垂直移动时，光源通过标尺光栅和指示光栅再由物镜聚焦射到光电元件上。若指示光栅的线纹与标尺光栅透明间隔完全重合，则光电元件接收到的光通量最小。若指示光栅的线纹与标尺光栅的线纹完全重合，则光电元件接收到的光通量最大。因此在标尺光栅移动的过程中，光电元件接收到的光通量忽大忽小，产生了近似正弦波的电流。再将电子线路转变为数字以显示位移量。为了辨别运动方向，指示光栅的线纹错开 1/4 栅距，并通过鉴向线路进行判别。

由于这种光栅只能透过单个透明间隔，所以光强度较弱，脉冲信号不强，往往在光栅线较粗的场合使用。

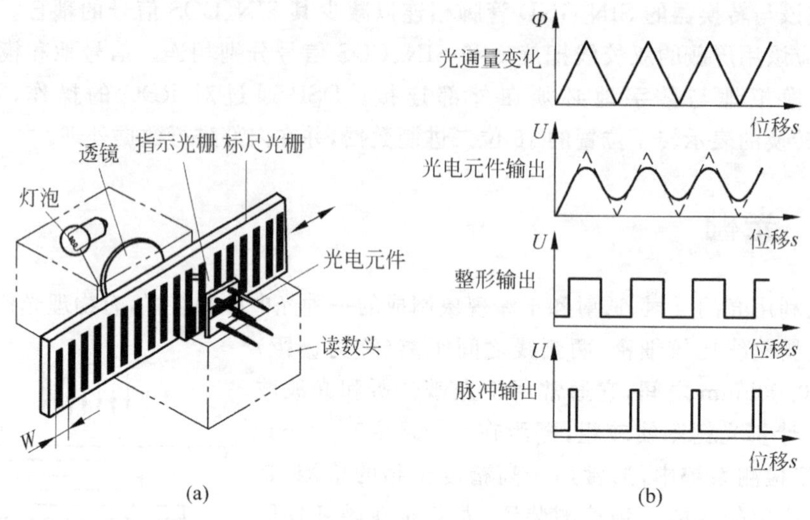

图 5-16 透射直线式光栅原理图

(a) 结构图；(b) 输出波形

5.4.2 莫尔条纹式光栅

如果使两片光栅靠近并稍有倾斜，则在和光栅垂直的方向上可以看到非常粗大的条纹，这就叫做莫尔条纹。莫尔条纹式光栅实质上是一种增量式编码器，它是通过形成莫尔条纹、光电转换、辨向和细化等环节实现数字计量的。

1. 莫尔条纹的形成

如图 5-17 所示，两块栅距 d 相等、黑白宽度相同的光栅，在沿线纹方向上保持一个很小的夹角 θ，当它们彼此平行相互接近时，由于遮光效应或光的衍射作用，便在暗纹相交处形成了多条亮带。形成亮带的间距 W 与线纹夹角 θ 的关系为

$$W = \frac{d}{2\sin\frac{\theta}{2}} \approx \frac{d}{\theta} \tag{5-5}$$

莫尔条纹垂直于两块光栅线纹夹角 θ 的平分线，由于 θ 角很小，所以莫尔条纹近似垂直于光栅的线纹，故称为横向莫尔条纹。当两块光栅沿着垂直于线纹的方向相对移动时，莫尔条纹沿着垂直干线纹的方向移动。移动的方向取决于两块光栅的夹角 θ 的方向和相动移动的方向。莫尔条纹有以下几个重要特性：

(1) 平均效应莫尔条纹是由大量的光栅线纹共同作用产生的，对光栅的线纹误差有平均作用，从而可以在很大程度上消除光栅线纹的制造误差。光栅越长，参加工作的线纹越多，这种平均效应就越大。

(2) 对应关系如图 5-17 所示，当光栅 1 向右移时，两光栅相互遮挡的位置 b-b 线向下移动，莫尔条纹也向下移动，即光栅移动一个栅距 d，莫尔条纹移动一个栅距 d。

(3) 放大作用由式(5-5)可知，如果两块光栅的夹角 θ 很小，则莫尔条纹之间的距离 W 将远大于光栅的栅距 d，所以莫尔条纹起到了放大作用。这使得读取莫尔条纹的读数比读取光栅线纹的读数方便得多。如果栅距 $d=0.01\text{mm}$，两块光栅的夹角 $\theta=0.001\text{rad}$，则 $W=10\text{mm}$，其放大倍数为 1000，从而大大地减轻了检测电子线路的负担。当 θ 接近于 0 时，莫尔条纹的宽度 W 大于或等于干涉面的宽度。此时，如果两个光栅相对移动，干涉面上就看不到明暗相间的条纹，只能看到亮带和暗带相互交替地出现。这时的莫尔条纹犹如一个闸门，故称其为光闸莫尔条纹。按照这种原理制成的光栅检测元件，通常称为光电脉冲发生器。

2. 光电转换

光栅检测系统的光电转换转由光栅读数头完成。最基本的光栅读数头由光源、聚光镜、指示尺光栅和硅光电池组成，如图 5-18 所示。

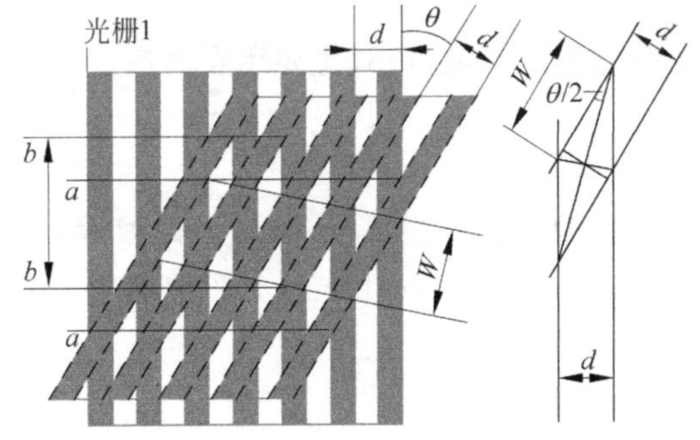

图 5-17　莫尔条纹

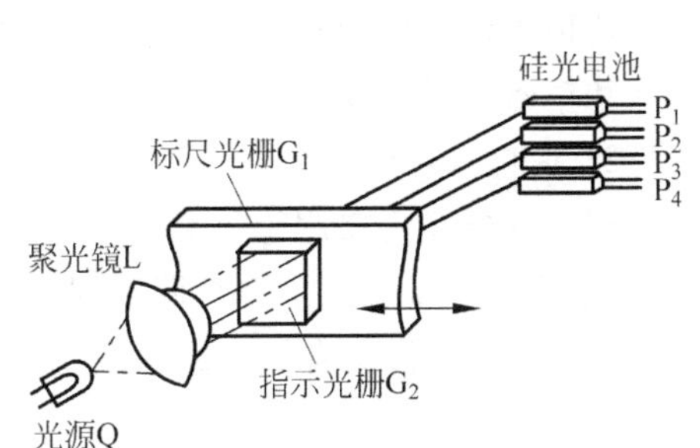

图 5-18　光栅检测系统的组成

为了便于说明其工作原理，以光闸莫尔光栅为例，说明当光栅移动一个栅距时，其输出波形和两块光栅相互位置变化的关系。如前所述(见图 5-17)，当两块光栅的刻线重合时，透光最多，光电池输出的电压信号最大；当光栅 1 向右移动半个栅距时，两块光栅的暗线纹将明线纹遮住，透光近似于 0，光电池输出最小；再移动半个栅距，则两块光栅的刻线又重合，光电池输出又达到最大值。这样光栅的遮光作用与光栅的移动距离就成线性关系，所以光电池的光接收量也与光栅的移动距离成线性关系，即光电池的输出电压波形也近似于三角形。但这是一种理想的状态，只有在两块光栅的距离为 0、刻线质量极好且刻线宽度均匀一致时才能达到这样的状态。实际应用过程中，两块光栅之间必定有间隙。由于光的衍射作用和光源灯丝宽度的影响，透过光栅 1 的光将向两侧发散，而不是平等前进，因此就不能达到最亮和最黑的状态。再加上线纹上有毛刺、不平和弯曲等原因，输出波形会被削顶、削底成近似的正弦波形和一直流分量的叠加，即

$$V = V_0 + V_m\left(\frac{2\pi x}{d}\right) \tag{5-6}$$

式中：d——栅距；

x——标尺光栅和指示光栅之间的相对位置；

V_0——直流分量；

V_m——交流分量的最大值；

V——输出电压。

由此可见，硅光电池上输出电压的大小反映了标尺光栅和指示光栅之间的相对位置关系，实现了光电转换。

5.4.3 光栅检测装置

1. 光栅读数头

光栅读数头由光源、指示光栅和光电元件组合而成，是光栅与电学系统转换的部件。读数头的结构形式很多，但就光路分，有以下几种。

1）分光读数头

其原理如图 5-19 所示，从光源 Q 发出的光，经透镜 L_1，照射到光栅 G_1、G_2 上，形成莫尔条纹，由透镜 L_2 聚焦，并在焦平面上安置光电元件 P 接受莫尔条纹的明暗信号。这种光学系统是莫尔条纹光学系统的基本型。光栅刻线截面为锯齿形，光源 Q 的倾角是根据光栅材料的折射率与入射光的波长确定的。

这种光栅的栅距较小(0.004mm)，因此两光栅之间的间隙也小，主要用在高精度坐标镗床和精密测量仪器上。

2）垂直入射读数头

这种读数头主要用于每毫米 25～125 条刻线的玻璃透射光栅系统，如图 5-20 所示，从光源 Q 经透镜 L 使光束垂直照射到标尺光栅 G_1，然后通过光栅 G_2 由光电元件 P 接收。两块光栅的距离 t 根据有效光波的波长和光栅栅距 W 决定，即

$$t = W^2/\lambda \tag{5-7}$$

使用时再作微量调整。

上述光栅只能用于增量式测量方式，有的光栅读数头设有一个绝对零点，当停电或其他原因记错数字时，可以重新对零。它是在两光栅上分别有一小段光栅，当这两小段光栅重合时发出零位信号，并在数字显示器中显示。

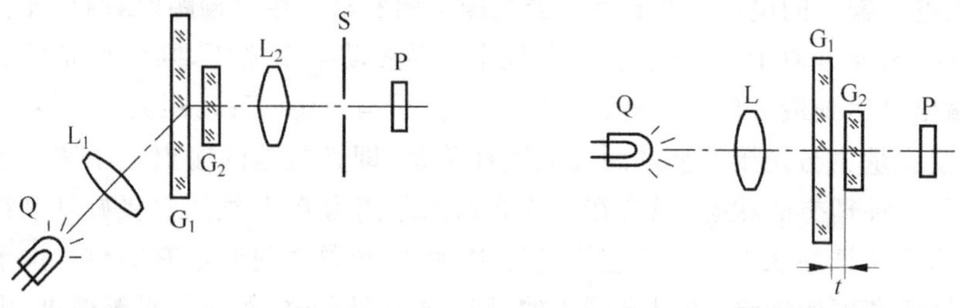

图 5-19 分光读数头　　图 5-20 垂直入射读数头

2. 辨向方法

在光栅检测装置中，将从光源来的平行光调制后作用于光电元件上，从而得到与位移成比例的电信号。当光栅移动时，从光电元件上将获得一正弦电流。若仅用一个光电元件检测光栅的莫尔条纹变化信号，则只能产生一个正弦波信号用作计数，不能分辨运动方向。为了辨别方向，如图 5-21(a)所示，安置两只光电元件(或设置两个狭缝 S_1、S_2，让光线透过它们分别被两个光电元件接收)，彼此相距 1/4 节距。当光栅移动时，从两只光电元件分别得到正弦和余弦的电流波形，如图 5-21(b)所示。由于莫尔条纹通过光电元件的时间不同，两

信号将有 90°或 1/4 周期的相位差。而信号的超前与落后，取决于光栅的移动方向。这样，两信号经过放大整形和微分等电子判向电路，即可判别它们的超前与落后，从而判别机床的运动方向。例如，当标尺光栅向右运动时，莫尔条纹向上移动，信号 ID_2 超前 1/4 周期；反之，当标尺光栅向左移动时，莫尔条纹向下移动，信号 ID_1 超前 1/4 周期。

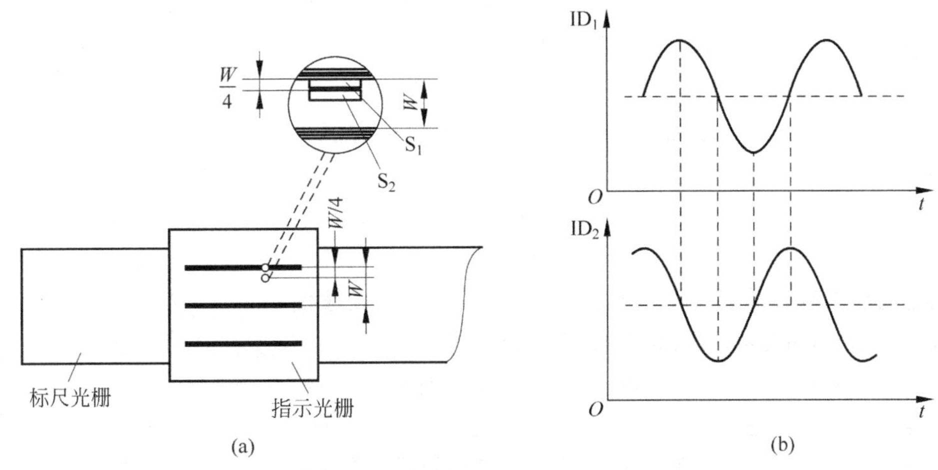

图 5-21　光电元件的安装及其所产生的电流波形

(a) 安装图；(b) 波形图

3. 分辨率的提高

一种光栅测量装置的逻辑框图如图 5-22 所示。为了提高分辨率，线路采用 4 倍频的方案，在一个莫尔条纹节距内安装 4 只光电元件(如硅光电池)，每相邻两只的距离为 1/4 节距，如图 5-16 所示。四倍频电路的波形图如图 5-23 所示。

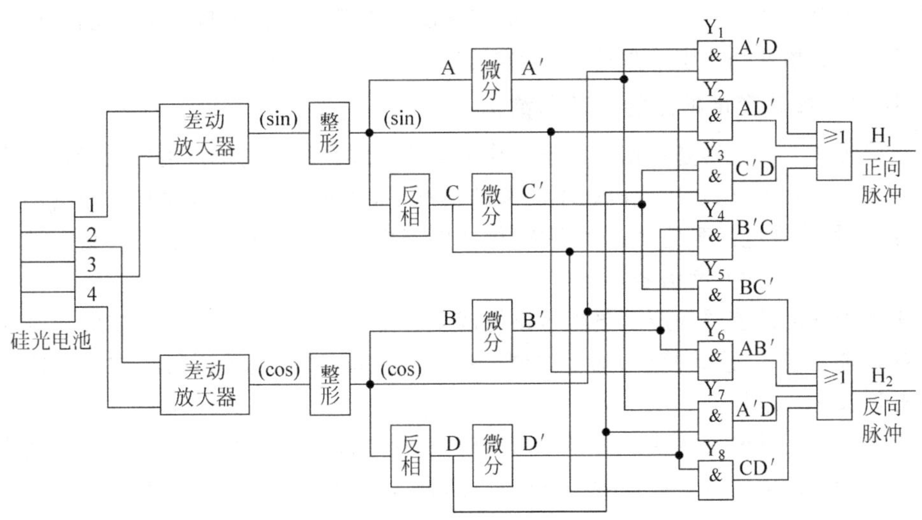

图 5-22　光栅信号四倍频电路

当指示光栅和标尺光栅相对移动时，四个硅光电池 P_1、P_2、P_3、P_4 产生四路相差 90°相位的正弦信号。将两组相差 180°的两个正余弦信号 1、3 和 2、4 分别送入两个差动放大器，输出经放大整形后，得两路相差 90°的方波信号 A 和 B。A 和 B 两路方波一方面直接进微分器微分后，得到前沿的两路尖脉冲 A′和 B′；另一方面经反向器，得到分别与 A 和 B 相差 180°的两路等宽脉冲 C 和 D，C 和 D 再经微分器微分后，得两路尖脉冲 C′和 D′。四路尖脉冲按相位关系经与门和 A、B、C、D 相与，再输出给或门，输出正反向信号，其中 A′B、AD′、C′D、B′C 分别通过 Y_1、Y_2、Y_3、Y_4 输出给或门 H_1，得正向脉冲；而 BC、AB、AD、CD 通过 Y_5、Y_6、Y_7、Y_8 输出给或门 H_2，得反向脉冲。当正向运动时，H_1 有脉冲信号输出，H_2 则保持低平；而反向运动时，H_2 有脉冲信号输出，H_1 则保持低电平。这样，当栅距为 1/50mm (20μm)时，四倍频后每个脉冲当量为 5μm，即分辨率提高了 4 倍。

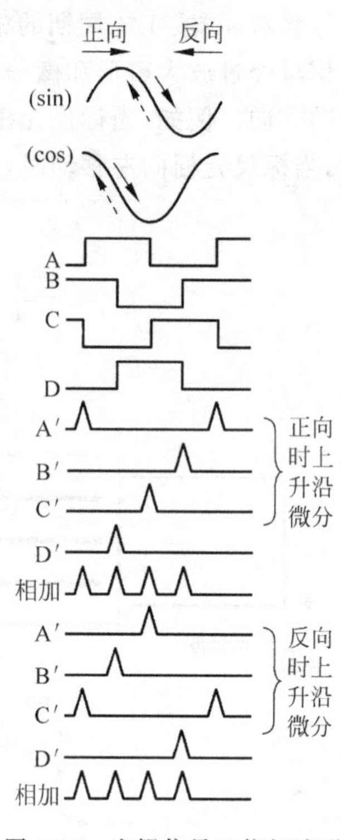

图 5-23 光栅信号四倍频波形

光栅输出给数控装置的信号有两种，方波信号和正弦波信号。对方波信号，可进行二倍频和四倍频处理，但最高为四倍频；对连续变化的正弦波信号，可采用相位跟踪细分，进一步提高分辨率。其原理是将输出信号与相对相位基准信号比较，当相位差超过一定门槛时，移相脉冲门输出移相脉冲，同时使相对相位基准信号跟踪测量信号变化。这样每一移相脉冲使相对相位基准移相 $360/n$ 度，即可实现 n 倍细分，有八倍频、十倍频、二十倍频或更高。

5.5 加速度传感器

在实际控制系统，往往需要控制机械的加速度大小甚至需要控制加加速度，这就需要加速度传感器。这里介绍压阻式加速度传感器。

1. 压阻式加速度传感器的原理和结构

压阻式加速度传感器是利用应变电阻作为传感元件所组成的加速度传感元件。由应变电阻所组成的桥式电路，在应变电阻不受力的情况下，是对称平衡的，没有信号输出。当应变电阻受力时，应变电阻阻值就产生变化，桥式电路失去平衡，其输出信号与受力大小成正比例，即传感器输出加速度信号。

压阻式加速度传感器的应变电阻可以组成多种形式的电桥。目前，上述应变电阻的电桥是用硅片加工成的，形状简单，加工方便，成本低廉，图 5-24 表示压阻式加速度传感器的集成块截面及芯片电桥。

从上述传感元件的集成块截面中可以看到，芯片电桥带有附加垂块 2，用作加速度信号的传感。因为芯片电桥本身质量很小，难以得到合适的加速度信号，只有把附加垂块 2 的质量放大，才能在电桥上读取加速度信号。

压阻式加速度传感器由传感元件及信号调节两部分组成。当加速度传感器承受加速度时，传感元件和附加垂块 2 就上移或下降，从而使电桥臂的电阻变化，这就使输出电压与外加的加速度成正比。电桥组成对称互连，可以抵消任何外部加速度。信号调节器用来放大传感元件的输出，并校正灵敏度和补偿随温度变化而产生的漂移。因此，加速度传感器的输

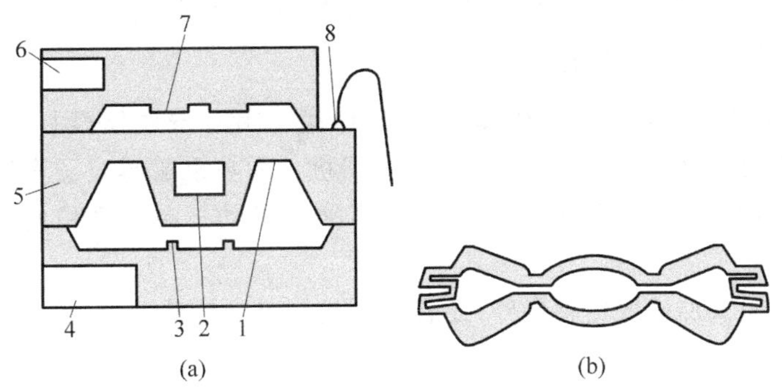

图 5-24　压阻式加速度传感器的集成块截面及芯片电桥

(a) 集成块截面；(b) 芯片电桥

1—由电桥组成的悬臂梁；2—附加垂块；3—制动块；4—底座；5—芯片；6—盖板；7—检测端；8—引线端

出信号是精确的，无须再调节。信号调节器与传感元件一样，组成专用集成块，两者连在一起，其简化电路如图 5-25 所示。

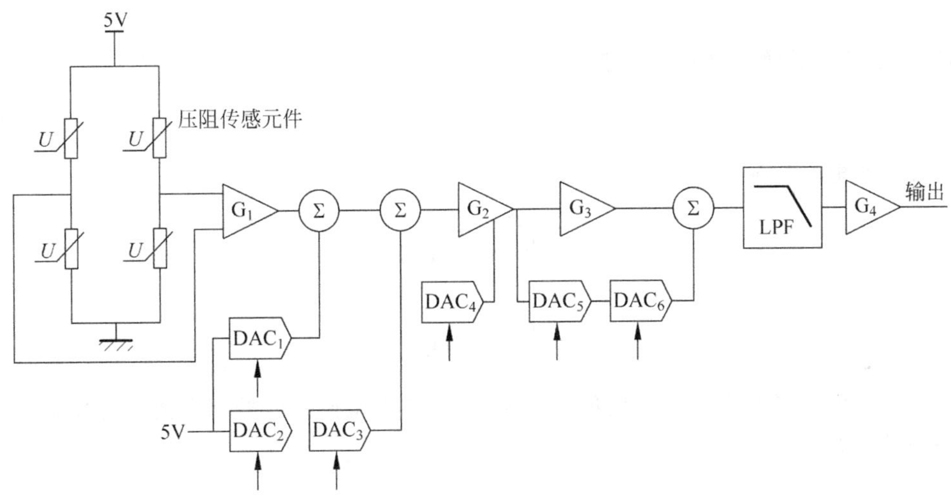

图 5-25　压阻式加速度传感器的简化电路原理

从上面加速度传感器的原理和结构可知，加速度传感器和压力传感器是相似的传感器，可以按照不同的使用要求，组成不同的电路和外形结构。

2. 压阻式加速度传感器的性能和参数

(1) 灵敏度：它是指单位加速度的输出电压。通常，采用重力加速度 g 作为单位加速度。压阻式加速度传感器的灵敏度有两种，即毫伏和伏，较典型产品的灵敏度为 0.1～50mV/g。

(2) 频率响应：它是指加速度传感器在规定加速度极限内工作时输入加速度交变频率的允许限度。通常它的频率响应在 0～5000Hz 范围内。

(3) 精度误差：加速度传感器的误差包括输出电压非线性误差和温度变化误差两种。一般，非线性误差为±1.0%，温度误差为±2.0%。

(4) 电源：通常采用直流 5V 电源作为输入电源。但是当电源偏离 5V 时，加速度传感器的输出电压或灵敏度将产生变化，因此，规定电源电压不得超过±10%。

3. 压阻式加速度传感器的应用

它的应用可分为用在控制系统中作为反馈检测中和用于导航仪器中。

在系统反馈中应用的典型是高速运动的绘图机。如在永磁感应子直线步进电机 x 轴或 y 轴直线驱动的加速度闭环控制中，它可使直线电机动子高速平稳精准地带动绘图工具，绘出图形。

此外，除了压阻式加速度传感器外，还有压电式加速度传感器等，但不如压阻式的应用范围广。

上述所介绍的加速度传感器仅适用于直线运动，而旋转运动不能采用上述加速度传感器。通常物体在做旋转运动时，物体的加速度不仅有大小，而且方向也时刻在变化，因此在旋转运动时，往往采用速度传感器，经过微分后，取得加速度信号。在取得加速度信号后，对其再次微分，就可以取得加加速度(jerk)信号。

伺服系统的电力拖动平衡方程式为

$$J\frac{\mathrm{d}\omega}{\mathrm{d}t} = M_{\mathrm{e}} - M_{\mathrm{fz}} \tag{5-8}$$

当不计负载，在 PMSM 采用 $i_d=0$ 控制时，就有

$$\frac{\mathrm{d}\omega}{\mathrm{d}t} = M_{\mathrm{e}} = K_q i_q = K i_q \tag{5-9}$$

这就是说伺服电机的加速度相当于交轴电流，而

$$\frac{\mathrm{d}^2\omega}{\mathrm{d}t^2} = \mathrm{jerk} \tag{5-10}$$

因此有

$$\frac{\mathrm{d}i_q}{\mathrm{d}t} = \mathrm{jerk} \tag{5-11}$$

加加速度就相当电流 i_q 对时间的变化率，因此能否检测并能控制电流变化率就是一个非常关键的问题。

5.6 电流传感器

当前，在实际的交流伺服系统中，多使用霍尔电流传感器。它所依据的原理就是霍尔效应。所谓霍尔效应是指当磁场中的导体流过电流时，与电流垂直的导体的两侧面间将产生电位差。不但在导体中存在霍尔效应，而且在半导体中也存在霍尔效应，产生的电位差更大。

霍尔电流传感器由原边电路、聚磁环、霍尔器件、次级线圈和放大电路等组成。根据对输出的霍尔电压的处理方式不同，霍尔电流传感器可分为直接检测式电流传感器和磁场平衡式电流传感器两种。下面介绍直接检测式霍尔电流传感器的工作原理。

当电流通过一条长导线时，在导体周围便产生磁场，这一磁场的大小与流过该导线的电流大小成正比，图 5-26 是直接检测式霍尔电流传感器的原理图。在一只环形铁磁材料上，绕一组线圈或母线直接贯穿其间，通有一定控制电流 I_{C} 的霍尔器件置于铁磁体的气隙中，在绕组电流产生的磁动势作用下，用霍尔器件测出气隙里的磁压降，就能计算出被测电流 I_1。由于铁磁体的磁阻远小于气隙磁阻，因此铁磁体的磁压降相对于气隙的磁压降小到可

以忽略的程度。又因为气隙较小而均匀，所以可以认为霍尔器件的磁轴方向与气隙中的磁感应强度的方向一致，则霍尔器件输出的霍尔电压 U_N 正比于气隙感应强度和磁场强度，即正比于气隙里的磁压降：

$$U_H = K_H I_C B \tag{5-12}$$

霍尔电压放大后可直接输出，或经交、直流变换器，把 0～1V 的交、直流信号转换为：I_Z：4～20mA 或 0～20mA，V_Z：0～5V 或 1～5V 的标准直流信号输出。

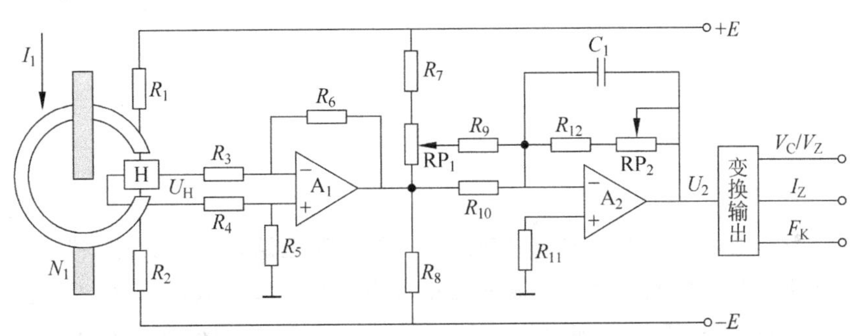

图 5-26　直接检测式霍尔电流传感器原理图

直接检测式霍尔电流传感器的绝缘性能好，耐压等级高，测量电流范围宽，可以测量任意波形的电流和电压，如直流、交流、脉冲、三角波等，甚至对瞬态峰值电流、电压信号也能真实地进行反映，传感器的成本低，性能稳定，线性度好，响应快。但由于是半导体材料制成的器件，受温度的影响较大，动态特性容易变差。在要求高时，可采用适当的补偿措施。特别要说明，在式(5-12)中，K_H 称为霍尔元件的灵敏度，它表示霍尔元件在单位磁感应强度和单位控制电流下的霍尔输出电压的大小，一般要求它的值越大越好，其单位是[mV/mA・0.1T]，由式(5-12)可见，如果控制电流 I_C 为常数，那么输出电压 U_H 就和 B 成正比，而 B 就是被测电流 I_1 所产生的磁感应强度，所以就可以得到输出电压 U_H 就与被测电流 I_1 成正比的结论。为了使被测电流信号参与系统电流内环的控制或者保护功率开关的安全，经过电路的放大、变换，并除去高频杂散谐波，就能获得实际需要的反馈电流值。

此外，还有电阻＋绝缘放大器做成的简易型电流传感器，如图 5-27 所示。在图中，使被检测的电流流过电阻，把电阻上产生的电压信号通过光电耦合放大器隔离，以达到高压大电流的强电侧与低压小电流的弱电侧隔离以及隔离噪声的目的。由于检测电流中含有 PWM 斩波所产生的高次谐波，所以检测电阻必须采用无感电阻。

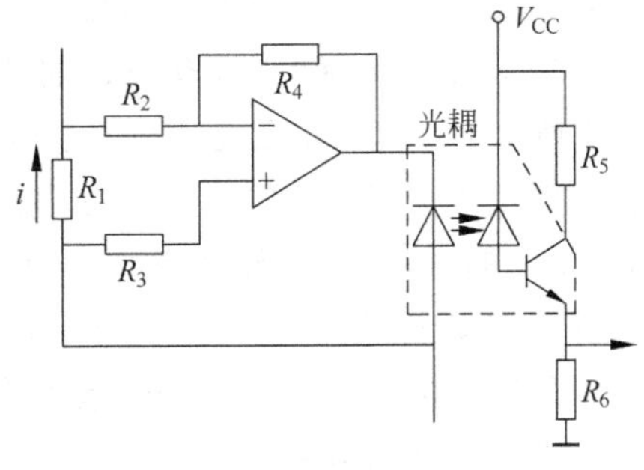

图 5-27　采用线性光电耦合隔离的直流电流检测器

基于同样的原理也可以将霍尔电流传感器作为电压传感器使用。

第6章 交流伺服系统的功率变换电路

交流伺服系统功率变换电路的主要功能是根据控制电路发出的指令，将电源提供的直流电转变为交流伺服电机电枢绕组所需的三相对称正弦交流电流，以产生所需要的电磁转矩，完成伺服电动机轴所需要的加速度、速度和位置运动。功率变换电路主要包括控制电路、驱动电路及功率变换主电路等。

控制电路主要由运算电路、PWM生成电路、检测信号处理电路、输入与输出电路、保护电路等部分构成。其主要作用是按伺服电动机的运行要求完成对功率变换主电路的控制，实现各种保护功能等。

驱动电路的主要作用是根据控制信号对功率半导体开关器件进行通断与开闭控制，主要包括功率器件的前级驱动电路以及辅助开关电源电路等。

功率变换主电路的介绍将在下文中展开。

6.1 交流伺服系统功率变换主电路的构成

功率变换主电路的主要作用是进行能量转换——将电网的电能转换为能够驱动交流伺服电动机运转的交流电能，有时还需要将电机转子的动能转换为储能回路的直流电能。图6-1所示为交流伺服系统常用的电压型功率变换主电路。主电路由三部分组成：将工频交流电源变为直流电源的整流电路；吸收由整流电路和逆变电路产生的电压脉动的滤波电路，也是储能回路；将直流功率变换为交流功率的逆变电路。为了保证逆变电路的功率开关器件能够安全、可靠地工作，对于高电压、大功率的交流伺服系统有时需要有抑制电压、电流尖峰的缓冲电路。另外，对于频繁运行于快速正、反转状态的伺服系统，还需要有消耗多余再生能量的制动电路。

1. 整流电路

整流电路通常采用二极管不可控整流桥，将三相交流电整流为脉动的直流电，其拓扑结构因伺服系统输出功率大小不同而异。功率较小时，输入的电源多采用单相电源，整流电路为单相整流电路；功率较大时，一般采用三相电源，整流电路为三相桥式全波整流电路。当伺服电动机功率较大，并始终处于频繁快速正、反转运行状态时，为了提高系统效率，需要采用有源可控整流电路将再生能量回馈到电网中。

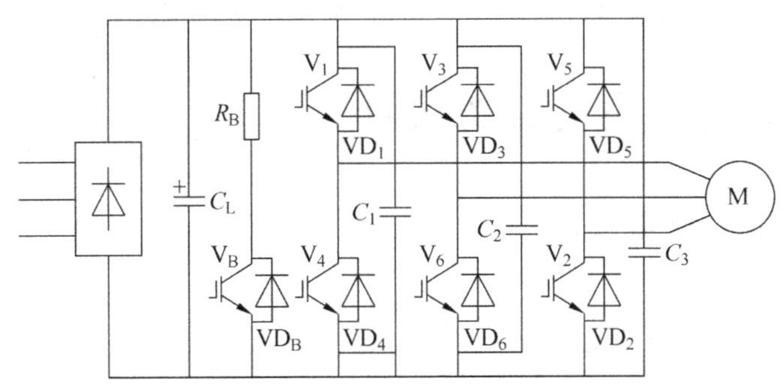

图 6-1　功率变换主电路

2. 滤波电路

整流电路输出的整流电压是脉动的直流电压，逆变电路所产生的纹波电流也使直流电压发生脉动。为了保证整个电路能够正常工作，通常采用电容器 C_L 来吸收、抑制这些电压波动。滤波电容器 C_L 除了稳压和滤除整流后的电压纹波外，还在整流电路和逆变电路之间起去耦作用，以消除相互干涉，为电动机提供必要的无功功率。因此，C_L 的容量必须较大，起到储能作用，所以又称为储能电容。

3. 逆变电路

三相逆变电路由六个功率开关器件组成，它根据控制电路的命令，把直流电功率变换为所需频率和电压的交流输出功率，是实现能量形式变换的执行环节，是整个主电路的核心部分。当前逆变电路中最常用的开关器件有绝缘栅双极型晶体管(IGBT)，大功率晶体管(GTR)以及大功率场效应晶体管(MOSFET)等。

在逆变电路中，与每个功率开关管反并接的续流二极管 $VD_1 \sim VD_6$ 的主要功能是为无功电流返回直流电源提供通道。在逆变电路工作的过程中，同一桥臂的两个功率开关处于不停交替的导通和关断状态，在交替导通和关断的换相过程中，需要续流二极管 $VD_1 \sim VD_6$ 提供通路。

4. 缓冲电路

功率变换电路中的各功率开关器件之间以及它们和其他器件之间的连接是通过导线来实现的，因此在整个功率电路变换中不可避免地存在由连接导线引起的寄生电感。在大功率伺服系统中，还需要在主电路上附加缓冲电路，吸收功率开关关断时由寄生电感产生的浪涌电压，以保证逆变电路能够安全可靠地工作。

缓冲电路是由二极管、电阻和电容构成的无源网络，主要作用是抑制功率开关器件开关过程中出现的冲击电流和冲击电压，避免功率开关器件的损坏。

5. 制动电路

当伺服电机快速再生制动时，转子的旋转动能会转变为直流电能储存于滤波电容器 C_L 中，使直流母线电压升高。如果不把直流电能回馈到电网，就必须采用制动电路，把电容器 C_L 中的电荷放掉，否则，一旦直流母线的电压超过限定值，将会引起电容器击穿或逆变功率开关损坏。制动电路由制动开关管 V_B、二极管 VD_B、制动电阻 R_B 以及控制驱动电路组成。当制动电路检测到直流母线上的电压上升到电压限定值时，制动电路开始工作，通过控制

V_B 管的导通,由电阻 R_B 消耗掉一部分泵升能量,使母线电压回落到正常工作电压范围内。

6.2 功率变换主电路的设计

6.2.1 整流电路的设计

整流电路可按照以下几种方法分类:按组成器件可分为不可控、半控和全控整流电路;按电路结构可分为桥式整流电路和零式整流电路;按交流输入相数分为单相整流电流和多相整流电路。交流伺服系统中最常用的整流电路是单相桥式不可控整流电路和三相桥式不可控整流电路,二者可以应用于小功率伺服系统和大功率伺服系统中。

当逆变电路采用 SPWM 方式控制输出电压时,如果忽略损耗和高次谐波,则逆变电路的直流侧与交流侧功率、电压之间存在如下关系:

$$\sqrt{3}U_{CN}I_{CN}\cos\varphi = U_{dc}I_{dc} \tag{6-1}$$

$$U_{CN} = \frac{\sqrt{3}\sqrt{2}}{\pi}U_{dc} \tag{6-2}$$

式中:I_{CN}——逆变电路输出交流电流基波的有效值;

U_{dc}——直流母线电压的平均值;

I_{dc}——直流母线电流的平均值。

由以上两式可以得到逆变电路的直流侧与交流侧电流之间的关系为

$$I_{dc} = \frac{3\sqrt{2}}{\pi}\cos\varphi I_{CN} \tag{6-3}$$

单相桥式整流电路的整流二极管正向平均电流 $I_{D(AV)}$ 与最大反向电压 U_{RM} 分别为

$$I_{D(AV)} = \frac{I_{dc}}{2} \tag{6-4}$$

$$U_{RM} = \sqrt{2}U_{\Phi} \tag{6-5}$$

式中:U_{Φ}——功率变换电路输入交流单相电压的有效值。

三相桥式整流电路的整流二极管正向平均电流 $I_{D(AV)}$ 与最大反向电压 U_{RM} 分别为

$$I_{D(AV)} = \frac{I_{dc}}{3} \tag{6-6}$$

$$U_{RM} = \sqrt{2}U_{CI} \tag{6-7}$$

上述分析是基于理想的假设条件,因此在实际的整流电路设计中,还需要考虑再生制动引起的电压升高、逆变电路开关器件关断所引起的浪涌电压等因素,来最终确定整流二极管的最大反向电压 U_{RM}。此外,需要考虑损耗、高次谐波等因素,来确定整流二极管的正向平均电流 $I_{D(AV)}$。

6.2.2 滤波电路的设计

在电压型逆变电路中,滤波元件主要采用电解电容。由于电解电容存在寿命问题,在设计采用电解电容的滤波电路时,要准确计算电解电容的容量。否则若容量设计过大,既增加了逆变电路的成本,又增大了逆变电路的体积;若容量设计得过小,则会提高电容的温升,缩短电容的寿命，还会影响逆变电路的性能。

变频驱动装置滤波电容的选择主要考虑以下三方面因素：电容的额定电压、滤波电路的纹波电压及电容的额定纹波电流。由于电解电容的纹波电流是引起电解电容损耗和发热的主要因素，纹波电流的大小直接关系到电解电容的发热量和寿命，因此，纹波电流对于变频驱动装置滤波电容容量的选取起到关键的约束作用。

电解电容所允许的纹波电流值与电容器允许的最高温度、工作温度及纹波电流频率相关，电解电容允许的纹波电流随温度的升高而降低。电解电容的寿命受其内部温度的影响非常大，通常温度每升高 10℃，寿命会延长 1 倍。电解电容的工作温度主要取决于周围环境温度和内部损耗，而内部损耗则主要取决于电容的内阻和所流过纹波电流的大小。因此，为了合理选择滤波电容的容量，首先要准确计算流入电容纹波电流的有效值。

滤波电容流过的纹波电流主要包括两部分：从工频电源通过整流电路流入的电流和通过逆变电路输入到电机中的电流。PWM 逆变电路滤波电容的电流主要取决于电机电流，其有效值大约为电机电流有效值的 1/2；其频率包括 6 倍工频频率(三相输入)和逆变电路输出电压所包含的高次谐波频率。

电容流过纹波电流的大小确定之后，根据电解电容产品手册中的技术数据，选择外形尺寸大小合适的电容单体。采用若干电容单体并联组成滤波电路，使并联电容总电流的有效值大于实际流入纹波电流的有效值。

6.2.3　逆变电路的设计

1. 电压与电流额定值的确定

对于交流输入的功率变换主电路，其逆变电路功率开关器件的额定电压值 U_{CES} 可以根据下式来确定：

$$U_{CES}=\sqrt{2}U_{CI}+\Delta U_R+\Delta U_S+\Delta U_m \tag{6-8}$$

式中：U_{CI}——功率变换电路输入交流线电压的有效值；

ΔU_R——再生制动时直流母线电压的升高值；

ΔU_R——器件关断时的浪涌电压值；

ΔU_m——考虑器件安全工作时的电压裕量。

通常，输入交流电压与器件额定电压 U_{CES} 之间的关系如表 6-1 所示，一般希望将直流母线电压控制在器件额定电压的 50%～60%以下。

表 6-1　输入交流电压和器件额定电压关系

输入交流电压/V	180～220	380～440	480～575
器件额定电压/V	600	1000～1200	1400

器件额定电流值可以由逆变电路容量计算出的最大电流值确定。伺服驱动器的逆变电路容量与伺服电动机功率之间的关系为

$$P_{CN}=\frac{P_M}{\eta\cos\varphi} \tag{6-9}$$

式中：P_{CN}——逆变电路容量，kV・A；

P_M——电动机的输出功率，kW；

η——电动机的效率；

$\cos\varphi$——电动机的功率因数。

逆变电路功率器件流过的峰值电流为

$$I_{Cmax}=\frac{\sqrt{2}k_{ol}k_{irp}P_{CN}}{\sqrt{3}U_{CN}} \tag{6-10}$$

式中：I_{Cmax}——功率器件流过的峰值电流；

U_{CN}——逆变电路输出交流线电压的有效值；

k_{ol}——电动机的过载倍数；

k_{irp}——逆变电路输出电流的脉动系数，是逆变电路输出电流的瞬时尖峰值与基波峰值的比，其大小与逆变电路输入电压、电动机转速、PWM 调制频率以及电动机电感等因素有关。

设计逆变电路时所选择功率开关器件的额定电流值 I_C 只要大于器件实际流过的峰值电流值 I_{Cmax} 即可，但要考虑器件工作时环境温度的影响。

2. 正弦波 PWM 逆变电路开关器件损耗的计算

IGBT 的饱和损耗为

$$P_{(sat)AV}=I_{CP}U_{CE(sat)}\left(\frac{1}{8}+\frac{D}{3\pi}\cos\varphi\right) \tag{6-11}$$

式中：I_{CP}——逆变电路输出电流的峰值；

$U_{CE(sat)}$——电流为 ICP 时 IGBT 的饱和压降；

D——输入信号的占空比；

$\cos\varphi$——输出正弦波的功率因数。

IGBT 的开关损耗为

$$P_{(SW)AV}=E_{SW}f/\pi \tag{6-12}$$

式中：E_{SW}——IGBT 每个脉冲的开关能量，可以通过技术数据算出。

续流二极管的饱和损耗为

$$P_{(F)AV}=I_{CP}\times U_F\times\left(\frac{1}{8}-\frac{D}{3\pi}\cos\varphi\right) \tag{6-13}$$

式中：U_F——续流二极管的正方向压降。

续流二极管的恢复损耗为

$$P_{(r)AV}=\frac{1}{8}\times(I_{rr}U_d t_{rr}f) \tag{6-14}$$

式中：I_{rr}——续流二极管的反向恢复电流；

t_{rr}——续流二极管的反向恢复时间；

U_d——直流母线电压。

开关器件（IGBT＋FWD）的总损耗为

$$P=P_{(sat)AV}+P_{(SW)AV}+P_{(F)AV}+P_{(r)AV} \tag{6-15}$$

6.2.4 缓冲电路的设计

缓冲电路又称吸收电路，用于抑制逆变电路中因功率器件开关所导致的过电压，以改变器件的开关轨迹,控制各种瞬态过电压,减小器件的开关损耗,确保器件的安全。

功率器件过电压的产生与回路布线的寄生电感关系密切,因此首先必须优化布线,尽量减小寄生电感；同时,设计合适的缓冲电路来抑制浪涌电压,防止过电压的产生。

抑制过电压的缓冲电路主要包括与开关元件一对一配置的分体式缓冲电路和在直流母线之间配置的整体式缓冲电路两种。

1. 分体式缓冲电路

分体式缓冲电路主要有 RC 缓冲电路、放电阻止型 RCD 缓冲电路和充放电型 RCD 缓冲电路,如图 6-2 所示。

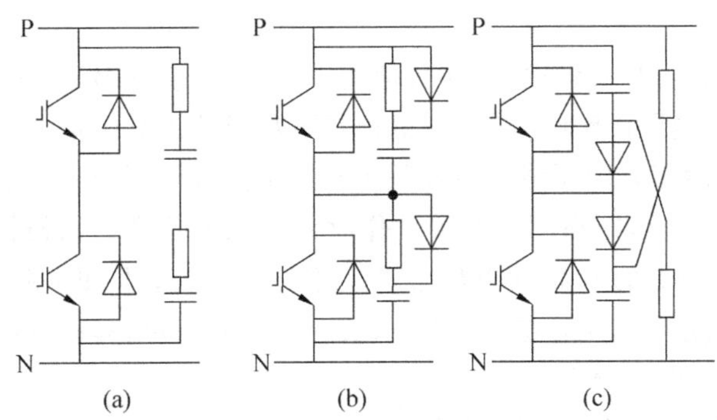

图 6-2　分体式缓冲电路

(a) RC 缓冲电路；(b) 充放电型 RCD 缓冲电路；(c) 放电阻止型 RCD 缓冲电路

1) RC 缓冲电路

RC 缓冲电路对关断时的浪涌电压抑制效果好,但应用大容量 IGBT 时,必须减小缓冲电路的电阻值,结果会使导通时的集电极电流增大,对 IGBT 的要求变得苛刻。此外,缓冲电路的损耗大,不适合高频开关电路。

2) 放电阻止型 RCD 缓冲电路

放电阻止型 RCD 缓冲电路对关断时的浪涌电压有良好的抑制效果,缓冲电路上产生的损耗少,最适合应用于大容量、高频开关电路。

放电阻止型 RCD 缓冲电路电阻上产生的损耗 P 可以根据下式进行计算：

$$P = \frac{LI_0^2 f}{2} \tag{6-16}$$

式中：L——主电路的寄生电感；

I_0——IGBT 关断时的集电极电流；

f——开关频率。

关断时的尖峰电压 U_{CESP} 可以用下式求得：

$$U_{CESP} = U_d + U_{FM} - L_S \frac{di_C}{dt} \tag{6-17}$$

式中：U_{FM}——缓冲二极管过渡正方向压降；

L_S——缓冲电路的寄生电感；

$\frac{di_C}{dt}$——关断时集电极电流变化率的最大值。

缓冲二极管的一般过渡正方向压降参考值为：600V 级，20～30V；1200V 级，40～60V。

缓冲电容的容量 C_S 可以用下式求得：

$$C_S = \frac{LI_0^2}{(U_{CEP} - U_d)^2} \tag{6-18}$$

式中：U_{CEP}——缓冲电容的最终充电电压。

缓冲电容要选择高频特性好的电容，如薄膜电容。

对缓冲电阻的要求是，在 IGBT 进行下一次关断动作之前，要把缓冲电容中 90% 的电荷放掉。按照这一条件求得的缓冲电阻 R_S 的值为

$$R_S \leqslant \frac{1}{2.3C_S f} \tag{6-19}$$

如果缓冲电阻的值选择过低，缓冲电路中的电流会发生振荡，IGBT 导通时的集电极电流的尖峰值也会增大，因此，要在满足上式条件的前提下尽量选用高阻值的电阻。

缓冲二极管的过渡正方向压降是器件关断时产生尖峰电压的一个重要原因。如果缓冲二极管的反向恢复时间长，则在高频开关动作时缓冲二极管产生的损耗很大；如果缓冲二极管反向恢复过急，IGBT 的 C-E 间电压会产生剧烈的振荡。因此，放电阻止型 RCD 缓冲电路的缓冲二极管要选择过渡正方向压降小、反向恢复时间短、具有软恢复特性的二极管。

3）充放电型 RCD 缓冲电路

充放电型 RCD 缓冲电路对关断时的浪涌电压抑制效果好，它与 RC 缓冲电路不同，由于带有缓冲二极管，因此缓冲电阻值可以取大，能够避免导通时集电极电流增大影响 IGBT 的问题；与放电阻止型 RCD 缓冲电路相比，由于在缓冲电路上（主要是缓冲电阻）产生的损耗非常大，因此不适合高频开关电路。

充放电型 RCD 缓冲电路电阻上产生的损耗可以根据下式进行计算：

$$P = \frac{LI_0^2 f}{2} + \frac{C_S U_d^2 f}{2} \tag{6-20}$$

2. 整体式缓冲电路

整体式缓冲电路主要有 C 缓冲电路、RCD 缓冲电路和组合式缓冲电路，如图 6-3 所示。

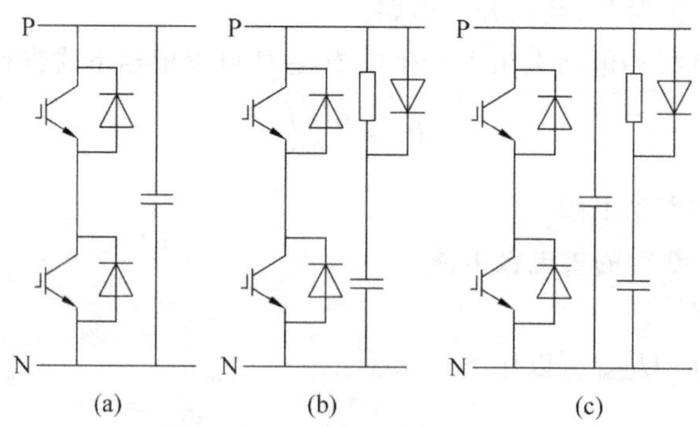

图 6-3 整体式缓冲电路

(a) C 缓冲电路；(b) RCD 缓冲电路；(c) 组合式缓冲电路

1）C 缓冲电路

C 缓冲电路是最简单的缓冲电路。器件关断时的浪涌电压被 C 缓冲电路吸收后，在主

电路的电感与缓冲电容之间有 LC 振荡电流，使母线电压产生较大波动。因此，C 缓冲电路适用于 100A 以下的 IGBT 电路中。

2）RCD 缓冲电路

RCD 缓冲电路中的充电电流经缓冲二极管流入，放电电流经缓冲电阻流出，因此不会产生像 C 缓冲电路那样的振荡电流。它能够减小母线电压的波动，尤其是在母线配线较长时效果更好；适用于 200A 以下的 IGBT 电路中。但是如果 RCD 缓冲电路中的缓冲二极管选择不当，可能会产生较高的浪涌电压，并在缓冲二极管反向恢复时产生电压波动。

缓冲电容的容量可以根据下式计算：

$$C_S = \frac{LI_0^2}{(U_{CEP} - U_d)^2} \tag{6-21}$$

缓冲电阻的阻值可以根据下式计算：

$$R_S \leqslant \frac{1}{2.3C_S f} \tag{6-22}$$

缓冲电阻的阻值在不产生振荡的前提下，在上述范围内尽量取最大值。

充电后的缓冲电容在放电时，缓冲电容的充电电压作为反向电压会施加在缓冲二极管上，这时，如果缓冲二极管的反向恢复时间过长，高频开关动作时缓冲二极管的损耗会变大。缓冲二极管在硬恢复时，会产生电压振荡，有时会抑制缓冲电容的充电电压，使其对浪涌电压的抑制效果变差。

3）组合式缓冲电路

有时为了提高缓冲效果，常将 C 缓冲电路和 RCD 缓冲电路组合起来使用。

6.2.5　制动电路的设计

制动电路设计主要包括制动电阻 R_B 和制动开关管 T_B 的选择、计算。

制动电阻 R_B 的选择，包括电阻阻值及容量的选择，可按照下列步骤进行。

1. 制动转矩的计算

制动转矩 T_B(N·m)可由下式算出：

$$T_B = \frac{J(\omega_1 - \omega_2)}{t_s} - T_L \tag{6-23}$$

式中：J——电动机转子转动惯量与负载折算到电动机轴上的转动惯量之和，kg·m²；

T_L——负载转矩，N·m；

ω_1——减速开始时的角速度，rad/s；

ω_2——减速结束时的角速度，rad/s；

t_s——减速时间，s。

2. 制动电阻阻值的计算

在附加制动电阻进行制动的情况下，电动机内部的有功损耗部分折合成制动转矩，大约为电动机额定转矩的 20%。考虑到这一点，可用下式计算制动电阻的阻值：

$$R_{max} = \frac{U_d^2}{(T_B - 0.2T_M)\omega_1} \tag{6-24}$$

式中：R_{max}——制动电阻的最大值，Ω；

U_d——直流母线电压,V;

T_M——电动机的额定转矩,N·m。

如果系统所需制动转矩 $T_B<0.2T_M$,即制动转矩在额定转矩的 20%以下时,不需要外加制动电阻,仅靠电动机内部有功损耗的作用,就可将直流母线电压限制在过电压保护的动作水平以下。

由制动开关管和制动电阻构成的放电回路中,最大放电电流受制动开关管最大允许电流 I_C 的限制,因此,制动电阻的最小允许值为

$$R_{min} = \frac{U_d}{I_C} \tag{6-25}$$

式中:R_{min}——制动电阻的最小允许值,Ω。

因此,制动电阻应该在下式所限定的范围内选择:

$$R_{min} \leqslant R_B \leqslant R_{max} \tag{6-26}$$

3. 制动时平均消耗功率的计算

由于制动中电动机自身损耗了相当于 20%额定转矩的损耗,因此制动电阻上消耗的平均功率 $P_{R(AV)}$ 可按下式求出:

$$P_{R(AV)} = (T_B - 0.2T_M)\frac{\omega_1 + \omega_2}{2} \tag{6-27}$$

4. 制动电阻额定功率的计算

在一定的时间内,电动机减速的重复次数越多,消耗在制动电阻上的损耗就越多,从而需要制动电阻的额定功率也就越大。通常可以按照下式来计算制动电阻的额定功率 P_R:

$$P_R = k_B P_{R(AV)} \tag{6-28}$$

式中:k_B——制动频度系数,通常 $k_B=0.1\sim0.5$,电动机功率较小时取小值,反之取大值。

制动电阻的阻值确定以后,就可以根据直流母线电压确定制动开关管的额定电流、额定电压以及损耗。

6.3 PWM 控制技术

PWM 控制技术,即脉宽调制控制技术,是利用半导体开关器件的导通与关断把直流电压变成电压脉冲列,并通过控制电压脉冲宽度或周期达到变压目的,或者通过控制电压脉冲宽度和脉冲列的周期达到变压、变频目的的一种控制技术。

PWM 控制功率变换系统具有下列优点:

(1) 主电路的拓扑结构简单,需要的功率器件少。

(2) 开关频率高,输出电流容易连续,谐波含量少,电机损耗及转矩波动小。

(3) 低速性能好,稳速精度高,调速范围宽。

(4) 与交流伺服电机配合形成的交流伺服系统的频带宽,动态响应快,抗干扰能力强。

(5) 功率开关器件工作在开关状态,导通损耗小,当开关频率适当时,开关损耗也不大,因而系统的效率高。

交流伺服系统中常用的 PWM 控制方法有电压型正弦波脉宽调制(SPWM)控制、电流跟踪型 PWM 控制和电压空间矢量 PWM 控制等方法。下面介绍前两种控制方法。

6.3.1　SPWM 控制技术

1. SPWM 控制原理

图 6-4 是一个 PWM 控制原理示意图。将正弦半波波形划分为 N 等份，每一等份中的正弦曲线与横轴所包围的面积都用一个与此面积相等的等高矩形波来代替。显然，各个矩形波宽度不同，但它们的宽度大小按正弦曲线规律变化。正弦波的负半轴也可以用相同的方法，用一组等高不等宽的矩形负脉冲来代替。对上述等效调宽脉冲，在选定了等分数 N 后，可以借助计算机严格地算出各段矩形脉冲宽度，以作为控制逆变电路开关元件通断的依据。这种由控制电路按一定的规律控制开关的通断，从而得到等效正弦波的一组等幅不等宽的矩形脉冲的方法称为正弦脉宽调制(SPWM)技术。

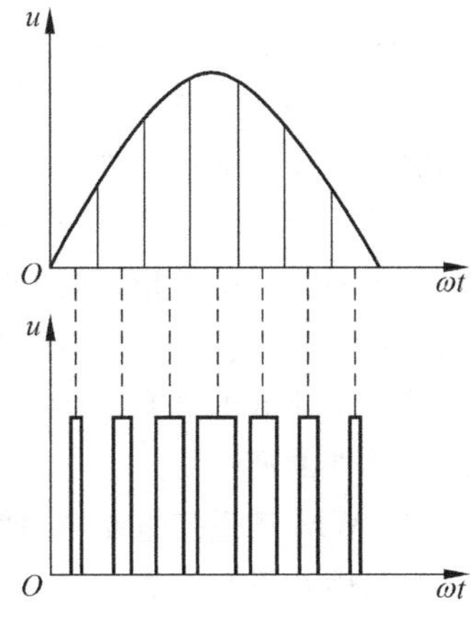

图 6-4　PWM 控制原理示意图

通常采用等腰三角波作为载波，因为等腰三角波上下宽度与高度成线性关系且左右对称，当它与任何一个平缓变化的调制波相交时，如果在交点时刻控制电路中开关元件的通断，就可以得到宽度正比于调制波幅值的脉冲，这正好符合 PWM 控制的要求。当调制波为正弦波时，所得到的就是 SPWM 波形。

图 6-5 是采用 IGBT 作为开关器件的电压型单相桥式逆变电路，设负载为电感性，L 足够大，能保证负载电流 i_o 连续。

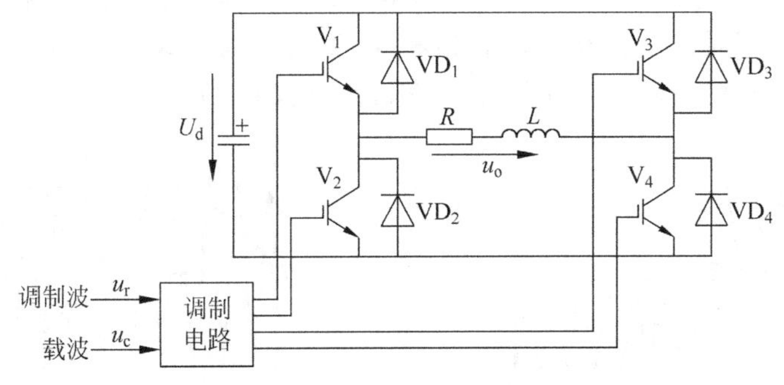

图 6-5　电压型单相桥式 PWM 逆变电路

对各开关管的控制应按下面规律进行：在信号 u_r 的正半周期间，让开关管 V_1 保持导通，而让开关管 V_4 交替通断。当 V_1 和 V_4 导通时，加在负载上的电压 $u_o=U_d$。当 V_1 导通而 V_4 关断时，由于感性负载中的电流不能突变，负载电流 i_o 将通过二极管 VD_3 续流，则负载上所加电压 $u_o=0$。如果负载电流较大，那么直到使 V_4 再一次导通之前，VD_3 一直保持导通。如果负载电流较快地衰减到零，在 V_4 再一次导通之前，负载电压也一直为零。这样，负载上的输出电压 u_o 就可得到 0 和 U_d 交替的两种电平。同样，在负半周期间，让开关管 V_2 保持导通，当 V_3 导通时 $u_o=-U_d$，当 V_3 关断时，VD_4 续流，$u_o=0$，负载电压 u_o 可得到 $-U_d$ 和 0 两种电平。这样，在 1 个周期内，逆变电路输出的 PWM 波形就由 $\pm U_d$ 和 0 三种电平组成。

控制 V_4 或 V_3 通断的方法，可以用单极性 PWM 控制，其波形如图 6-6 所示。载波 u_c 在调制波 u_r 的正半周为正极性的三角波，在负半周为负极性的三角波。调制信号 u_r 为正弦波。在 u_r 和 u_c 的交点时刻控制开关管 V_4 或 V_3 的通断。在 u_r 的正半周，V_1 保持导通，当 $u_r > u_c$ 时使 V_4 导通，负载电压 $u_o = U_d$，当 $u_r < u_c$ 时使 V_4 关断，负载电压 $u_o = 0$；在 u_r 的负半周，V_1 关断，V_2 保持导通，当 $u_r < u_c$ 时使 V_3 导通，负载电压 $u_o = -U_d$，当 $u_r > u_c$ 时使 V_3 关断，负载电压 $u_o = 0$。这样，就得到了 SPWM 波形 u_o，图中的虚线 u_{of} 表示 u_o 中的基波分量。这种在正弦调制波的半个周期内，三角载波只在正或负的一种极性范围内变化，所得到的 PWM 波形也只处于一个极性范围内的控制方式称为单极性 PWM 控制方式。

另外，和单极性 PWM 控制方式不同的是双极性 PWM 控制方式。单相桥式逆变电路双极性控制方式的波形，如图 6-7 所示，在双极性方式中 u_r 的半个周期内，三角波载波是在正、负两个方向变化的，所得到的 PWM 波形也是在两个方向变化的。在 u_r 的 1 个周期内，输出的 PWM 波形具有 $\pm U_d$ 两种电平，仍然在调制信号 u_r 和载波信号 u_c 的交点时刻控制各开关器件的通断。

在 PWM 型逆变电路中，使用较多的是图 6-8(a)所示的三相桥式逆变电路，其控制方式一般都采用双极性方式。U、V 和 W 三相的 PWM 控制通常共用一个三角波电压 u_c 载波，三相调制信号 u_{rU}、u_{rV} 和 u_{rW} 的相位依次相差 120°。U、V、W 各项功率开关器件的控制规律相同，现以 U 相为例来说明。当 $u_{rU} > u_c$ 时，给上桥臂开关管 V_1 以触发导通信号，给下桥臂开关管 V_4 以关断信号，则 U 相相对于直流电源假想中点 N′的输出电压 $U_{UN} = U_d/2$。当 $u_{rU} < u_c$ 时，给 V_4 以导通信号，给 V_1 以关断信号，则 $U_{UN} = -U_d/2$。V_1 和 V_4 的驱动信号始终是互补的。当给 V_1(V_4)加导通信号时，可能是 V_1(V_4)导通，也可能是二极管 VD_1(VD_4)续流导通，这要由感性负载中原来电流的方向和大小来决定，和单相桥式逆变电路双极性 PWM 控制时的情况相同。V 相和 W 相的控制方式和 U 相相同。U_{UN}、U_{VN} 和 U_{WN} 的波形如图 6-8(b)所示。可以看出，这些波形都只有 $\pm U_d$ 两种电平。

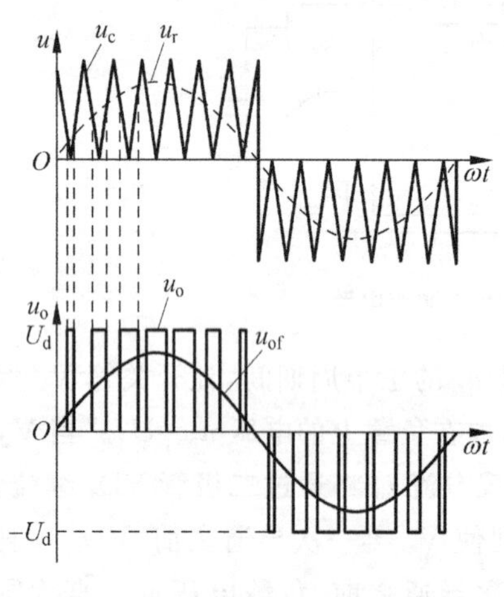

图 6-6　单极性 PWM 控制原理

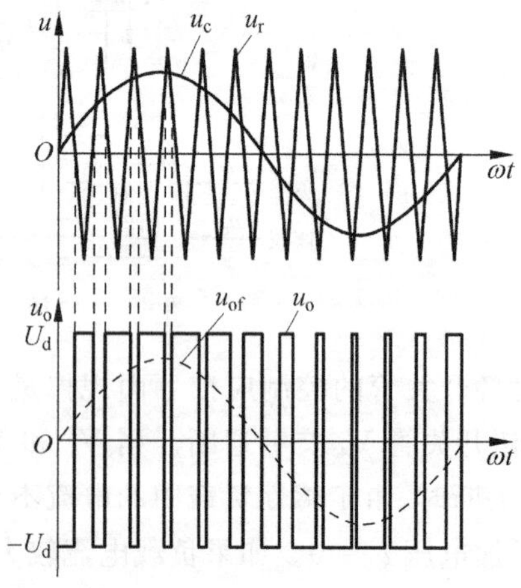

图 6-7　双极性 PWM 控制波形

图中线电压 u_{UV} 的波形可由 $U_{UN} - U_{VN}$ 得出。可以看出，当 V_1 和 V_6 导通时，$U_{UV} = U_d$，当 V_3 和 V_4 导通时，$U_{UV} = -U_d$，当 V_1 和 V_3 或 V_4 和 V_6 导通时，$U_{UV} = 0$，因此逆变电路输出线电压由 $\pm U_d$、0 三种电平构成。

在双极性 PWM 控制方式中，同一相上下两个桥臂的驱动信号都是互补的。但实际上为了防止上下两个桥臂直通而造成短路，在给一个桥臂施加关断信号后，再延迟 Δt 时间，才给另一个桥臂施加导通信号。延迟时间的长短主要由功率开关器件的关断时间决定。

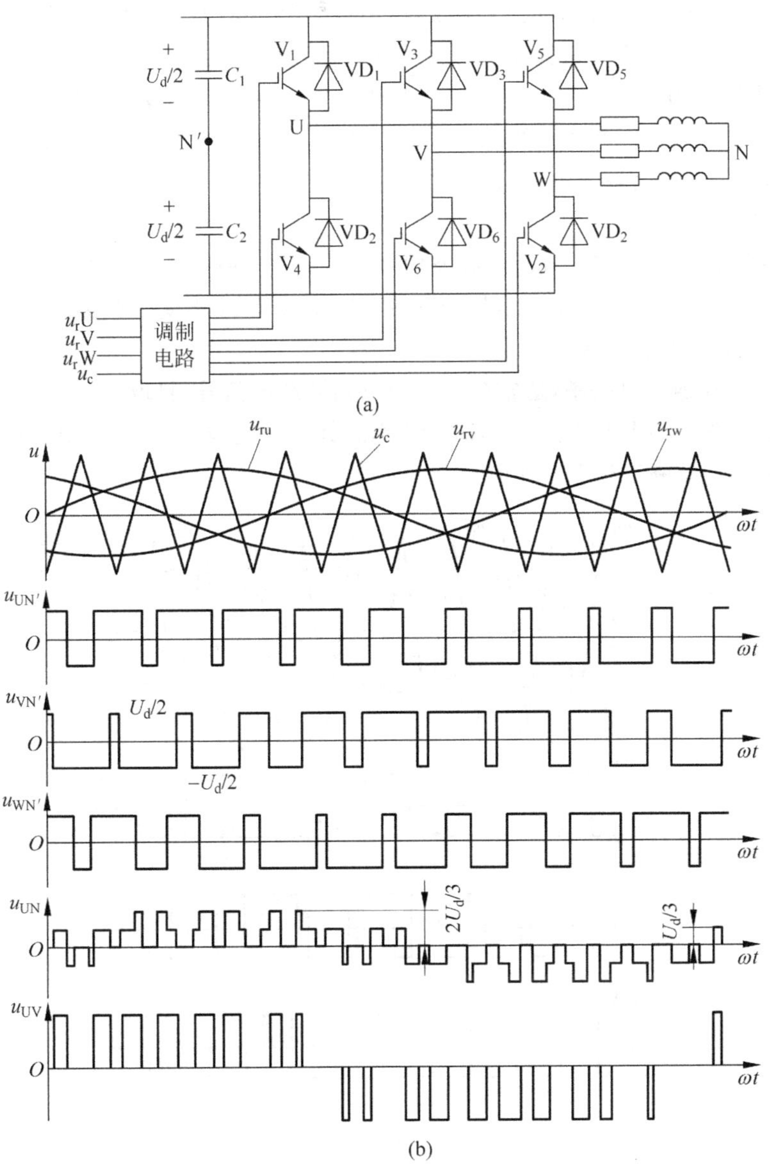

图 6-8　三相桥式 PWM 逆变电路与波形

(a) 电路；(b) 波形

2．SPWM 逆变电路的控制方式

SPWM 逆变电路有异步调制、同步调制和分段同步调制三种控制方式。

1）异步调制

载波信号 u_c 和调制信号 u_r 不保持同步关系的调制方式称为异步调制，图 6-9 所示的波形就是异步调制三相 PWM 波形。在异步调制方式中，调制信号的频率 f_r 变化时，通常

保持载波信号 u_c 的频率 f_c 固定不变，因此载波比（$N=f_c/f_r$）是变化的。这样，在调制信号的半个周期内，输出脉冲的个数不固定，脉冲相位也不固定，正负半周期的脉冲不对称，同时，半周期内前后 1/4 周期的脉冲也不对称。

当调制信号频率较低时，载波比 N 较大，半个周期内的脉冲数较多，正负半周期脉冲不对称和半周期内前后 1/4 周期脉冲不对称的影响都较小，输出波形接近正弦波。相反 f_c 增高，N 减小，半周期内的脉冲减少，输出脉冲的不对称性影响就变大，还会出现脉冲跳动。同时，输出特性变坏，波形与正弦波之间差距也变大。因此，在采用异步调制方式时，希望尽量提高载波频率，以保持较大的 N，改善输出特性。

2）同步调制

载波比 N 为常数，并在变频时使载波信号和调制信号保持同步的调制方式称为同步调制。在基本同步调制方式中，调制信号频率变化时载波比 N 不变。调制信号半个周期内输出的脉冲数是固定的，相位也是固定的。

在三相 PWM 逆变电路中，通常公用 1 个三角波载波信号，且取 N 为 3 的整数倍，使输出三相波形严格对称，同时为了使一相的波形正负半周镜像对称，N 应取为奇数。图 6-9 是 $N=9$ 时的同步调制三相 PWM 波形。

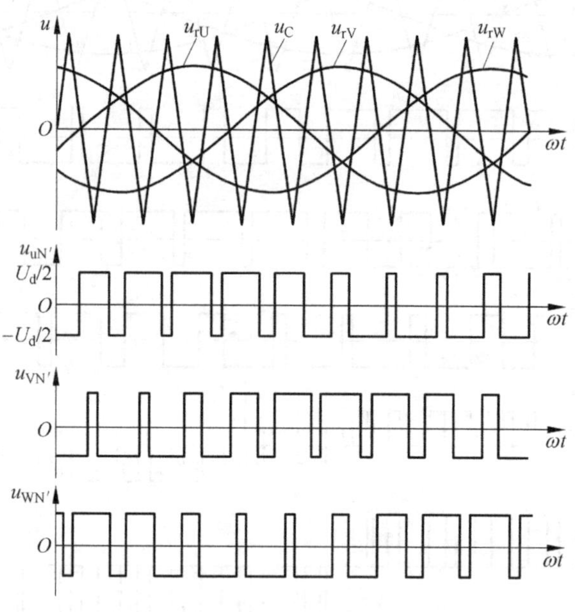

图 6-9 同步调制三相 PWM 波形

3）分段同步调制

为了扬长避短，可将同步调制和异步调制结合起来，称为分段同步调制方式，实际中的 SPWM 逆变电路多采用此方式。

在一定频率范围内，通常用同步调制，以保持输出波形对称的优点。当频率降低较多时，使载波比分段有级地增加，又发挥了异步调制的优势，这就是分段同步调制。具体地说，把 f_r 的范围划分成若干个频段，每个频段内保持 N 恒定，不同频段 N 不同；在 f_r 高的频段采用较低的 N，使载波频率不致过高，以满足功率开关器件对开关频率的限制；在 f_r 低的频段采用较高的 N，使载波频率不致过低而对负载产生不利影响。

从上面的分析中可以看出，SPWM 信号的开关状态由正弦波（调制波）和高频三角波（载波）的比较结果来确定。它实际上就是用一组经过调制的幅值相等、宽度不等的脉冲信号代替调制信号，用开关量取代模拟量以实现功率高效变换的控制方法。其调制准则是：调制后的信号频率除含有调制信号频率、频率很高的载波以及倍频附近的谐波分量外，几乎不含有其他谐波，特别是接近基波的低次谐波。由于频率很高的谐波可以被方便地滤除，因而可以很容易重现调制信号。SPWM 逆变电路的调制系数随基准波的频率线性变化，可以使基波输出电压与输出频率成正比，从而可容易地提供交流伺服电机恒转矩运行需要的恒电压/频率电源。在 SPWM 中，调制波频率决定了输出电压的频率，调制波峰值确定了调制深度，从而也就控制了输出电压的有效值。改变调制深度可以改变输出电压的有效值，这样，与其他调制技术相比，其失真系数大大改善。对于大的载波比，SPWM 逆变电路可以提供高品质的输出电压波形，因此 SPWM 逆变电路适于给交流伺服电机供电，甚至在很低的速度下电机也能平稳地旋转。在交流伺服电机的调速过程中，要求产生一组可调幅值和频率的三相正弦波基准电压。如果伺服电机运行在很低的速度直到停止，基准振荡器必须有相应的降到零频的低频能力，这用传统的模拟电路方法和调制策略是很难实现的，而现代数字电路技术、信号处理技术和 SPWM 的结合可以轻易地达到这一点。基于以上诸多优点，SPWM 技术在交流伺服系统中得到了较为广泛的应用。

6.3.2　电流跟踪型 PWM 控制技术

伺服驱动系统必须满足严格的动态响应性能指标，并且能够平滑地调速，甚至在零速附近，这些特性的实现都依赖于电流控制的质量。在交流伺服系统中，需要保证电机电流为正弦波，因为在交流电机绕组中只有通入三相平衡的正弦电流，才能使合成的电磁转矩为恒定值，不含脉动分量。因此，若能对电流实行闭环控制，保证其正弦波形，显然将比电压开环控制能够获得更好的性能。

电流跟踪型 PWM 逆变电路又称电流控制型电压源 PWM 逆变电路，由 PWM 电压源型逆变电路与电流控制环组成，使逆变电路输出可控的正弦波电流。其基本控制方法是，给定三相正弦电流指令 i_U^*、i_V^*、i_W^*，并分别于电流传感器实测的逆变电路三相输出电流 i_U、i_V、i_W 相比较，以其差值通过电流控制器控制 PWM 逆变电路相应的功率开关器件。如果电流实际值大于给定值，则通过逆变电路开关器件的动作使之减小；反之，则使之增加。这样，实际输出电流将基本按照给定的正弦波电流变化。与此同时，逆变电路输出的电压仍为 PWM 波形。当开关器件具有足够高的开关频率时，可以使电机的电流得到高品质的动态响应。

电流跟踪型 PWM 逆变电路兼有电压型和电流型逆变电路的优点：结构简单、工作可靠、响应快、谐波小、精度高，采用电流控制，可实现对电机定子相电流的在线自适应控制，特别适用于高性能的矢量控制系统。

通过判断逆变电路功率开关器件的开关频率是否恒定，可以把电流跟踪型 PWM 逆变电路分为电流滞环跟踪控制型和固定开关频率型两种。

1. 电流滞环跟踪控制型

电流滞环跟踪控制型 PWM 逆变电路除了具有电流跟踪型 PWM 逆变电路的一般优点外，还因其电流动态响应快、系统运行不受负载参数的影响以及实现方便，而常用于高性能的交流伺服系统中。图 6-10 所示为电流滞环跟踪控制型逆变电路的结构及电流控制原理图。

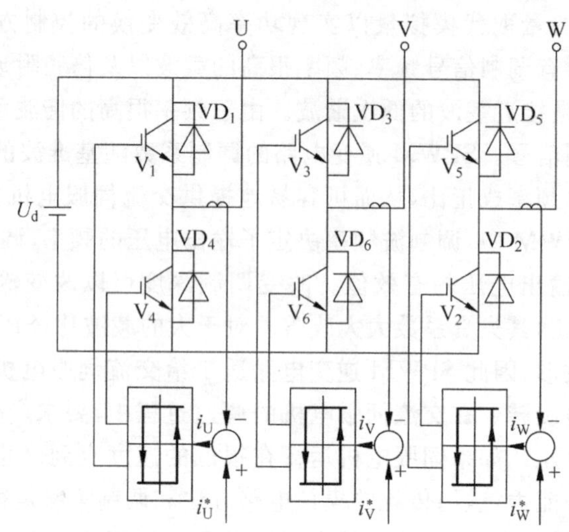

图 6-10 电流滞环跟踪控制型 PWM 逆变电路及电流控制原理

图 6-11 所示为电流滞环跟踪控制时的电流波形与 PWM 电压波形。图中的上、下两条正弦曲线分别称为滞环区的上部极限和下部极限,两个极限中间的区域称为滞环区,中间的一条正弦曲线是正弦基准波,环区中的实线是实际的电流。

在这里,电流控制器是带滞环的比较器。将给定电流 i_U^* 与输出电流 i_U 进行比较,电流偏差 Δi_U 超过 $\pm h$ 时,经滞环比较器控制逆变电路 U 相上(或下)桥臂的功率开关器件动作。如果 $i_U < i_U^*$,且 $i_U^* - i_U \geqslant h$,滞环比较器输出正电平,驱动上桥臂功率开关器件 V_1 导通,逆变电路输出正电压,使 i_U 增大。当 i_U 增大到与 i_U^* 相等时,虽然 $\Delta i_U = 0$,但滞环比较器仍保持正电平输出,V_1 保持导通,使 i_U 继续增大。直到达到 $i_U = i_U^* + h$,使滞环比较器翻转,输出负电平,关断 V_1,并经延时后驱动 V_4。但此时 V_4 未必能够导通,因为绕组电感的作用,电流并未反向,而是通过二极管 VD_4 续流,使 V_4 受到反向箝位而不能导通。此后,i_U 逐渐减小,到达滞环偏差的下限值,使滞环比较器再翻转,又重复使 V_1 导通。这样,V_1 与 VD_4(V_4)交替工作,使逆变电路输出电流与给定值之间的偏差保持在 $\pm h$ 范围内,在正弦波上下作锯齿状变化,输出电流十分接近正弦波。

另外,从图 6-11 可以看出,PWM 脉冲频率(即功率开关管的开关频率)f_T 是变量,其大小主要与下列因素有关:

(1) f_T 与滞环宽度 Δi_U 成反比,滞环越宽,f_T 越低。

(2) 逆变电路电源电压 U_d 越高,负载电流上升(或下降)的速度越快,i_U 达到滞环上限或下限的时间越短,因而 f_T 随 U_d 值增大而增大。

(3) 电机电感 L 值越大,电流的变化率越小,i_U 达到滞环上限或下限的时间越长,因而 f_T 越小。

(4) f_T 与参考电流 i_U^* 的变化率有关,$\mathrm{d}i_U^*/\mathrm{d}t$ 越大,f_T 越小;越接近 i_U^* 的峰值,$\mathrm{d}i_U^*/\mathrm{d}t$ 越小,而 PWM 脉宽越小,即 f_T 越大。

由上面的分析可以看出,这种具有固定滞环宽度的电流跟踪控制型 PWM 逆变电路存

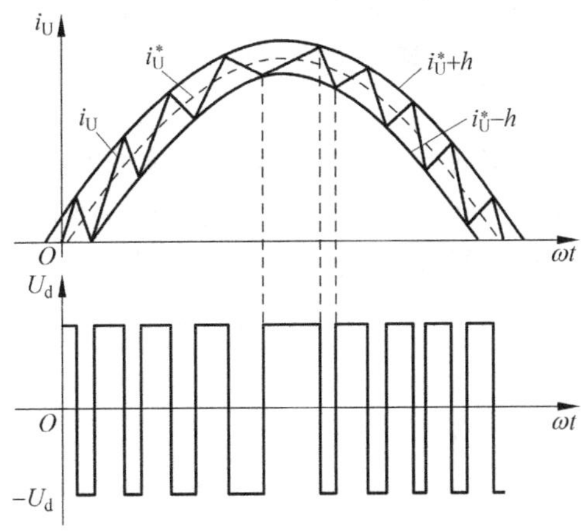

图 6-11　电流滞环跟踪控制时的电流波形与 PWM 电压波形

在一个问题，即在给定参考电流的一个周期内的 PWM 脉冲频率差别很大，显然在频率低的一段，电流的跟踪性差于频率高的一段。而参考电流的变化率接近于零时，功率开关管的工作频率增高，加剧了开关损耗，甚至超出功率器件的安全工作区。相反，PWM 脉冲的频率过低也不好，因为会产生低次谐波影响电机的性能。

2. 固定开关频率型

在伺服驱动系统中，一般使用固定的开关频率，这样可以消除噪声，并且能更好地预测逆变电路的开关损耗。图 6-12 是常用的一种固定开关频率型电流跟踪控制原理图。在这种方法中，电流偏差与固定频率的三角形载波比较，而电流偏差实质上就是传统同步正弦-三角波脉宽调制器中的基准或调制信号。合成 PWM 信号控制逆变电路的开关，该合成信号的占空比与电流的偏差成正比。若基准电流比实际电流大，则合成偏差为正，上部器件的导通时间超过下部器件，逆变电路桥臂主要被接通正的方向，以增加交流线电流；相反，如果电流偏差为负，逆变电路桥臂主要被接通负的方向。另外，三相系统有三个电流控制器，但高频三角载波信号对于全部三相是公用的，并且每一逆变电路桥臂在载波频率下开关，在正弦基准和高载波比下，产生接近正弦的电动机电流波形，且只包含高次谐波。

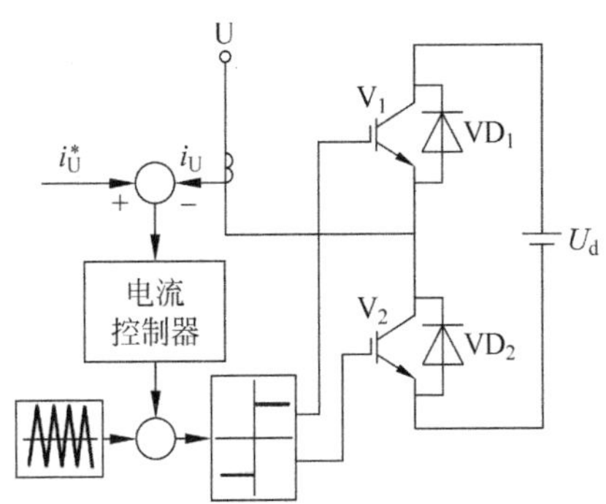

图 6-12　固定开关频率型电流跟踪 PWM 逆变电路(单相)

固定频率或通/断 PWM 电流控制方法可以提供高质量、可控电流的交流电源。不管反电动势如何，具有快速电流控制环的高频逆变电路，能使电动机电流在幅值和相位上快速调整。在稳态运行中，精确地跟踪正弦基准电流可使电动机在极低速下平滑旋转。采用GTR、MOSFET、IGBT等自关断、高频开关器件组成电压源型逆变电路供电，可以大大优化系统的动、静态性能。

交流伺服系统采用电流跟踪的控制方式时，输出电流的响应速度快，可以避免负载出现低阻抗或短路时冲击电流损坏器件。固定开关频率型与电流滞环跟踪控制型相比，可以减少跟踪误差，降低谐波电流影响，同时能够消除开关频率在参考电流变化率接近零时的高频开关损耗，以及频率过低时低次谐波造成的电流波形畸变。

第7章 PMSM(PMLSM)伺服驱动系统若干特殊问题

PMSM(PMLSM)伺服驱动系统的结构组成、各组成环节以及整个系统的工作原理在此前的各章节中都作了较详细的介绍。这种永久磁铁励磁的伺服系统以其结构简单、可靠，性能优越而广泛应用于各种工业领域和国防军事技术中，在各类伺服驱动系统中独占鳌头。究其原因，主要是因为它采用了高性能永磁材料作为电动机励磁系统的磁源。当然，在获得优越的伺服性能的同时，PMSM(PMLSM)伺服驱动系统也带来了一些其他类驱动系统不存在的特殊问题，值得在使用中关注与改进。

7.1 永磁同步电动机的 d、q 轴数学模型

7.1.1 永磁同步电动机的 d、q 轴基本数学模型

为了分析与控制的简单起见，在永磁同步伺服电动机的各种控制方法中，大都采用了不计铁损时的 d、q 轴数学模型，该模型就称为基本数学模型。这是主要出于对电流控制方法的考虑，而不计及运动方程与负载特性的研究，所以在前面第 2 章的数学模型研究的基础上，本节着重关注电动机的电磁过程，在忽略铁损时，永磁电动机各状态变量之间的关系，重新整理如下：

电流关系：

$$I_s = \sqrt{i_d^2 + i_q^2} \tag{7-1}$$

$$\begin{cases} i_d = -I_s\sin\beta \\ i_q = I_s\cos\beta \end{cases} \tag{7-2}$$

式中：I_s——线电流稳态时的有效值；

β——空载电动势 E_0 与电流 I_s 之间的夹角，又称为内功率因数角。

磁链关系：

$$\begin{bmatrix} \psi_{sd} \\ \psi_{sq} \end{bmatrix} = \begin{bmatrix} L_d & 0 \\ 0 & L_q \end{bmatrix} \begin{bmatrix} i_d \\ i_q \end{bmatrix} + \begin{bmatrix} \psi_f \\ 0 \end{bmatrix} \tag{7-3}$$

$$\psi_s = \sqrt{\psi_{sd}^2 + \psi_{sq}^2} = \sqrt{(L_d i_d + \psi_f)^2 + (L_q i_q)^2} \tag{7-4}$$

电压关系：

$$\begin{bmatrix} u_d \\ u_q \end{bmatrix} = \begin{bmatrix} R_s & 0 \\ 0 & R_s \end{bmatrix} \begin{bmatrix} i_d \\ i_q \end{bmatrix} + \begin{bmatrix} e_{sd} \\ e_{sq} \end{bmatrix} + p \begin{bmatrix} L_d & 0 \\ 0 & L_q \end{bmatrix} \begin{bmatrix} i_d \\ i_q \end{bmatrix} \tag{7-5}$$

$$\begin{bmatrix} e_{sd} \\ e_{sq} \end{bmatrix} = \begin{bmatrix} 0 & -\omega_r L_q \\ \omega_r L_d & 0 \end{bmatrix} \begin{bmatrix} i_d \\ i_q \end{bmatrix} + \begin{bmatrix} 0 \\ \omega_r \psi_f \end{bmatrix} \tag{7-6}$$

$$E_s = \sqrt{e_{sd}^2 + e_{sq}^2} = \omega_r \psi_s = \omega_r \sqrt{(L_d i_d + \psi_f)^2 + (L_q i_q)^2} \tag{7-7}$$

$$U_s = \sqrt{u_d^2 + u_q^2} = \sqrt{(R_s i_d - \omega_r L_q i_q)^2 + (R_s i_q + \omega_r L_d i_d + \omega_r \psi_f)^2} \tag{7-8}$$

$$\begin{cases} u_d = -U_s \sin\delta \\ u_q = U_s \cos\delta \end{cases} \tag{7-9}$$

式中：U_s——线电压有效值；

R_s——定子绕组电阻；

δ——功角，表示 U_s 与 E_s 之间的夹角，亦称功率角；

φ——功率因数角，表示电流 I_s 与电压 U_s 间的关系；

ω_r——转子的旋转的角速度(电角度)。

各量关系如图 7-1 所示。

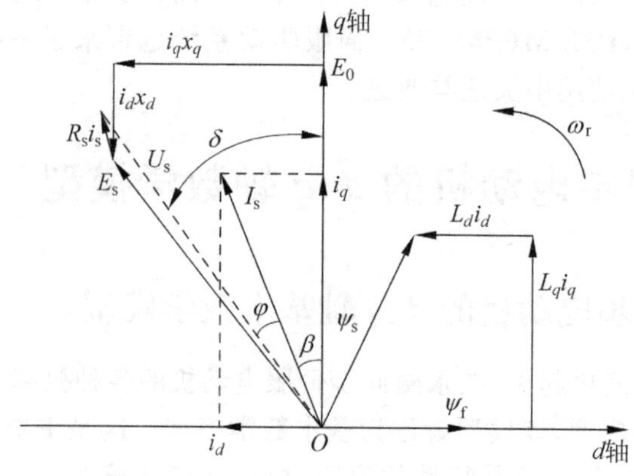

图 7-1 PMSM 基本向量图

功率因数：

$$\cos\varphi = \cos(\delta - \beta) \tag{7-10}$$

电磁转矩：

$$\begin{aligned} T_e &= p_n[\psi_f i_q + (L_q - L_d) i_d i_q] \\ &= p_n\left[\psi_f I_s \cos\beta + \frac{1}{2}(L_q - L_d) I_s^2 \sin 2\beta\right] \\ &= T_m + T_r \end{aligned} \tag{7-11}$$

式中：T_m——电磁转矩，$T_m = p_n \psi_f i_q = p_n \psi_f I_s \cos\beta$；

T_r——磁阻转矩，$T_r = [p_n (L_q - L_d) I_s^2 \sin 2\beta]/2$。

7.1.2 计及铁损时 PMSM 的 d、q 轴数学模型

在定子铁心中，由于当电机的能量转换时发生着电磁过程，于是在铁心中必然有磁滞损

耗和涡流损耗，这两种损耗之和称为铁损。它们消耗有效能量，降低能量传递效率，而且也影响电机电流的特性，因此有研究的必要。

为了详细地分析电机的损耗及对电机的高效控制，通常采用图 7-2 所示的等效电路，把铁损用等效电阻 R_c 来表示。

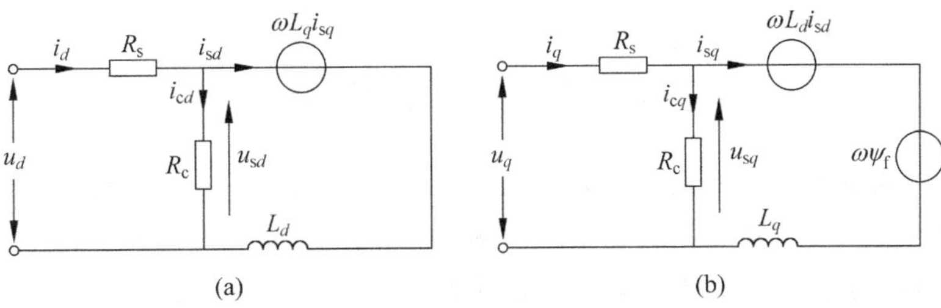

图 7-2 计及铁损时 PMSM 的 d、q 轴等效电路

(a) d 轴等效电路；(b) q 轴等效电路

由于把等效铁损电阻与感应电动势 e_{sd}、e_{sq} 并联，因此，在 R_c 上的损耗与磁链和角速度的二次方成正比，这相当于铁损中的涡流损耗。在等效电路中，并没有考虑磁滞损耗，但是通过根据电源频率和磁链改变等效铁损电阻 R_c 的大小，也能代表包含磁滞损耗在内的铁损。根据图 7-2 所示的等效电路，可得如下计及铁损时的基本关系式：

电流关系式：

$$\begin{cases} i_{sd} = i_d - i_{cd} \\ i_{sq} = i_q - i_{cq} \\ i_{cd} = -\dfrac{\omega_r L_q i_{sq}}{R_c} \\ i_{cq} = \dfrac{\omega_r(\psi_f + L_d i_{sd})}{R_c} \end{cases} \tag{7-12}$$

式中：i_d——不计铁损时定子电流 d 轴分量；

i_q——不计铁损时定子电流 q 轴分量；

i_{cd}、i_{cq}——铁损所对应的 d、q 轴电流，相当于并联 R_c 上的分流电流；

i_{sd}、i_{sq}——去掉铁损电流后的 d、q 轴电流。

可参见图 7-2 等效电路。

电压关系式：

$$\begin{bmatrix} u_d \\ u_q \end{bmatrix} = R_s \begin{bmatrix} i_{sd} \\ i_{sq} \end{bmatrix} + \left(1 + \frac{R_s}{R_c}\right) \begin{bmatrix} u_{sd} \\ u_{sq} \end{bmatrix} + p \begin{bmatrix} L_d & 0 \\ 0 & L_q \end{bmatrix} \begin{bmatrix} i_{sd} \\ i_{sq} \end{bmatrix} \tag{7-13}$$

$$\begin{bmatrix} e_{sd} \\ e_{sq} \end{bmatrix} = \begin{bmatrix} 0 & -\omega_r L_q \\ \omega_r L_d & 0 \end{bmatrix} \begin{bmatrix} i_{sd} \\ i_{sq} \end{bmatrix} + \begin{bmatrix} 0 \\ \omega_r \psi_f \end{bmatrix} \tag{7-14}$$

式中：u_{sd}——d 轴上的电流 i_{cd} 在等效铁损电阻 R_c 上压降；

u_{sq}——q 轴上的电流 i_{cq} 在等效电阻 R_c 上的压降；

e_{sd}——d 轴感应电动势；

e_{sq}——q 轴感应电动势。

电磁转矩：

$$T_e = p_n[\psi_f i_{sq} + (L_d - L_q) i_{sd} i_{sq}] \tag{7-15}$$

铜损：

$$P_{\mathrm{Cu}} = R_s(i_d^2 + i_q^2) = R_s I_s^2 \tag{7-16}$$

铁损：

$$P_{\mathrm{Fe}} = \frac{E_s^2}{R_c} = \frac{e_{sd}^2 + e_{sq}^2}{R_c} = \frac{\omega_r^2[(L_d i_{sd} + \psi_f)^2 + (L_q i_{sq})^2]}{R_c} \tag{7-17}$$

7.2 关于转子磁极初始位置的检测

旋转式永磁同步伺服电机伺服系统采用转子磁场定向的 $i_d=0$ 控制方式，这样才能实现转矩按定子电流 $i_s=i_q$ 线性最大化瞬时控制。为此，必须在整个控制过程中，实时测量出电机转子磁极位置，这样才能建立起 d、q 旋转坐标系，把转子磁极位置取向作为 d 轴（即在永磁体内部由 S 极指向 N 极的方向作为 d、q 轴坐标系中的 d 轴正方向，即磁极位置），把顺着旋转方向超前 d 轴 90°方向定义为 q 轴，知道了 q 轴与固定轴线（A 相绕组轴线）之间的夹角（电角度）θ_r 就可以确定 d 轴的位置。

过去一般采用绝对式脉冲光电编码器或旋转变压器作为转子磁极位置检测元件，之所以用这两种元件，就在于它们都能够在任何时刻实时地测出转子的绝对位置。只有首先测出了磁极位置（磁体安放在转子上）d 轴之后，系统才能计算出定子指令电流两个分量的相位和幅值，从而实现 $i_d=0$、$i_q=i_s$ 的控制方式。

然而，无论是绝对式光电编码器还是旋转变压器都有其缺陷。绝对式光电脉冲编码器价格昂贵，且分辨率远不如增量式光电编码器。如果增加分辨率，就要用更多位的器件，价格更高。但其好处是在电机处于静止状态时就可以准确测出磁极位置，可靠性很高。

旋转变压器从本质上看是一种模拟式的机电位置检测元件，它本体倒是很可靠，是一种无刷的微电机结构，但为了解调出磁极位置需要较复杂的数字——轴角变换电路，而且检测精度也远不及增量式脉冲编码器高。它的好处也是可靠性较高，而且电机在静止状态下就可以确定磁极位置。

基于上述原因，国内近年来开始研发增量式光电脉冲编码器，作为正弦波永磁同步电动机转子磁极位置检测元件。据称国外已出现这样的产品。

采用增量式光电脉冲编码器作为正弦波永磁同步电动机转子磁极位置检测元件，必须要在临近静止状态（即刚通电瞬间）就测得电机转子磁极的精确初始位置，这样才能在后续运动过程中随时继续捕捉到磁极位置的正确信息，这就是确定初始位置的关键所在。

在控制系统刚通电、电机尚未启动运行时，系统就应该首先测量转子磁极的初始位置。在寻找这个初始位置工作的过程中，只允许转子有微小的抖动（这与绝对式光电编码器与旋转变压器在绝对静止时就定准磁极位置不同），并很快回归原位。具体初始定位过程可借助图 7-3 来说明。

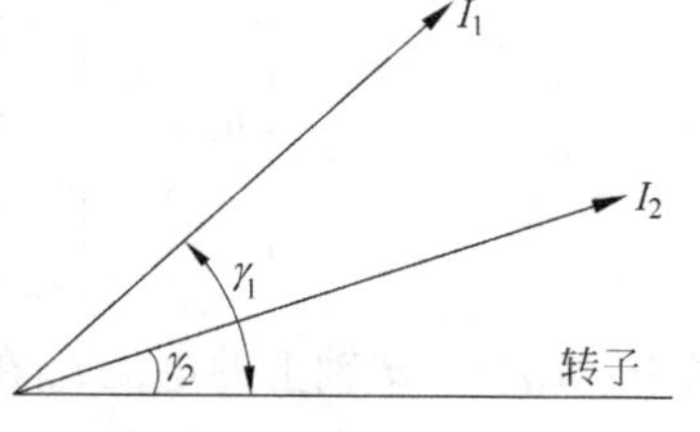

图 7-3 测量初始位置时的定子电流调整过程

在初始定位过程中，只有位置环和电流环在工作，速度环处于开环状态。初始定位过程中的调整电路结构如图 7-4(a)所示。开始时，根据电流调节器 ACR 的给定值，电流环控制主电路产生定子电流矢量 I_1、I_1 的方向是任意取定的，设 I_1 相对于转子的角度为 γ_1，由于转子的初始位置是待测定的未知量，所以 γ_1 也是未知的。只要 γ_1 不为零，也就是说，只要 I_1 没有与转子位置重合，转子在 I_1 的作用下，就一定会发生转动。转动一开始，光电脉冲编码器发出脉冲，控制系统接收到光电脉冲编码器的脉冲，就知道 I_1 与转子没有重合，于是立即取消电流调节器 ACR 的给定值，从而取消电流矢量 I_1，电动机转子在位置控制器 PI 的控制下迅速消除刚刚由于 I_1 的作用而产生的位置误差，使转子重新回到原位，由此完成寻找转子初始位置的第一次循环过程。转子只发生一次微小的抖动，寻找转子初始位置的工作还要继续进行。

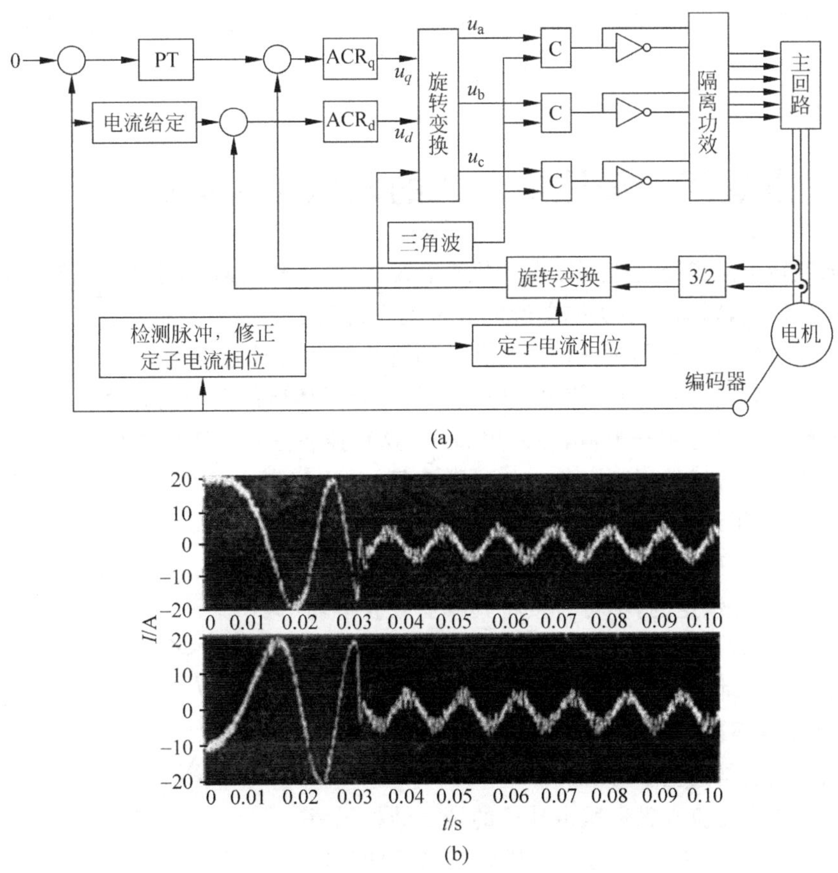

图 7-4 初始定位过程中的调整电路结构图和相电流波形

(a) 调整电路结构图；(b) 相电流波形

根据刚才光电脉冲编码器发出的脉冲信号所体现出来的方向信息，系统就可以确认转子在 I_1 的哪一侧，从而向着减小 I_1 与转子夹角的方向改变定子电流的相位，使 I_1 变为 I_2，开始了第二次寻找初始位置的循环过程。I_2 与转子的夹角是 γ_2，如果 γ_2 仍然不为零，还将继续循环过程，向着减小夹角的方向发出电流矢量 $I_3, I_4, \cdots$，直到最终定子电流矢量与转子重合，这时转子将不再抖动，光电脉冲编码器也不再有脉冲发出，系统据此来判断出电流矢量与转子已经重合。这时，定子电流矢量的相位角就等于转子初始位置角。

简单地说，测量转子初始位置的过程就是定子电流矢量渐渐地靠近转子直至与其重合的过程。在这个过程中，一开始定子电流矢量的相角是任意取定的，但最终定子电流矢量将趋向转子的位置。

前面介绍过，正弦波电动机在连续运行时，为了得到最大的电磁转矩，定子电流矢量与转子是正交的，而在初始定位的过程中，二者要趋于重合。在这一点上，初始定位过程和连续运行过程确实有很大的不同。对于电流环来说，在连续正常运行时，d 轴的给定值应该为零，从而保证定子电流矢量和转子趋于正交。而 q 轴电流给定值由速度调节器的输出值提供，由此可以控制转矩的大小。与连续运行情况不同，在初始定位过程中，实际是不断地在 d 轴电流的给定端加上“扰动信号”，其大小应该保证定子电流矢量的作用强度，在“扰动信号”作用下，转子离开原来的位置，在位置控制器作用下，又回到原来位置。几经往复，最终完成初转子的始定位。按照文献[32]所介绍的转子初始定位方法，对正弦波 PMSM 数字化伺服系统的实验应用，能取得令人满意效果。在实际工作过程中，电机的相电流起动波形如图 7-4(b)所示。

7.3 永磁同步伺服电动机的弱磁控制问题

由于永磁转子同步型交流伺服电动机具有出力大、工作可靠、可控性好、效率高、功率因数高等一系列优点，因而在小功率交流伺服系统中得到了十分广泛的应用。但电动机定子电流中的 d 轴分量所形成的去磁磁通势作用可能导致永磁体性能变坏，这始终是人们十分关注的一个实际问题，并且为了使电枢电流矢量与永磁体所产生的励磁磁场正交，在控制方法上应使 d 轴上不流过定子电流，即采用 $i_d=0$ 这种控制方式。就目前小功率电机来看，由于转子是圆筒形，永磁材料外装，生产相对较容易，其应用场合最多，已经成为应用的主流。所以，研究这种转子结构下的弱磁控制问题十分必要。

我们知道，在永磁电机中，其励磁磁场是由转子上的永磁体产生的，它是恒定的，不可直接将其减弱来获得弱磁控制，因而就出现一个如何实现弱磁控制的问题。为此提出积极利用直轴电枢反应使电动机的气隙磁场减弱的思路，等效于减弱磁场的控制效果，这就是永磁式同步伺服电动机弱磁控制的基本思想。

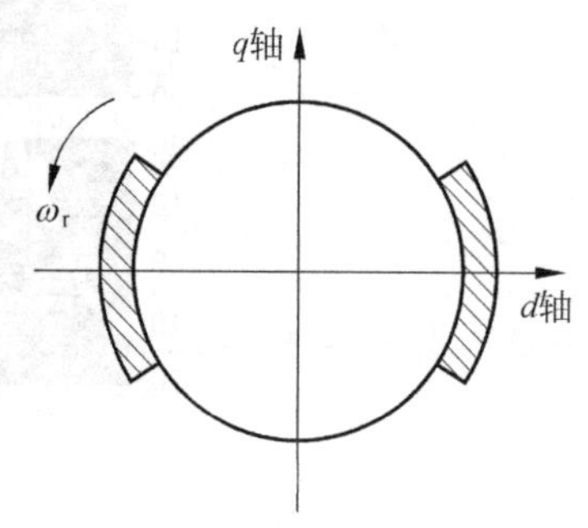

图 7-5 圆筒形外装转子结构示意图

圆筒形外装式交流永磁伺服电动机的转子结构示意图如图 7-5 所示。如前所述，若设永磁体所形成的气隙磁场为正弦分布，并忽略电枢电流的高次谐波，电动机为两极。那么，在以转子角速度 ω_r 旋转的 d、q 坐标系中表示的电机定子电压方程为

$$\begin{bmatrix} u_d \\ u_q \end{bmatrix} = \begin{bmatrix} R_s + pL_d & -\omega_r L_q \\ \omega_r L_d & R_s + pL_q \end{bmatrix} \begin{bmatrix} i_d \\ i_q \end{bmatrix} + \omega_r \psi_f \begin{bmatrix} 0 \\ 1 \end{bmatrix} \tag{7-18}$$

对于圆筒形凸装结构来说，d、q 轴的电感基本相等，即凸极系数 $\rho = L_q/L_d = 1$，则电动机的电磁转矩为

$$T_e = p_n[\psi_f + (1-\rho) i_d i_q] i_q \tag{7-19}$$

变为

$$T_e = p_n \psi_f i_q \tag{7-20}$$

电枢的定子电压为

$$u_s = \omega_r \sqrt{(\psi_f + L_d i_d)^2 + (\rho L_q i_q)^2} \tag{7-21}$$

变为

$$u_s = \omega_r \sqrt{(\psi_f + L_d i_d)^2 + (L_q i_q)^2} \tag{7-22}$$

由于在实际的交流伺服系统中，永磁伺服电动机是由大功率半导体器件组成的逆变器来驱动的，故电枢电流 i_s 及端电压 u_s 必定受到限制，其约束条件为

电流限制

$$i_s \leqslant I_{max} \tag{7-23}$$

电压限制

$$u_s \leqslant U_{max} \tag{7-24}$$

式中：I_{max}——电枢定子电流允许的最大值；

U_{max}——定子端电压允许的最大值。

由式(7-22)可见，如果 $i_d=0$，则电动机的端电压 u_s 随着速度 ω_r 成比例地增加，当转矩电流 i_q 增大时，端电压 u_s 也随之增大。如果充分控制 i_d，使其从 $i_d=0$ 状态出发增大 i_d，逐渐加大去磁效应，结果将会使端电压降低。这样，在高速运行时，弱磁控制就能维持电压不变，使其不超出最高的允许值。

稳态时电压矢量图如图 7-6 所示。图中 u_0 为 $i_d=0$ 时电动机端电压。这里，要充分控制 i_d，使 $u_s=U_{s\,max}$。同样地，要把电动机的电流幅值 $|i_s|=\sqrt{i_d^2+i_q^2}$ 控制在小于允许电流 $I_{s\,max}$ 的范围。同时，在高速运行时，必须限制最大输出转矩。实际上，$I_{s\,max}$ 由去磁限制来决定。

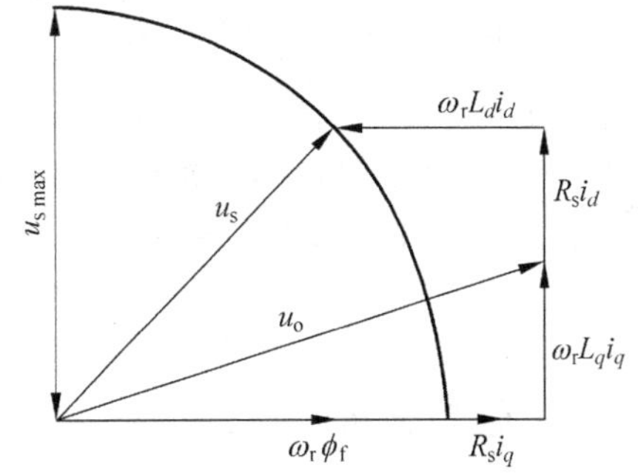

图 7-6　稳态时的电压相量图

图 7-7 表示输出转矩最大时的电动机定子电流 i_s 轨迹。图 7-8 表示在弱磁运行时，所必需的转矩、输出功率、定子电压与电动机速度间的关系。

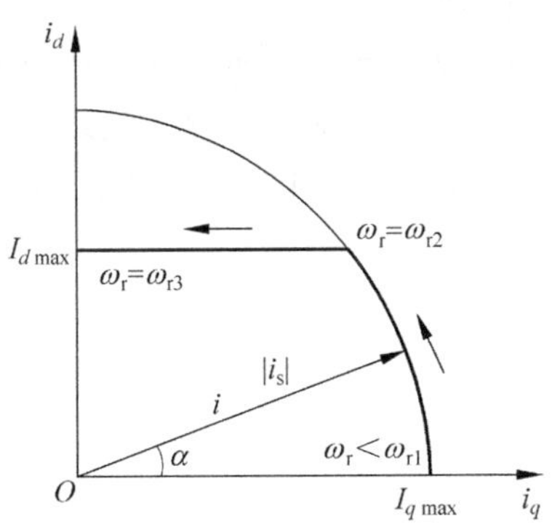

图 7-7　产生最大转矩时的电动机电流矢量轨迹

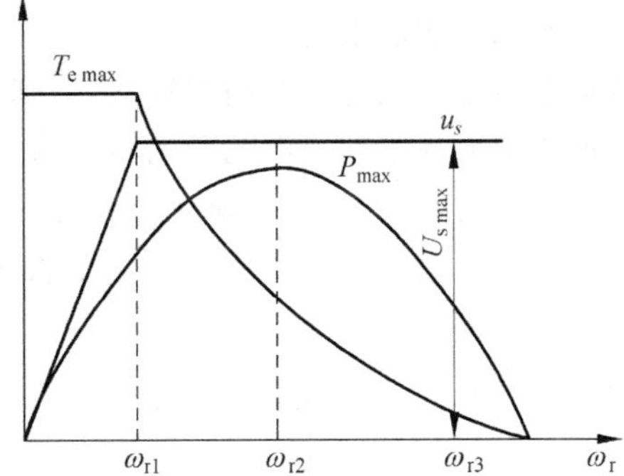

图 7-8　交流永磁电动机的弱磁控制特性

当电动机的速度 $\omega_r<\omega_{r1}$ 时，在控制上使 $i_d=0$，获得所需要的最大电磁转矩 $T_{e\,max}$；当电动机的速度 $\omega_r \geqslant \omega_{r1}$ 时，弱磁升速过程便告开始，在控制上若使电动机的端电压 $u_s=U_{s\,max}$，就需要适当控制电流 i_d，减小 i_d 以使转矩由最大输出转矩逐渐减小。定子电流依然保持在受限状态下，但其两轴分量的大小产生相对变化。于是定子电流矢量 i_s 与 d 轴间产生夹角 α，功率呈现增加趋势。

当 $\omega_r \geqslant \omega_{r2}$ 时，定了电压依然保持最大允许值，同时，要控制去磁电流，使 $i_d=i_{d\,max}$；随着

转速的升高，i_q 继续下降，磁场的去磁作用，处在对应于 $i_{d\max}$ 的最强状态，输出的电磁转矩随着 i_q 下降，功率亦呈下降趋势。

当 $\omega_r=\omega_{r3}$ 时，$i_q=0$，也就是输出的电磁转矩为零，相当于空载状态，电动机的速度 ω_{r3} 就是永磁电动机所允许的最高速度。

由上述分析可知，弱磁升速的过程，实际上就是保持端电压不变和降低输出转矩的过程，也就是调节 d 轴和 q 轴电流分量在定子总电流 i_s 受限状态下的分配关系。

当 $\omega_r<\omega_{r2}$ 时，电流约束为 $|i_s|<I_{s\max}$；当 $\omega_r>\omega_{r2}$ 时，电流约束归结为

$$\begin{cases} i_d < I_{d\max} \\ |\ i_s\ | < I_{s\max} \end{cases} \tag{7-25}$$

等效弱磁控制过程的实现方法有多种，现介绍一种如下：

(1) 由电动机轴上的传感器可以得到电动机的速度信号 ω_r，由图 7-8 就可以求出对应的电磁转矩 T_e^*（带 * 号的表示指令转矩值，下同）；

(2) 由电磁转矩公式 $T_e^*=p_n\psi_f i_q^*$，可以计算出 i_q^*；

(3) 由于此时 $u_s=U_{s\max}$，即感应电压控制在最大允许值，由图 7-6 可求出必要的 i_d^*。在忽略定子电阻影响的情况下，由 $u_s=u_{s\max}=\omega_r\sqrt{(\psi_f+L_d i_d)^2+(L_q i_q)^2}$ 就可以求出 i_d^*，而 ψ_f、L_d、L_q、ω_r 等都是可测量或计算出来的；

(4) 由 i_q^* 和 i_d^*，参照图 7-7，确定角 α^*，即

$$i_q^* = i_s^*\cos\alpha^* \tag{7-26}$$

$$i_d^* = i_s^*\sin\alpha^* \tag{7-27}$$

(5) 把式(7-26)、式(7-27)作 d、q 轴逆变换，变成三相正弦电流指令信号：

$$\begin{cases} i_a^* = i_s^*\cos(\omega_r t+\alpha^*) \\ i_b^* = i_s^*\cos(\omega_r t+\alpha^*-120°) \\ i_c^* = i_s^*\cos(\omega_r t+\alpha^*+120°) \end{cases} \tag{7-28}$$

把实际检测出来的三相电流 i_a、i_b、i_c，作为电流反馈信号与其相应的指令信号作比较，两者的差值信号经电流控制器输出，加到 PWM 放大器。以上的工作可用微处理器来实现。

如果交流永磁伺服电动机的转子为内装式，且凸极系数 $\rho>1$，则将产生明显的凸极效应。这时电动机的转矩 T_e 和定子端电压 u_s 为

$$T_e = p_n[\psi_f+(1-\rho)i_d L_d]i_q \tag{7-29}$$

$$u_s = \omega_r\sqrt{(\psi_f+L_d i_d)^2+(\rho L_q i_q)^2} \tag{7-30}$$

其中 $\rho=L_q/L_d$。于是电流的限制为一个圆：

$$i_d^2+i_q^2 = I_{s\max}^2 \tag{7-31}$$

圆的半径为 $I_{s\max}$，只要控制定子电流在此圆的范围内，就满足了电流限制要求。

而端电压的限制为一个椭圆：

$$(\psi_f+L_d i_d)^2+(\rho L_q i_q)^2 = \left(\frac{U_{s\max}}{\omega_r}\right)^2 \tag{7-32}$$

由式(7-32)可见，电动机的端电压被限制在椭圆内侧，并且这个椭圆随着电动机的速度上升移向内侧，这就使得同时满足电流限制和电压限制的范围越来越窄，如图 7-9 所示。

这种交流伺服电动机控制系统在整个速度范围内，$i_d\neq0$，都有负 d 轴电流存在，产生弱磁效应。同时由于凸极作用产生的转矩，增加了这种内埋式结构永磁电机的电磁转矩，有助

于扩大调速范围,这是这种驱动系统的一个特点。

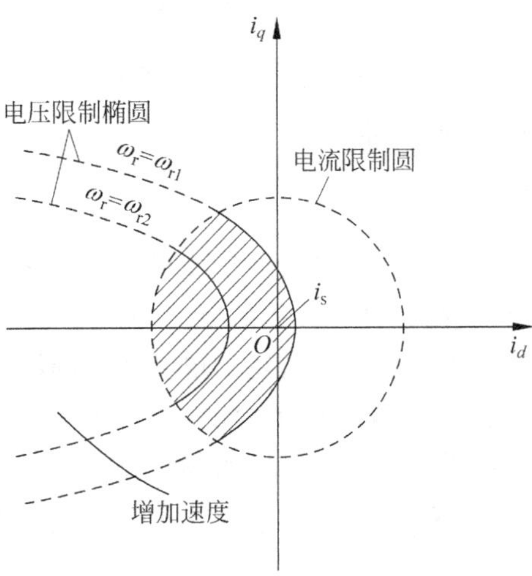

图 7-9　在电压电流受限情况下的电流矢量

7.4　正弦波永磁同步电动机的矢量控制方法

7.4.1　$i_d=0$ 控制

对永磁同步伺服电动机的电磁转矩控制实质上主要是对产生转矩因素之一的两轴电流进行控制。首先是 $i_d=0$ 控制方法,这种控制方法最常用,简单有效。在 $i_d=0$ 时,电机所产生的电磁转矩为

$$T_e = p_n\psi_f i_q = p_n\psi_f i_s \tag{7-33}$$

这时随着负载的变化,电流矢量在 q 轴上移动变化。电机的电磁转矩和电流 i_s 成正比,转矩的响应和电流的响应一样快速,而且二者呈现线性均匀一致的映射关系,在所要求产生的电磁转矩情况,只需最小的定子电流即可,从而定子铜损下降,效率有所提高;对控制系统而言,只需检测转子磁极位置(d 轴)作为控制基准,使定子对称三相电流正弦波形成平滑的旋转磁场,而定子合成电流矢量控制在 q 轴上即可。

在 $i_d=0$ 时,电动机的定子端电压为

$$u_s = \sqrt{(\psi_f\omega_r + R_s i_q)^2 + (\omega_r L_q i_q)^2} \tag{7-34}$$

$$\delta = \arctan\frac{\omega_r L_q i_q}{\omega_r\psi_f + R_s i_q} \approx \arctan\left(\frac{L_q i_q}{\psi_f}\right) \tag{7-35}$$

$$\cos\varphi = \cos\delta = \cos\left(\arctan\frac{L_q i_q}{\psi_f}\right) \tag{7-36}$$

由上式可见,随着负载的增加,端电压也随之增高,因此系统所需要的逆变器容量增大。电机的最高转速受逆变器可提供的最高电压和电机负载大小两方面的影响。该方法因为没有直轴电流,电机没有直轴电枢反应,不会使永磁退磁。由于电机提供全部电流都用来产生转矩,所以产生转矩最大,适宜用在 SPMSM 中控制,在恒转矩区长期运行。但对于 IPMSM 来说,如果采用此方案就不可能利用磁阻转矩提供输出能力了。

由上述分析可知，$i_d=0$ 与 $i_q=i_s$ 控制都是控制两轴电流的特殊变化轨迹，都获得了十分良好的应用效果。但有时在一些特定需要下，必须对两轴电流矢量变化规律重新设计，以满足特定的应用要求。这就是所谓的定子电流最优控制问题。

7.4.2 最大转矩电流比控制

永磁同步电动机中，产生电磁转矩有两方面因素，一个是转子永磁铁产生的励磁磁场，另一个是定子电流，两者以一定的状态相结合便产生稳定的电磁转矩。在永磁铁的情况下，它的励磁磁场是恒定的，不可改变，只好通过控制定子电流的幅值和相位来改变电磁转矩。所以就存在同一个幅值电流，能够产生最大转矩的电流相位问题，这是电枢定子电流最有效地产生转矩的条件。为了达到这种状态，控制电流矢量的方法就叫做最大转矩电流比控制。满足该条件的最佳电流相位，可以根据用 I_s 和 β 角表示的电磁转矩公式

$$T_e = p_n\left[\psi_f i_s \cos\beta + \frac{1}{2}(L_q - L_d)i_s^2 \sin 2\beta\right] \tag{7-37}$$

对 β 求偏微分后，使其等于零，从而求得

$$\beta = \arctan\left[\frac{-\psi_f + \sqrt{\psi_f^2 + 8(L_q - L_d)^2 I_s^2}}{4(L_q - L_d)I_s}\right] \tag{7-38}$$

再根据

$$\begin{cases} I_s = \sqrt{i_d^2 + i_q^2} \\ i_d = -I_s \sin\beta \\ i_q = I_s \cos\beta \end{cases} \tag{7-39}$$

可求得 d、q 轴电流为

$$\begin{cases} i_d = \dfrac{-\psi_f + \sqrt{\psi_f^2 + 8(L_q - L_d)^2 I_s^2}}{4(L_q - L_d)I_s} \\ i_q = \sqrt{i_s^2 - i_d^2} \end{cases} \tag{7-40}$$

在控制时，随着输出转矩增加，电动机的交、直轴电流按所求得的解析关系式(7-40)的规律变化，电机特性便按最大转矩电流比的曲线变化。这时在电机输出同样转矩时，电流最小，铜损最低，对逆变器容量的要求也最小。在此种控制方式下，随着输出转矩的增加，电机端电压增加，功率因数下降；但输出电压没有 $i_d=0$ 时增加得快，功率因数也没有 $i_d=0$ 时下降得快。对于 SPMSM，由于 $L_d=L_q$，因此 $\beta=0$，本控制方式就是 $i_d=0$ 的控制。

7.4.3 最大转矩磁链比控制(最大转矩电动势比控制)

如前所述，产生同样的转矩，存在磁链最小的条件，这是对于磁链最有效地产生转矩的条件，也是铁损最小的条件。为达到这种状态而采用的控制方式就称为最大转矩磁链比控制。

根据磁链表达式(7-41)：

$$\psi_s = \sqrt{\psi_{sd}^2 + \psi_{sq}^2} = \sqrt{(L_d i_d + \psi_f)^2 + (L_q i_q)^2} \tag{7-41}$$

和转矩表达式(7-37)，消去 i_q，把转矩用 ψ_s 和 i_d 表示，求$\dfrac{\partial T_e}{\partial i_d}=0$ 的 i_d，就可以得到如下所示的最大转矩磁链比控制的条件：

$$i_d = \frac{\psi_f + \Delta\psi_d}{L_d} \tag{7-42}$$

$$i_q = \frac{\sqrt{\psi_s^2 - \Delta\psi_d^2}}{L_q} \tag{7-43}$$

$$\Delta\psi_d = \frac{-L_q\psi_f + \sqrt{(L_q\psi_f)^2 + 8(L_q - L_d)^2\psi_s^2}}{4(L_q - L_d)} \tag{7-44}$$

根据关系式 $E_s = \omega_r\psi_s$ 可知，转矩磁链比(T/ψ)最大的条件与相对于感应电动势 E_s 的转矩或输出功率最大的条件等效。从而，也可以把最大转矩磁链比控制称为最大转矩电动势比控制或最大输出功率电动势比控制。

上述的说明中所用的 β 角，是图 7-1 中所示的 β 角。β 角以 q 轴作为参考轴，表示与电流矢量 I_s 间的角度。而在一般同类有关永磁同步伺服电机的科技书中所定义的 β 角以 d 轴作为参考轴，表示与定子电流 I_s 矢量间的夹角。由于 d、q 轴间相差 90°电角度，两个 β 角的定义自然有所不同，所表示的 i_d、i_q 电流也有正弦、余弦值与正负号的差别。

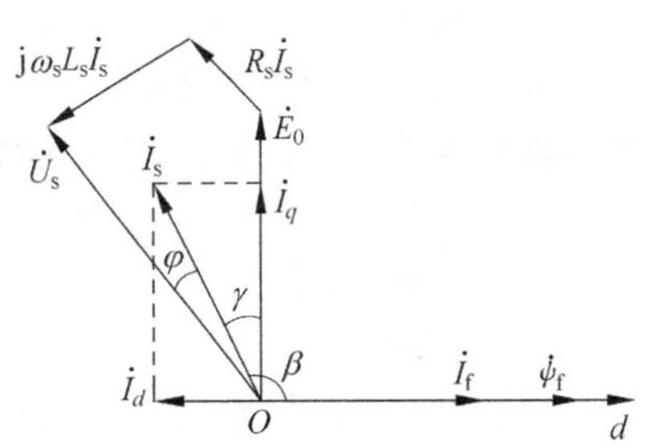

图 7-10 以 d 轴为参考轴定义 β 角的永磁电动机的基本向量图

图 7-10 所示的向量图就是定子三相合成旋转磁通势波轴线与永磁体基波励磁磁场轴线间的角度 β，这里的 β 角又称为转矩角，因为这个角度两边的空间矢量是产生电磁转矩的两个要素。

由图 7-10 可知，此图中的 γ 角，即为图 7-1 中定义的 β 角，亦称为内功率因数角。

7.4.4 功率因数 $\cos\varphi=1$ 控制

要实现功率因数 $\cos\varphi=1$ 控制，只要满足 $\delta=\beta$ 即可。根据由图 7-1 向量图可知：

$$\begin{cases} i_d = -I_s\sin\beta \\ i_q = I_s\cos\beta \end{cases} \tag{7-45}$$

$$\begin{cases} u_d = -U_s\sin\delta \\ u_q = U_s\cos\delta \end{cases} \tag{7-46}$$

其中 δ 为功角，定义为空载电势 E_0 与端电压 u_s 之间的夹角，而功率因数角 φ 定义为电压 u_s 与电流 I_s 之间的夹角，β 为空载电势 E_0 与电流 I_s 之间的夹角，所以电压 u_s 与电流 I_s 之间的功率因数角 $\varphi=\delta-\beta$。

由式(7-45)、式(7-46)可得 $i_d/i_q = u_d/u_q$，再根据式

$$\begin{bmatrix} u_d \\ u_q \end{bmatrix} = \begin{bmatrix} R_s & 0 \\ 0 & R_s \end{bmatrix}\begin{bmatrix} i_d \\ i_q \end{bmatrix} + \begin{bmatrix} e_{sd} \\ e_{sq} \end{bmatrix} + p\begin{bmatrix} L_d & 0 \\ 0 & L_q \end{bmatrix}\begin{bmatrix} i_d \\ i_q \end{bmatrix}$$

和式

$$\begin{bmatrix} e_{sd} \\ e_{sq} \end{bmatrix} = \begin{bmatrix} 0 & -\omega_r L_q \\ \omega_r L_d & 0 \end{bmatrix}\begin{bmatrix} L_d \\ L_q \end{bmatrix} + \begin{bmatrix} 0 \\ \omega_r\psi_f \end{bmatrix}$$

以及式

$$E_s = \sqrt{e_{sd}^2 + e_{sq}^2} = \omega_r\psi_s = \sqrt{(L_d i_d + \psi_f)^2 + (L_q i_q)^2}$$

可以看出，d、q 轴电流只要满足下面关系式即可：

$$\left(i_d+\frac{\psi_f}{2L_d}\right)^2+\left(\sqrt{\frac{L_q}{L_d}}i_q\right)^2=\left(\frac{\psi_f}{2L_d}\right)^2 \tag{7-47}$$

可以看出，上式为一椭圆方程，d 轴电流可以由下式给出：

$$i_d=\frac{-\psi_f\pm\sqrt{\psi_f^2-4L_dL_qi_q^2}}{2L_d} \tag{7-48}$$

式中：$|i_q|\leqslant\frac{\psi_f}{2\sqrt{L_dL_q}}$。通过这种控制方式，逆变器容量可以得到充分利用。

7.4.5 最大效率控制

在任意的负载状态(即任意的转速、转矩)下，驱动电流一定存在最佳的大小与相位，使电动机的铜损与铁损接近相等，此时电动机的运行效率达到最大。电动机效率达到最大的条件可以根据图 7-2 的 d、q 轴计及铁损时的 PMSM 等效电路推演出来。把式(7-12)代入式(7-16)，铜损就可以用 i_{sd}、i_{sq} 及 ω_r 来表示，从而总损耗 P_{loss} 也就能够用 i_{sd}、i_{sq} 及 ω_r 三个变量来表示。另外，根据式(7-15)，可以把转矩 T_e 用 i_{sd}、i_{sq} 来表示，因此，总损耗 P_{loss} 能够用 i_{sd}、i_{sq}、ω_r 及 T_e 来表示。

在角速度 ω_r 与 T_e 给定时，总损耗 P_{loss} 最小的条件可以根据 $\partial P_{loss}(i_{sd},\omega_r,T_e)/\partial i_{sd}=0$，由下面的关系式给出：

$$f_1(i_{sd})f_2(i_{sq})=K_\omega T_e^2 \tag{7-49}$$

式中：

$$f_1(i_{sd})=p_n^2[R_sR_c^2i_{sd}+\omega_r^2L_d(R_s+R_c)(\psi_f+L_di_{sd})]$$
$$f_2(i_{sq})=[\psi_f(L_d-L_q)i_{sq}]^3$$
$$K_\omega=[R_sR_c^2+(\omega_rL_d)^2(R_s+R_c)](L_d-L_q)$$

从而根据速度和转矩，能够得到电动机损耗最小时的最佳电流 i_{sd}，而 i_{sq} 根据式(7-15)变换后可由下式给出：

$$i_{sq}=\frac{T_e}{\psi_f+(L_d-L_q)i_{sd}} \tag{7-50}$$

于是，电动机的 d、q 轴电流可以由下式得到：

$$\begin{cases} i_d=i_{sd}-\dfrac{\omega_rL_qi_{sq}}{R_c} \\ i_q=i_{sq}-\dfrac{\omega_r(\omega_f+L_di_d)}{R_c} \end{cases} \tag{7-51}$$

但是式(7-49)较为复杂，在实际的控制中，在控制周期内根据式(7-49)直接计算 i_{sd} 比较困难，因此采用近似函数或查表方法较为实用。况且，等效铁损电阻 R_c 未必保持一定，它随运行速度和负载状态变化的场合较多，这是需要注意的。

根据式(7-49)～式(7-51)，可以把 i_d 和 i_q 之间的关系用下式来近似表示：

$$i_d=K_0+K_1i_d+K_2i_q^2 \tag{7-52}$$

式中：K_0、K_1、K_2——根据速度而确定的系数。

分析结果表明，由式(7-52)确定的 i_d 和 i_q 之间的近似关系，与实际值相比误差非常小。因此，根据上述 d、q 轴电流之间的函数关系，在不同的速度条件下，能够简单地实现电动机的高效率运行。

另外，对 $L_d=L_q$ 的 SPMSM，其条件表达式 $f_1(i_{sd})=0$。i_{sd} 可以用比较简单的表达式(7-53)给出。由于 i_{sd} 只是速度的函数，因此只要根据速度的变化来控制电流 i_{sd}，就可以简单地实现电动机的最大效率控制。

$$i_{sd}=\frac{\omega_r^2 L_d \psi_f (R_s+R_c)}{R_s R_c+\omega_r L_d^2 (R_s+R_c)} \tag{7-53}$$

采用最大效率控制方式与其他控制方式不同，即使在输出转矩为零时，也有比较大的电流，该电流的主要成分是 d 轴电流。通过流过负向的 d 轴电流使铜损增加，铁损减小，这时电动机的整体损耗最小。

7.4.6　永磁同步电动机的参数与其输出极限

永磁同步电动机的运行特性与电动机的结构参数，特别与永磁转子结构与控制方法相关。在本小节内，主要分析在考虑电压、电流限制条件下，永磁同步电动机的参数与其输出范围的关系。

不管电动机的容量大小，通常希望其参数和典型的性能都在一定的范围内，从而便于分析与比较，使结论具有普遍性，所以这里采用标幺值进行处理。首先要选定基准值，标幺值用加“ * ”的上标来表示。

把电动机的参数用电动势极限值 E_{sm}、电流极限值 I_{sm} 和基速 ω_b 表示成标幺值：

$$\begin{cases} E_0^* = \dfrac{\omega_b \psi_f}{E_{sm}} \\ X_d^* = \dfrac{\omega_b L_d I_{sm}}{E_{sm}} \\ X_q^* = \dfrac{\omega_b L_q I_{sm}}{E_{sm}} \end{cases} \tag{7-54}$$

如图 7-11 所示，永磁同步电动机的速度-输出特性模式与 K_F 直接相关，而 K_F 与电动机参数之间的关系为

$$K_F=E_0^*-X_d^*=\frac{\omega_b}{E_{sm}}(\psi_f-L_d I_{sm}) \tag{7-55}$$

$$\omega_c^*=\frac{1}{K_F}=\frac{E_{sm}}{\omega_b(\psi_f-L_d I_{sm})} \tag{7-56}$$

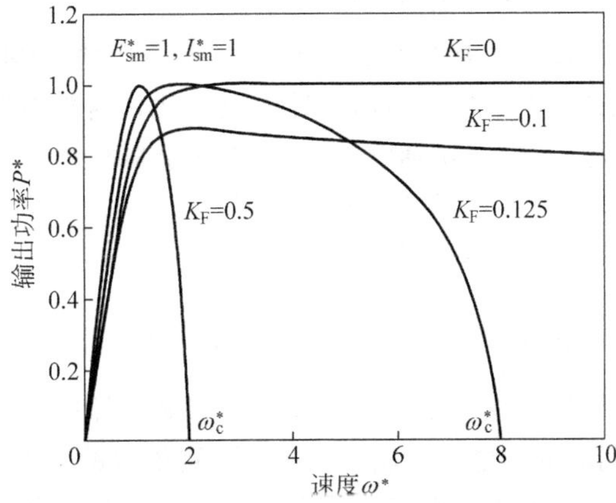

图 7-11　转矩一定时的相位控制特性

从图 7-11 和式(7-55)、式(7-56)可以看出，当 $K_F<0$ 时，在理论上输出速度没有极限，可以达到无穷大，但是 K_F 越小，输出功率也越小；当 $K_F>0$ 时，K_F 越大，最大转矩就越大，但输出极限速度 ω_c^* 就越低，恒功率运行范围就越窄；当 $K_F=0$(即 $\psi_f=L_dI_{sm}$)时，输出没有极限，能够得到最大的输出范围和恒功率运行范围。

通常永磁同步电动机都具有 $K_F>0$ 的电机参数。在 $K_F\geqslant0$ 的范围内，速度-输出功率特性几乎只由 K_F 决定，图 7-12 为普通永磁同步电动机的特性模式，图 7-13 为速度 ω_c^*、最大转矩 T_{emax}^*、恒功率运行的最高速度 ω_{cp}^*、恒功率输出范围 K_{cpr}、输出功率最大时的速度 ω_{mp}^* 之间的关系。

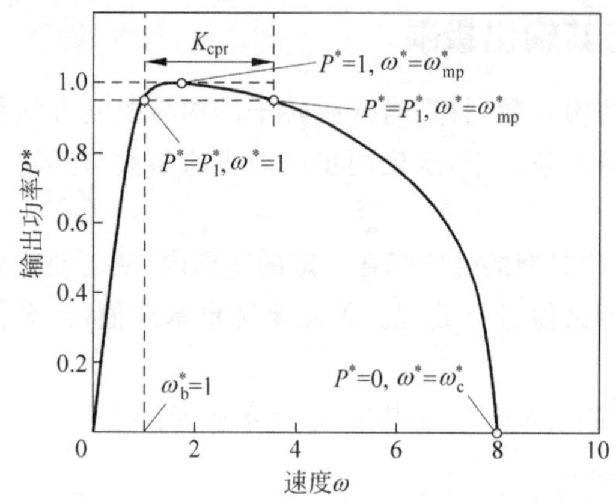

图 7-12 普通永磁同步电动机特性

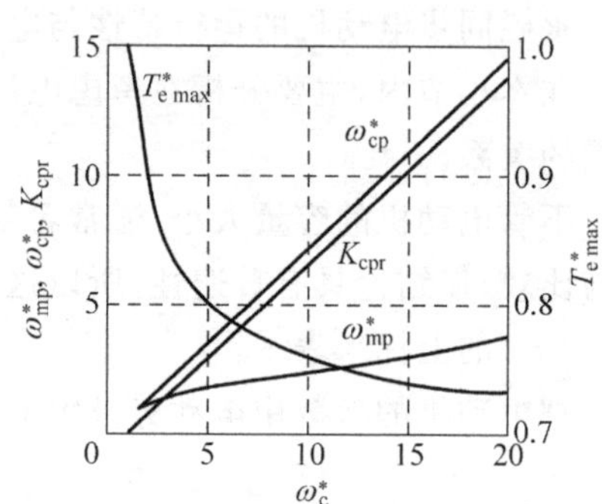

图 7-13 ω_c^* 和各种特性之间的关系

图中曲线表明，最大转矩与恒功率输出范围之间存在折中关系，可以根据需要的恒功率输出范围确定 K_F，即确定 E_0^* 和 x_d^*。

由于永磁同步电动机的速度-输出特性只由 K_F 决定，因此满足所需要的速度-输出特性的电机参数组合存在无数个，这使电机特性的设计具有较大的自由度。

虽然 K_F 是在电机设计阶段确定的参数，但即使是同一台电机，K_F 也随着电流限制值 I_{sm} 的不同而不同。在连续运行时，电流限制值 I_{sm} 相当于额定电流；而在短时运行时，可以超过额定电流。

电机的凸极率 $\rho(\rho=L_q/L_d)$ 越小，E_0^* 越大，为了得到宽广的恒功率输出范围，就必须增大 x_d^*。但是要提高永磁铁所在的直轴方向上的电感则比较困难，如果能设计出具有较大凸极率的电机，可以减小 E_0^*，降低永磁体用量和成本。但通常的 IPMSM 的凸极率只有 2～4，若要再大的凸极率，就必须在电机的结构设计上想办法。通常在弱磁控制的高速恒功率运行时，即使是轻负载，也要一直通 d 轴电流，因此有时会降低电机的效率。空载电动势达到电压极限时的速度为 $\omega_0^*=1/E_0^*$，要想使电机运行到 ω_0^* 以上，即使是空载，也要一直通 d 轴电流。为了避免上述问题，就要采用 E_0^* 小、凸极率大的电机。

7.4.7 实际定子电流响应的延迟作用影响

从前面分析知道，无论哪种控制方法都涉及电磁转矩亦即电流的快速响应问题。电流提供是由 PWM 逆变器完成的。电流控制环要求以尽可能快的速度严格地跟踪电流指令的变化，这样才有可能实现真正的正弦电流控制作用。但是由于种种原因，实际电枢绕组中的定子电流矢量往往不能以理想的形式跟踪参考电流指令，二者在幅值、相位、频率以及波形上存在着一定的偏差，波形上的偏差就可能产生各种谐波，进而产生所谓的谐波转矩，前面已有论述。频率的偏差可能导致伺服电动机的速度变化，使其偏离给定值。相位和幅值的变化，将导致 d、q 轴两分量偏离设定值，使总定子电流不一定全用来产生转矩。这就使电流的最优控制难以实现，特别是在使定子电流的相位与指令电流的相位不能保持一致时，就会产生延迟作用，破坏系统中两轴电流的快速控制作用。图 7-14 表示了实际定子电流相对指令定子电流的延迟作用。

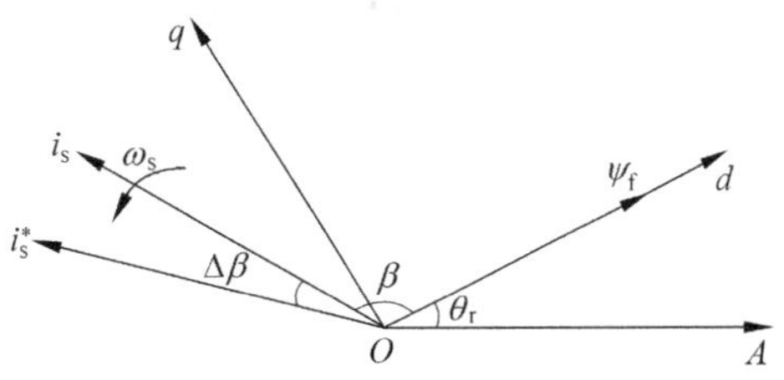

图 7-14 定子电流的延迟作用

在实际伺服系统中，定子电流的这种延迟作用是由以下因素引起：

(1) 由于定子绕组存在电感储能作用，电流上升时必须先储能于磁场中，电流下降时，电流必定要释放磁能量即存在着所说的在电感中电流不能跃变的规律。在完成磁场储能与释放作用后，电流才能达到稳态，这需要时间过程。

(2) 正如上节的分析，在计及铁损时存在涡流及磁滞损耗，这些作用都对产生电磁转矩的有效电流起到分流损失的作用。

(3) 电流指令的频率提高时，由于上述作用的存在，实际电流更是跟不上指令的变化。

为了分析简化，现在只考虑由于时间延迟了 T 以后引起的定子电流 i_s 相位偏差 $\Delta\beta$。

在这种情况下，实际输入电动机定子的电流两个分量 i_d 和 i_q 与指令值 i_d^* 和 i_q^* 不再相等，将产生转矩和弱磁控制的偏差。

在图 7-14 中，参考电流矢量 i_s^* 与实际矢量 i_s 的相位关系为

$$i_s^* = i_s e^{j\Delta\beta} \tag{7-57}$$

式中

$$\Delta\beta = \omega_r T \tag{7-58}$$

其中 ω_r 为转子的角速度，亦即其电角速度，在所选择的坐标系下，也为同步角速度。于是有

$$i_s^* = i_s e^{j\omega_r T} = i_s(\cos\omega_r T + j\sin\omega_r T) = (i_d + ji_q)(\cos\omega_r T + j\sin\omega_r T) \tag{7-59}$$

$$i_q^* = i_d \sin\omega_r T + i_q \cos\omega_r T \tag{7-60}$$

$$i_d^* = i_d \cos\omega_r T - i_q \sin\omega_r T \tag{7-61}$$

当 $\omega_r T$ 较小时，上式可以写成

$$i_q^* = i_q + \omega_r T i_q \tag{7-62}$$

$$i_d^* = i_d - \omega_r T i_q \tag{7-63}$$

根据式(7-62)、式(7-63)可以对指令值 i_d^* 和 i_q^* 加以修正，然后再输入变换因子 $e^{j\theta_r}$ 进行矢量变换，这实际上是将参考矢量 i_s^* 预先前移 $\Delta\beta$ 电角度，以消除逆变器在电流控制过程中由于时间延迟产生的相位偏差。在高速情况下，延迟时间 T 会加大，可同样根据上式修正。

因为延时普遍存在，所以在进行矢量变换时，可预先将变换因子加以修正，用 $\beta+\Delta\beta$ 代替 θ_r，这样实际的矢量 i_s 就会落到参考矢量 i_s^* 的位置上。另外，适当提高逆变器的直流输入电压，也能取得一定的补偿延时的作用。

第8章 数控机床进给驱动伺服系统

数控技术是一个国家制造业现代化水平和综合国力的重要标志，而数字化进给驱动伺服系统是现代化数控机床不可或缺的一个重要关键部分。它的水平高低，对数控机床的性能是至关重要的。在前述各章的基础上，本章较详细地介绍数控机床进给伺服驱动系统的相关问题。首先介绍数控机床的坐标轴定义及坐标规定，为后续的研究奠定基础。

8.1 数控机床的坐标轴规定

在数控机床加工零件时，刀具与工件作相对运动，必须在规定的坐标系中才能按规定的程序进行加工。

为了编程时描述机床的运动，数控机床坐标轴和其运动方向已经实现了标准化，我国JB 3051—82数控机床坐标轴和运动方向的命名，与国际ISO841一致。该标准的主要内容如下：

1. 刀具相对于静止的工件运动原则

在考虑机床坐标命名时，被加工件的坐标系均视为是相对静止的，而刀具是运动的。该原则是为了编程人员在不知道是刀具移近工件还是工件移近刀具的情况下，就可以根据零件的图样确定机床的加工过程。

2. 标准坐标的规定

一个直线进给运动或一个圆周进给运动就可以定义一个坐标轴。标准坐标系是一个用X、Y、Z表示的直线进给运动的直角坐标系，每一轴用右手法则判定。大拇指指向X轴正方向，食指指向Y轴正方向，中指指向Z轴正方向。这个坐标系的各个坐标轴通常与机床的主要导轨相平行。围绕X、Y、Z轴旋转的圆周进给运动坐标轴分别用A、B、C表示，根据右手定则判定，以大拇指指向$+X$、$+Y$、$+Z$方向，则食指、中指等指向是圆周进给运动的$+A$、$+B$、$+C$方向，如图8-1所示。

3. 运动部件方向的确定

机床某一运动部件的正方向，规定为增大刀具与工件距离的方向，而对于钻、镗加工，钻入或镗入方向是负方向。

1）Z坐标轴的确定

通常把传递切削力的主轴定为Z轴。对于刀具旋转的铣床、钻床、镗床、攻丝机来说，

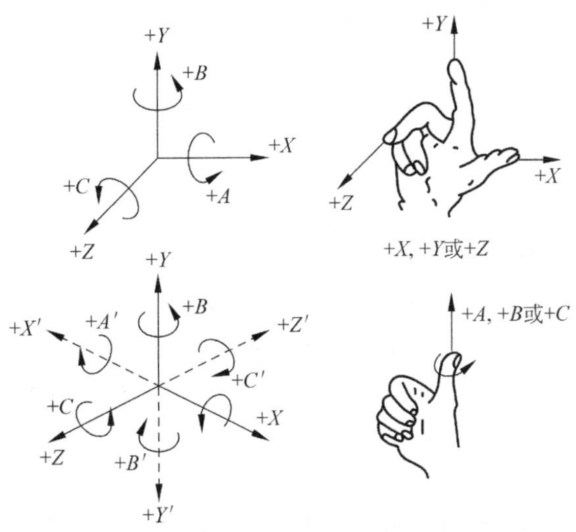

图 8-1　右手坐标系

转动刀具的轴为 Z 轴；对工件旋转的车床、磨床和其他成形旋转表面的机床来说，转动工件的轴为 Z 轴；如果机床上有几个主轴，则选定一垂直于工件装夹面的主轴为 Z 轴；对于无主轴的机床(如刨床、插床)，则 Z 坐标轴垂直于工件装夹面；如主轴能摆动，在摆动范围内主轴只有平行于直角坐标系中的一个坐标轴为 Z 坐标；在摆动范围内主轴平行于直角坐标系中的二个或三个坐标系时，则取垂直于机床工作台装夹面的坐标为 Z 坐标。Z 坐标轴的正方向规定为增大工件和刀具距离的方向。

2）X 坐标轴的确定

X 坐标是水平的，一般平行于工件装夹面且与 Z 轴垂直，它是沿工件的径向且平行于横向导轨。刀具离开工件旋转中心的方向是 X 轴的正方向。对刀具旋转的机床，如 Z 轴为水平(卧式铣床、卧式镗床等)，则从主轴向工件主轴看时，X 的正方向指向右方；如 Z 轴是垂直的，则从主轴向立柱看时，X 轴的正方向指向右边；对双立柱机床，当从主轴向左侧立柱看时，X 轴的正方向指向右边。对刀具和工件都不能转的机床，X 轴与主切削方向平行且切削运动方向为正。

3）Y 坐标轴的确定

Y 坐标轴垂直于 X 坐标轴和 Z 坐标轴，Y 运动正方向应根据 X、Z 轴的正方向按右手定则确定。

4）回转或摆头轴

回转或摆动运动 A、B、C 的正方向分别沿 X、Y、Z 轴右旋前进方向。

4. 附加坐标

上述 X、Y、Z 轴通常称为第一坐标系；若有与这些坐标平行的第二直线运动时为第二坐标系，对应地命名为 U、V、W 轴；若有第三直线运动时，则对应地命名为 P、Q、R 轴或称第三坐标系。如有不平行 X、Y、Z 轴的直线运动时，则可根据使用方便的原则确定 U、V、W 和 P、Q、R 轴。当有两个以上相同方向的直线运动轴时，可按靠近第一坐标轴的顺序确定 U、V、W、P、Q、R 轴。例如，对于转塔车床，刀架的滑动为 Z 轴，而转塔的滑移运动为 W 轴。

对旋转轴除 A、B、C 外，还可根据使用要求，继续命名为 D、E 轴。

5. 标准坐标系的原点

(1) 标准坐标系的原点($X=0,Y=0,Z=0$)位置是任意的。

(2) A、B、C 的旋转运动(0°位置)也是任意的，选择时，原点(0°位置)最好选择为相应于平行 X、Y 和 Z 坐标。

6. 对于工件运动时的相反方向

数控机床进给运动，有的由刀具运动来实现，有的由工作台带着工件运动来实现。前述坐标的正方向是假定工件不动，刀具相对于工件做进给运动的方向。如果是工件移动则用加“′”号的字母表示，按相对运动关系，工件运功的正方向恰好与刀具运动的正方向相反，即

$$+X=-X',\quad +Y=-Y',\quad +Z=-Z'$$
$$+A=-A',\quad +B=-B',\quad +C=-C'$$

同样，两者运动负方向也彼此相反。注意，实际编程时，“+”号可省略，“-”号不可省。

8.2 对数控机床进给驱动伺服系统的要求

第1章中，对一般伺服系统提出了稳定性、快速性及精度的指标的要求，由于具体的应用场合不同，对这些指标的要求差异是很大的。而在数控机床中对进给驱动伺服系统的要求是很高的，与一般机床的进给系统有本质上的差异，它能根据指令信号自动精确地控制驱动执行部件运动位移、方向和速度以及数个执行部件按一定的规律运动合成某种复杂的运动轨迹。数控机床进给驱动伺服系统的性能，如最高移动速度、跟踪精度、定位精度等动态和静态性能，在很大程度上决定了数控机床加工零件的精度、加工表面质量和生产效率。

数控机床进给驱动伺服系统由若干个机电环节组成，系统的性能也取决于组成系统的各个环节特性及性能参数的合理匹配。以伺服驱动电路和驱动电机为核心的电气伺服系统在前几章中已经做了较详细的介绍。而机械传动部件也是数控机床进给伺服系统的重要组成部分，它对进给驱动伺服系统整体性能也具有重要影响。下面分为对一般伺服系统的基本要求和数控机床对进给驱动伺服系统的特别要求两部分进行说明。

8.2.1 对进给驱动伺服系统的基本要求

驱动数控机床坐标轴运动的进给伺服系统的技术性能指标可归纳为：系统的稳定性要好；定位精度要高；跟踪指令信号的响应要快。

1. 稳定性

所谓的稳定系统，即系统在输入量改变、启动状态或外界干扰作用下，其输出量经过几次衰减振荡后，能迅速地稳定在新的或原有的平衡状态下。这一条是进给驱动伺服系统正常工作的首要基本条件。这里所讲的稳定性主要是指相对稳定性(稳定裕度)。

进给驱动伺服系统的稳定性和系统的惯性、刚度、阻尼及系统增益都有关系。适当选择系统的机械参数(主要由阻尼、刚度、谐振频率)和电气参数，并使它们达到最佳匹配，是进给驱动伺服系统设计的目标之一。

2. 精度

所谓进给驱动伺服系统的精度是指系统的输出量复现输入量的精确程度，即准确性。它包括动态误差，即瞬态过程中出现的偏差；稳态误差，即瞬态过程结束后，系统存在的偏差；静态误差，即元件误差及干扰误差。

常用的精度指标有定位精度、重复定位精度和轮廓跟随精度。精度用误差来表示，定位误差是指工作台由一点移动到另一点时，指令值与实际移动距离的最大差值。重复定位误差是指工作台进行一次循环动作之后，回到初始位置的偏差值。轮廓跟随误差是指多坐标联动时，实际运动轨迹与给定轨迹之间的最大偏差值。影响精度的因素很多，关系也很复杂。采用数字调节技术可以提高伺服进给驱动系统的精度。

3. 快速响应特性

所谓快速响应特性是指系统对指令输入信号的响应速度及瞬态过程结束的迅速程度。它包含系统的响应时间以及传动装置的加速能力。它直接影响机床的加工精度和生产率。系统的响应速度越快，加工效率越高，轨迹跟随精度也越高。但响应速度过快会造成系统的超调，甚至会引起系统不稳定。因此，应当选择适宜的快速性。

对点位控制的机床，主要应保证定位精度，并尽量减少定位时间。对于轮廓控制机床，除了要求高的定位精度外，还要求良好的快速性及形成轮廓的各运动坐标伺服系统动态性能的一致性。对于开环和半闭环的控制形式，主要是应满足定位精度的要求，而对于闭环控制形式，则主要是在保证系统稳定性的先决条件下实现快速性和精度要求。

8.2.2　数控机床进给驱动伺服系统的要求

数控机床的位置调节对进给驱动伺服系统提出了很高的要求。其中在静态设计方面有：

(1) 能够克服摩擦力和负载。当加工中最大切削力为 20000～30000N 时，电机轴上的转矩需要 10～40N·m。

(2) 很小的进给位移量。目前最小的分辨率为 0.1μm，甚至更小。

(3) 高的静态扭转刚度。

(4) 足够宽的调速范围。

调速范围是指最高进给速度与最低进给速度之比。由于加工所用刀具、被加工零件材质及加工要求的变化范围很广，要求进给速度能在很大范围内调速，即要求足够宽的调速范围。如进给速度能在 0～240m/min 范围内无级可调。一般数控机床进给速度都在 1～24m/min 范围内，则调速范围为 $D=1:24000$，对于高速加工来说，调速范围 D 要求更宽。

(5) 进给速度均匀，在速度很低时无爬行现象。

在动态设计方面的要求有：

(1) 具有足够的加速和制动转矩，以快速地完成启动和制动过程。目前带有速度调节器的伺服电机其响应时间通常为 20～100ms。在整个转速范围内加速到快进速度或对快进速度进行制动需要转矩 20～200N·m；而在换向时加速到加工进给速度需要转矩 20～150N·m。驱动装置应能在很短时间内达到 4 倍的额定转矩。

(2) 具有良好的动态传递性能，以保证在加工中获得很高的轨迹精度和满意的表面质量。

(3) 负载引起的轨迹误差尽可能小。

对于数控机床机械传动部件则有以下要求：

(1) 被加速的运动部件具有较小惯量。

(2) 高的刚度。

(3) 良好的阻尼。

(4) 传动部件在抗压刚度、扭转刚度、摩擦阻尼特性和间隙等方面，具有尽可能小的非线性。

8.3 进给驱动伺服系统的组成及其数学模型

用于数控机床坐标轴的进给驱动伺服系统由电子电气控制单元、驱动执行元件、机械传动部件、末端执行部件和传感测量反馈环节等几部分组成。驱动控制单元和电动驱动元件构成电气伺服驱动系统；机械传动部件和末端的执行元件组成机械传动系统；传感元件和转换反馈电路构成了检测装置，亦即检测系统。这样的三个子系统通过有效的连接与组合，构成了一个数控机床进给驱动伺服系统。数控机床的进给驱动伺服系统是一种位置的精确跟踪与定位控制系统，是以位置这一变量为控制对象的自动控制系统。对位置准确控制是以控制速度为前提的，对于进给驱动的位置闭环控制系统，速度控制单元是位置环的内环，位置控制的输出作为速度控制器的输入命令，从而实现所希望的速度控制。而为了实现对速度的良好控制，就必须超前控制其加速度，为此需要进行所谓的"Jerk"控制即对加速度的变化率——加加速度进行快速精确的即时控制，在实现机械缓冲的同时，达到对零件加工的高精度轨迹与表面质量控制。这就是在数控机床的进给驱动伺服系统中，以位置的精确跟踪与定位控制为终极目标，渐次由外向内设置速度内环、电流环内环与加加速度内环，提前动态反应，而最终实现位置控制目标。目前，在高性能数控机床的 CNC 系统中，位置、速度和电流都是数字伺服控制，甚至 Jerk 控制也是数字的，可用电流的变化率控制近似实现 Jerk 控制，以达到缓冲冲击与提高轨迹精度的目的。

在知道了进给驱动伺服系统的组成与它们之间的连接关系之后，就可以考虑系统的建模问题。电气控制系统以及 PMSM 的数学模型在前面几章中已有论述，在此不再赘述。

伺服电机轴上的输出转矩用来驱动机械传动部件，而后者是数控机床的进给驱动伺服系统的一个极重要的组成部分，对它的作用不可忽视，在本章中特别加以介绍。现在，就把一个完整的单轴进给驱动伺服系统的结构图示于图 8-2 中。

图中的符号说明如下：

$P_r(s)$——位置环给定的位置指令；

K_P——位置环调节器增益，为一比例系数；

C_P——位置反馈系数；

K_n——速度调节器增益，为简化分析取为比例型；

C_n——速度环反馈系数；

R_q——定子 q 轴电阻；

L_q——定子 q 轴电感；

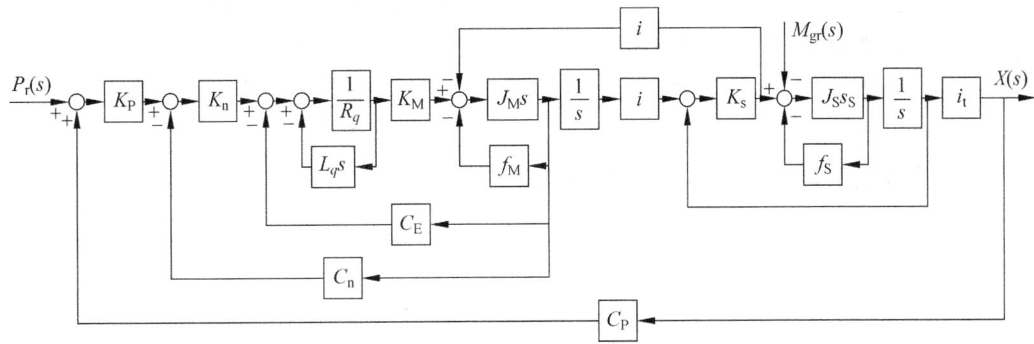

图 8-2 单轴进给驱动伺服系统的结构图

C_E——电机反电势系数；

K_M——伺服电机转矩系数；

J_M——伺服电机转动惯量；

f_M——伺服电机粘滞阻尼系数；

i——伺服电机轴到滚珠丝杠的传动比$=\frac{丝杠转速}{电机转速}$；

K_S——机械传动部件折算到丝杠上的扭转刚度；

J_S——机械传动部件折算到丝杠上的转动惯量；

f_S——机械传动部件折算到丝杠上的粘性阻尼系数；

i_t——丝杠螺母副的传动比，$i_t=h_{sp}/2\pi$，h_{sp}为丝杠导程，由于丝杠螺母的副传动将使丝杠的转动变为工作台的直线运动。

$P_r(s)$为位置输入，$X(s)$为位置输出，$M_{gr}(s)$表示对机械传动部分扰动(归算到丝杠上)。图 8-2 就是数控机床进给驱动伺服系统数学模型的图形表示，如果在零初始条件下进行拉氏变换，经过数学合并最终可得一个分子与分母多项式相除表示的数学模型。

8.4 进给驱动伺服系统的动态响应特性与伺服性能分析

进给驱动伺服系统的动态特性可用时间响应特性和频率响应特性两种方法来描述，在控制理论教科书中已做了详细的讲解。这里只想结合数控机床进给驱动系统的一些具体问题来作一些必要的说明。

8.4.1 时间响应特性

时间响应特性是用来描述对迅速变化指令能否快速追踪的特性，它由瞬态响应和稳态响应两部分组成。由于系统中包含一些储能元件，所以当输入量作用于系统时，系统的输出量不能立刻跟随输入量的变化，而是在输出达到稳态之前表现为瞬态响应过程或称为过渡过程。稳态响应是指当时间 $t\to\infty$ 时系统的输出状态，若在稳态时输出与输入不能完全吻合，就认为系统存在稳态误差。

系统的时间响应特性不仅决定于系统的结构与参数，而且与输入信号的类型有关。在实际的数控机床进给伺服系统中，输出的时间响应特性也随加工对象以及切削用量的不同而改变。尤其考虑到进给系统启动、停止、正反向等运动情况，各坐标轴速度的变化要求差异很大。因此，为便于分析研究，可引入的典型输入有阶跃、斜坡信号等形式。对于数控机床进给驱动伺服系统而言，它的速度输入信号是一个突然的扰动量，相当于速度阶跃信号；而位置输入信号是时间的一次函数，即 $P_r(t)=Ft$，相当于斜坡信号。

1. 一阶系统的单位阶跃响应和斜坡响应

图 8-3 为典型一阶系统方框图。其闭环传递函数为

$$W(s)=\frac{Y(s)}{X(s)}=\frac{K_S}{s+K_S}=\frac{1}{Ts+1} \qquad (8\text{-}1)$$

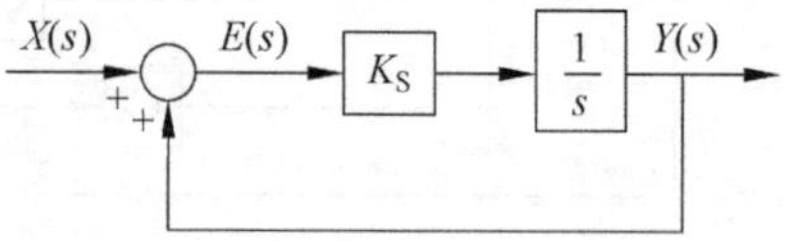

图 8-3 典型一阶系统方框图

式中：T——系统的时间常数，s，$T=\frac{1}{K_S}$。

系统的阶跃输入及阶跃响应、斜坡输入信号与斜坡响应见表 8-1。

表 8-1 一阶系统的阶跃、斜坡响应

表达式及响应特性	输入信号种类	
	单位阶跃输入	等速斜坡输入
输入时间表达式 $x(t)$	$x(t)=0(t<0)$ $x(t)=1(t\geqslant 0)$	$x(t)=vt$
输入拉氏变换式 $X(s)$	$X(s)=\frac{1}{s}$	$X(s)=\frac{v}{s^2}$
输出拉氏变换式 $Y(s)$	$Y(s)=W(s)X(s)=\frac{1}{Ts+1}\cdot\frac{1}{s}$ $=\frac{1}{s}-\frac{T}{Ts+1}$	$Y(s)=W(s)X(s)=\frac{1}{Ts+1}\cdot\frac{v}{s^2}$ $=v\left(\frac{1}{s^2}-\frac{T}{s}+\frac{T^2}{Ts+1}\right)$
输出时间表达式 $Y(t)$	$Y(t)=1-\mathrm{e}^{-t/T}$	位移 $Y(t)=v(t-T+T\mathrm{e}^{-t/T})$ 速度 $\dot{Y}(t)=v(1-\mathrm{e}^{-t/T})$ 加速度 $\ddot{Y}(t)=\frac{v}{T}\mathrm{e}^{-t/T}$
响应曲线	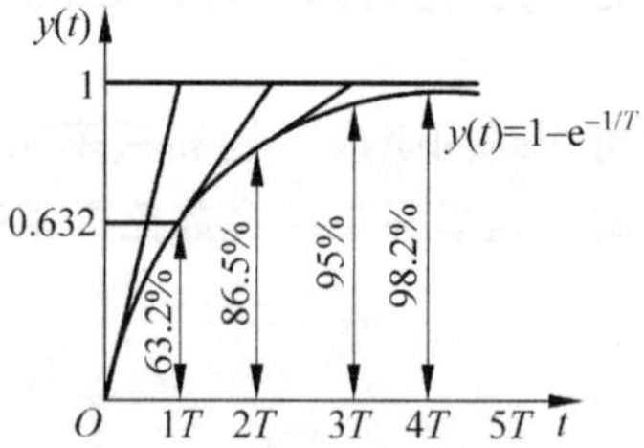	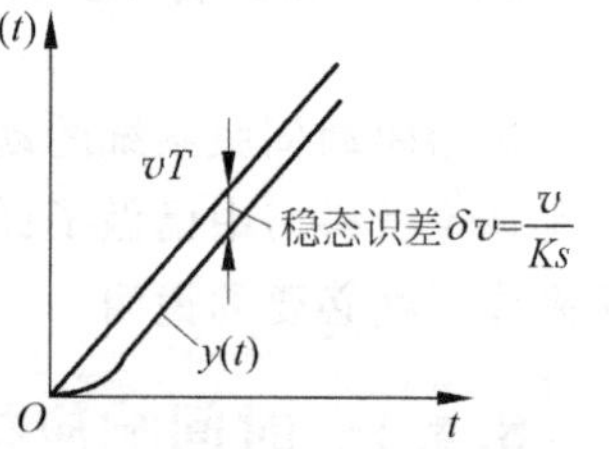
稳态误差	$t\to\infty$ 时，$y(t)=1$，所以没有稳态误差，利用拉氏变换终值定理也可求出： $e(t)\Big\|_{t\to\infty}=\lim\limits_{x\to 0}E(s)$ $=\lim\limits_{x\to 0}s\,\frac{s}{s+Ks}\cdot\frac{1}{s}$ $=0$	$t\to\infty$ 时，$y(t)=v(t-T)=vt-\frac{v}{Ks}$，所以存在稳态误差，利用拉氏变换终值定理 $e(t)\Big\|_{t\to\infty}=\lim\limits_{x\to 0}sE(s)$ $=\lim\limits_{x\to 0}s\,\frac{s}{s+Ks}\cdot\frac{v}{s^2}=\frac{v}{Ks}$

单位阶跃输出的时间表达式为

$$y(t) = 1 - e^{-t/T} \tag{8-2}$$

当 $t=T$ 时，$y(t)=1-e^{-1}=0.632$；当 $t=4T$ 时，$y(t)=0.982\approx 1$。

式(8-2)表明，单位阶跃响应曲线是一指数曲线。当 $t=T$ 时，响应可上升到稳态值的63.2%，经过(3～4)T 后，响应分别达到稳态值的95%～98%。一阶系统的单位阶跃响应没有超调发生，不存在峰值时间，在经过(3～4)T 后，就可以认为达到了稳态，完成了调节过程，显然时间常数 T 反映了系统的响应速度，T 越小，响应速度就越快。

等速斜坡响应位移输出表达式为

$$y(t) = v(t-T) + Te^{-\frac{t}{T}} \tag{8-3}$$

当 $t\to\infty$ 时，$y(t)=vt-\dfrac{v}{K_S}=vt-\delta_v$。

可见，一阶系统在跟踪等速斜坡输入信号(位置输入)时，必然有稳态误差存在，它与速度 v 成正比，与系统的增益成反比。由于稳态误差是表示系统在跟踪某一速度时的位移滞后量，所以这里的跟踪误差也称为速度误差。

2. 二阶系统的单位阶跃响应

在实际伺服驱动系统中，无论是伺服电动机还是机械传动装置都可以用二阶振荡环节来描述。

现在，数控机床进给驱动伺服系统中的机械传动变换环节滚珠丝杠-工作台系统的简化动力学模型如图 8-4(a)所示。其运动方程为

$$m\ddot{y} + f\dot{y} - K_0(x-y) = 0 \tag{8-4}$$

式中：m——工作台质量；

K_0——丝杠传动系统的综合拉压刚度；

f——导轨粘滞阻尼系数。

丝杠-工作台系统的数学模型见图 8-4(b)。

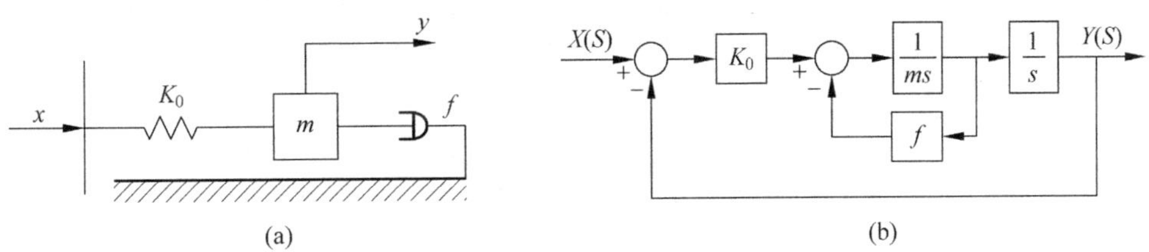

(a)　　(b)

图 8-4　丝杠工作台系统的数学模型

由此得到系统的闭环传递函数：

$$W(s) = \frac{Y(s)}{X(s)} = \frac{\omega_n^2}{s^2 + 2s\xi\omega_n + \omega_n^2}$$

式中：ω_n——丝杠-工作台系统的无阻尼固有角频率 $\omega_n=\sqrt{\dfrac{K_0}{m}}$；

ξ——工作台运动时的阻尼比，它是实际阻尼系数与临界阻尼系数 f_e 之比，即 $\xi=\dfrac{f}{f_e}=\dfrac{f}{2\sqrt{mK_0}}$。

其闭环系统的特征方程为

$$s^2+2\xi\omega_n s+\omega_n^2=0$$

方程的特征根为

$$P_{1,2}=-\xi\omega_n\pm\omega_n\sqrt{\xi^2-1}$$

下面讨论当系统具有不同阻尼比 ξ 时，其特征根与时间响应特性也具有相应的时间振荡特性。

(1) 当 $0<\xi<1$ 时，方程有一对实部为负的共轭复根，系统响应具有振荡特性，称为欠阻尼状态；

(2) 当 $\xi=1$ 时，系统有一对相等的负实根，称为临界阻尼状态，系统的时间响应无振荡；

(3) 当 $\xi>1$ 时，系统有两个不相等的负实根，称为过阻尼状态，系统的时间响应也无振荡；

(4) 当 $\xi=0$ 时，系统有一对纯虚根，称为零阻尼状态，系统的时间响应为持续的等幅振荡。

由上面的分析可知，这里讨论的二阶系统是对实际的物理系统而言，它的运动特性完全由 ω_n 与 ξ 来描述。这里纯粹是环节的物理结构参数，而与输入环节的信号形式无关。

在欠阻尼时二阶系统的单位阶跃响应应由一对共轭复根决定，这对共轭复根为

$$P_{1,2}=-\xi\omega_n\pm j\omega_n\sqrt{1-\xi^2}=-\sigma\pm j\omega_d$$

式中：σ——衰减系数；

ω_d——阻尼固有频率。

在加入单位阶跃函数时，输出可表示为

$$Y(s)=\frac{\omega_n^2}{s^2+2s\xi\omega_n+\omega_n^2}\cdot\frac{1}{s}$$

将式进行拉氏逆变换可得

$$y(t)=1-e^{-\xi\omega_n t}\left[\cos\omega_d t+\frac{\xi}{\sqrt{1-\xi^2}}\sin\omega_d t\right]\quad(t\geqslant 0)$$

或

$$y(t)=1-\frac{e^{-\xi\omega_n t}}{\sqrt{1-\xi^2}}\sin(\omega_d t+\beta)\quad(t\geqslant 0)\tag{8-5}$$

式中：$\beta=\arctan(\sqrt{1-\xi^2}/\xi)$ 或 $\beta=\arccos\xi$。

由输出响应式可以看出，系统响应由两部分组成：

(1) 稳态分量为 1，表示系统在单位阶跃函数作用下，不存在位置误差。

(2) 瞬态分量是一个阻尼振荡，其振荡角频率为 ω_d，其数值大小与阻尼比有关，对于瞬态分量而言，其衰减的快慢取决于包络线 $1\pm e^{-\xi\omega_n t}/\sqrt{1-\xi^2}$ 收敛的快慢程度；当阻尼比一定时，包络线收敛的快慢，又取决于指数函数幂中的 $\xi\omega_n$，即 σ 的大小。

如果阻尼比 $\xi=0$，则二阶系统的单位阶跃响应变为

$$y(t)=1-\cos\omega_n t\quad(t\geqslant 0)$$

这是一条平均值为 1 的等幅正弦振荡，其振荡角频率为 ω_n。

线性系统通常都具有一定的阻尼比，因此不可能通过实验得到无阻尼固有角频率 ω_n，而只能求得阻尼固有频率 ω_d。由于 $\omega_d=\omega_n\sqrt{1-\xi^2}$，所以阻尼固有角频率低于无阻尼固有角频率。$\xi$ 值增大时，ω_d 减小。如增大到大于等于 1 时，系统的响应将变成临界阻尼或过阻尼，不再出现振荡。图 8-5 所示的一簇曲线是随不同 ξ 值变化的响应曲线。

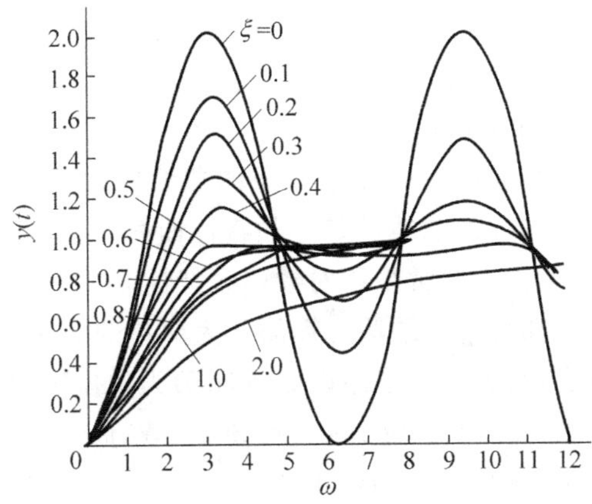

图 8-5　不同 ξ 值下的二阶系统单位阶跃响应曲线

由图可以看到，ξ 值越小，超调量越大，上升时间越短。在没有超调系统中，临界阻尼具有最短的上升时间，即最快的响应速度，而过阻尼系统的响应最缓慢的。在欠阻尼的系统中，阻尼比在 0.4～0.8 之间其调节时间较短超调量也不大。一般认为，选择 $\xi=0.707$ 比较合适，称为最佳阻尼比。

8.4.2　频率响应特性

时间响应特性是从微分方程出发，研究系统随时间的变化规律，即在已知传递函数的情况下，从系统在阶跃输入及斜坡输入时响应速度及振荡状态中获得动态特性参数。然而在很多情况下，传递函数不清楚，所以只能由实验方法来求取动态特性，因此出现频率响应特性法。

所谓频率特性，就是系统对正弦输入信号的响应，即它是通过研究系统对正弦输入信号的响应规律来获得其动态特性的。由于频率特性与传递函数关系密切相关，因此在工程应用中越来越多。可以由频率响应数据拟合成传递函数而建立系统数学模型。

只要将传递函数中的复变量 s 用 $j\omega$ 来代替，就可以变成频率特性的表达式。

例如一阶系统的闭环传递函数是

$$W(s)=\frac{1}{Ts+1}$$

则频率特性表达式为

$$W(j\omega)=\frac{1}{j\omega T+1}\tag{8-6}$$

若将 $W(j\omega)$ 写成指数形式，即

$$W(j\omega)=u(\omega)+jv(\omega)=A(\omega)e^{j\varphi(\omega)}$$

式中：$u(\omega)$——实频特性，$u(\omega)=\dfrac{1}{1+\omega^2T^2}$；

$v(\omega)$——虚频特性，$v(\omega)=\dfrac{-\omega T}{1+\omega^2T^2}$；

$A(\omega)$——幅频特性，$A(\omega)=\dfrac{1}{\sqrt{1+\omega^2T^2}}$；

$\varphi(\omega)$——相频特性，$\varphi(\omega)=-\arctan(\omega T)$。

习惯上，将 $A(\omega)$ 表示为 $|W(\mathrm{j}\omega)|$，$\varphi(\omega)$ 表示为 $\angle W(\mathrm{j}\omega)$。

频率特性曲线包括幅频特性曲线和相频特性曲线。当 ω 从零逐渐大到无穷大，若以 $W(\mathrm{j}\omega)$ 做矢量，其端点在复平面上所形成的轨迹叫频率响应的极坐标图（也称奈奎斯特图）。若以 ω 为自变量，$A(\omega)=|W(\mathrm{j}\omega)|$ 为因变量作成的曲线叫幅频特性曲线。若以 ω 为自变量，$\varphi(\omega)=LW(\mathrm{j}\omega)$ 为因变量作成的曲线就是相频特性曲线。

为了便于分析和计算，工程上常常采用对数幅频特性曲线（也称为伯德图），它可以将系统中串联或反馈环节的幅值和相角的乘法运算简化为简单的加法运算，应用起来很方便。

绘制对数幅频特性曲线，其纵坐标采用以分贝(dB)为单位表示的模值，即

$$L(\omega)=20\lg A(\omega)=20\lg|W(\mathrm{j}\omega)|$$

横坐标采用对数尺度表示的角频率。为绘制对数相频特性曲线，横坐标与上相同，而纵坐标用普通的直角坐标系表示，即以度数表示相角，与图 8-6 所示。

图中所示的曲线 L 为 $K_S=20(\mathrm{s}^{-1})$ 的一阶开环对数幅频特性曲线。其开环传递函数 $G(S)=\dfrac{K_S}{S}$，频率特性表达式为 $G(\mathrm{j}\omega)=\dfrac{K_S}{\mathrm{j}\omega}$，幅值比 $L(\omega)=20\lg A(\omega)=20\lg|K_S/\mathrm{j}\omega|=20\lg K_S/\omega$，相位 $\angle W(\mathrm{j}\omega)=-90°$。

曲线 2 为其闭环对数频率特性曲线。频率特性为 $W(\mathrm{j}\omega)=\dfrac{1}{\mathrm{j}\omega T+1}$，幅值比 $L(\omega)=20\lg A(\omega)=-20\lg\sqrt{1+\omega^2T^2}$(dB)，相位 $\angle W(\mathrm{j}\omega)=-\arctan(\omega T)$。

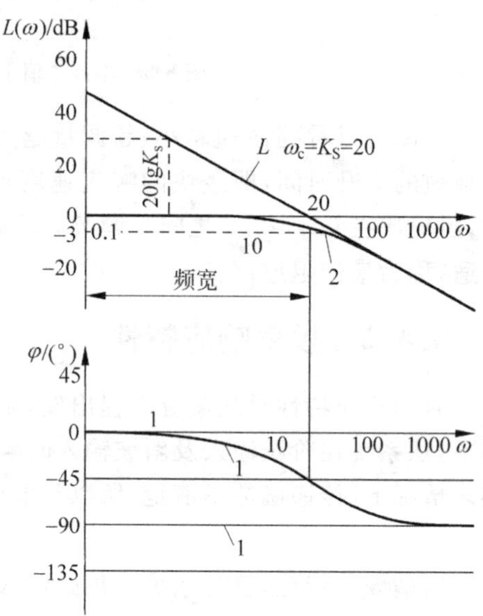

图 8-6 对数幅频特性

典型环节的频率特性曲线及动态时间响应曲线列于表 8-2 中。

表 8-2 典型环节的动态特性

环节	传递函数	阶跃响应	幅相频率特性	对数幅频特性	对数相频特性
放大环节	$G(s)=K$	y/x, K, O, t	Im, O, k, Re	L(ω), 20lgK, O, ω, L(ω)=20lgK	φ(ω), O, ω, φ(ω)=0

续表

环节	传递函数	阶跃响应	幅相频率特性	对数幅频特性	对数相频特性
惯性环节	$G(s)=\frac{1}{Ts+1}$	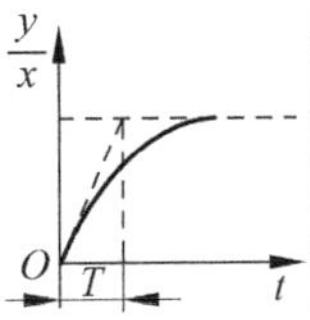 $\frac{y}{x}$; O; T; t	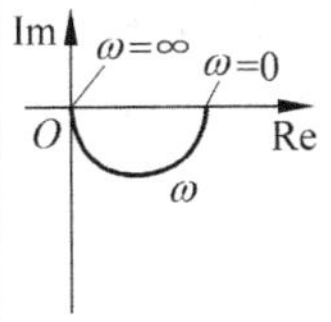 Im; $\omega=\infty$; $\omega=0$; O; Re; ω	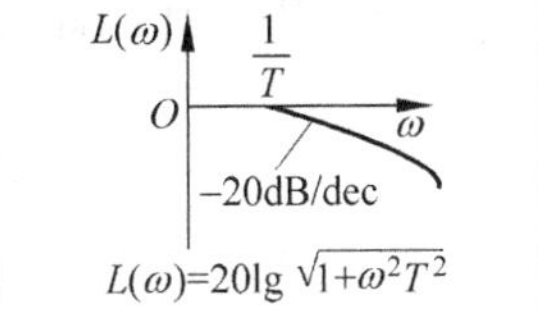 $L(\omega)$; $\frac{1}{T}$; O; ω; −20dB/dec; $L(\omega)=20\lg\sqrt{1+\omega^2T^2}$	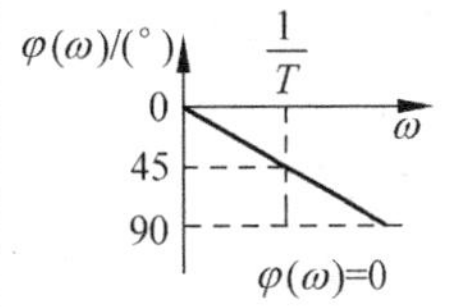 $\varphi(\omega)/(^\circ)$; $\frac{1}{T}$; 0; 45; 90; ω; $\varphi(\omega)=0$
积分环节	$G(s)=\frac{K}{s}$	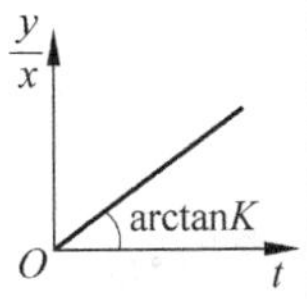 $\frac{y}{x}$; arctan$K$; O; t	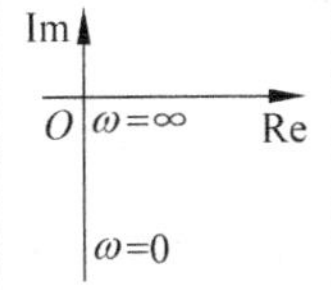 Im; O; $\omega=\infty$; Re; $\omega=0$	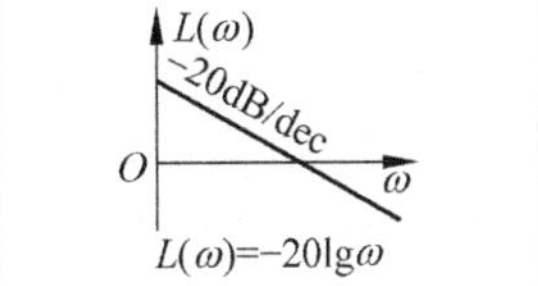 $L(\omega)$; −20dB/dec; O; ω; $L(\omega)=-20\lg\omega$	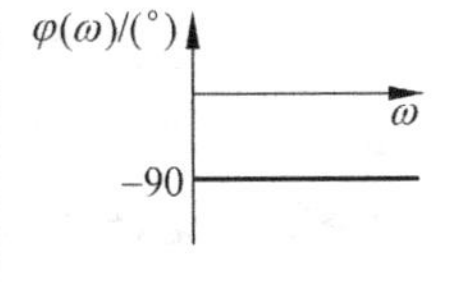 $\varphi(\omega)/(^\circ)$; ω; −90
微分环节	$G(s)=Ks$	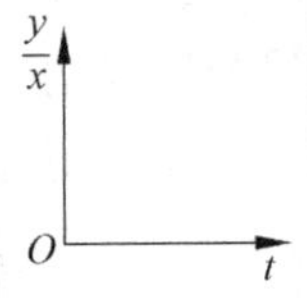 $\frac{y}{x}$; O; t	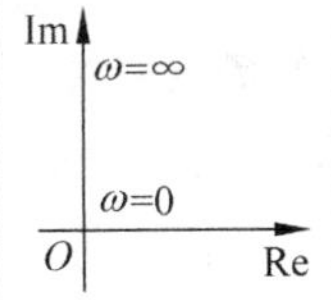 Im; $\omega=\infty$; $\omega=0$; O; Re	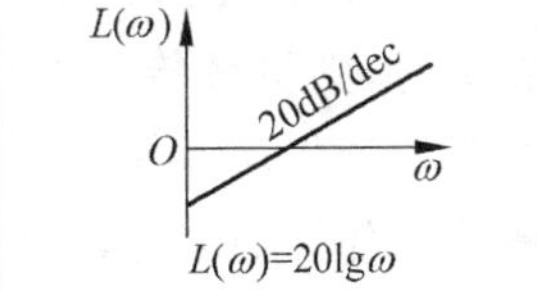 $L(\omega)$; 20dB/dec; O; ω; $L(\omega)=20\lg\omega$	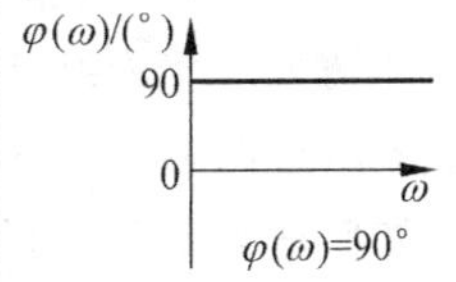 $\varphi(\omega)/(^\circ)$; 90; 0; ω; $\varphi(\omega)=90^\circ$
振荡环节	$G(s)=\frac{1}{T^2s^2+2\xi Ts+1}$	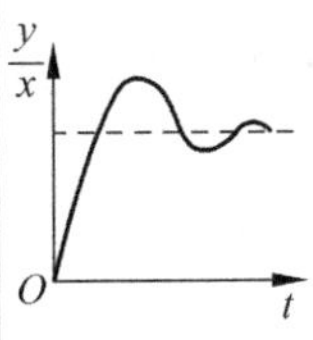 $\frac{y}{x}$; O; t	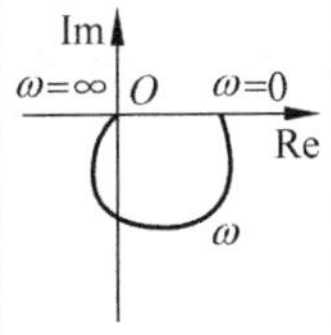 Im; $\omega=\infty$; O; $\omega=0$; Re; ω	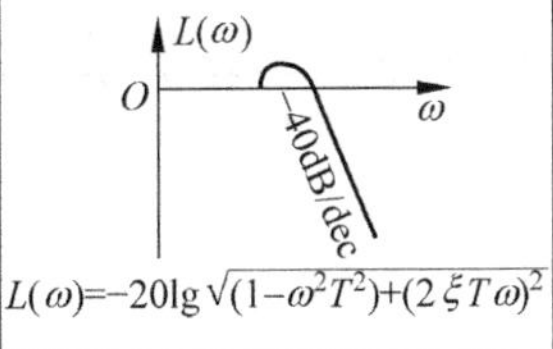 $L(\omega)$; O; ω; −40dB/dec; $L(\omega)=-20\lg\sqrt{(1-\omega^2T^2)+(2\xi T\omega)^2}$	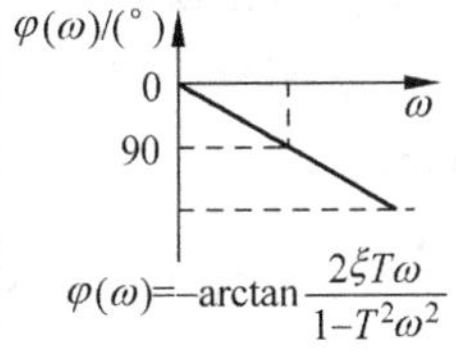 $\varphi(\omega)/(^\circ)$; 0; 90; ω; $\varphi(\omega)=-\arctan\frac{2\xi T\omega}{1-T^2\omega^2}$

注：dB/dec 即分贝/10 倍频程，10 倍频程表示频率比为 10，即从任意一个频率 ω 变化到 10ω 的频带宽度。

由一阶系统公式 $L(\omega)=20\lg\frac{K_S}{\omega}$ 可以看出，当 $\omega=1s^{-1}$ 时，$L(\omega)=20\lg K_S\cdot S$；当 $\omega=K_S$ 时，$L(\omega)=20\lg1=0$。亦即一阶系统的开环幅频特性曲线与零分贝线交于 ω_c(见图 8-6)。频率 ω_c 称为幅频交界，所以频率 ω_c 也称为系统的截止频率。它在数值上与系统的开环增益 K_S 相等，即 $\omega_c=K_S$。

从图 8-6 的曲线 1 和曲线 2 可以看出，当输入信号的频率小于截止频率 ω_c 时，对于开环系统，其输出信号幅值大于输入信号幅值。对于闭环系统，输出始终能跟踪输入值(输出幅值/输入幅值≈1)。

当输入信号的频率大于截止频率 ω_c 时，输出就不再跟踪输入，且此值随频率增加而成反比下降，因而将小于截止频率 ω_c 的频率范围称为通频带或频宽。由于 $\omega_c=K_S=\frac{1}{T}$，所以频宽也表明了系统的响应速度。频宽越大，则响应速度越快，且对输入信号的跟踪性能也就越好。

8.4.3 稳定性分析

对进给驱动伺服系统最基本的要求是工作稳定，并且这种稳定具有一定的鲁棒性，只有如此，才能进一步讨论其他一些性能指标。

数控机床用于零件加工，为了保证零件的加工精度和表面质量，对其进给驱动伺服系统各个环节特征值参数提出了很高的要求，应具有如下关系，如图 8-7 所示。

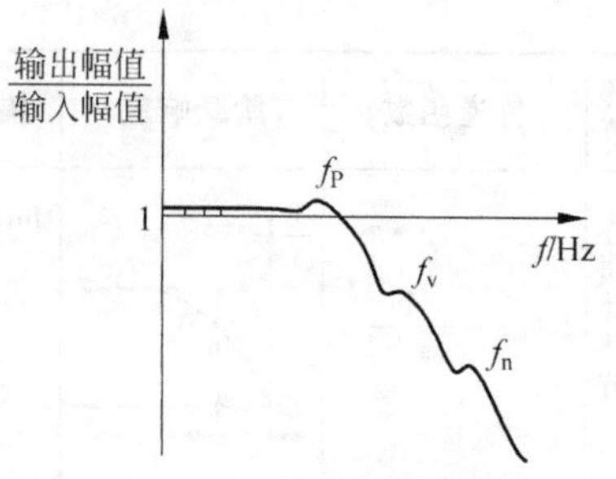

图 8-7　闭环进给伺服系统各个环节的特征值的参数

如果速度环中最低的谐振频率是 f_n，那么速度环的闭环转角频率 f_v 应为 $f_n/3$，位置环的闭环转角频率 f_P 应为$(1/3\sim1/4)f_v$。此外，还要求机械传动部件的谐振频率是 f_n 的 3 倍。

以上给出了进给驱动伺服系统能稳定工作时各环节闭环转角频率应该具有的大致相对关系。这都是国内外数控专家们通过多年的设计、制作、使用与维护数控机床进给驱动系统得出来的实际经验数据，目前尚未有严格的理论证明，但对于实际应用，仍然是行之有效、可供参考的。

此外，数控机床的进给驱动伺服系统实际上还受到所谓尺寸效应的限制，即当机床主要尺寸增大一倍而结构相似时，则机械传动部件的固有频率近似为原来的 1/2。所以大型数控机床进给驱动伺服系统机械传动部件的刚度很难达到对其动特性要求。因此，有必要研究如何适当地降低机械传动部件的刚度，改用提高机床导轨振动阻尼特性的办法来使进给驱动伺服系统稳定地工作。

下面分析以 PMSM 矢量控制在 $i_d=0$ 方式下全闭环进给驱动伺服系统的闭环传递函数：

$$\begin{aligned}\frac{X(s)}{P_r(s)}=&K_PK_nK_MK_Si_ti/\\&[L_qJ_MJ_Ss^5+(L_qf_MJ_S+R_qJ_MJ_S+L_qf_SJ_M)s^4+(R_qf_MJ_S+K_MC_EJ_S\\&+K_MK_nC_nJ_S+L_qf_Mf_S+R_qf_SJ_M+i^2L_qJ_SK_S+L_qJ_MK_S)S^3+(R_qf_MJ_S\\&+K_MC_Ef_S+K_MK_nC_nf_S+i^2L_qf_SK_S+i^2R_qJ_SK_S+L_qf_MK_S+R_qJ_MK_S)s^2\\&+(i^2R_qf_SK_S+R_qf_MK_S+K_MC_EK_S+K_MK_nC_nK_S)s+K_MK_nC_PK_SK_Pi_ti]\end{aligned}\tag{8-7}$$

令上式分母为零，得到特征方程式：

$$a_0s^5+a_1s^4+a_2s^3+a_3s^2+a_4s+a_5=0\tag{8-8}$$

式中

$$a_0=1$$

$$a_1=K_2+\frac{f_S}{J_S}$$

$$a_2=K_1+K_2\frac{f_S}{J_S}+i^2\frac{K_S}{J_M}+\frac{K_S}{J_S}$$

$$a_3=K_1\frac{f_S}{J_S}+K_2\frac{K_S}{J_S}+i^2\left(\frac{K_Sf_S}{J_MJ_S}+\frac{K_SR_q}{J_ML_q}\right)$$

$$a_4=K_1\frac{f_S}{J_S}+i^2\frac{K_Sf_SR_q}{J_ML_q}$$

$$a_5=\frac{K_3K_S}{J_MJ_S}$$

$$K_1=\frac{1}{L_qJ_M}(R_qf_M+K_MC_E+K_MK_nC_n)$$

$$K_2 = \frac{f_M}{J_M} + \frac{R_q}{L_q}$$

$$K_3 = \frac{K_M K_n C_P K_P i_t i}{L_q}$$

根据赫尔维兹稳定判据，当特征方程(8-8)满足下列条件时，系统是稳定的。

$$\left.\begin{aligned}&a_0、a_1、a_2、a_3、a_4、a_5 \text{ 全部为正值}\\&a_1 a_2 - a_0 a_3 > 0\\&(a_1 a_2 - a_0 a_3)(a_3 a_4 - a_2 a_5) - (a_1 a_4 - a_0 a_5)^2 > 0\end{aligned}\right\} \tag{8-9}$$

显然，系统稳定与否受到诸多因素影响，其中包括机械传动部件的惯量、阻尼、刚性和传动比。为考察机械传动部件的参数对稳定性的影响，根据稳定判据式(8-9)编制计算程序，求出机械传动部件的转动惯量 J_s，以及当阻尼系数不同时，系统所需的机械传动部件的最低刚度值 K_s。

计算所采用的数值选自某实验台的实际数值，见表 8-3，计算结果如图 8-8 所示。

表 8-3 计算数值

名　　称	数值	单位
位置环放大器增益	0.004	V/脉冲
速度环放大器增益	3700	V/V
电机扭矩系数	1.29	N·m/A
电机转动惯量	0.035	kg·m²
电机粘性阻尼系数	0.0235	s·N·m/rad
电机电枢回路总电阻	1.8	Ω
电机电枢回路总电感	0.01	H
反电动势系数	129	s·V/rad
速度反馈系数	0.0346	s·V/rad
位置反馈系数	100	脉冲/mm
丝杠螺母传动比	0.955	Mm/rad
电机到丝杠速比	1	
机械传动部件的惯量	0.0164	kg·m²
机械传动部件的刚度	522	N·m/rad
机械传动部件的粘性阻尼系数	0.36	s·N·m/rad

图 8-8 中横坐标为粘性阻尼系数 f_S，纵坐标为所需的最低刚度 K_S(N·m·rad^{-1})，参变量为机械部件的惯量 J_S。

通常由于电感 L_q 很小，可以忽略，则对应的特征方程降阶，变为

$$a_0 s^4 + a'_1 s^3 + a'_2 s^2 + a'_3 s + a'_4 = 0 \tag{8-10}$$

式中

$$a_0 = 1$$

$$a'_1 = \frac{f_M}{J_M} + \frac{K_\omega}{J_M} + \frac{f_S}{J_S}$$

$$a'_2 = \frac{1}{J_M J_S}[f_S(f_M + K_\omega) + K_S(i^2 J_S + J_M)]$$

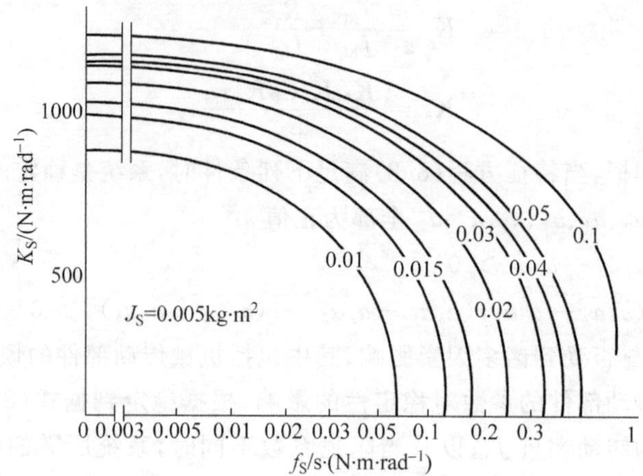

图 8-8 保证进给伺服系统稳定所需的机械传动部件最低刚度(考虑电感)

$$a'_3=\frac{K_S}{J_M J_S}(i^2 f_S+f_M+K_\omega)$$

$$a'_4=\frac{K_{jM}K_S}{J_M J_S}$$

$$K_\omega=\frac{K_M}{R_q}(C_E+K_n C_n)\quad\text{(稳定性常数)}$$

$$K_{jM}=\frac{K_M K_n C_P K_P i_t i}{R_q}\quad\text{(伺服静刚度)}$$

K_ω 是与稳定性有关的常数,K_{jM}是进给驱动伺服系统折算到伺服电机轴上伺服静刚度。对于式(8-10)式的稳定判据为

$$\left.\begin{aligned}&a_0、a'_1、a'_2、a'_3、a'_4\text{全部为正值}\\&a'_3(a'_1a'_2-a_0a'_3)-a'^2_1a'_4>0\end{aligned}\right\}\tag{8-11}$$

将 a_0、a'_1、a'_2、a'_3、a'_4、a'_5代入式(8-11),整理得到:

$$K_S>\frac{K_{jM}\left[J_S(f_M+K_\omega)+f_S J_M\right]^2}{(i^2 f_S+f_M+K_\omega)\left[i^2J_S^2(f_M+K_\omega)+f_S J_M^2\right]}-\frac{f_S J_S(f_M+K_\omega)^2+f_S J_M(f_M+K_\omega)}{\left[i^2J_S^2(f_M+K_\omega)+f_S J_M^2\right]}\tag{8-12}$$

据式(8-12)编制计算程序,同样可计算出保证系统稳定所需的机械传动部件最低伺服刚度,计算用数据同上表,结论如图 8-9 所示。

由于一般情况下有

$$\left.\begin{aligned}&K_\omega\gg i^2 f_S+f_M\\&J_S K_\omega\gg J_M f_S\\&i^2J_S^2K_\omega\gg J_M^2 f_S\end{aligned}\right\}$$

故式(8-12)可化简为

$$K_S>\frac{\left(K_{jM}-K_\omega\dfrac{f_S}{J_S}\right)}{i^2}\tag{8-13}$$

式(8-13)清楚地反映了伺服静刚度 K_{jM}、稳定性常数 K_ω、传动比 i 以及机械传动部件

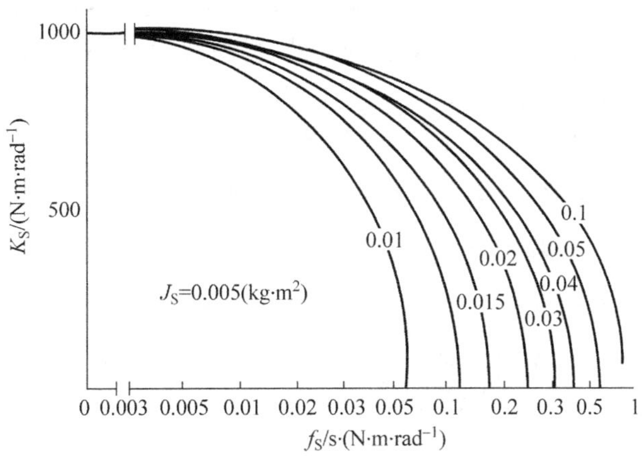

图 8-9 保证进给伺服系统稳定需要的机械传动部件最低刚度(不考虑电感)

动特性惯量 J_S 和阻尼系数 f_S 对进给驱动系统稳定性的影响。以 $J_S=0.015\text{kg}\cdot\text{m}^2$ 为例，用式(8-13)计算所需的最低刚度值，与式(8-12)计算所需的最低刚度值由图 8-8 和图 8-9 比较相差很小，用式(8-13)计算却简化了许多。

从图 8-8 与图 8-9 的对比分析可以看出，PMSM 的电枢电感 L_q 主要影响阻尼值很小时的曲线部分。当阻尼系数 f_S 为零时，若不考虑电感，则机械传动部件为稳定所需的最小刚度 K_S 与惯量 J_S 无关，都等于伺服静刚度 K_{jM}；若考虑电感时，则最小刚度 K_S 随 J_S 的不同而异。当阻尼系数 $f_S>0.02\text{s}\cdot\text{N}\cdot\text{m/rad}$ 时，图 8-8 和图 8-9 两者的刚度曲线差别不大。

考虑到一般进给系统中机械传动部件的粘性阻尼系数 f_S 都大于 $0.1\text{s}\cdot\text{N}\cdot\text{m/rad}$，如果滑动导轨的等价粘性阻尼系数为 $0.2\sim0.3\text{s}\cdot\text{N}\cdot\text{m/rad}$，则用不考虑电感的刚度曲线图 8-9 来判断进给系统的稳定性不会有多大差别。因此可用式(8-10)的 4 阶特征方程式判别伺服系统的稳定性。

分析图 8-9 可以看出，J_S 越大或 f_S 越小，则要求刚度 K_S 越高。即说明机械传动部件的刚度越高、惯量越小、阻尼越大，对进给系统的稳定性越有利。

对机械传动部件的惯量 J_S 和伺服电机的转动惯量 J_M 之间一般要求如下匹配关系：

$$J_S \leqslant \left(\frac{1}{4}\sim\frac{1}{3}\right)J_M$$

如果将 $K_\omega=\dfrac{K_M}{R_q}(C_E+K_nC_n)\approx\dfrac{K_MK_nC_n}{R_q}$ 代入式(8-13)中，则可以写成

$$K_S>\frac{K_MK_n}{i^2R_q}\left(C_PK_Pi_ti-\frac{C_nf_S}{J_S}\right) \tag{8-14}$$

如果丝杠的导程 $h_{SP}=6\text{mm}$，则 $i_t=\dfrac{h_{SP}}{2\pi}\approx1(\text{mm/rad})$。若伺服电机的惯量 J_M 足够大(相对于 J_S 来说)并直接带动丝杠，则减速比 $i=1$，在这种情况下，式(8-14)可简化为

$$K_S>\frac{K_MK_n}{R_q}\left(C_PK_P-\frac{C_nf_S}{J_S}\right) \tag{8-15}$$

由上式可见，影响数控机床进给驱动伺服系统稳定性最关键的参数有 6 个，它们分别是机械传动部件的刚度 K_S、惯量 J_S、阻尼系数 f_S、位置调节器的增益 K_P、位置反馈系数 C_P 以及速

度反馈系数 C_n。此外，对系统稳定性有影响的还有伺服电机的转矩系数 K_M、速度环放大器增益 K_n 和伺服电机 q 轴回路总电阻 R_q。很显然，提高 C_P和 K_P对稳定性不利，而提高 K_S、f_S、C_n 和降低 J_S 对稳定性有利。当$\left(C_P K_P-\frac{C_n f_S}{J_S}\right)\geqslant 0$，则因机械传动部件刚度总大于零，所以无论怎样改变其他参数，系统总是稳定的。而当$\left(C_P K_P-\frac{C_n f_S}{J_S}\right)>0$ 时，K_M、K_n 和 R_q 三者都影响系统稳定性，提高 K_M、K_n 对稳定性不利，而提高 R_q 对稳定性有利。但是必须指出，速度环内各个参数还得保证不使速度产生振荡。式(8-15)还可以演变成如下形式：

$$K_S > \frac{K_M K_n C_n}{R_q}\left(\frac{C_P K_P}{C_n}-\frac{f_S}{J_S}\right)$$

即

$$K_S > K_\omega\left(K_v-\frac{f_S}{J_S}\right) \tag{8-16}$$

由式(8-16)可以看出，K_ω 是稳定判别式中的一个参数，$K_\omega=\frac{K_M K_n C_n}{R_q}$；$K_v$ 称为系统增益，$K_v=\frac{C_P K_P}{C_n}$。若 $K_S>K_\omega K_v$，式(8-16)自然成立。

从中可以看出，稳定性常数 K_ω、系统增益 K_v 和机械传动部件的动特性对进给系统稳定性都有一定的影响。

8.4.4 快速性分析

所谓快速性分析是指分析进给驱动伺服系统的输出响应输入信号的能力，快速性反映了系统的瞬态品质。

分析系统快速性的方法有直接求解法、间接评价法和计算机模拟法等。本书采用间接评价法，即利用频率特性法进行系统的快速性分析，这种方法简单，又能明显地看出系统结构和参数对瞬态性能的影响，故在系统的分析与设计中广为应用。

对于线性进给驱动伺服系统，由于它包括各种弱、强电路、机电能量转换装置和机械传动机构，系统的各个组成环节都存在着大小不等的时间常数，对输入的高频信号来不及反应，表现出的只是一个低通滤波器。若系统的通频带宽，则对高频信号响应速度就快。所以，从开环频率特性图来看，提高系统的截止频率，就可以提高闭环系统的响应速度。

为使进给伺服系统获得良好的稳定性和快速性，有的国外文献对机械传动部件提出了很高的谐振频率要求，但是没有充分的理论分析。有的文献认为是其中的电气伺服部分引起的谐振成为伺服系统性能提高的限制因素。上面两种看法与实际情况都不完全相符。实际上，机械传动部件不是刚性的，往往达不到很高的谐振频率并且阻尼作用又低，就可能成为进一步提高快速性能的限制因素。因为机械传动部件的刚度不可能无限大，没有绝对刚性机械部件。

本节将分析限制系统快速性的一些因素，同时提出机械传动部件的转矩反馈效应对系统的影响。

1. 不考虑机械传动部件的转矩反馈效应作用时

在图 8-2 中，通过伺服电机轴转速到滚珠丝杠的转速传动比系数 i，把丝杠的转矩 $M_S(t)$

反馈到伺服电机的输入端，这样一来，就把机械传动部件的转矩效应引入到伺服电机的速度环内了。当不考虑这样的反馈耦合作用时，即 i 的反馈回路断开时，就排除了这种反馈效应的交联影响。于是图 8-2 就可以简化为图 8-10。

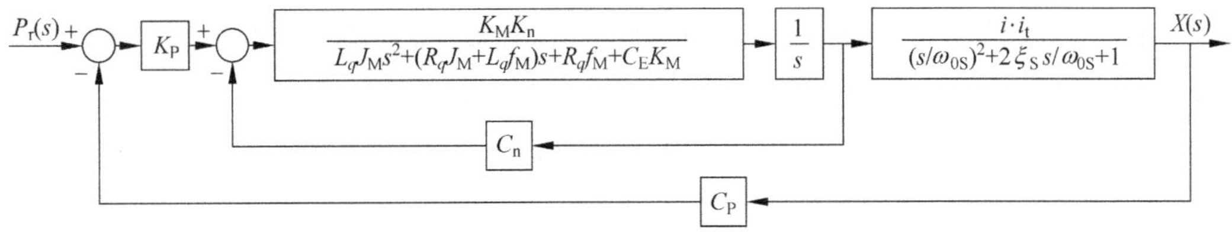

图 8-10　永磁伺服电机驱动的位置伺服系统

图 8-10 中，ω_{0S}——机械传动部件的谐振频率，rad/s，

$$\omega_{0S}=\sqrt{\frac{K_S}{J_S}}$$

ξ_S——机械传动部件的阻尼比，无量纲，

$$\xi_S=\frac{f_S}{2\sqrt{J_S K_S}}$$

一般来说，$R_q J_M \gg L_q f_M$，故

$$\frac{K_M}{L_q J_M s^2+(R_q J_M+L_q f_M)s+R_q f_M+C_E K_M}=\frac{K_{MZ}}{T_e T_m s^2+T_m s+1}$$

式中：K_{MZ}——电机增益常数，rad/v · s，$K_{MZ}=\frac{K_M}{R_q f_M+C_E K_M}$；

T_e——电机的电气时间常数，s，$T_e=\frac{L_q}{R_q}$；

T_m——电机的机电时间常数，s，$T_m=\frac{R_q J_M}{R_q f_M+C_E K_M}$。

一般由于 $C_E K_M \gg R_q f_M$，故 $K_{MZ}\approx\frac{1}{C_E}$(rad/v · s)。

再将上图的速度环简化，可得图 8-11。

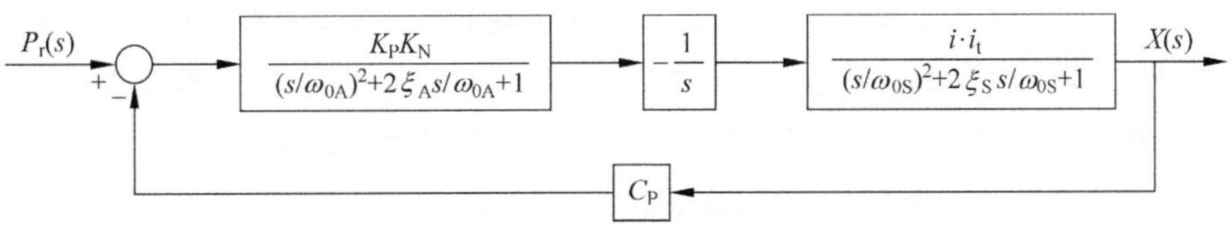

图 8-11　进给驱动伺服系统简化数学模型

图 8-11 中，K_N——速度环闭环增益，rad/s，

$$K_N=\frac{K_M K_n}{R_q f_M+C_E K_M+K_M K_n C_n}$$

ω_{0A}——速度环闭环谐振频率，rad/s，

$$\omega_{0A}=\sqrt{\frac{R_q f_M+C_E K_M+K_M K_n C_n}{L_q J_M}}$$

ξ_A——速度环闭环阻尼比，无量纲，

$$\xi_A = \frac{L_q f_M + R_q J_M}{2\sqrt{L_q J_M (R_q f_M + C_E K_M + K_M K_n C_n)}}$$

通常 $K_M K_n C_n \gg R_q f_M + C_E K_M$，故 $K_N \approx \frac{1}{C_n}$(rad/s)。

根据图 8-11，在不考虑机械传动部件转矩反馈效应时，进给伺服系统的开环传递函数为

$$G_{KI}(s) = \frac{K_v}{s\left[\left(\frac{s}{\omega_{0A}}\right)^2 + \frac{2\xi_A}{\omega_{0A}}s + 1\right]\left[\left(\frac{s}{\omega_{0S}}\right)^2 + \frac{2\xi_S}{\omega_{0S}}s + 1\right]} \tag{8-17}$$

$$K_v = C_P K_N i_t i K_P \approx \frac{C_P K_P i_t i}{C_n}(1/s) \tag{8-18}$$

式中，K_v——系统增益。

由图 8-11 和式(8-17)可见，进给伺服系统的开环传递函数 $G_{KI}(s)$ 是由一个比例环节、一个积分环节和两个振荡环节组成，它的对数幅频特性如图 8-12 所示。

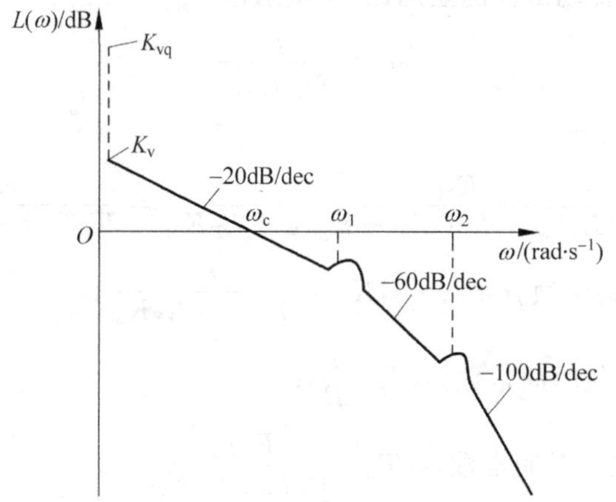

图 8-12 进给驱动系统的开环幅频特性

由图可见，K_{vq} 为系统启动前的增益，由于光电编码器测速后，速度反馈回馈回路很快发挥作用，于是系统增益由 K_{vq} 降到 K_v，提高系统的增益 K_v，可以提高截止频率 ω_C，从而提高系统的快速性。但随着系统的增益提高，靠近频率 ω_C 处的频率 ω_1 的谐振峰将移近零分贝线，而在 ω_1 频率点的输出比输入相位滞后 180°，这将引起闭环回路的自激振荡。因此，ω_1 的谐振是提高快速性的一个限制因素，这里的 ω_1 是公式(8-17)中的两个振荡环节谐振频率中较低的一个。

经验指出，伺服电机的谐振频率一般为十几赫兹，但加入速度反馈的电机谐振频率可达到 100～200Hz，而机械传动部件的谐振频率也只有 80Hz。因此，机械传动部件就成为提高系统快速性的限制因素，而不是伺服电机。

由此可见，要想提高系统的快速性，首先就必须提高机械传动部件的谐振频率，也就是要提高传动部件的刚性和降低机械传动部件的惯量。而机械传动部件的刚性不足和惯量过大正是数控机床进给驱动伺服系统中普遍存在的一个问题。其次，通过增大阻尼压低谐振峰值也能为提高快速性创造一定的条件。

也应该注意到，提高进给系统的快速性也可能给系统带来不利的影响，如加速度过大，造成进给冲击，系统输出超程大，破坏零件的加工精度，甚至损坏传动链等。所以，在设计中，要全面综合考虑如下几方面因素，才能获得所要求的良好伺服品质。

(1) 进给伺服系统的伺服精度和快速性对系统提出的要求。

(2) 机械传动部件的刚性、惯量和阻尼与系统增益相适应，以保证一定的稳定裕量。

(3) 提高系统的快速性会加大传动装置上的加速度转矩。

(4) 伺服系统的输出是否允许存在超程，有时不允许超程，以防止损坏零件和刀具。

(5) 两个主要振荡环节的谐振不能在同一频率下发生，频率比的大小最好在两倍以上。

(6) 为了增强快速性而提高频带宽度，将不利于抑制输入端进入系统的噪声和防止噪声对系统输出的过强干扰。

以上是在不考虑机械传动部件的转矩反馈效应后得出的结论。那么现在就要研究一下这个转矩反馈效应究竟会给进给伺服系统造成什么样的影响。

2. 考虑转矩反馈效应时

如前所述，机械传动部件的转矩反馈通过 i 这一传动比引入到伺服电机的速度环内，当然会对系统产生影响。通过方框的化简，把图 8-2 中的反馈交连影响归入速度环内主通道上的一个串联环节 $G_{nf}(s)$，其数学模型如图 8-13 所示。

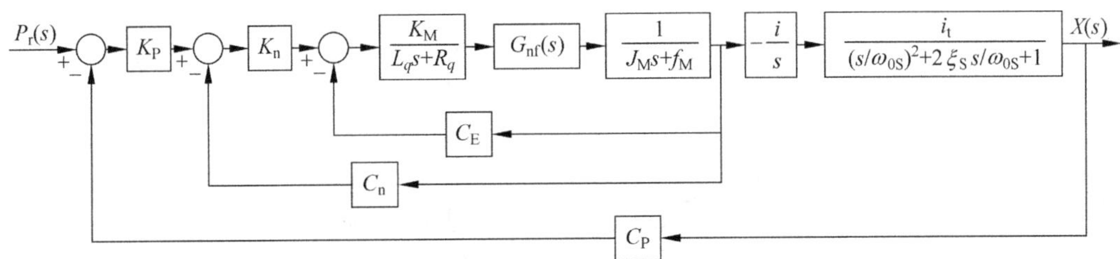

图 8-13　转矩反馈交联影响归入速度环时，进给伺服系统的数学模型

图 8-13 中

$$G_{nf}(s)=\frac{(J_M s+f_M)\left[\left(\frac{s}{\omega_{0S}}\right)^2+\frac{2\xi_S}{\omega_{0S}}s+1\right]}{(J_M s+f_M)\left[\left(\frac{s}{\omega_{0S}}\right)^2+\frac{2\xi_S}{\omega_{0S}}s+1\right]+i^2(J_S s+f_S)} \tag{8-19}$$

$G_{nf}(s)$是机械传动部件作用在速度环内的转矩反馈传递函数。从式(8-19)可见，$G_{nf}(s)$把机械传动部件的动特性引入了速度环内。这里尤其要注意的是机械传动部件的二阶因子成为了式(8-19)里的分子。

现在，将图 8-13 中的速度环的闭环传递函数求出，则可以得到一个更为简化的系统图，如图 8-14 所示。

图 8-14 中

$$G_n(s)=\frac{(s^2+2\xi_S\omega_{0S}s+\omega_{0S}^2)K_M K_n/L_q J_M}{a_0 s^4+a_1' s^3+a_2' s^2+a_3' s+a_4'} \tag{8-20}$$

式中的 a_0、a_1'、a_2'、a_3'、a_4'与式(8-10)中的相同。

图 8-14 中的 $G_n(s)$是速度环的闭环传递函数，它的表达式(8-20)表明了机械传动部件的二阶因子已经成为速度闭环传递函数分子的二阶微分因子，正是这个二阶微分因子才使

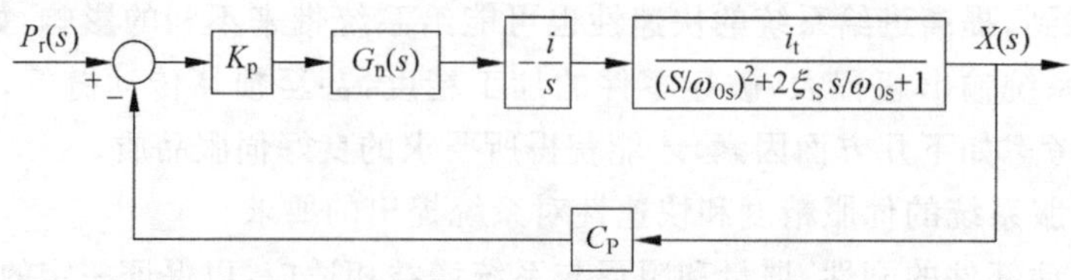

图 8-14 简化后的进给系统数学模型

速度闭环中出现了反谐振，即在速度环的对数幅频特性上出现了陷波特性。这样电机跟踪的频率就不能高于反谐振的频率。所以如果机械传动部件的谐振频率过低，将会影响速度环的带宽。这里应该指出，这个结论并没有牵涉到位置环是否闭环，故对开环也适用。

由图 8-14 可得，包括机械传动部件转矩反馈效应的进给驱动伺服系统开环传递函数为

$$G_{K2}(s)=\frac{a_5}{a_0 s^5+a_0 s^4+a_1 s^3+a_2 s^2+a_3 s+a_4} \tag{8-21}$$

式中的 a_0、a_1、a_2、a_3、a_4、a_5 与式(8-8)中的相同。

不考虑机械传动部件的转矩反馈效应时的进给系统开环传递函数 $G_{K1}(s)$(式(8-17))，与考虑转矩反馈效应时的进给系统开环传递函数式 $G_{K2}(s)$(式(8-21))相比较，考虑转矩反馈效应时的机械传动部件的谐振峰值有所降低。$G_{K1}(s)$和 $G_{K2}(s)$的伯德图示于图 8-15。

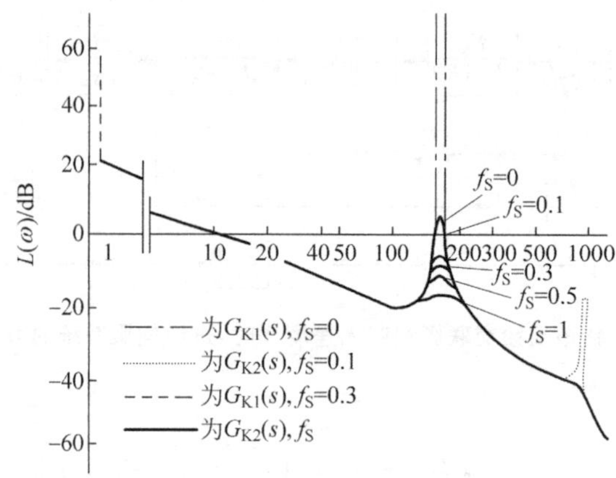

图 8-15 $G_{K1}(s)$与 $G_{K2}(s)$的伯德图

比较两种情况下的伯德图说明如下：

当机械传动部件归算到滚珠丝杠上的粘滞阻尼系数 $f_S \geqslant 0.5$ 时，$G_{K1}(s)$和 $G_{K2}(s)$的伯德图基本吻合，在图上用同一条实线表示。

当 $f_S<0.5$ 时，除了谐振区附近不同外，其他区域也基本吻合。为了有所区别，在图 8-15 中的点画线为 $f_S=0.1$ 时 $G_{K1}(s)$的伯德图，虚线和点画线则分别表示 $f_S=0.3$ 和 $f_S=0$ 时 $G_{K1}(s)$的伯德图；$G_{K2}(s)$的伯德图仍用实线表示，其对应的阻尼系数 f_S 标于图上。对 $G_{K1}(s)$和 $G_{K2}(s)$加以比较可以看出，在转矩反馈作用下，机械传动部件的谐振峰值有所降低。$G_{K1}(s)$在 $\omega=\omega_{0S}$、$f_S=0$ 时的谐振峰值应达到∞，而 $G_{K2}(s)$在 $\omega=\omega_{0S}$、$f_S=0$ 时的谐振峰值却仅为 5.4db。显然，机械传动部件的转矩反馈效应在阻尼系数 f_S 小的时候，对谐振峰值的降低作用是很大的。产生这种现象的原因是形成速度环反谐振的一对零点正好和形成机械传动部件谐振的一对极点相抵消。在图 8-15 的高频部分还可以看到机械传动部件的

转矩反馈效应对系统速度环的影响，其使谐振峰值大为降低。单独一个速度环在调整其参数开始振荡，然后接上机械传动部件时，则可以看到速度环的振荡立即消失，图 8-15 的高频段伯德图清楚地表明了这些。另外，机械传动部件的阻尼系数 f_S 的改变，对速度环闭环谐振峰值的大小毫无影响。

8.4.5　伺服精度与伺服刚度

所谓伺服精度是用误差大小来衡量的。伺服误差是指伺服系统在稳态时的指令位置与实际位置之差，它反映了系统的稳态质量。

在动态情况下，理想的伺服系统是在任意时刻输出和输入都能保持同步，没有误差，但这是不可能的。造成不同步的原因很多，系统本身的动态特性、外加负载和内部的扰动等因素都会造成实际的输出位置偏离指令位置。

欲求出伺服误差必须先求出实际位置而后由指令位置减去实际位置。由控制理论书中知道，对于阶跃斜坡输入信号可用终值定理求出系统的稳态响应，对正弦输入信号，则可以用正弦传递函数求解稳态响应，即用 $j\omega$ 代替传递函数中的 s，其中 ω 是输入信号的角频率。

位置阶跃信号表示位置变化的阶跃性，而斜坡信号则表示工作台的位置以恒定的进给速度运动，而位置随时间线性增加。外加负载一般由恒力分量和周期分量组成。恒力分量如导轨的库仑摩擦力、切削力中的恒力分量等可作为阶跃函数来处理；周期分量如铣削力的周期分量等可作为正弦函数处理。

综上所述，可以求出进给驱动伺服系统的伺服误差的解析表达式。为了更好地了解伺服精度与哪些因素相关，现在来讨论几个重要的相关概念。

1. 速度误差

由斜坡信号输入产生的伺服误差称为速度误差。它实际上是表示在一定的进给速度下，系统的指令位置与实际位置的偏差。

设进给速度为 v(rad/s)，位置偏差为 Δx(rad)，二者的比值就是系统的增益 K_v：

$$K_v = \frac{v}{\Delta x} \quad (s^{-1}) \tag{8-22}$$

系统增益又称速度误差系数或速度增益。为了避免和刚度 K_S 产生混淆，用 K_v 表示系统增益。将斜坡函数作为输入信号，求出伺服误差，可以得到速度误差系数的表达式(8-22)与系统增益表达式(8-18)完全一样。由式(8-22)可知，系统增益越大，则速度误差越小。

2. 伺服静刚度

由式(8-12)可见，为了保证进给驱动伺服系统的稳定所需要的机械传动部件最低刚度 K_S 必须满足式(8-12)要求，在不等式右方的分式中就含有伺服静刚度 $K_{jM}=\dfrac{K_M K_n C_P K_P i_t i}{R_q}$，这是对图 8-2 所示的具体进给驱动伺服系统推导而给出的伺服静刚度的表达式，它包括系统的电子放大系数 K_P、K_M、K_n 与 C_P，也包括机械传动部件的传动比 i、i_t 与电机的电阻 R_q，这是指系统在稳态时的系统刚度。这一具体定义表现了刚度的系统性质，而不是单纯指机械传动部件的刚度。

对于一般的定义可表述为：

伺服静刚度是指在恒定的外负载作用下，进给驱动伺服系统抵抗位置发生偏差的能力，也就是伺服电机为消除位置偏差而产生的转矩(力)与位置偏差之比。

若外加静负载为M_{Lj}(N·m)、位置偏差为Δx(rad),则定义伺服静刚度为

$$K_j = \frac{M_{Lj}}{\Delta x} \tag{8-23}$$

显然,当外负载不变时,伺服静刚度越大,伺服误差越小。

应该注意,伺服刚度是整个伺服系统所表现出来的抵抗外力而不产生误差的能力,即表现出这一概念的系统性与可调控性,与机械结构的静刚度是两个不同的概念。

当系统定位时,若系统无超程,则伺服静刚度和动摩擦力矩决定了定位精度。伺服静刚度的倒数为伺服静柔度。

3. 伺服动刚度

伺服动刚度是指在交变负载作用下,进给驱动伺服系统抵抗位置偏差的能力。设外加交变载荷为$M_{Ld}(j\omega)$,位置偏差为$\Delta x(j\omega)$,则伺服动刚度为

$$K_d(j\omega) = \frac{M_{Ld}(j\omega)}{\Delta x(j\omega)} \tag{8-24}$$

$K_d(j\omega)$是一个复变量,它是在交变外加力矩作用下所产生的变形量,具有频率响应的特性,它关系到系统对强迫振动和自激振荡的稳定性问题。由于$K_d(j\omega)$的大小随时间变化,故用其幅值来衡量伺服动刚度的大小,即

$$K_d = |K_d(j\omega)| \tag{8-25}$$

由式(8-24)的定义可知,伺服动刚度的大小与外负载的交变频率ω有关,当ω接近机械传动部件的固有频率,即接近共振情况时,变形量增大,进给驱动伺服系统的伺服刚度最小,伺服动刚度误差最大。因此,考虑到在轮廓控制的数控机床上,切削力的变化较大的脉动频率往往在20Hz以下,所以机械传动部件的固有频率不能低于20Hz,最好远大于20Hz。

显然,$\omega=0$时伺服动刚度即为伺服静刚度。伺服动刚度的倒数即为伺服动柔度。

以在$\omega=0$时的伺服静刚度为基础,当ω逐渐加大以至于达到传动部件的固有频率时伺服动刚度变得最小,这一过程中,系统的伺服刚度误差就是上面提到的伺服动刚度误差。一般来说,伺服静刚度要大于伺服动刚度。实际上,要清除产生强迫振动的主要来源,并且要防止进给驱动伺服系统本身产生自激振动。在数控机床中,提高工艺系统刚度,是一种较为有效的措施。

在通常情况下,伺服误差的主要成分是速度误差,但当干扰频率在机械传动部件谐振频率附近时,伺服刚度误差将会显著增大。

综上所述,伺服误差实际上就是系统在稳态运行时输出对输入的滞后量,这个滞后量是影响轮廓加工精度的一个因素。

8.5 进给驱动伺服系统的系统增益设计

设置单轴位置环的目的是希望进给驱动伺服系统的实际输出位置紧紧跟随输入的位置指令。在理想的情况下,输出位置与输入位置指令信号在时间上没有延迟,在形状上完全保持一致。但在实际存在的物理系统中是不可能实现的。即使输出与输入信号只在时间上存

在延迟，而只单纯要求二者在形状上完全一致，也很难做到。特别是在输入信号形状急剧变化的复杂情况下，输出位置信号更是难以完整复现输入信号。因此，在实际应用的进给伺服驱动系统中，对其位置调节的要求也只能是输出以尽可能小的误差跟随并复现输入的指令信号。

8.5.1 一个三阶进给驱动伺服系统的系统增益设计

既然位置调节的目的是以尽可能小的误差使输出跟随输入，那么以什么样的标准来评价系统的轨迹误差大小呢？

通常是以阶跃响应来评价系统轨迹误差，因为阶跃输入信号包含众多的谐波分量，并具有突变性，系统是最难于跟随的，而且它的恒定部分又是许多实际存在和需要的信号形式。在诸多信号形式中，最具代表性。

图 8-16 所示的轨迹误差的三种典型的误差指标：拐角偏差 e；超调量 M_P；轨迹误差面积 A，如图中阴影所示的面积。

对于图 8-17 所示的三阶进给驱动伺服系统说明如下：

W 表示位置阶跃输入指令；

u 表示位置调节器输出；

K_v 表示位置调节器的比例放大系数，即位置系统的系统增益；

ξ_A、ω_{0A} 分别表示伺服电机二阶振荡环节的阻尼比和速度环的谐振角频率；

n 表示伺服电机转速；

x 表示系统的输出位移。

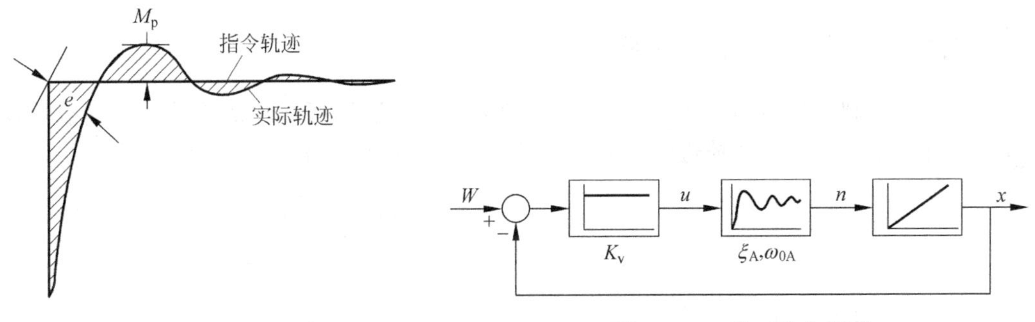

图 8-16 轨迹误差三种表示

图 8-17 三阶系统方框图

由此可见，在阶跃位置指令下，通过其比例作用得到一个稳态的恒值速度指令信号，随时间变化而最终得到一个斜坡位置输出信号。

为了减少系统动态轨迹偏差，有两种解决办法。一种是调节器结构不变，通过调节器参数和优化系统其他参数来减小轨迹误差；另一种是改变调节器结构，采用新的调节技术。

下面就讨论在调节器结构已定的情况下，如何进行系统参数优化。

系统增益 K_v 越大，则系统响应越快，轨迹误差越小。但是提高系统增益却受到两个因素的限制。一个是系统的稳定性；另一个是超调量。对于机床数字调节系统，由于超调往往导致被加工零件或刀具的报废，因此把没有超调现象的存在作为提高系统增益的一个限制因素。图 8-18 表示，在系统没有超调情况下，可调整的最大系统增益 K_v 与系统的谐振频率 ω_0 的比值相对于系统阻尼比的关系曲线。

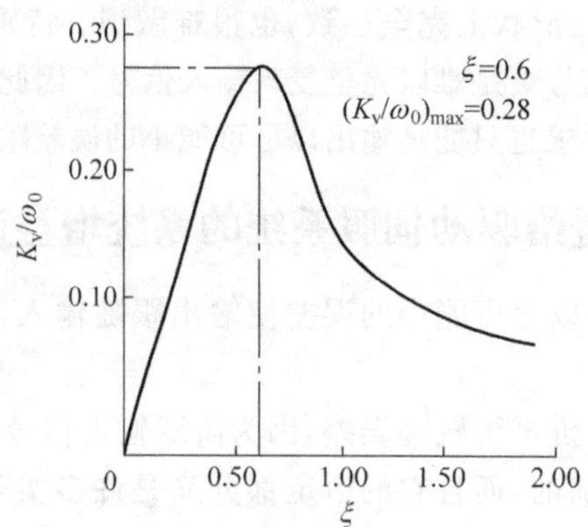

图 8-18 最大系统增益 K_v

由图 8-18 可知，当系统阻尼不变时，系统增益 K_v 与系统谐振频率 ω_0 成正比。随着阻尼比 ξ 的改变，在 $\xi=0.6$ 时，获得曲线最大值$(K_v/\omega_0)=0.28$。由此得到常规的三阶位置系统位置调节环的优化策略：

(1) 首先调整速度环内的 PI 速度调节器，使速度环阻尼 $\xi_A=0.6$(相当于速度阶跃响应超调 10%～15%)；

(2) 再调整 P 位置调节器，是系统增益 $K_v=0.28\omega_{0A}$。

经过上述调整，将得到一个最优化的系统增益。这里所说的"最优"是说经过上述调整，在进给驱动伺服系统没有输出超调的情况下，尽快地响应输入而使轨迹的误差最小。

这个三阶系统可视为由一个比例环节、一个振荡环节和一个积分环节组成。

8.5.2 多轴系统的系统增益设计

数控机床控制的坐标轴一般不只一个，各坐标轴协调联动可以形成零件的平面或空间轮廓。这种多坐标轴联动数控进给驱动伺服系统的控制原理如图 8-19 所示。

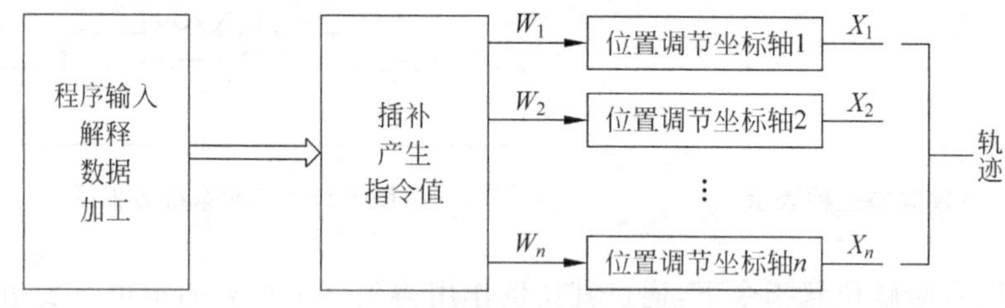

图 8-19 多坐标轴联动控制原理图

数控装置在输入程序后，对程序进行解释，对其中的数据进行必要的加工处理，然后送入插补器。在插补器(也可以用软件插补)里，根据数控输入数据，计算出各坐标轴的位置指令值，根据指令值产生相应的坐标位移。因为各坐标轴彼此独立，它们不可能得到其他坐标实际位置信息，所以计算出的轨迹和实际轨迹是否一致是无法监视的，由此便会产生轨迹误差。为使误差最小，应当使形成轨迹的各运动坐标轴的时间延迟相等。这就意味着各坐标轴的系统增益也应调成相等，各坐标轴的进给驱动伺服系统的动态特性也应该一样。图 8-20(a)表明当两坐标轴联动形成 45°斜线时，由于两坐标轴的系统增益 K_{v1} 和 K_{v2} 不同，而形成轨迹偏差。图 8-20(b)则表明坐标动态特性参数 ω_{0Ax} 和 ω_{0Ay} 不同时所引起的轨迹偏差。两个图

都表明在 $K_{vx}=K_{vy}$ 和 $\omega_{0Ax}=\omega_{0Ay}$ 时没有轨迹误差。

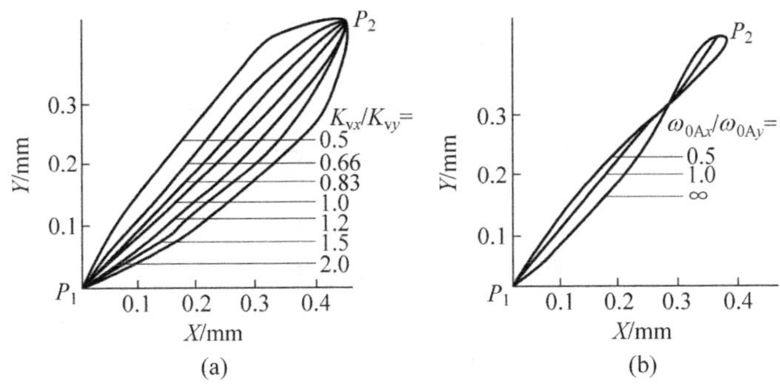

图 8-20　轨迹误差

8.6　电机驱动部件的设计

8.6.1　静态设计

电气驱动部件包括驱动放大器和伺服电机，可考虑机床进给驱动系统总体要求，按其静态要求与动态要求计算选择。

静态要求包括电机转速、调速范围、静态转矩等计算与选择。

1. 转速

转速取决于机床工作台的工作速度与快进速度。当伺服电机直接与丝杠相连，机床工作台由丝杠螺母传动机构带动，则电机的转速 n_M 应为

$$n_M \geqslant v_{快} / h_{SP} \quad (r/min)$$

式中：$v_{快}$——工作台的快进速度，mm/min；

h_{SP}——丝杠导程，mm。

2. 调速范围

电机的调速范围取决于机床加工的最小进给速度和空行程时最大快进速度。通常，机械加工的变速范围 D 为

$$D=\frac{n_{max}}{n_{min}}=1:24000$$

具体内容请参见 8.2.2 小节，若 n_{max} 取为工作台快进速度，则 D 要宽些。

可以实现的调速范围不仅与伺服电机有关，而且还与位置调节和速度调节的性能有关。当进给驱动伺服系统从静止状态启动时，它必须克服摩擦阻力和其他阻力。因此，可能出现尽管给定了一个位置指令或速度指令值，但是工作台没有动的情况。关于这一点已在伺服刚度和定位精度中进行了讨论，已知在提高系统增益 K_v 的情况下可以减少这种现象，但 K_v 的值并不能任意提高，因为这涉及系统的稳定性和是否产生超调等问题。

假设已知系统增益 K_v，工作台最大速度 v_{max}，则可以用下述方法确定调速范围：

由位置检测系统和 A/D 转换器可以确定最小位置偏差 Δx_{min}，由系统增益定义公式(8-22)

可得

$$\Delta x_{\max} = \frac{v_{\max}}{K_v} \text{ 以及 } v_{\min} = K_v \Delta x_{\min}$$

于是调速范围为

$$D = \frac{v_{\max}}{v_{\min}} = \frac{n_{\max}}{n_{\min}} = \frac{\Delta x_{\max}}{\Delta x_{\min}} \tag{8-26}$$

设系统增益(或称速度增益)$K_v = 20\text{s}^{-1}$,系统最小位置偏差 $\Delta x_{\min} = 2.5\mu\text{m}$,工作台最大运动速度 $v_{\max} = 12\text{m/min}$,则电气驱动部件的调速范围为

$$D = \frac{\Delta x_{\max}}{\Delta x_{\min}} = \frac{n_{\max}}{n_{\min}} = 8000$$

3. 静态力矩

电机的静态力矩是用来克服导轨摩擦、传动摩擦、机械切削力矩以及重力矩的作用。

$$M_{\text{st}} = \sum M_{\text{R}} + M_{\text{MC}} + M_{\text{Z}} \tag{8-27}$$

式中：M_{st}——静态力矩；

$\sum M_{\text{R}}$ ——各种摩擦力矩总和；

M_{MC}——切削力矩；

M_{Z}——重力矩。

1) 摩擦力矩

摩擦力矩包括导轨摩擦力、丝杠螺母传动摩擦力以及齿轮传动摩擦力折算到伺服电机轴的摩擦力矩。

(1) 导轨摩擦力

导轨摩擦力 F_{R} 等于摩擦系数与正压力的乘积,即

$$F_{\text{R}} = f_v[(m_{\text{W}} + m_{\text{T}})g + F_{\text{VT}}]$$

式中：f_v——摩擦系数；

m_{W}——工件质量；

m_{T}——工作台质量；

g——重力加速度；

F_{VT}——垂直于导轨的切削分力。

如果工作台是由丝杠螺母传动,则折算到丝杠上的摩擦力矩 M_{RSP} 为

$$M_{\text{RSP}} = F_{\text{R}} \frac{h_{\text{SP}}}{2\pi}$$

式中：h_{SP}——丝杠导程。

若伺服电机与丝杠之间的传动比为 i,则折算到电机轴上的摩擦力矩 $M_{\text{RM}} = M_{\text{RSP}} i$,此式说明,通过减速机构可以降低对电机静态转矩的要求,因为 $i<1$。

(2) 丝杠螺母传动摩擦

丝杠螺母传动的摩擦损耗可通过传动效率 η_{SP} 来表示,对于不加预紧的滚珠丝杠,它可按下式计算：

$$\eta_{\text{SP}} = \frac{1}{1 + 0.02 \dfrac{d_{\text{SP}}}{h_{\text{SP}}}}$$

式中：d_{SP}——滚珠丝杠直径；

h_{SP}——滚珠丝杠导程。

将以上各种摩擦力矩综合起来，就得到折算到电机轴上的摩擦力矩 $\sum M_R$：

$$\sum M_R = \frac{f_v[(m_W + m_T)g + F_{VT}]h_{SP}i}{2\pi\eta_{SP}}$$

2）切削力矩

和摩擦力矩的计算方法一样，为了确定切削过程中的转矩，先求出切削力，然后再折算成作用到电机上的力矩。

影响切削力的因素很多。切削深度、切削速度、进给量、刀具的几何形状尺寸、被切削零件的材质、切削温度、刀具的磨损程度等因素都对切削力的大小产生影响，也就是说，切削力的大小取决于整个切削过程。上述诸多因素中的大多数因素是不能完全确定的，它们可能在一个较宽的范围内变化。因此，对于具体的切削加工，可查阅相关文献和手册，最好能通过实验取得切削力大小数据。

在知道了切削力 F_{MC} 以后再按下面公式折算成电机轴的力矩 M_{MC}，对于丝杠螺母传动方式有

$$M_{MC} = \frac{F_{MC}h_{SP}i}{2\pi\eta_{SP}} \tag{8-28}$$

3）重力矩

机床进给工作台可能处于垂直位置，这时应考虑重力作用。机床上可能采取措施来平衡重力，如加平衡锤等。在重力不能平衡时，需要计算重力矩 M_Z。

计算式可用上式 M_{MC} 公式，只要将其中的切削力改成重力即可。

在机床空行程时，主要考虑摩擦力矩。在切削时，主要考虑切削力矩，按以上要求，可选择伺服电机。

8.6.2　动态设计

对电气驱动部分动态性能的要求来自于对整个位置环的要求。机床位置调节的主要要求是：

(1) 无超程定位。

(2) 尽可能小的轨迹误差。

(3) 对切削力作用的抗干扰性能强。

根据上述位置环的要求，对电气驱动部件提出如下要求：

(1) 尽可能高的谐振频率 ω_{0A}。

(2) 系统增益 K_v 要高，其最佳值通常为 $0.2\omega_{0A} \leqslant K_v \leqslant 0.3\omega_{0A}$。

(3) 较高的加速能力。

下面，根据电气驱动部件的结构特点，可能又有三种数学模型，据此来分析和计算 ω_{0A}、K_v 和机电时间常数 T_{mech}。它由电磁作用和机械作用两部分构造而成，所以作为一个整体，从动态性能来讲，主要由其中的机械部分起主导作用。

1. $T_{mech} \gg T_{el}$

假定位置环是线性的，没有死区，当机电时间常数远远大于电气时间常数，即 $T_{mech} \gg T_{el}$ 时，这时的位置调节环如图 8-21 所示。

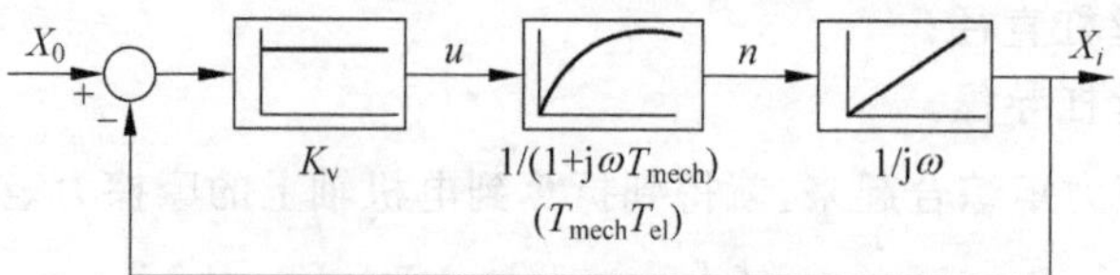

图 8-21 位置环简化图

对应于图 8-21 的框图，其位置调节环的频率响应曲线方程为

$$G_P(j\omega) = \frac{1}{1 + j\omega \dfrac{1}{K_v} + (j\omega)^2 \dfrac{T_{mech}}{K_v}} \tag{8-29}$$

这是一个二阶振荡环节，根据方程 $G(s)=\dfrac{\omega_0^2}{s^2+2\xi\omega_0 s+\omega_0^2}$，$\omega_0$ 为无阻尼固有振荡频率，ξ 为阻尼比（$0<\xi<1$），可作如下定义：

位置调节环谐振频率 $\omega_{0P}=\sqrt{\dfrac{T_{mech}}{K_v}}$；

位置调节环阻尼比 $\xi_P=\dfrac{1}{2}\sqrt{\dfrac{1}{K_v T_{mech}}}$。

为使位置环获得良好的动态性能，应使 $\xi_p \leqslant 0.7$，代入上式可得

$$K_v \leqslant \frac{1}{2T_{mech}}$$

这是对系统增益的限制范围，为了不超调，应使

$$K_v < \frac{1}{3T_{mech}}$$

由于假定系统的机电时间常数 T_{mech} 远大于其他电气时间常数 T_{el}，故 T_{mech} 代表了电气驱动部件的系统时间常数，它反映了系统的加速能力。

伺服电机的加速转矩：

$$M_a = J_{gen}\frac{d\omega_M}{dt}$$

式中：J_{gen}——电机总惯量，包括电机本身惯量 J_M 和折算到电机轴上的外负载惯量 J_{ext}；

ω_M——电机角速度，$\omega_M=2\pi n_M$，n_M 为电机转速。

假定在 T_{mech} 时间内，电机转速变化了 Δn_M，那么电机的平均加速度

$$\frac{dn_M}{dt} = \frac{\Delta n_M}{T_{mech}}$$

代入上述式中，可以求得电动机的加速度转矩

$$M_a = \frac{2\pi J_{gen}\Delta n_M}{T_{mech}}$$

可以求得机电时间常数 $T_{mech}=\dfrac{2\pi J_{gen}\Delta n_M}{M_a}$。

从电机的转速-转矩曲线查出的转矩，是电机在启动过程中能够提供的转矩，此转矩除提供加速度转矩外，还要克服摩擦转矩 M_R，即

$$M_M(t) = M_a(t) + M_R(t)$$

为了计算方便，考虑在伺服电机最大的转矩 M_{max} 作用下，电机由静止升到最高转速 $n_{M\max}$，那么有

$$\Delta n_M = n_{M\max}$$

再注意到摩擦力矩远小于最大加速力矩，故

$$M_{a\max} \approx M_{M\max}$$

故可以求出机电时间常数

$$T_{mech} = \frac{2\pi n_{max} J_{gen}}{M_{M\max}} \tag{8-30}$$

由式(8-30)计算系统的加速时间 T_{mech} 更加方便。

由上面的公式，可求得电机的最大转矩

$$M_{M\max} = 4\pi n_{M\max} K_v J_{gen} \tag{8-31}$$

考虑到电机在最大转矩作用下产生一个速度 Δn_M，则上式成为

$$M_{M\max} = 4\pi \Delta n_M K_v J_{gen}$$

注意到 $K_v \leqslant \frac{1}{2T_{mech}}$，则系统的最大加速度

$$a_{max} = \frac{\Delta v_{max}}{T_{mech}} = 2K_v \Delta v_{max}$$

根据静态转矩初选伺服电机，再据本节计算方法，看看动态是否符合要求，选定型号。

2. $T_{mech} > 4T_{el}$

在机电时间常数 $T_{mech} > 4T_{el}$ 的情况下，电气时间常数和机电时间常数已属于同一数量级别，不能忽略。这时系统有两个时间常数，为二阶系统。但因为 $T_{mech} > 4T_{el}$ 的关系，系统无振荡，于是可以化为两个一阶惯性环节，如图 8-22 所示。

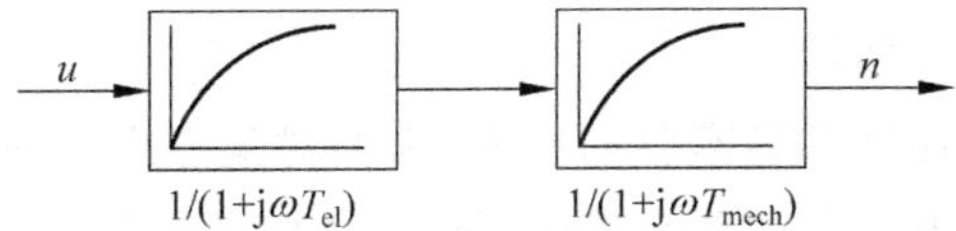

图 8-22　当 $T_{mech} > 4T_{el}$ 时，电气驱动部件用两个惯性环节表示

此时，系统的动态性计算公式如下：

机电时间常数

$$T_{mech} = \frac{2\pi n_{M\max} J_{gen}}{M_{M\max}} \tag{8-32}$$

二阶系统的谐振频率

$$\omega_{0A} = \frac{2}{T_{mech}\left(1 - \sqrt{1 - \frac{4T_{el}}{T_{mech}}}\right)} \tag{8-33}$$

3. 一般情况

在一般情况下，$T_{mech}/T_{el} < 4$，而且可能有延时环节（$T_r > 0$），于是将比上述两种情况复杂得多。首先应分析无调节器的电气驱动部件的动态性能，然后再分析带调节器的速度环的动态性能。

1）无调节器的电气驱动部件

PMSM 的电气驱动部件，可以用一个二阶环节来表示，其传递函数为

$$G(s)=\frac{1}{1+\frac{2\xi_A s}{\omega_{0A}}+\left(\frac{s}{\omega_{0A}}\right)^2}$$

式中：ξ_A——系统的阻尼比，$\xi_A=\frac{1}{2}\sqrt{\frac{T_{mech}}{T_{el}}}$；

ω_{0A}——系统的谐振频率，s^{-1}，$\omega_{0A}=\sqrt{\frac{1}{T_{mech}\cdot T_{el}}}$；

其中电气时间常数为

$$T_{el}=\frac{L_q}{R_q}\quad(s)$$

其中，L_q 为 PMSM 的交轴电感；R_q 为交轴绕组电阻。

考虑到机械时间常数，由于一般情况下有 $C_E K_M \gg R_q f_M$，故得

$$T_{mech}=\frac{2\pi J_{gen} R_q}{C_E K_M} \tag{8-34}$$

在电机产品目录里，可能给出了电气时间常数和机电时间常数，对于机电时间常数，则是未考虑外加负载时的时间常数，以上标 * 记之。故有

$$T_{mech}=T_{mech}^{*}\left(1+\frac{J_{ext}}{J_M}\right) \tag{8-35}$$

由上式可知，外负载的转动惯量使伺服电机的时间常数增大，降低了电机的响应速度。为了减小外负载对转动惯量的影响，可在电机和外负载之间增设减速装置，使外负载折算到电机上的转动惯量大为减小。

2）带调节器的电气驱动部件

为了获得良好的动态性能和稳态驱动性能，需要对伺服电机进行速度调整。速度调节器通常采用 PI 调节器，而电机的位置与速度可由光电编码器测得。

速度调节器的输出经过逆变器控制交流 PMSM。逆变器虽然是由微电子电路和电力电子功率器件组成，但其仍有延迟效应，因而是一个延迟作用不大的延迟环节。而交流伺服电机是一个二阶环节。综合起来看，带速度调节的电气驱动部件的方框图如图 8-23 所示。

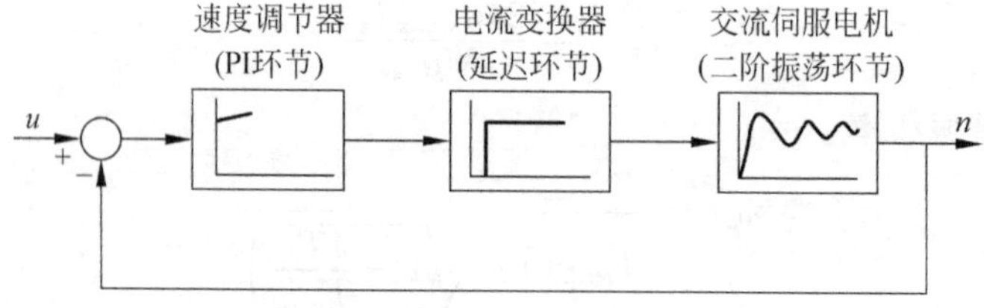

图 8-23 带速度调节环的电气驱动系统框图

这个系统的频率响应曲线非常复杂，整个装置的谐振频率 ω_{0A} 和阻尼比 ξ_A 是不确定的。应当对系统进行调整，以使其能接近二阶振荡环节，并具有尽可能接近二阶振荡环节的谐振频率和适当的阻尼比。

带调节器的速度环可能得到的最大谐振频率 $\omega_{0A\max}$ 与其机电和电气时间常数有关，而机电时间常数又受外负载转动惯量的影响。$\omega_{0A\max}$ 还受到电流极限和机械加工所要求的电机最大速度变化范围的限制。在了解了 $\omega_{0A\max}$ 与哪些因素有关后，应当调整参数从而尽可能排除谐振的不利影响。

8.7 机械传动部件的设计

8.7.1 概述

一台机床所具有的加工精度、工件表面粗糙度和生产率取决于电气驱动部件和机械传动部件的优良设计。机械传动部件设计的好坏对进给伺服系统的性能影响很大。此外，还要求伺服电机速度环的动特性与机械部分的动特性相协调。借助于调节技术可以帮助这两部分实现良好的匹配。

为使数控机床加工零件的轨迹误差小，并尽量减少切削加工对机械传动部件的影响，以及为了尽可能达到一个线性的传递功能，机械传动部件应该满足 8.2.2 节中所提出的要求。

此外，应当选择适当的控制形式。对于闭环系统来说，其设计的主要问题是进给系统的稳定性问题。因此一般的选择原则是，在精度要求高时(定位误差≤0.001mm)应采用闭环控制方式，因为各种影响定位精度的因素都可以得到补偿。

对半闭环与开环系统，其设计的主要问题是定位精度。半闭环、开环控制形式存在着影响定位精度的各种因素，尤其是在频繁定位时。例如，行程为 2～6m 的机床，由于丝杠的热变形，有时引起的误差竟高达 50～200μm，与此同时，还必须考虑到稳定性、成本及机床规格大小等其他因素。如大型龙门数控铣床，由于很难提高传动链的刚度和固有频率，所以为保证系统工作，有时不得不牺牲精度而采用半闭环或开环控制形式。

本节将讨论数控机床数字调节对系统动态参数(如谐振频率、刚度、惯量、阻尼以及非线性)的要求，介绍一些新型结构及实用设计方法。

1. 闭环进给伺服系统的设计步骤

闭环进给伺服系统的执行元件目前主要是 PMSM。选择时按国内外的主要生产家(见表 8-4)的产品目录说明、结合价格和设计的需要，仔细比较与计算选择伺服电机及与其匹配的控制器。

表 8-4 国外的厂商列表

序号	生 产 商	系 列 产 品
1	日本安川电机公司	D、R、M、F、S、H、C、G 共 8 个系列，功率范围 0.05～6kW
2	日本法那克公司(Fanuc)	S 系列：13 个规格；L 系列：5 个规格
3	日本三菱电机公司	HC-KFS、HC-MFS、HC-SFS、HC-RFS、HC-UFS 系列
4	日本松下电器公司	全数字 MINAS 系列，其中小惯量 MSMA 系列：0.03～5kW、18 种规格；中惯量 MDMA、MGMA、MFMA 系列：功率范围 0.75～4.5kW，23 种规格；大惯量 MHMA 系列：功率范围 0.5～5kW，7 种规格
5	德国 Rexroth 公司 Indramat 分部	MAG 系列，共 7 个机座号 92 个规格

续表

序号	生 产 商	系 列 产 品
6	德国西门子公司	IFTS三相永磁交流伺服电动机,分标准型和短型两大类,8个机座号98种规格
7	德国BOSCH公司	SD铁氧体系列：17个规格；SE稀土永磁系列：8个规格,配Servodyn SM系列驱动控制器
8	美国Gettys公司	先期推出M600系列和A600系列,后期推出A700全数字化交流伺服系统
9	美国A-B公司(ALLEN-BRADLEY)	1326型铁氧体系列,1391型PWM伺服控制器,3个座机号,30个规格
10	I. D.(Industrial Drives，Kollmorgen工业驱动分部)公司	Goldline系列,其中包括B(小惯量)、M(中惯量)、EB(防爆)三大类,有10、20、40、60、80五种机座号,每个机座号42个规格,全部采用钕铁硼永磁。力矩范围：0.84～111.2N·m,功率范围：0.54～15.7kW
11	爱尔兰Inland公司(现并入AEG公司)	BHT1100、2200、3300三种机座号,共17种规格,采用SmCo永磁,配有8种控制器
12	法国Alsthom集团Parvex工厂	LG(长型)和GC(短型)系列,14个规格,配AXODYN系列伺服驱动器
13	韩国三星公司	FAGA全数字控制交流伺服电动机及驱动器系列,其中有CSM、CSMG、CSMZ、CSMD、CSMF、CSMH、CSMN、CSMX8种型号,功率范围：15W～5kW

国内生产厂家主要有：华中数控公司、航天数控集团公司、广州数控设备厂、兰州电机厂与和利时电机公司等多家公司。

所选择的伺服电机,应满足下列条件：

(1) 在所有的进给速度范围内(包括快速移动),空载进给力矩应小于伺服电动机额定转矩；

(2) 最大切削力矩应小于伺服电机的额定转矩；

(3) 加、减速时间应符合所希望的时间常数；

(4) 快速进给频繁度在希望值以内。

为选取满足上述条件的伺服电机,需要进行负载扭矩的计算、惯量的匹配计算、定位加速时最大转矩计算和转速计算。

1) 负载扭矩的计算

负载扭矩是由于驱动系统的摩擦力和切削力所引起,可用下式表示：

$$2\pi M = FL$$

式中：M——伺服电机轴转矩；

F——使机械部件沿直线方向运动所需力；

L——伺服电机转一周(2π rad)时,机械所移动的距离；

$2\pi M$——伺服电机以转矩M转一周时所提供的功；

FL——以力F使机械移动L距离时机械所需要的功。

图8-24所示为进给驱动伺服系统的一个例子。

在实际机床上,由于存在传动效率和摩擦系数因素,滚珠丝杠克服外部载荷P作等速

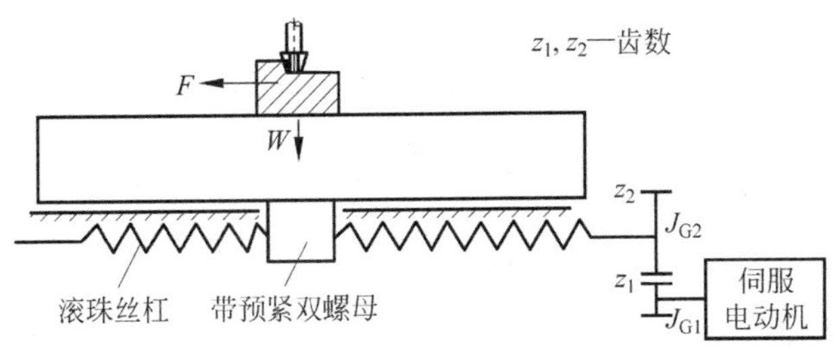

图 8-24 伺服进给驱动系统

运动所需的力矩，应按下式计算：

$$M_1 = \left(K\frac{F_{a0}h_{sp}}{2\pi} + \frac{Ph_{sp}}{2\pi\eta_1} + M_B\right)\frac{z_1}{z_2} \tag{8-36}$$

式中：M_1——等速运动时的驱动力矩，N·m；

$K\frac{F_{a0}h_{sp}}{2\pi}$——双螺母滚珠丝杠的预紧力矩，N·m；

F_{a0}——预紧力，N。通常预紧力取最大轴向工作载荷 F_{max} 的 1/3，即 $F_{a0}=\frac{1}{3}F_{max}$；当 F_{max} 难以计算时，可采用 $F_{a0}=(0.1\sim0.12)C_a$(N)，C_a(N)为滚珠丝杠副的额定载荷，在产品目录中可查到；

h_{sp}——丝杠导程，mm；

K——滚珠丝杠预紧力矩系数，取 0.1～0.2；

P——加在丝杠轴向的外部载荷，N，$P=F+\mu W$；

F——作用于丝杠轴向的切削力，N；

W——法向载荷，N，$W=W_1+P_1$；

W_1——移动部件重力，N，包括最大承载力；

P_1——有夹板夹持时的夹板夹持力；

μ——导轨摩擦系数，粘贴聚四氟乙烯板的滑动导轨副 $\mu=0.09$，有润滑剂条件时 $\mu=0.03\sim0.05$，直线滚动导轨 $\mu=0.003\sim0.004$；

η_1——滚珠丝杠效率，取 0.9～0.95；

M_B——支承轴承的摩擦力矩，亦叫启动力矩，N·m，可以从滚珠丝杠专用轴承样本中查到；

z_1——齿轮 1 的齿数；

z_2——齿轮 2 的齿数。

最后按满足下式条件选伺服电机：

$$M_1 \leqslant M_s$$

式中：M_s——伺服电机的额定转矩。

2) 惯量的匹配计算

为使伺服系统具有快速响应能力，必须选用加速能力大的电机，因此必须使电机惯量与进给系统负载惯量有合理的匹配关系。

通常在伺服电机转动惯量 J_M 和负载惯量 J_L（折算到伺服电机轴上）或总惯量 J_r 之间大致推荐下列关系：

$$\frac{1}{4} \leqslant \frac{J_L}{J_M} \leqslant 1$$

$$0.5 \leqslant \frac{J_M}{J_r} \leqslant 0.8$$

$$0.2 \leqslant \frac{J_L}{J_r} \leqslant 0.5$$

在上述大略匹配的情况下，在电机的产品目录中可选到合适的伺服电机。下面介绍几种负载转动惯量的计算方法。

(1) 回转体的惯量

滚珠丝杠、联轴节、齿轮、齿形皮带轮等，均属于回转体，如图 8-25 所示。回转体惯量计算公式如下：

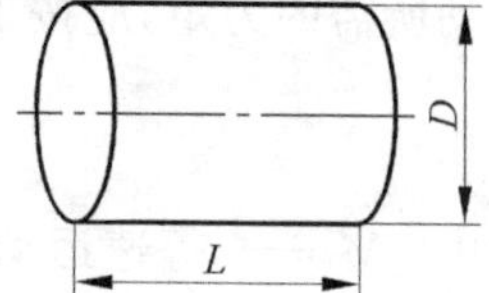

图 8-25 回转体

$$J = \frac{\pi\gamma}{32 \times g} D^4 L \quad (\text{kg} \cdot \text{m}^2)$$

式中：γ——回转体材料的密度，kg/m³；

D——回转体直径，cm；

L——回转体长度，cm；

g——重力加速度，980cm/s²。

对于有台阶的回转体，每个台阶分别计算后相加求出总的惯量：

$$J = \frac{\pi\gamma}{32g}(D_1^4 L_1 + D_2^4 L_2 + \cdots + D_i^4 L_i)$$

(2) 直线负载运动体的惯量

直线负载运动体的惯量计算公式如下：

$$J = \frac{W}{g}\left(\frac{L}{2\pi}\right)^2 (\text{kg} \cdot \text{m}^2)$$

式中：W——直线运动体的重力，N；

L——伺服电机转一圈时物体移动的距离，cm，若电机与丝杠直联，则 $L = h_{sp}$，h_{sp} 为丝杠导程。

(3) 减速传动时折算到电机轴上的惯量

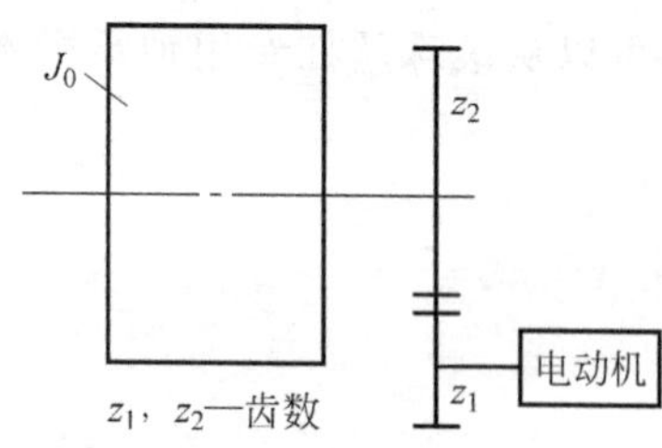

图 8-26 减速运动

齿轮、齿形皮带减速时，折算到伺服电机轴上的惯量，如图 8-26 所示，用下式计算：

$$J = J_0 \left(\frac{z_1}{z_2}\right)^2$$

根据前述惯量基本公式，折算到伺服电机轴上的负载惯量 J_L 为

$$J_L = J_{G1} + J_{G2}\left(\frac{z_1}{z_2}\right)^2\left[(J_c + J_s) + \frac{W}{g}\left(\frac{L}{2\pi}\right)^2\right] (\text{kg} \cdot \text{m}^2) \tag{8-37}$$

式中：J_{G1}——齿轮 1 的惯量，kg · m²；

J_{G2}——齿轮 2 的惯量，kg · m²；

L——伺服电机转一圈时物体移动的距离，cm，此处电机与丝杠并非直联；

J_c——联轴节的惯量，kg · m²；

g——重力加速度，9.8m/s^2；

J_s——滚珠丝杠的惯量，kg·m^2；

W——工作台的重力（即直线运动体的重力），N。

这样电机轴上的驱动系统总惯量 $J_{gen}=J_L+J_M$(kg·m^2)。

3）定位加速时的最大转矩计算

定位加速时的最大转矩 M 按下式计算：

$$M=\frac{2\pi n_m}{60t_a}(J_M+J_L)+M_L \tag{8-38}$$

式中：n_m——快速移动的电机转速，r/min；

t_a——加速（减速）时间，s，按 $t_a\approx 3/K_s$，取 150～200ms，K_s 为系统的开环增益，通常取 8～25s^{-1}，见式(8-1)，加工中心一般取 $K_s=20$s^{-1}左右，$T=\frac{1}{K_s}$为时间常数；

J_M——电机惯量，kg·m^2，可从样本中查到；

J_L——负载惯量，kg·m^2；

M_L——负载转矩，N·m。

若 M 小于伺服电机的最大转矩 M_{max}，则电机能以所取的时间常数进行加速和减速。

4）转速的计算

可按 8.6.1 节中公式进行计算。

8.7.2 机械传动部件的谐振频率

机械传动部件是一个多自由度系统，它的特性可用许多个相互耦合的单质点振荡器来模拟。每一个振荡器都是一个二阶系统，即一个质量-弹簧-阻尼系统，其谐振频率为

$$\omega_{0mech}=\sqrt{\frac{K}{m}}$$

式中：K——弹性系数；

m——质量。

机械传动部件中的联轴节、减速器、丝杠螺母副、支架、工作台等都可能是一个二阶振荡环节。因此，它有多个谐振点，但是对运行中的机床所做的测量表明，机械传动部件可以近似地按一个二阶系统处理。也就是说，机械传动部件的诸多谐振频率中，有一个主导谐振频率就是它的最低频率。例如对一个丝杠螺母驱动装置来说，其谐振频率一般由丝杠-螺母-工作台来确定。

为减少机械传动部件扭矩反馈效应对伺服电机动态性能的影响，机械部件的谐振频率 ω_{0mech} 必须大于电气驱动部件的谐振频率 ω_{0A}。

根据对数控机床进给驱动伺服系统的理论研究和实践，表 8-5 给出了各种谐振频率之间的相互关系。

表 8-5　伺服进给系统各谐振频率相互关系的最低要求

位置调节环的谐振频率	ω_{0P}	40～120rad/s
电气驱动部件（速度环）的谐振频率	ω_{0A}	(2～3) ω_{0P}
机械传动部件第一谐振频率	ω_{0mech1}	(2～3) ω_{0A}
机械传动部件其他谐振频率	ω_{0mechn}	(2～3) ω_{0mech1}

8.7.3 转动惯量

机械传动零部件中做旋转运动的物体的转动惯量对整个进给驱动系统的动态特性影响很大。机械传动部件的转动惯量不仅决定了其本身的谐振频率，而且影响到电气驱动部件的谐振频率和动态特性。

1. 转动惯量对电气驱动部件的影响

一个良好的位置调节系统，要求其进给伺服系统的谐振频率高。由快速性分析一节知道，电气驱动部件的谐振频率 ω_{0A}（即速度环闭环谐振频率）依赖于所有运动质量折算到伺服电机轴上的总转动惯量 J_{gen}，它们的关系如下式所示：

$$\omega_{0A} \propto \sqrt{\frac{1}{J_{gen}}}$$

对于电气驱动部件的阻尼比 ξ_A，则有

$$\xi_A \propto \sqrt{J_{gen}}$$

由于电机轴上总转动惯量中含有机械传动部件这个外负载转动惯量 J_{ext}，所以上面两式说明，附加的转动惯量将使电气驱动部件的谐振频率降低而使阻尼增加。图 8-27 给出了机械传动部件转动惯量 J_{ext} 对电气驱动部件谐振频率的影响曲线（小惯量电机）。图中，f_{0A}^* 为没有带负载惯量时的谐振频率，f_{0A} 为带有外负载时的谐振频率；J_{ext} 为折算到伺服电机轴上的外负载转动惯量；J_M 为电机转动惯量。

2. 转动惯量计算

1）圆柱体

在伺服电机轴上的折算已在前面做过介绍。

2）直线运动物体

直线运动的物体（图 8-28）应将其惯量折算成旋转体的转动惯量。对于图 8-28 左边的丝杠驱动装置，设工作台质量为 m_T，工件质量为 m_w。丝杠导程为 h_{sp}，直线运动惯量折算到丝杠上的运动惯量为 J_{T+w}，根据能量守恒定律，则有

$$\frac{1}{2}(m_w + m_T)v^2 = \frac{1}{2}J_{T+w}\omega^2$$

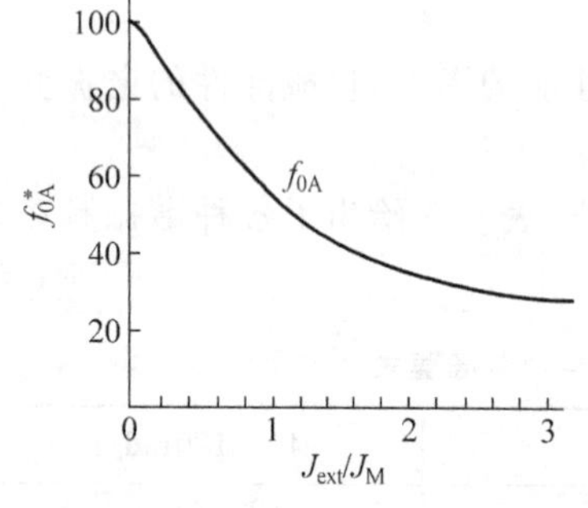

图 8-27 外负载对谐振频率的影响

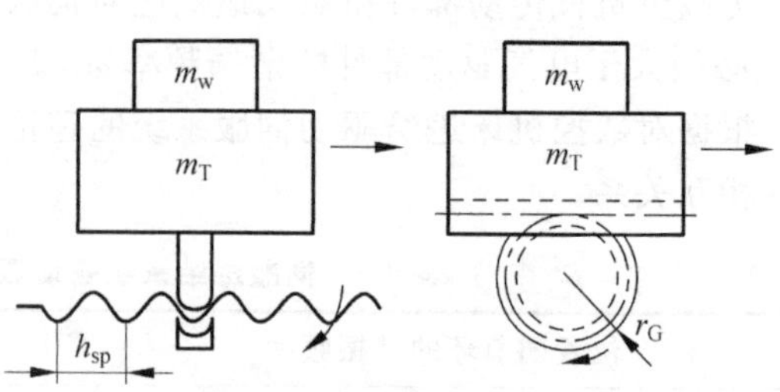

图 8-28 直线运动物体

设在 Δt 时间里，丝杠转了一圈，则上式成为

$$\frac{1}{2}(m_w + m_T)\left(\frac{h_{sp}}{\Delta t}\right)^2 = \frac{1}{2}J_{T+w}\left(\frac{2\pi}{\Delta t}\right)^2$$

对于图 8-28 右边的齿轮齿条传动装置，根据转动惯量定义可直接得到折算到小齿轮上的转动惯量，于是得到

$$J_{T+w} = (m_w + m_T)r_G \tag{8-39}$$

式中：r_G——小齿轮节圆半径。

3）电机轴上的外负载惯量

计算电气传动部件特性时，要知道外负载折算到电机轴上的转动惯量，据上述分析，可知其计算公式如下：

$$J_{ext} = i_G^2(J_c + J_{sp} + J_{T+w} + J_G)$$

式中：J_c——丝杠上联轴节转动惯量；

J_{sp}——丝杠转动惯量；

J_{T+w}——工作台和工件折算到丝杠上的转动惯量；

J_G——齿轮减速机构的转动惯量(如果有齿轮减速机构的话)；

i_G——齿轮减速器传动比(有齿轮减速器时)。

这意味着，在减速器以后的传动件，其转动惯量对电机的影响随减速比的平方而减少。对于减速机构本身，由于其不受减速比影响，则应注意尽量减少其转动惯量。如电机与丝杠直接相连，则应尽量减小联轴节与丝杠的转动惯量。如果采用齿轮齿条传动，由于小齿轮的直径对转动惯量影响很大，则应尽量将直径取小些。

8.7.4　机械传动部件的刚度

机械传动部件的谐振频率取决于它的质量。即

$$f_{0mech} = \frac{1}{2\pi}\sqrt{\frac{K}{m}}$$

式中：f_{0mech}——谐振频率，Hz。

故机械部件的刚度为

$$K = 4\pi^2 m f_{0mech}^2$$

对于图 8-28 所示的丝杠工作台及工件系统，它的总刚度将是

$$K_{gen} = 3.95 \times 10^{-5} \times (m_T + m_w) f_{0mech}^2 \tag{8-40}$$

式中：K_{gen}——系统总刚度，N/μm；

m_T——工作台质量，kg；

m_w——工件质量，kg；

f_{0mech}——机械传动部件的谐振频率，Hz。

按表 8-5 要求，以 $\omega_{0p}=80s^{-1}$计，f_{0mech}至少应大于 60Hz。当质量为 1000kg 时，系统的总刚度必须大于 100N/μm。

机械传动部件的刚度除了影响谐振频率外，还对系统稳定性和伺服精度产生影响。提高系统刚度有利于提高系统的伺服性能。

进给丝杠传动系统的总刚度 K_{gen}取决于丝杠的支承条件和轴承是否预紧。对丝杠一端

固定且轴承预紧时，其进给丝杠传动系统的总刚度 K_{gen} 可用下式求得：

$$\frac{1}{K_{gen}}=\frac{1}{K_{S1min}}+\frac{1}{K_C}+\frac{1}{K_B}+\frac{1}{K_{BR}}+\frac{1}{K_{NR}}+\frac{1}{K'_{S2}} \tag{8-41}$$

式中：K_{S1min}——丝杠轴拉压刚度；

K_C——丝杠-螺母副的轴向接触刚度，由样本可查得；

K_B——轴承的轴向接触刚度；

K_{BR}——轴承座的刚度；

K_{NR}——螺母座刚度；

K'_{S2}——丝杠轴扭转刚度折算到工作台的直线刚度。

一般来说，K_{BR} 和 K_{NR} 比较难于计算，因此在设计时应尽量使这两项刚度足够大。而对于 K_{S1min}、K_C 和 K_B 则应尽量使这三项刚度所占比例大体相等。因为这三个环节是串联而成，忽视哪一个环节或只求哪一环节的高刚度，都不能达到预期目标。

下面分别介绍上述各项刚度的计算方法。

1）丝杠轴拉压刚度 K_{S1min}

当丝杠一端轴向固定，另一端自由时

$$K_{S1min}=9.807\times\frac{\pi d_r^2 E}{4L_1}\quad(\mathrm{N}/\mu\mathrm{m})$$

当丝杠两端均为轴固定时

$$K_{S1min}=9.807\times\frac{\pi d_r^2 E}{L_1}\quad(\mathrm{N}/\mu\mathrm{m})$$

式中：d_r——丝杠底径，cm；

L_1——从轴向固定点到滚珠螺母中央的距离，cm；

E——弹性模量，$E=2.1\times10^5$ MPa。

2）丝杠-双螺母副的轴向接触刚度 K_C

K_C 主要是指螺母旋槽与钢球之间的接触刚度，可由产品样本中查到。

产品样本中的接触刚度值是以额定动载荷 C_a 的 10%作为预加载荷时的接触刚度。如果预加载荷不是 $0.1C_a$，那么，K_C 应按 K_{C1} 确定：

$$K_{C1}=K_C\left(\frac{F_{a0}}{0.1C_a}\right)^{1/3}$$

式中：K_C——由样本找到接触刚度；

F_{a0}——预加载荷；

C_a——额定动载荷，样本中可查到。

考虑到螺母本体的影响因素，实际刚度一般取计算刚度值的 80%。

3）支承滚珠丝杠的轴承的轴向接触刚度 K_B

支承滚珠丝杠的轴承，应选用刚性比较高的专用角接触球轴承，其接触角为 60°。这种轴承的接触刚度，可从样本中查到。

当丝杠有预拉伸时，其接触刚度提高一倍。

4）轴承座刚度 K_{BR} 与螺母座刚度 K_{NR}

轴承座刚度与螺母座刚度常常是滚珠丝杠副系统中刚度的薄弱环节。其刚度值却由于牵涉的因素很多，很难进行计算。牵涉的因素包括支承座、中间套筒、螺钉等零件本身的刚度以及这些零件相互之间的接触刚度和支承座与基体之间的接触刚度等。因此，一般根据进给驱动伺服系统的精度要求，在结构上采取改变支承方式和提高轴承刚度等措施，尽量增强刚度。

5）丝杠扭转刚度 K_{S2}

$$K_{S2} = 9.807 \times \frac{\pi d_r^2 G}{32L_2}$$

式中：L_2——扭转作用点之间的距离，cm，对加工中心来说，是指从丝杠端部装联轴节处到螺母中央之间的距离，且螺母处与全行程中离连轴节最远处时的距离；

G——切变模量，$G=8.1\times10^4$ MPa。

折算到工作台上的直线刚度 $K'_{S2}=K_2\left(\frac{2\pi}{h_{sp}}\right)^2$。

对于细长丝杠来说，扭转刚度是不可忽视的因素，因为扭转引起扭转变形，会使轴向移动量产生滞后。

扭转引起的丝杠扭转变形量，按下式计算：

$$\theta = \frac{32ML_2}{\pi d_r^4 G} \times \frac{360}{2\pi} = 7.21 \times 10^{-2} \frac{ML_2}{d_r^4} \tag{8-42}$$

式中：θ——扭转角，(°)；

M——扭矩，N·m。

扭转变形 θ 引起的轴向移动滞后量 Δ 为

$$\Delta = h_{sp} \times \frac{\theta}{360} \quad (\text{mm})$$

例如，轴径 40mm，导程 $h_{sp}=10$mm，$L_2=1000$mm，作用扭矩 $M=500$N·mm 时，求轴向移动滞后量。

由样本查得 $d_r=34.44$mm，则

$$\theta = 7.21 \times 10^{-2} \times \frac{500 \times 1000}{34.44} = 0.026°$$

$$\Delta = 10 \times \frac{0.026}{360} \times 10^3 = 0.7\mu\text{m}$$

在计算系统刚度时，常常需要将工作台的刚度和各种传动轴的刚度折算到某根传动轴上。对于图 8-29 所示的丝杠螺母传动，根据能量守恒定律，工作台弹性变形的势能若能折算到丝杠上，应该等于丝杠扭转变形的势能。设丝杠扭转变形 2π 弧度，则相当于工作台弹性变形 h_{sp} 导程长度，即

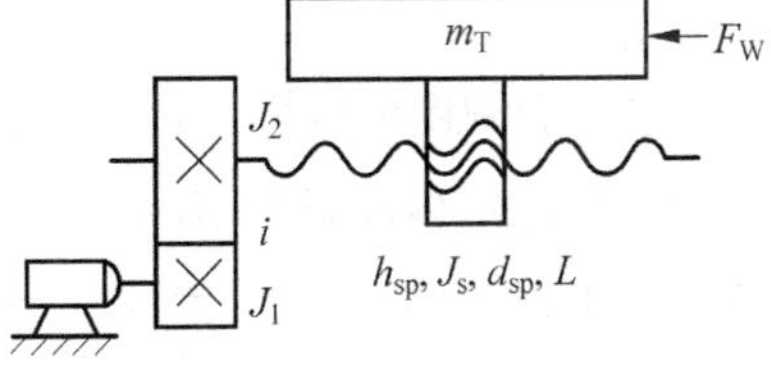

图 8-29　机械传动部件设计方案

$$\frac{1}{2}K_{sp}\ (2\pi)^2 = \frac{1}{2}K_T\ (h_{sp})^2$$

故

$$K_{sp} = K_T \left(\frac{h_{sp}}{2\pi}\right)^2$$

式中：K_{sp}——折算到丝杠上的刚度；

K_T——工作台的刚度；

h_{sp}——丝杠导程。

同样，根据能量守恒定律，可以标出齿轮传动刚度，折算方法为

$$K_1 = i^2 K_2$$

式中：K_1——折算到轴Ⅰ上的刚度；

K_2——折算到轴Ⅱ上的刚度；

i——齿轮速比 n_2/n_1。

若考虑挠性联轴节的扭转刚度，亦可将其折算到执行部件的直线刚度。

8.7.5 阻尼比

进给驱动系统的机械传动部件可能在进给运动或零件加工过程中产生振荡。

对于进给运动产生的振荡，有下面的规律：当 $f_{0\text{mech}} \geqslant 2f_{0\text{A}}$ 时，对机械传动部件的阻尼比没有特别要求。如果 $f_{0\text{mech}} < 2f_{0\text{A}}$，则机械阻尼比 ξ_{mech} 必须有一个确定的值，此时 ξ_{mech} 取决于速度环阻尼比 ξ_{A}。

加工零件的过程中的交变切削力可能引起工作台的振动(颤振)，这些振动可能使滑动导轨的润滑油膜破裂。为使这些不希望的颤振减到最小，机械传动部件要求有很好的阻尼。

对于二阶振荡系统，由快速性分析一节可知机械传动部件的阻尼比

$$\xi_{\text{mech}} = \frac{f_{\text{v}}}{2\sqrt{mK}}$$

式中：f_{v}——与速度成正比的粘性阻尼系数；

K——刚度；

m——质量。

因此，阻尼的主要部分由工作台导轨内与速度成正比的摩擦阻力所产生。对阻尼的要求往往是矛盾的：

(1) 根据对伺服精度和定位精度的分析，要求摩擦力尽量小；

(2) 为了衰减振动和防止颤振，要求与速度成正比的摩擦力尽量大。

若通过增大摩擦力来提高阻尼比，则与速度成正比的摩擦力虽然增加了，但干摩擦力和返程误差也增大了。因此，上述两个要求难以同时满足。根据经验，合适的阻尼比应选择为 $0.1 \leqslant \xi_{\text{mech}} \leqslant 0.2$。

当惯量和刚度都折算到某一传动轴时，粘性阻尼系数 f_{v} 也应该折算过去。对于图 8-28 所示的丝杠螺母传动，设工作台直线运动粘滞阻尼系数 f_{vT}，工作台速度为 $\dot{x}$，那么工作台克服摩擦力走过的距离 x，所做的功为 $f_{\text{vT}}\dot{x}x$。设粘性摩擦阻尼系数折算到丝杠上成为回转运动的粘性阻尼系数 f_{S}，根据二者做功不变的原理，应有

$$f_{\text{vT}}\dot{x}x = f_{\text{S}} n\theta$$

式中：n——转速；

θ——转角。

设工作台在 Δt 时间内走过丝杠导程 h_{sp}，则丝杠响应转过 2π 弧度，故有

$$f_{\text{vT}}\frac{h_{\text{sp}}h_{\text{sp}}}{\Delta t} = f_{\text{S}}\frac{2\pi}{\Delta t}2\pi$$

$$f_{\text{S}} = f_{\text{vT}}\left(\frac{h_{\text{sp}}}{2\pi}\right)^2$$

式中：f_S——折算到丝杠上的粘性阻尼系数；

f_{vT}——工作台的粘性阻尼系数；

h_{sp}——丝杠导程。

8.7.6　机械传动部件中的非线性因素

人们希望机械传动部件尽可能是一个线性系统，但实际上难免存在着非线性因素。主要表现在：与速度不成正比的摩擦；零部件之间的间隙。

1. 摩擦

两个平面接触相对运动的机床部件之间总会产生摩擦。根据两个相对运动机械部件的材质、润滑类型、相对运动形式等，可以得到各种不同的摩擦特性。

图 8-30 表示出不同导轨结构下的摩擦特性和定位过程。图 8-30 中(a)表示对应不同的导轨结构的六种摩擦特性曲线。①～④是滑动摩擦，⑤是滚动摩擦，⑥是粘性摩擦(静压导轨)。

图 8-30(b)表示对应于这六种摩擦特性曲线的定位性能，这是一个半闭环位置调节系统的仿真结果。

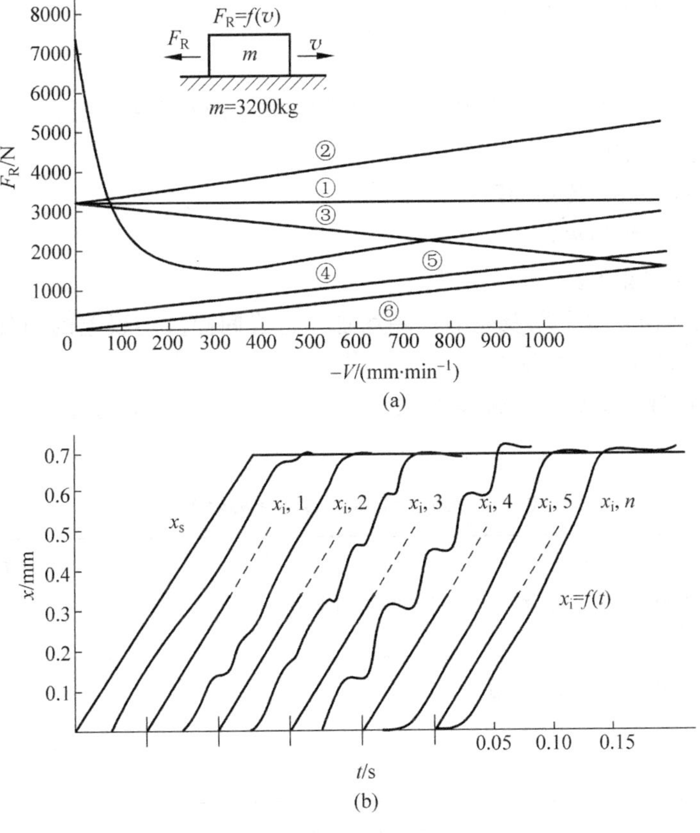

图 8-30　不同导轨结构下的摩擦特性和定位过程

(a) 摩擦特性；(b) 定位过程

先看摩擦与速度无关的曲线①，再看曲线②，知曲线②定位性能比曲线①有所改善，这是因为摩擦与速度成正比。曲线③比较差，这是因为摩擦与速度的关系曲线的斜率为负。

从曲线④明显地看到定位过程中的爬行现象。这表明起步转矩大，而低速度摩擦特性曲线斜率又为负时，要精确地实现定位是不可能的。

具有小静摩擦力的曲线⑤和无静摩擦力的曲线⑥，两者的动态过程差不多，有点超程。

此外，由于摩擦力和机械传动部件的弹性变形将导致位置误差 Δx_R，当运动反向时，将形成反转误差 $2\Delta x_R$。反转误差 $2\Delta x_R$ 的大小由静摩擦力矩(干摩擦)和弹性系数确定。

根据以上分析，机械传动部件的摩擦特性应该满足下列要求：

(1) 为使轮廓偏差最小以及获得最好的工件表面，最好具有与速度成正比的摩擦力；

(2) 尽可能不要出现负斜率的摩擦特性，以免引起爬行现象，使工件表面粗糙，定位精度低，导轨磨损大；

(3) 为避免摩擦引起的反转误差，与速度无关的(干)摩擦尽可能小。

根据经验，克服摩擦力所需伺服电机转矩 $\sum M_R$ 最好处于下述范围：

$$0.2M_{0M} < \sum M_R < 0.3M_{0M}$$

式中：M_{0M}——电动机额定转矩。

2. 间隙

机械传动部件很难保证没有间隙。这些间隙通常出现在下列位置：

(1) 丝杠轴承的轴向间隙；

(2) 丝杠螺母之间的传动间隙；

(3) 联轴节的扭转间隙；

(4) 齿轮传动的侧隙。

间隙导致反转误差增大以及轮廓误差增加。造成间隙反转误差的构件越是靠近工作台，则其对总的反转误差影响越大。

表 8-6 表明间隙形成的反转误差随其位置不同对于系统总反转误差造成的不同影响。

表 8-6 间隙位置对总反转误差的影响

间隙和摩擦反转误差出现位置	总反转误差增加
在进给丝杠和螺母之间，齿条与小齿轮之间的间隙 S_1	S_1
进给丝杠轴承轴向间隙 S_2	S_2
与进给丝杠连接的齿轮周边侧隙 S_3	$\frac{h_{sp}}{\pi d}S_3$
丝杠螺母传动中电动机与变速机构之间联轴节扭转间隙 a_1	$\frac{h_{sp}}{2\pi i}a_1$
齿轮齿条传动中电动机与变速机构之间联轴节扭转间隙 a_2	$\frac{r_G}{i}a_2$

注：h_{sp}——进给丝杠导程；d——齿轮直径；i——齿轮传动速比；r_G——小齿轮半径。

通过预加载可以消除反向间隙，但是可能会增加摩擦及缩短机械部件的寿命。

3. 间隙与摩擦反转误差对位置调节的影响

间隙反转误差与摩擦反转误差在位置环等效框图中，都是一个迟滞环节。不管这反转误差出现位置何处或起因如何，总可以把它们折算成工作台的行程误差。

采用全闭环进行位置调节时，迟滞环节处于位置环中(见图 8-31)，间隙将影响位置环的稳定性，间隙与摩擦反转误差将共同引起轮廓误差。

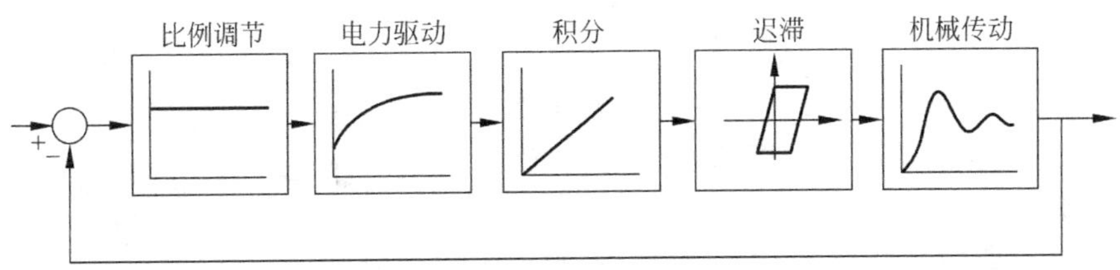

图 8-31　带反转误差的位置环

位置环存在间隙时，为避免实际位置过调，位置环增益必须小。图 8-32 表示有无间隙对位置环增益的影响，图中横坐标表示间隙，纵坐标表示有间隙时位置环可达到的最大增益 K_v' 与线性位置环可达到的最大增益 K_v 之比。

令人感兴趣的是，当间隙大于 20μm 以后，位置环可达到的最大增益将保持不变。该值比线性位置环最大增益小 40%。

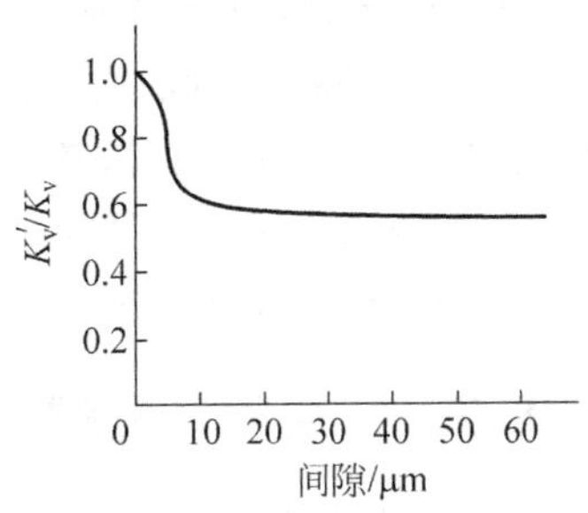

图 8-32　间隙对位置增益的影响

根据上述试验结果，由于有间隙，位置最佳系统增益 $0.2\omega_{0A} \leqslant K_v \leqslant 0.2\omega_{0A}$ 必须减小到 $0.12\omega_{0A} \leqslant K_v \leqslant 0.18\omega_{0A}$。

8.7.7　工作台导轨

工作台导轨对数控机床的精度有很大影响。导轨的制造误差直接影响工作台运动的几何精度；导轨的摩擦特性影响工作台的定位精度和低速进给的均匀性；导轨的材料和热处理影响工作精度的保持性。按机床调节技术要求，希望工作台导轨刚度大、摩擦小和阻尼性能好。

在数控机床中主要使用三种类型的导轨：滑动导轨、滚动导轨和静压导轨。表 8-7 概括介绍了各种类型导轨的性能。

表 8-7　机床工作台导轨性能

性能	滑动导轨	滚柱导轨	静压导轨
摩擦与磨损性能	不好，通过选择材料来改进	良好	很好
爬行的可能性	存在	不存在	不存在
对材料及表面质量的要求	很高	高	低
达到高精度的措施	很贵	不太贵	不能用
刚度	通常很好	好，如果导轨预加载且相配零件刚度足够	可变，取决于供油系统，有薄膜压力阀时刚度大
阻尼	很高，但不是常数	小	大，通过设计容易改变

对滑动导轨与滚柱导轨的阻尼比有影响的因素有：导轨表面正压力的大小；所用润滑剂的类型；摩擦的类型；总刚度的大小。滑动导轨的阻尼能力主要来自表面正压力，滚柱导轨的滚柱所受的压力对导轨的阻尼比产生的影响较小。图 8-33 表示出用实验方法确定的三种不同类型的机械阻尼比 ξ_{mechT} 与导轨表面正压力 p_T 之间的关系。

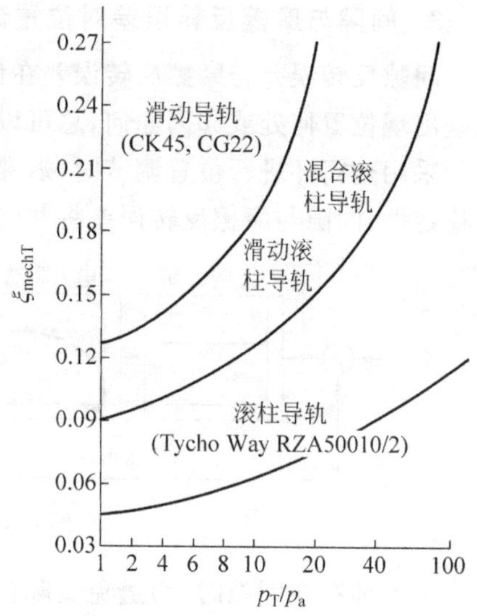

图 8-33 导轨阻尼比 ξ_{mechT} 与表面正压力 p_T 的关系

从图 8-33 可以看出，采用滑动导轨和滚柱导轨组合的办法，能够保留滚柱导轨摩擦力小的优点，而又有足够的阻尼。

对于滑动导轨或滑动-滚柱组合导轨，如果丝杠工作中系统总刚度增加，则会使阻尼比得到显著提高。对滚柱导轨，只有当润滑剂是带有极化添加物的润滑剂时，系统刚度的增加才会使阻尼比增加，否则阻尼与刚度之间没有依赖关系。对于静压导轨，影响阻尼性能的因素只有粘性摩擦系数和系统刚度。靠改变液体粘性来影响阻尼是有限的。应该保持丝杠工作台系统具有很好刚度值。

8.7.8 滚珠丝杠螺母传动装置

滚珠丝杠螺母传动装置主要分为两种：外循环插管式和内循环反向器式。

外循环插管式可以保证滚珠成切线进入，实现无冲击的均速运动，允许丝杠高速运转且精度高。内循环反向器式丝杠螺母尺寸较小且易于制造，经济性好。因此，外循环插管式和内循环反向器式都获得了广泛应用。

滚珠丝杠和滑动丝杠相比其优点有：摩擦小、传动效率高；传动灵敏，不易产生爬行；定位精度高；磨损小，寿命长，精度保持好。缺点是：不能自锁，用于升降传动时，需另外加自锁机构；机构复杂，成本高。

由于丝杠主要承受轴向力，大多采用推力轴承做支承。在相同尺寸条件下，推力球轴承轴向刚度比向心推力球轴承及圆锥滚子轴承的轴向刚度要大一倍以上；推力滚柱轴承刚度又比推力球轴承大一倍左右。当轴向载荷较小时，可不用推力球轴承而用向心推力球轴承，这样可以减少轴承数量。

根据推力轴承的布置，丝杠有以下四种支承方式(图 8-34)。

第一种支承方式："双推-自由"式。这种方式适用于短丝杠。

第二种支承方式："双推-支承"式。这种方式可避免丝杠因自重而引起弯曲，以及高速回转时自由端的晃动。

第三种支承方式："单推-单推"支承方式。它的优点是可对丝杠进行预拉伸安装。预拉伸的好处有：①减少丝杠因自重引起的弯曲；②在推力轴承预紧力大于丝杠最大轴向载荷 1/3 的条件下，丝杠拉压刚度可提四倍；③丝杠不会因温度而伸长(温升只减小预拉伸应力)，保持了丝杠精度。此外，这种支承方式使丝杠只承受拉力，不承受压力，不存在压杆稳定性问题。

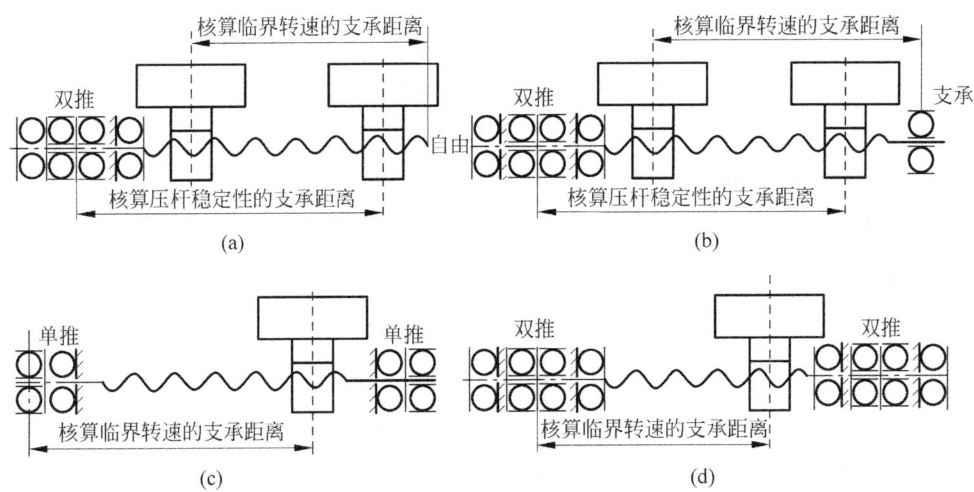

图 8-34　丝杠支承的四种方式

(a)“双推-自由”式；(b)“双推-支承”式；(c)“单推-单推”式；(d)“双推-双推”式

第四种支承方式：“双推-双推”式。这种支承方式刚度最高。只要承轴无轴向间隙，丝杠的拉压刚度可提高四倍。可以进行预拉伸安装，克服热膨胀。当温升超过预计温升时，不会像“单推-单推”式那样产生轴向间隙。这种支承方式最大缺点是：实现预拉伸及其调整方法较第三种支承方式复杂。

在机床进给驱动伺服系统设计以及对旧机床进行数控改造时，都存在这对滚珠丝杠传动进行优化设计及选型问题。现据 ISO 推荐及各国近年来公认的计算公式，来阐述滚珠丝杠传动装置的设计计算。

1. 丝杠导程 h_{sp}

$$h_{sp} \leqslant \frac{v_{T\max}}{n_{sp\max}} \quad (\text{mm})$$

式中：$v_{T\max}$——工作台最大速度，mm/min；

$n_{sp\max}$——丝杠最大转速，r/min。

丝杠导程 h_{sp} 和减速机构速比 i 以及电机最大转速 $n_{M\max}$ 一起，决定了工作台的最大快进速度。它们之间的关系是：

$$v_{T\max} = n_{M\max} h_{sp} i \quad (\text{mm/min})$$

丝杠的导程通常是标准值，从经济上考虑，可据厂家的样本选取。

2. 当量载荷 F_m

机床在空载、轻载和重切削时，负载是不同的。它们的当量载荷可按下式计算：

$$F_m = \sqrt[3]{\frac{F_1^3 n_1 t_1 + F_2^3 n_2 t_2 + \cdots + F_n^3 n_n t_n}{n_1 t_1 + n_2 t_2 + \cdots + n_n t_n}} \quad (\text{N})$$

式中：$F_1, F_2, \cdots, F_n$——不同的轴向载荷，N；

$n_1, n_2, \cdots, n_n$——与轴载荷相应的转速，r/min；

$t_1, t_2, \cdots, t_n$——与轴向载荷相应的工作时间占总工作时间的百分比。

在粗略计算时，当量载荷可取平均载荷

$$F_m = \frac{\sum_{i=1}^{n} F_i t_i}{\sum_{i=1}^{n} t_i} \quad (\text{N})$$

式中：F_i——轴向载荷，N；

t_i——相应的工作时间，min。

3. 当量转数 n_m

当量转速取丝杠平均转速

$$n_m = \frac{\sum_{i=1}^{n} n_i t_i}{\sum_{i=1}^{n} t_i} \quad (\text{r/min})$$

4. 滚珠丝杠螺母副寿命 L_h

$$L_h = \frac{10^6}{60 n_m}\left(\frac{C'_a}{f_\omega \cdot F_m}\right)^3 \quad (\text{h})$$

式中：L_h——寿命时间，h，见表 8-8；

n_m——当量转速，r/min；

C'_a——动载荷，N；

f_ω——载荷系数，见表 8-9；

F_m——当量载荷，N。

表 8-8 滚珠丝杠副预期寿命

主机类别	L_h/h
一般机床、组合机床	1000
数控机床、精密机床	1500
工程机械	5000～10000
自动控制系统	15000
测量系统	15000

表 8-9 载荷系数

使用条件	f_ω
平稳，无冲击运动	1.0～1.2
一般运动	1.2～1.5
伴随着冲击和振动的运动	1.5～2.0

5. 额定动载荷校核

额定动载荷系指一批规格相同的滚珠丝杠副，在相同条件下运转 100 万转，其中 90% 不产生疲劳损伤时所能承受的最大轴向载荷。在知道受力情况和确定丝杠寿命后，可计算出丝杠的动载荷 C'_a，由式 $L_h = \frac{10^6}{60 n_m}\left(\frac{C'_a}{f_\omega \cdot F_m}\right)^3$ 可得到

$$C'_a = (60 n_m L_h)^{1/3} F_m f_\omega \times 10^{-2} \quad (\text{N})$$

在丝杠的产品样本中，可查到丝杠的额定载荷 C_a，应保证 $C_a \geqslant C'_a$。

6. 额定静载荷校核

额定静载荷系指滚珠丝杠副在静止或低速（≤10r/min）下，滚珠与滚道型面在接触点上产生的塑性变形之和为滚珠丝杠直径万分之一的轴向载荷。

丝杠的静载荷由下式计算：

$$C'_{0a} = f_d F_{max} \quad (\mathrm{N})$$

式中：F_{max}——最大轴向力，N；

f_d——静态安全系数，见表 8-10。

表 8-10　静态安全系数 f_d

使用条件	f_d的下限值
一般运动	1～2
伴随着冲击与振动的运动	2～3

在丝杠产品目录中可查得丝杠的额定静载荷 C_{0a}，应保证 $C_{0a} \geqslant C'_{0a}$。

7. 临界转速 n_c

$$n_c = f \frac{d_{sp}}{L^2} \times 10^7 \quad (\mathrm{r/min})$$

式中：d_{sp}——丝杠底径，mm；

L——丝杠支承间距，mm；

f——与支承方法有关的临界转速系数，见表 8-11。

表 8-11　系数 f 与 m

支承方法	f	m
双推-双推	21.9	20.3
双推-支承	15.1	10.2
单推-单推	9.7	5.1
双推-自由	3.4	1.3

8. 最大转速 n_{max}

丝杠最大转速 n_{max} 按下式计算：

$$d_0 n_{max} \leqslant A$$

式中：d_0——丝杠名义直径，mm；

n_{max}——丝杠最大转速。

通常选取 $A = 50000 \sim 70000$。

在机床工作台加速与切削加工过程中，在进给轴向方向会产生力，必须保证这个力小于允许的压弯临界载荷 F_a，否则可能导致进给丝杠弯曲。

压弯临界载荷 F_a 可以用下式计算：

$$F_a = m \frac{d_{sp}^4}{L^2} \times 10^4 \quad (\mathrm{N})$$

式中：d_{sp}——丝杠底径，mm；

L——丝杠支承间距，mm；

m——与丝杠支承方法有关的临界载荷系数，见表 8-11。

9. 轴向拉压刚度 K_s

确定进给丝杠尺寸的最重要设计准则，是考虑它的抗张和抗压刚度。其计算公式如下：

$$K_s = \frac{\pi d_{sp}^2 E}{4L \times 10^3} \quad (\text{N/mm})$$

式中：d_{sp}——丝杠底径，mm；

E——弹性模量，钢为 2×10^5 Pa；

L——丝杠的总自由长度，mm。

对于直径小的丝杠，由轴向力所引起的丝杠扭转变形转化为工作台的轴向位移，可能影响丝杠的抗扭刚度为

$$K_{Tsp} = \frac{\pi G d_{sp}^4}{32L} \quad (\text{N} \cdot \text{m})$$

式中：G——切变模量，钢为 8×10^{10} Pa；

d_{sp}——丝杠底径，mm；

L——丝杠的总自由长度，mm。

进给丝杠扭转引起的工作台位置改变为

$$\Delta x_{Tsp} = \frac{h_{sp}}{2\pi}\frac{M_{sp}}{K_{Tsp}} = \frac{h_{sp}^2}{4\pi^2}\frac{F_{asp}}{K_{Tsp}}$$

式中：M_{sp}——进给丝杠的转矩，N·m；

F_{asp}——进给丝杠的轴向力，N。

进给丝杠拉压引起的工作台位置改变为

$$\Delta x_{psp} = K_{asp}/K_s$$

求二者之比，对钢可得到

$$\frac{\Delta x_{Tsp}}{\Delta x_{psp}} = 0.53\left(\frac{h_{sp}}{d_{sp}}\right)^2$$

这意味着，当比值 $d_{sp}/h_{sp}>4$ 时，由扭转引起的工作台位移小于由抗压引起的工作台位移的 3.2%。

10. 传动效率

典型滚珠丝杠的传动效率在 0.8～0.9 之间。

11. 预紧力

订购滚珠丝杠副时，需根据丝杠受力情况通知厂家所需预紧力的大小，以便厂家按给定的预紧力预紧。实践证明，预紧力 F_{pr} 选得合理，可以使滚珠丝杠副工作在最佳状态，它的优点才能被充分发挥。预紧力增加，钢珠和滚道之间的接刚度也增加，传动精度也会提高。但是，过大的预紧力将导致钢珠与滚道之间的接触应力增大，从而降低工作寿命和传动效率。

滚珠丝杠预紧力的大小，应使得滚珠丝杠副在承受最大轴向工作载荷时，丝杠螺母副不出现轴向间隙为最好(见表 8-12)。

表 8-12　不同工作状态下的预紧力

工作条件				F_{pr}	应用举例
工作速度	反向间隙	定位精度	接触刚度		
中速	无	高	高	$F_{pr}=(0.1\sim0.3)C_a$	加工中心 精密 NC 机床
中速	无	较高	较高	$F_{pr}=\frac{1}{3}F_{max}$	经济型 NC 机床 NC 机床，普通机床
高速	无	一般	低	$F_{pr}\ll\frac{1}{3}F_{max}$	工业机器人 工程机械

12. 滚珠丝杠副精度

据 JB3162.2—82 标准，我国滚珠丝杠副根据使用范围和要求分为六个精度等级，即 C、D、E、F、G、H 级。C 级精度最高，依此逐渐降低，而 JB3162.2—91 分为 1、2、3、4、5、6、7、10 共八个等级，1 级最高，依此递减。据使用范围，又可分为定位 P 类和传动 T 类。

选择滚珠丝杠副精度的原则是：

(1) 要满足主机定位精度要求，滚珠丝杠副的综合行程误差为主机定位误差的 30%～40%。

(2) 要合理选择滚珠丝杠副的精度，盲目提高精度等级是不经济的，相同尺寸规格的精度丝杠副，每提高一个精度等级，成本增加 30%以上。而且由于制造周期相应加长，延长了交货期。

(3) 对于精密机床，在选择相应等级时，还要考虑包括滚珠丝杠副在内的整个进给伺服系统热变形对滚珠丝杠副导程精度的影响。

通常，对滚珠丝杠副施加适当的预拉力，使其拉伸量接近丝杠的热变形量。这样，在工作过程中轴向热变形量正好与丝杠弹性恢复量抵消，从而达到预期的定位精度。

8.7.9　滚珠丝杠支承专用轴承的选用

1. 轴承的寿命与动态等效载荷

常用的日本 NSK 公司生产的滚珠丝杠支承用专用轴承的寿命，按下式计算：

$$L_h=\left(\frac{C_a}{P_a}\right)^3$$

$$P_a=XF_r+YF_a$$

式中：L_h——额定寿命，10^6 h；

C_a——额定动载荷，N，由表 8-13 可查得；

P_a——动态等效载荷，N；

F_r——径向载荷，N；

F_a——轴向载荷，N；

X——径向载荷系统，由表 8-14 查得；

Y——轴向载荷系数，由表 8-14 查得。

表 8-13 滚珠丝杠用轴承额定载荷

型号	额定动载荷 C_a			临界轴向载荷		
	由单列承受轴向载荷时(DF)	由双列承受轴向载荷时(DFD、DFF、DT)	由三列承受轴向载荷时(DF)	由单列承受轴向载荷时(DF)	由双列承受轴向载荷时(DFD、DFF、DT)	由三列承受轴向载荷时(DFT、DTD)
17TAC47A 20TAC47A	17930	29110	38710	20870	41650	62720
25TAC62A 30TAC62A	20580	33320	44590	29300	58800	88200
35TAC72A 40TAC72A	21660	35280	46550	33320	67130	1000940
40TAC90A	42140	68110	90650	59290	118580	177380
45TAC75A	22440	36260	48510	36260	72520	108780
45TAC100A 50TAC100A 55ATC100A	44950	72520	96530	68110	136220	203840
55TAC120A 60TAC120A	47530	76930	102900	79870	159740	240100

注：间隙符号均为 C10。

表 8-14 径向载荷系数(*X*)与轴向载荷系数(*Y*)

组合列数			2 列		3 列			4 列			
组合形式代号			DF	DT	DFD		DTD	DFT	DFF	DFT	DTT
承受轴向载荷的列数			1 列	2 列	1 列	2 列	3 列	1 列	2 列	3 列	4 列
$e=2.17$	$F_a/F_r \ll e$	X	1.9	—	1.43	2.33	—	1.17	2.33	2.53	—
		Y	0.54	—	0.77	0.35	—	0.89	0.35	0.26	—
	$F_a/F_r > e$	X	0.92	0.92	1.92	0.92	0.92	0.92	0.92	0.92	0.92
		Y	—	—	—	—	—	—	—	—	—

2. 轴承与轴、支架孔的配合

轴承与轴和支架空配合推荐值见表 8-15。

表 8-15 轴承与轴和支架配合推荐值

轴或支架孔的公称尺寸/mm		轴尺寸允差 $h_5/\mu m$		支架孔尺寸允差 $H_6/\mu m$	
大于	小于	上	下	上	下
1	18	0	−8	—	—
18	30	0	−9	—	—

续表

轴或支架孔的公称尺寸/mm		轴尺寸允差 $h_5/\mu m$		支架孔尺寸允差 $H_6/\mu m$	
大于	小于	上	下	上	下
30	50	0	−11	+16	—
50	80	0	−13	+19	0
80	120	0	−15	+22	0

注：轴承内孔与轴的配合，亦可采用J5配合。

丝杠轴轴肩和支架孔孔肩对轴心线的垂直度，其值见推荐表8-16。

表8-16　台肩垂直度推荐表

轴径和支架孔尺寸/mm		垂直度/μm
>	<	
—	80	4
89	120	5

第9章 PC数控的轨迹插补与控制原理及实现方法

9.1 何谓PC数控

数控技术的起源可以追溯到20世纪40年代末50年代初，迄今已历经半个多世纪六个阶段的发展历程：第一代的电子管数控系统、第二代的晶体管数控系统以及第三代的集成电路数控系统的基本数控功能主要由电子硬件实现；第四代的小型计算机数控系统的许多功能，可以用软件来实现，开创了计算机数控(CNC)的新纪元；第五代的微型计算机数控系统的出现才真正使CNC得到了快速发展和广泛应用；通用化的个人计算机PC(personal computer)的迅速发展与普及并进入数控技术产生了第六代——PC数控系统，PC数控系统的硬件平台和软件平台完全是通用的。

所谓PC数控是指以通用化的个人计算机PC(personal computer)为基础的计算机数字控制系统(CNC)。与以往的封闭数控技术模式相比，PC的通用性、高性能、经济性和开放性为CNC开创了无可比拟的经济技术优势，实现了与通用计算机技术的并肩发展，在享受计算机领域内的最新成果的同时持续保持着数控加工系统的技术优势。

9.2 PC控制加工过程的基本原理

9.2.1 PC数控加工的基本概念

PC数控系统用来对零件加工过程实现精细的控制，是利用PC强大的数值计算和信息处理能力，对机械加工过程进行数字化控制。基于PC控制的典型数控加工过程如图9-1所示。其运行原理为：

首先通过基于PC(计算机1)组成的数控编程系统将被加工零件的有关信息(几何信息、工艺信息等)转换为数控装置所能接受的指令信息。然后由计算机2组成的PC数控装置对指令进行处理，计算出控制机床各坐标运动的控制信息。最后，由执行装置将控制信息转换为机床各坐标运动部件的实际运动，并通过机床结构将坐标运动进行合成，形成刀具实际运动轨迹，加工出符合设计要求的零件。

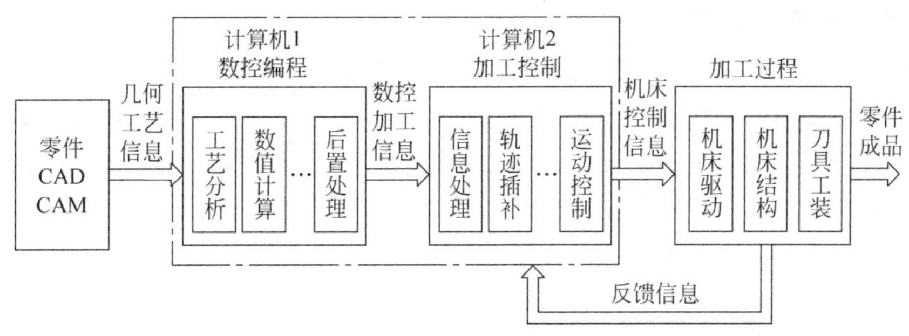

图 9-1　基于 PC 控制的数控加工过程

由上述分析可见，PC 对加工过程的控制，从信息的角度看，实质上就是一种信息变换与处理过程，其基本原理可用“分解与合成”的概念加以概括。这里所说的分解就是零件设计信息细化为控制机床坐标运动的细微指令；合成则是通过动力驱动装置复现细微指令的微小运动，并通过机床结构与工艺过程将各坐标轴的微小运动合成形成刀具的运动轨迹，从而加工出符合设计要求的零件。图 9-2 是进一步阐释“分解与合成”原理的图解说明。

9.2.2　PC 数控加工的实现过程

下面将为围绕“分解与合成”这一核心概念，对 PC 数控加工的基本原理和实现过程做进一步讨论。

1. 零件加工表面分解

零件被加工表面一般是由各种曲面(包括平面)组成的，多数情况下不可能一次走刀加工完。因此，用切削刀具等对其进行切削加工只能按一定的加工路径逐行(逐段)地进行，如图 9-2 所示。那么如何将零件加工表面分解成一条一条的加工路径，便成为数控加工需要首先解决的问题。解决这一问题的过程称为加工路径规划。一般可在加工前通过数控系统以离线方式完成。加工路径这一名称是表示加工工具与工件表面接触点的运动路径。

通过分解加工表面得到的希望加工路径是刀具与工件接触点沿工件表面移动的路径。一般情况下，数控系统并不能直接按加工路径对机床进行控制，而只能对刀具上某一固定点(如球头铣刀的球心、端铣刀端面的中心等)的运动路径(即刀具路径)进行控制，如图 9-3 所示。因此，在得到加工路径后还需要进一步将其转换为刀具运动路径。对于用柱状铣刀加工二维轮廓和球头铣刀加工简单三维曲面，这种转换只是一个求等距偏移路径的过程。对于其他形状复杂的刀具和形状复杂的加工表面，求解刀具路径较为复杂，计算方法将视具体情况而定。

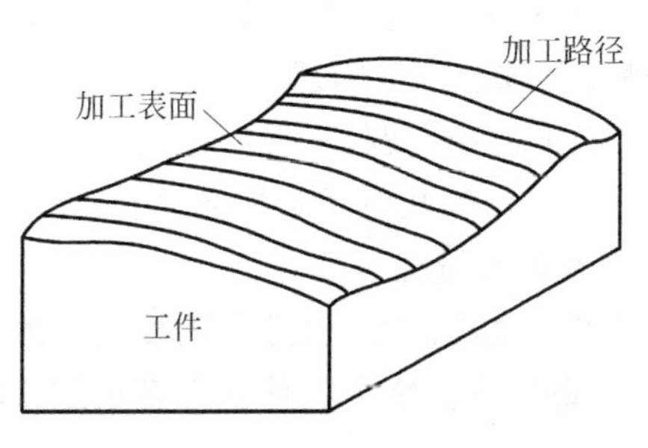

图 9-2　零件加工表面的分解

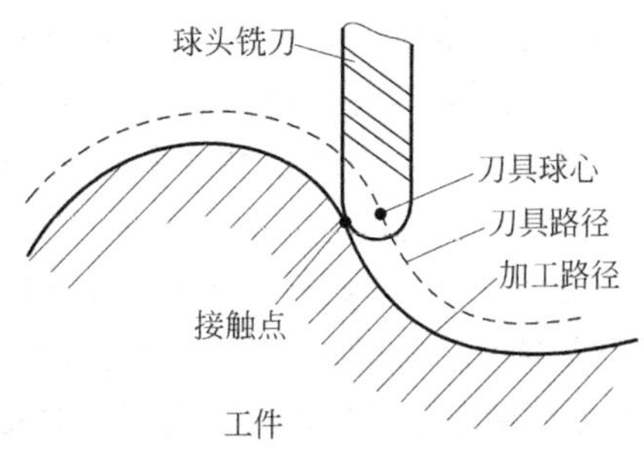

图 9-3　加工路径与刀具运动路径

2. 刀具运动路径分解

一般情况下，根据加工路径求出的刀具运动路径还是一系列复杂的组合曲线，数控系统仍不能按其直接控制机床运动实现加工。为此需要进一步将刀具运动路径分解成数控系统所能接受和执行的最基本数控曲线。目前大多数数控系统所能接受的这种基本数控曲线，只是一些简单的曲线，如直线、圆弧、椭圆、抛物线、双曲线、螺旋线、样条曲线等。因此，将刀具运动路径分解为基本数控曲线仍然是实现数控加工的关键一环。

分解刀具运动路径求取基本数控曲线的方法主要有：

1）直接分解法

如果刀具运动路径由简单的基本曲线段所组成，则可直接从零件图样（或其他载体）上获得这些简单曲线的几何描述信息，如直线的起点、终点，圆弧的起点、终点、半径等。在工程实际中，因为大多数工件轮廓都是由直线、圆弧等简单基本曲线组成，因此，都可以通过直接分解得到数控系统所能接受的基本曲线。

2）函数逼近法

如果加工路径和刀具运动路径是一些用解析表达式描述的复杂曲线，则可用一些简单函数对其进行逼近，从而求得数控系统所能接受的基本曲线。这方面比较常用的方法有直线逼近、圆弧逼近等。

3）曲线拟合法

有时，工件轮廓很复杂，并且是通过实验等方法设计的，没有直接给出其解析表达式。这时要对加工路径和刀具运动路径进行分解，就必须根据图样等信息载体上以数据点序列给出的工件轮廓，通过曲线拟合方法求得基本数控曲线。这方面的典型方法有：圆弧拟合、双圆弧拟合、样条曲线拟合等。

综上所述，分解加工表面和刀具运动路径求取基本数控曲线的过程是比较复杂的，以前靠人工完成，往往要花费很多时间和精力，而且对复杂的表面还难以实现。现在，这一过程可以借助计算机自动编程系统来完成，不但大幅简化了操作人员的工作，而且可解决复杂零件表面的分解问题，将数控加工提高到新的水平。

3. 数控轨迹插补

在通过上述过程得到基本数控曲线后，还需要由数控系统对其进一步分解细化，得到控制机床运动所需的最小希望运动量。这一过程一般称为数控轨迹插补（或轨迹生成），这可由数控计算机通过插补算法完成。需要特别指出，这里的数控轨迹和上面所说的刀具路径具有不同的概念。路径只表示刀具将要走过的道路，只具有几何形状的概念，没有时间上的概念。而轨迹则表示刀具不仅要沿给定的路径运动，而且还规定了完成这一运动所需的时间，即轨迹不但具有几何形状的概念，而且还包含速度和加速度等物理概念。

完成数控轨迹生成的基本方法是插补运算。为便于讨论问题，下面给出插补的基本定义：插补是根据给定的基本数控曲线、刀具路径或零件表面等几何元素描述信息，在这些元素上的已知点之间，按要求的精度和速度进行坐标点密化的过程。

虽然目前大多数数控系统只能对基本数控曲线进行轨迹插补，但随着数控技术的不断进步，将会有越来越多的数控系统可以对复杂的刀具路径甚至整个零件表面直接进行轨迹插补。

插补是数控的核心技术。其具体实现方法可分为脉冲增量插补、数据采样插补和混合插补三大类。

1）脉冲增量插补

由于这类方法中，减小脉冲当量可提高精度，但会降低进给速度，精度和速度要求不能两全，故一般不宜用在高速高精度插补的数控系统中。

2）数据采样插补

数据采样插补的基本概念和实现原理如图 9-4 所示。

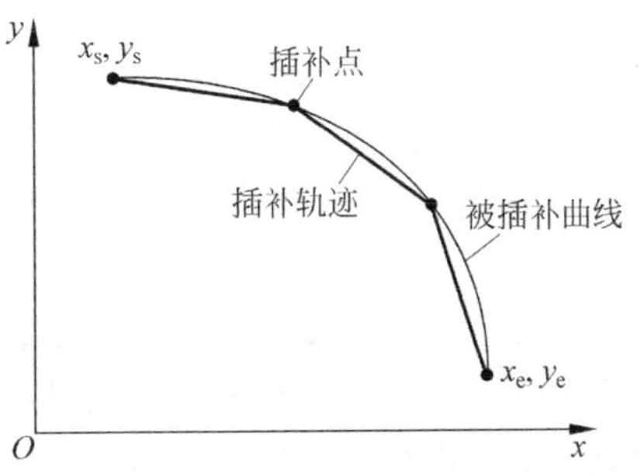

图 9-4　数据采样插补原理说明

其原理可概括以下几点：

(1) 进行时域分割，将时间轴分成等间隔的插补周期。

(2) 在每一插补周期中，用直线段逼近被插补曲线(基本数控曲线)，并根据投影关系计算出各坐标轴的进给量和坐标轴的当前位置(插补点坐标)。

(3) 调节直线段的长短，可控制进给速度；调节直线段长度的变化率，可控制加(减)速度。

(4) 在插补频率一定的情况下，直线段越短越能保证插补精度，但会降低进给速度。要想既保证精度又提高速度，只有提高插补频率。

(5) 采样插补的输出为数字量，可直接控制数字伺服系统等数字执行装置。若采用模拟式伺服系统作为执行装置，则数控装置内应含有数字化位置模块。该模块通过将数字化位置反馈信息与插补产生的数字化指令信息进行比较，根据两者间误差的大小产生位置控制信息，并经 D/A 转换变成模拟量后，对模拟伺服系统进行控制。

数据采样插补具有较大的灵活性，既可达到很高的插补精度，也可达到很高的进给速度，并且具有速度控制方便，合成进给速度均匀性好，可以通过前加减速控制速度变化，以及可根据被插补曲线的曲率变化进行速度自适应控制等突出优点。此外，数据采样插补和相关的加减速控制易于用软件实现。因此，在 PC 数控系统中，数据采样插补方法得到了广泛应用。

3）混合插补

这种插补方法包含两级插补过程。其中第一级是基于数据采样插补原理的曲线插补，用于将被插补曲线分解成微小直线段；第二级为基于脉冲增量插补原理的直线插补，进一步将直线段分解为各坐标轴的进给脉冲。这种插补方法主要用高性能步进电机和脉冲控制式伺服系统。这时既需要达到较高的进给速度和插补精度，又需要以脉冲方式输出控制信息。

4. 坐标运动的实现

根据插补计算产生的数控轨迹，可以知道机床每一坐标的运动部件在所给时刻的希望位置，但这一数值只是一种希望达到的指令值，至于机床的各坐标的运动能否达到指令值的要求，提供插补算法的插补器是无能为力的，还必须由后续的坐标运动的实现环节来完成。在数控系统中，这一从指令值向实际值的转换是通过执行环节(进给驱动伺服系统)来完成的。由于不同的轨迹插补方法所产生的指令信息的表达形式有所差别，再加以不同类型的执行装置有不同的输入信息格式和控制方式，因此，针对具体不同的系统环节的组合，将有不同的坐标运动实现方案。概括起来看，坐标运动的实现方法可分为步进实现法和连续实现法两大类。

1）步进实现法

步进实现法的输入是以单位脉冲表示的控制信息，输出为机床相应坐标轴的单位位移。因此，插补每输出一个指令脉冲，机床运动部件就完成一次阶跃式的步进运动。实际运行时，对应于插补器输出的脉冲序列，机床的运动部件将产生一系列的阶跃式步进运动。随着速度的提高，这种阶跃式步进运动将逐渐被运动部件的惯性所平滑，而变成连续运动。步进实现法可由步进电机等装置实现，具有简单、经济等优点，但有低速运动不平稳、噪声大、精度低等缺点。多用于经济型数控机床。

2）连续实现法

连续实现法的输入为用数字量表示的坐标位移指令，输出为机床坐标的连续位移。连续实现法目前主要由交流伺服电机和直线式伺服电机，特别是常用永磁交流伺服电机和永磁直线伺服电机等装置实现，具有精度高、响应快、运动平稳、出力大、噪声小，甚至可以避免维护等优势。大量应用于中、高档数控系统中，同时也为大量经济型数控系统所采用。

5. 刀具运动轨迹的合成

经过坐标运动实现环节，可以在一定程度上保证各坐标自身运动的准确性，但不能保证刀具运动轨迹的准确性。刀具运动轨迹是通过机床结构将各坐标运动进行合成而产生的，因此，其准确性将受到多方面因素的影响。从总体上看，为保证刀具合成运动轨迹的精度，必须从以下几方面采取有效措施：

1）减小随动误差对合成轨迹精度的影响

随动误差是闭环运动系统的固有误差，一般难以彻底消除，特别是在高速加工情况下，问题更加突出。因此，采取有效措施减小随动误差对合成轨迹精度的影响一直是现代数控系统研究中的一项重要内容。目前，解决该问题的途径包括两方面：一是“单轴高精度控制”，即通过前馈控制、自适应控制等方法，提高各坐标轴自身的随动精度，从而间接提高合成轨迹精度；二是靠“多轴协调控制”，即通过耦合控制、预测控制、学习控制等方法对各坐标轴的随动误差进行调整，使刀具实际轨迹点在滞后指令轨迹点的情况下，总是位于轨迹上，从而达到高的轨迹精度。

2）减小加减速过程对合成轨迹精度的影响

目前，数控系统中有两种实现自动加减速控制的方法，一种为前加减速控制，即将加减速控制置于插补器前，前加减速控制是对合成进给速度进行控制，因此不会对轨迹精度造成影响；另一种为后加减速控制，即将加减速控制置于插补模块后，而后加减速控制是对各坐标轴的速度单独进行控制，这时坐标轴的实际运动将滞后于插补指令，由此会引起与随动误差类似的加减速滞后误差。在加工复杂轮廓零件时，由于加减速频繁，滞后误差必然会对合成轨迹精度产生较大影响。

因此，在数控系统设计时，最好避免采用后加减速法。如果必须采用，则需对各坐标轴的加减速常数进行合理控制，以将加减速滞后误差对轨迹精度的影响减至最小。

3）减小机床误差对合成轨迹精度的影响

机床的几何误差、热变形误差、受力变形误差等均会对刀具合成轨迹的精度产生影响。

例如，当机床 x、y 工作台不垂直时，无论轨迹插补和运动控制如何精确，都无法准确加工出一个简单的圆弧。可想而知，在复杂的多坐标数控机床中，机床误差对刀具合成运动轨迹的影响变得何其严重。因此，为保证刀具运动轨迹的准确实现，除做好插补、控制之外，还必须在机床的机械环节上狠下功夫。

6. 加工轨迹与工件表面的形成

当刀具按照运动轨迹运动时，刀具与工件接触点便在工件表面上走出一条实际的加工轨迹。众多加工轨迹所形成的包络即构成了工件被加工表面。显然，为获得准确的加工表面，必须最大限度地保证实际加工轨迹的几何形状与编程阶段规划的希望加工路径一致。在实际加工中，许多因素都会影响加工轨迹的正确性。其中刀具作为实现数控加工的最后环节，其误差对零件加工精度的影响必须予以充分重视。例如，当用球头铣刀对三维曲面零件进行加工时，即使刀具合成运动轨迹（刀具球心运动轨迹）没有误差，但如果刀具球头的几何形状存在较大误差，仍然会使零件加工表面产生较大误差。

除几何形状误差外，刀具的几何尺寸误差、热变形误差、受力变形误差等都会对加工轨迹和零件表面的精度产生影响。此外，工件在切削力作用下变形，也会对工件加工精度产生影响，特别是在加工薄壁工件时，这一问题将更加突出，应予以充分重视。

总之，为最终保证零件的加工精度，必须采取有效措施将刀具误差和工件变形等对工件表面加工精度的影响减至最小。

9.3　PC 数控的轨迹插补原理

轨迹插补是数控系统最重要的核心技术。从数控加工原理上来看，轨迹插补是一种将基本数控曲线分解为控制机床运动所需的最小希望运动量的方法，由于这一过程必须沿给定的曲线进行大量坐标点的密化，这不但要保证很高的精度，而且要在极短的时间内完成，因此具有相当的难度。自数控技术诞生以来，人们对轨迹插补的理论及实现方法的研究一直未停止过。从经典的比较法到最新的自由曲面直接插补方法，各种插补方法层出不穷。

9.3.1　PC 数控轨迹插补的基本原理

前已述及，为达到高性能，PC 数控系统普遍采用数据采样插补方法（或称数字增量插补方法）。根据采样插补原理，轨迹插补的任务是实现数控轨迹的密化，其输入为数控轨迹的描述信息，输出为数控轨迹上各密化点的坐标值或密化点之间的位移增量。在 PC 数控系统中，实现采样插补的具体方法与系统中的指令信息传递方式有关。

目前，PC 数控系统中插补器与驱动装置之间的信息传递方式主要有两种，一种为数字方式，另一种为脉冲方式。所谓数字方式是指插补器与驱动装置间直接以数字形式传递指令信息，而脉冲方式则是以脉冲形式传递指令信息。下面主要介绍数字方式下的轨迹插补原理。

数据采样插补以数字方式输出插补结果，传送到后继装置——全数字进给驱动伺服系统，虽然在全数字伺服系统中已带位置环，不需要在 PC 中再设置位置控制器，但由于全数字伺服系统还需要数字通信等接口，因此，要将插补指令传送给这类数字伺服系统，也必须采用数字传递方式。

在数字方式下，PC 数据轨迹插补可根据数据采样插补方法一步完成，无须再进行精插补以实现数字脉冲转换。下面就该方法在数字方式下的实现过程作进一步讨论。

数据采样插补的基本思想是在每一个插补周期中，用直线段 ΔL 逼近被插补曲线，由此求得插补点序列 $\{P_1, P_2, \cdots, P_{i-1}, P_i, P_{i+1}, \cdots\}$，如图 9-5 所示。

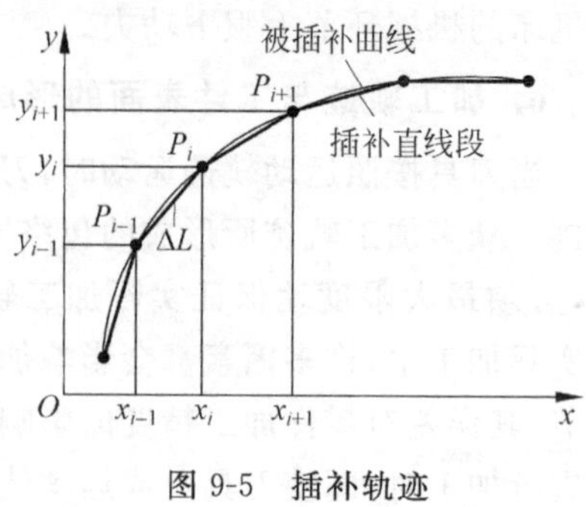

图 9-5 插补轨迹

图中 ΔL 的长度表示了一个插补周期 ΔT 中，插补点沿插补轨迹移动的距离。将直线段 ΔL 投射到各坐标轴上，即可得到一个插补周期中各坐标轴的位移增量 Δx、Δy。因为当前插补点的坐标值是上一插补点坐标值与位移增量之和，即 $x_i = x_{i-1} + \Delta x$、$y_i = y_{i-1} + \Delta y$，所以数据采样插补也给出了指令轨迹上当前插补点的坐标 x_i、z_i。图 9-6 所示是图 9-5 曲线插补后分解到 x、y 坐标轴的数据序列，即坐标运动指令。

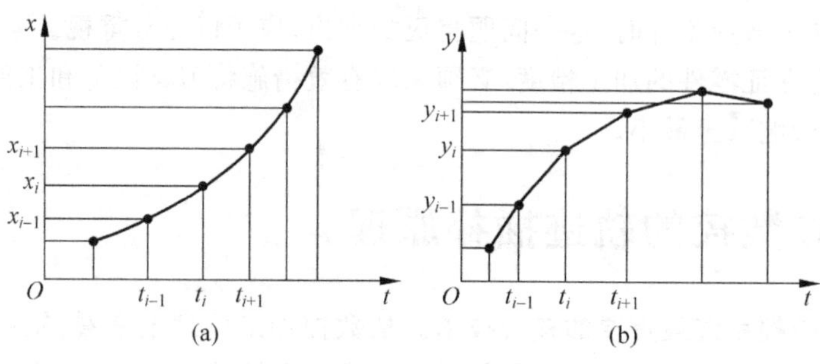

图 9-6 插补轨迹的分解

(a) x 坐标运动指令；(b) y 坐标运动指令

由图 9-6 可见，数据采样插补输出给各坐标轴的指令是不连续的数据序列，而数控轮廓加工必须要求机床各坐标轴做连续运动。因此，如何将不连续的控制信息转换为连续的坐标运动，即在图 9-6 中的数据点之间按照粗实线平滑连接起来，便成为数据采样插补法实现中必须解决的关键问题。在 PC 数控系统中，解决这一问题的关键就是基于离散控制理论中的零阶保持器的恒值外推特性。

PC 数控系统中的运动控制系统是一个高性能的数字化系统(即随动系统)，如图 9-7 所示。当输入指令序列按图 9-6 所示的规律变化时，坐标实际位移也将按同样的规律变化。这不仅使在各采样点上的实际位置与指令序列一致，而且可保证采样点之间的坐标运动也按相同的规律变化，如图 9-6 中点与点之间的连线所示。实现这一运动的原因是，虽然位置控制环是按采样方式工作的，位置控制器仅在采样时刻获取输入信息和反馈信息，并输出离散的控制信号序列，但通过控制器后接的零阶保持器的作用，可将离散的控制信号序列转换为近似的连续控制信号 $U(s)$。此后，通过驱动单元动态特性的进一步平滑作用，所驱动的机床运动部件即可保持平稳的连续运动，使坐标点的运动从上一插补点平稳移动到当前插补点，由此即可实现两插补点间的平滑连接。

这样，如果将各坐标轴配上与图 9-7 相同的运动控制系统(见图 9-8)，使各坐标轴都能

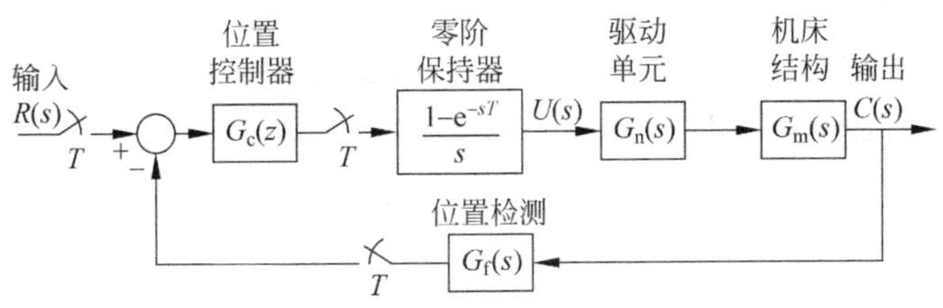

图 9-7 具有离散位置控制环的运动控制系统

将离散化的位移指令转变为连续均匀的位移运动，那么多坐标运动合成得到的轨迹就是连接两离散插补点的平滑插补轨迹。这意味着，多坐标运动控制系统在一个插补周期中所实现的连续合成运动的作用就是一种精插补，它在数据采样插补算法当前采样周期输出的插补点与上一周期的插补点之间进行了无穷多点的密化，正是由于这些无穷多点的有序排列才形成了实际直线段 ΔL。

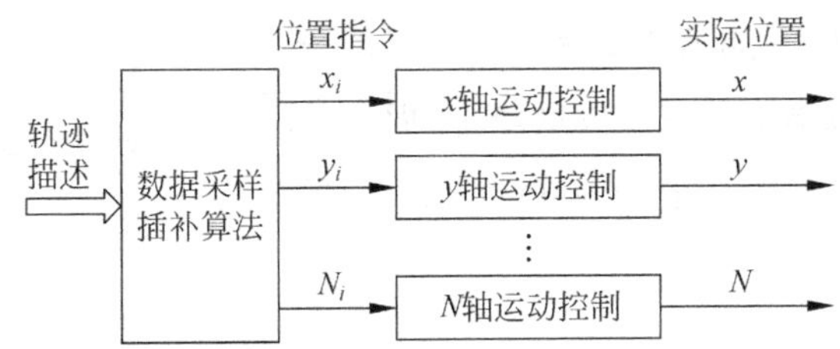

图 9-8 数字方式下轨迹插补实现原理

从上述插补原理可知，离开了数字化的运动控制系统，基于数字方式的轨迹插补就无法实现。根据上面的分析还可看到，缩短采样周期 ΔT，将有利于提高轨迹精度和运动的平稳性。

另外，由图 9-6 可以看到，插补轨迹分解到 x 坐标运动位移指令或 y 坐标运动位移指令时，每个坐标运动指令的合成运动位移指令 ΔL 对自变量时间 t 来说，在一个插补周期的微小时间内都是一个斜坡函数，即 PC 数控系统中的插补器的输出为位置控制器的输入是一个斜坡信号，这一认识是很重要的，对速度控制环设计的理解也是必不可缺的。

9.3.2 PC 数控轨迹插补的基本方法

为避免误差积累，提高插补精度，PC 数控系统广泛采用基于绝对坐标系的数据采样插补方法。

在这类数据采样插补中，常涉及三角函数、开方等实时计算问题。为缩短计算时间，可利用 PC 中的 CPU 自带数字协处理器的优势，直接完成这类函数的快速计算。也可利用 PC 内存容量大、编程方便等特点，充分利用实时查表法、样条插值法等完成所需的复杂计算。

9.3.2.1 空间直线插补方法

因为曲面可以由空间曲线组成，而空间曲线又可以用空间直线来逼近，所以空间直线的插补尤显重要，应用较多。对多维线性函数的运动轨迹进行插补，可以控制多坐标轴的联动。多维线性函数的运动轨迹其合成后不一定是直线。例如,空间直线插补法可用于三维线性函数插补,若此函数中有一个变量是转角,最后走出来的运动轨迹也就不是直线了。空间直线插补与平面直线插补的原理相同,只是需要数据采样插补器增加一个 z 坐标运动指令。

1. 插补原理

已知待插补直线段如图 9-9 所示,其起点和终点分别为 O 和 P_e。根据采样插补原理,对该直线段进行插补的过程为:从起点开始,不断用微小直线段 ΔL_i($i=1,2,\cdots$)逼近被插补直线,直至到达终点。在这一过程中,空间矢量 $\overrightarrow{OP_i}$ 的长度随着微小直线段的累加不断增长,因此其端点 P_i 的轨迹即为插补轨迹,其表达式为

$$\overrightarrow{OP_i} = L_i\boldsymbol{N} \tag{9-1}$$

式中:L_i——动点 P_i 距直线起点 O 的距离,$L_i=L_{i-1}+\Delta L_i$;

$\boldsymbol{N}$——被插补直线方向的单位矢量,$\boldsymbol{N}=\overrightarrow{OP_e}/|\overrightarrow{OP_e}|$。

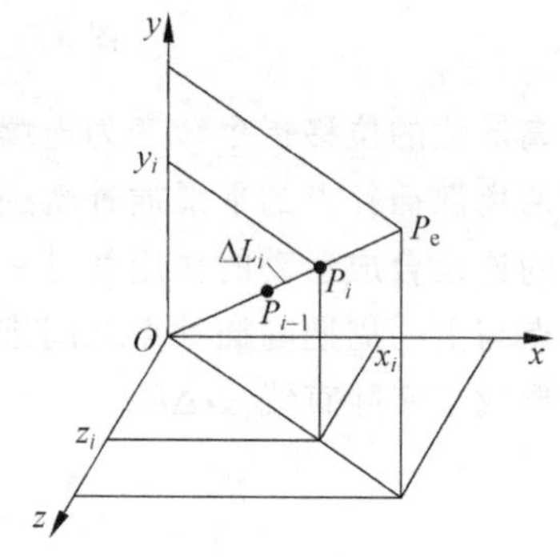

图 9-9 空间直线采样插补原理

将 $\overrightarrow{OP_i}$ 投射到各坐标轴,即得到插补点(动点)的坐标值 x_i、y_i、z_i。

2. 插补预处理

为减小插补计算量,在进行实时插补计算前可进行必要的预处理。其任务是根据数控系统得到的输入信息,将一些只需一次性计算的任务,在实时插补前完成。对于直线插补,预处理阶段所需完成的工作主要有以下方面。

(1) 计算被插补直线段的长度

$$L = \sqrt{x_e^2 + y_e^2 + z_e^2} \tag{9-2}$$

式中:x_e、y_e、z_e——x、y、z 坐标轴移动距离。

(2) 计算单位矢量 $\boldsymbol{N}$ 在各坐标轴方向的分量

$$\begin{cases} N_x = x_e/L \\ N_y = y_e/L \\ N_z = z_e/L \end{cases} \tag{9-3}$$

3. 实时插补计算

实时插补是一个从直线起点开始、终点结束,时间间隔为 ΔT 的周期性循环计算过程。在每一插补周期中所完成的计算任务如下:

首先,从进行加减速处理得到当前瞬时进给速度 F_i(mm/min)。

然后,根据 F_i 和插补周期 ΔT(ms),用下式计算当前插补周期中的插补直线段长度 ΔL_i(mm):

$$\Delta L_i = \frac{F_i\Delta T}{60000} \tag{9-4}$$

在此基础上,计算当前插补点(动点)距直线起点的距离 L_i:

$$L_i = L_{i-1} + \Delta L_i \tag{9-5}$$

最后，将动点对应的 L_i 值代入以下公式，求得动点的坐标值：

$$\begin{cases} x_i = L_i N_x \\ y_i = L_i N_y \\ z_i = L_i N_z \end{cases} \tag{9-6}$$

重复以上过程直至到达终点，即可完成整个直线段插补。

在实际插补过程中，由于各种扰动因素（如进给倍率改变、进给速度指令值改变等）的影响，会使插补直线段长度 ΔL_i 的累计值不正好等于被插补直线长度 L，因此在插补过程中还需根据实际情况对插补直线段长度进行动态均化处理。

9.3.2.2　多轴线性插补方法

在多坐标数控系统中，常常采用多轴线性插补（或称 n 维空间直线插补）的方法对数控机床进行轨迹控制。

实现多轴线性插补的典型方法有三轴扩展法、直接计算法等。下面以具有旋转坐标 A、B 的五坐标线性插补为例对这两种方法进行介绍。

1. 三轴扩展法

该方法以上面介绍的三维空间直线插补为基础，实现过程如下：

首先，计算三维空间插补直线段长度

$$L = \sqrt{x_e^2 + y_e^2 + z_e^2} + L' \tag{9-7}$$

式中：L'——插补长度修正量，可根据旋转坐标对直线运动影响的大小确定；如果旋转运动角度较小，可将 L' 取为零；如果直线运动距离为零，L' 需据旋转角度取值。

然后，根据下式求出各坐标进给比例系数

$$\begin{cases} K_x = x_e/L \\ K_y = y_e/L \\ K_z = z_e/L \\ K_A = A_e/L \\ K_B = B_e/L \end{cases} \tag{9-8}$$

式中：x_e、y_e、z_e——x、y、z 坐标轴移动距离；

A_e、B_e——A、B 坐标轴旋转角度。

最后，根据进给比例系数求出五维空间中当前插补点的坐标值

$$\begin{cases} x_i = L_i K_x \\ y_i = L_i K_y \\ z_i = L_i K_z \\ A_i = L_i K_A \\ B_i = L_i K_B \end{cases} \tag{9-9}$$

式中：L_i——当前插补点在三维空间中的映射点距直线 L 起点的距离，可按式 $L_i = L_{i-1} + \Delta L_i$ 计算。

2. 直接计算法

对于多坐标数控加工，许多情况下，数控程序不给出以每分钟进给距离（mm）表示的进

给速度，取而代之的是给出进给率(时间倒数)，即 $F=1/t$，其中 t 为走完一个程序段所需的时间(min)。由于多坐标加工时，程序段一般很短但数量很多，因此在一个程序段的插补过程中，可以让进给率 F 保持为常数，而仅在变换程序段时，才进行 F 值调整(如按照进给倍率值对 F 进行调整)。这样，多坐标联动的插补计算将比较简单，下面讨论其实现方法。

根据走完一个程序段所需的时间 t(min)和插补周期 ΔT(ms)，可计算出走完一个程序段所需的插补周期数

$$n=\frac{60000t}{\Delta T} \tag{9-10}$$

由此即可计算出一个插补周期中，某坐标移动的距离

$$\Delta S=\frac{S_e}{n}=S_e\frac{\Delta T}{60000t}=S_e\frac{\Delta TF}{60000}=S_eK \tag{9-11}$$

式中：S_e——一个程序段中坐标轴的总移动距离；

K——比例系数，$K=\dfrac{\Delta TF}{60000}$。

将上式用于各具体坐标轴，有

$$\begin{cases}\Delta x=x_eK\\\Delta y=y_eK\\\Delta z=z_eK\\\Delta A=A_eK\\\Delta B=B_eK\end{cases} \tag{9-12}$$

据此，按照当前插补周期的序号 i，即可求出当前插补点的坐标值

$$\begin{cases}x_i=i\Delta x\\y_i=i\Delta y\\z_i=i\Delta z\\A_i=i\Delta A\\B_i=i\Delta B\end{cases} \tag{9-13}$$

9.3.2.3 圆弧插补方法

1. 插补原理

被插补的圆弧如图 9-10 所示，半径为 R，圆心位于坐标原点 O，端点为 $P_s(x_s,y_s)$和 $P_e(x_e,y_e)$。根据采样插补原理，圆弧插补的任务是，沿给定的圆弧轨迹在两端点之间进行坐标点密化，并使插补点之间的距离 ΔL_i 满足速度和精度要求。根据图中关系，位于圆弧轨迹上的插补点(动点)坐标可按下式求得：

$$\begin{cases}x_i=R\cos\theta_i\\y_i=R\sin\theta_i\end{cases} \tag{9-14}$$

式中：θ_i——动点角位置(直线$\overline{OP_i}$与坐标轴 x 的夹角)。

这样，根据进给方向、进给速度和精度要求控制 θ_i 的增加或减少，即可控制动点沿圆弧轨迹逆时针或顺时针运

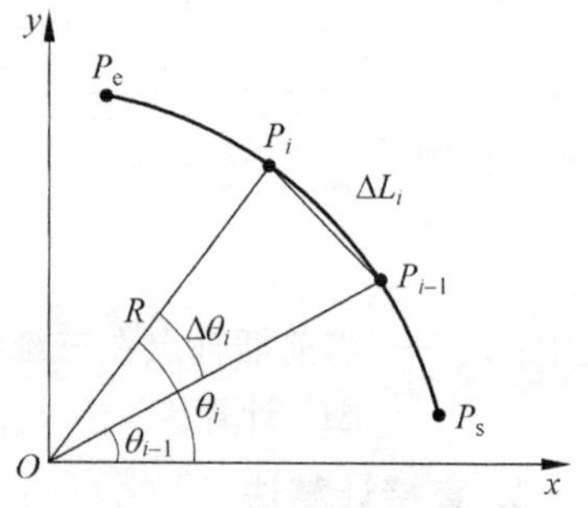

图 9-10 圆弧插补原理

动，从而实现逆圆或顺圆插补。

2. 实现方法

由于式(9-14)就是圆弧的参数方程，因此可确保按其计算的插补点位于圆弧指令轨迹上。剩下的问题是，如何使插补速度和逼近误差(插补直线段与圆弧间的误差)满足要求，为此采取以下措施。

1) 速度控制

由图 9-10 可知，两相邻插补点对应的位置角有以下关系：

$$\theta_i = \theta_{i-1} + \Delta\theta_i \tag{9-15}$$

式中：$\Delta\theta_i$——步距角(插补直线段 ΔL_i 对应的圆心角)。

如果对步距角进行控制，使其满足

$$\Delta\theta_i \approx \frac{\Delta L_i}{R} = \frac{F_i \Delta T}{60000R} \tag{9-16}$$

式中：F_i——进给速度，mm/min；

ΔT——插补周期，ms。

则可使插补点的运动速度满足给定的进给速度 F_i。

2) 误差控制

为满足误差要求，可按给定的允许误差对 $\Delta\theta_i$ 进行约束控制，使其最大值满足

$$\Delta\theta_{\max} = \frac{2\sqrt{e(2R-e)}}{R} \tag{9-17}$$

式中：e——所允许的最大径向误差。

这样，实际运行过程中若 $\Delta\theta_i < \Delta\theta_{\max}$，则按式(9-16)求出的 $\Delta\theta_i$ 进行插补运算，否则按 $\Delta\theta_i = \Delta\theta_{\max}$ 进行插补运算。因为式(9-17)的计算可在预处理阶段完成，所以上述误差控制不会影响插补的实时性。

3. sinθ 和 cosθ 的快速计算

按照上述原理和方法进行圆弧插补可以避免一般递推方法引起的误差积累，但必须解决 $\sin\theta$ 和 $\cos\theta$ 的快速高精度计算问题。下面以样条函数逼近法解决此问题。

设以 1°为间隔将 0°～90°区间分成 90 个小区间，采用三次样条函数在 90 个小区间上逼近 $\sin\theta$，将所得 90 段样条函数的系数 a_k、b_k、c_k、d_k($k=1,2,\cdots,90$)保存于内存中，供实时插补计算时使用。

实时计算时，首先根据 θ 取值确定所在小区间，然后取出对应的样条函数的系数 a_k、b_k、c_k、d_k，最后将所得系数和 θ 代入以下样条函数公式，即可求出 $\sin\theta$ 值。

$$\sin\theta \approx a_k\theta^3 + b_k\theta^2 + c_k\theta + d_k = [(a_k\theta + b_k)\theta + c_k]\theta + d_k \tag{9-18}$$

根据上式求 $\sin\theta$ 只需三次乘法运算和少量加法运算，因此在保证同样精度的前提下计算速度比级数展开法快得多。

求 $\cos\theta$ 时，可根据 $\cos\theta = \sin(90° - \theta)$ 转换为与求 $\sin\theta$ 相同的过程进行。

当 $\theta > 90°$时，可根据三角函数的对称性进行适当变换，由 0°～90°的区间内的数据求出 $\sin\theta$ 和 $\cos\theta$。

以上只介绍了传统的基本插补方法——直线插补方法和圆弧插补方法。此外，在 PC

数控系统中，还用到椭圆插补法和螺旋线插补法以及三次 B 样条插补和三次非均匀有理 B 样条曲线方法等。

9.3.3 PC 数控的高速采样插补方法

9.3.3.1 低频采样插补存在的问题

由于数据采样插补的基本思想是用各插补周期产生的微小直线段去逼近被插补曲线，因此插补误差是不可避免的，其值可由下式给出：

$$\delta=\rho\left[1-\sqrt{1-\left(\frac{\Delta L}{2\rho}\right)^{2}}\right] \tag{9-19}$$

式中：ΔL——插补直线段长度；

ρ——插补点处被插补曲线的曲率半径。

由式(9-19)可知，插补直线段越短，越能保证插补精度。但是，在进给速度一定的条件下，要得到足够短的插补直线段，必须具有很短的插补周期。然而，由于受软硬件环境的限制，以前许多数控系统采用低频率插补方法，插补频率一般为几百赫兹，采样周期只能达到数毫秒，这就带来了以下几方面问题：

(1) 在加工曲率半径较小的曲线曲面轮廓时，将产生较大的插补误差。例如，当插补周期为 5ms，进给速度为 30m/min，被插补曲线当前曲率半径 $\rho=12.5$mm，根据式(9-19)可计算出插补误差 $\delta\approx0.063$mm。显然，这样的插补精度，对于现代高精度数控机床来说是不能容忍的。

(2) 限制了进给速度的提高，不能满足现代数控机床进行高速加工的需求。例如，当用直径为 ϕ15mm 的指状铣刀，以圆周铣法加工直径为 φ40mm 的孔时，若要保证插补误差小于 0.0001mm，则进给速度必须低于 1200mm/min，即刀具沿孔圆周的公转速度只有 0.25rad/s。这样的进给速度对于高速加工来说是不能接受的。

(3) 由于低频插补的一个插补周期所产生的插补直线段比较长，因此一般还需要进一步进行精插补，才能保证伺服执行的正确性(平稳性)。这种两级插补方案将增加数控系统软硬件的复杂性，不仅提高了系统成本，而且对系统的可靠性造成不利影响。此外，如果精插补采用脉冲增量插补法实现，则由于受插补速度和脉冲传递速度的限制，其脉冲频率一般低于 1MHz。这样当脉冲当量为 0.0001mm 时，所能达到的进给速度将低于 6m/min。显然，这是无法满足高速高精度数控机床的需要的。

9.3.3.2 提高采样插补性能的思路

为解决常规低速采样插补方法存在的问题，在 PC 数控系统中可采取新的思路来设计轨迹插补器，其要点可概括为以下几点：

1. 大幅提高插补频率

插补频率是影响数控系统轨迹控制精度和进给速度的关键因素。为既保证高的轨迹精度，又达到高的进给速度，唯一的办法就是提高插补频率。插补频率公式为

$$f=\frac{1000F}{60\sqrt{4\delta(2\rho-\delta)}} \tag{9-20}$$

由式(9-20)可知,如果插补允许误差$\delta=0.0001\text{mm}$,当以高速($F>30\text{m/min}$)加工小曲率半径($\rho<15\text{mm}$)轮廓时,要求插补频率 f 高达数千赫兹。为此,在开发新型 PC 数控系统时,将插补频率提高到 10000Hz,即插补周期为 0.1ms,这一数值是普通数控系统的 20～40 倍。

2. 有实效地提高系统分辨率

数控系统的分辨率对数控机床的加工精度有直接的影响。一般来说,数控系统的分辨率应比所控制的机床的加工精度高一个数量级。如果要求数控机床达到微米级的加工精度,则数控系统的分辨率必须达到 0.1μm。

对于插补周期为数毫秒的常规数控系统,如果将其分辨率提高到 0.1μm,显然不符合实际,也无法取得实效。这是因为,这种系统在高速下的插补误差已大大超过 0.1μm,系统的输入输出再精确,也被插补误差吃掉了,提高分辨率只是徒劳无功。

要真正有实效地提高数控系统的分辨率,就必须先有效地提高插补频率。PC 数控系统的高性能使这一要求成为现实。例如,当 PC 数控系统的插补频率提高到 10000Hz 后,高速插补小曲率半径曲线的插补误差仍能控制在 0.1μm 内。在此基础上,将系统的分辨率提高到 0.1μm,可为提高数控机床的加工精度作出贡献。

3. 实现粗精插补合一

为彻底解决低频插补所产生的两级插补问题,在高速插补中可以通过"插补位控同步"和"直接数据传递"的途径实现粗精插补合一。这里的插补位控同步是指插补频率达到位置控制环的采样频率,并使插补与位控的动作保持严格的同步关系。对于高性能的位置环,其采样周期一般为零点几毫秒。本节所介绍的高速插补的周期为 0.1ms,在速度上已达到位置环的采样水平。进一步通过合理的软硬件设计,则可实现高速插补与位置控制的同步。

所谓直接数据传递是指插补器与位置控制模块的信息传递直接通过数字量进行,而不采用常规的脉冲量来传递。这样,可去掉按常规方法连接插补器与数字式伺服系统所需的数字/脉冲转换环节(插补侧)和脉冲/数据转换环节(伺服侧),从而彻底消除信息传递瓶颈。

在上述高速插补加高速同步数据传递的环境下,因插补直线段长度已足够短,并且插补器输出数据的改变周期也短到位置环所能分辨的最小值,因此完全不需要再对插补器的输出进行细化。事实上,这就相当于将常规的独立精插补功能融合进了高速采样插补中,即实现了粗精插补合一。

4. 软硬件紧密结合发挥综合优势

实现 0.1μm 的分辨率和 0.1ms 周期的高速采样插补,在技术上是有一定难度的。为实现这一目标,在 PC 数控系统的硬件开发和软件设计上可以以新型高性能处理器(如 Pentium D 等)为硬件基础,通过高效算法和直接操纵 CPU 核心硬件的软件设计技术,充分发挥软硬件最佳结合的综合优势,从而有效地保证高速高精度插补技术的实现。

9.3.3.3　高速高精度插补的硬件环境

新一代 PC 数控系统采用如图 9-11 所示的硬件方案。该方案的最大特点是使预处理、高速插补和位置控制三位一体,通过实时操作系统支持下的多线程机制共同运行于同一 PC 硬件平台上。这不但省去了各模块间的硬件接口,消除了信息传递的瓶颈,而且有效地缩小了硬件规模，提高了系统的可靠性。这一方案将为高速高精度插补提供更有利的硬件环境。显然，实现上述方案的前提是必须有高水平的硬件基础。为在不增加系统硬件规模的前提下，建立高性能 PC 数控系统硬件环境，可以采用多核心高主频的新型高性能 CPU 作为系统运算和控制核心。

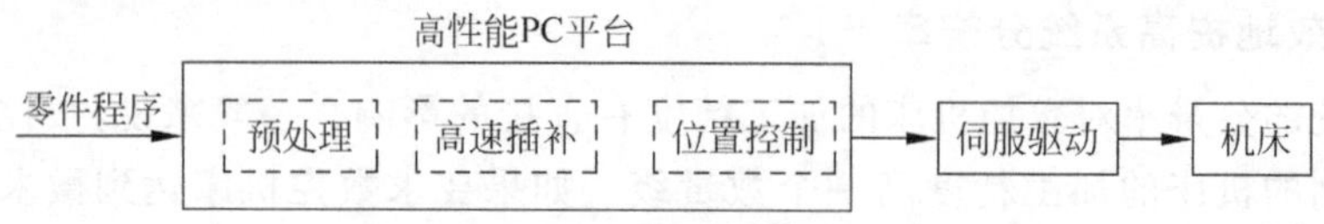

图 9-11 高速高精度插补的硬件方案

9.3.4 PC 数控的柔性加减速控制方法

数控加工正朝着高速高效方向发展。在高速加工中，一方面由于进给速度很快，为充分利用机床的有效工作行程，必须要求各坐标运动部件能在极短时间内达到给定速度，并能在高速行程中瞬间停准。另一方面，由于高速加工的切削时间缩短，换刀间隔缩短，机床起停运动频繁，因此，缩短运动部件起停的过渡过程时间，也将具有重要意义。上述两方面要求归结到一点，就是要求机床运动具有极短的加、减速过渡过程。然而，仅从时间上去考虑缩短过渡过程而不对机床的加减速动态过程进行合理控制，必将给机床结构带来很大的冲击，轻者将使其难以正常工作，重者将损伤机床零部件。因此，如何保证在机床运动平稳的情况下，实现以过渡过程的时间最短为目标的最优加减速控制，使机床具有满足高速加工要求的优良加减速特性，就成为现代数控机床必须解决的关键问题之一。

为解决此问题，一方面要求数控系统能因机而异、因时而异地来动态地确定加、减速控制规律(即动态选择或生成与具体情况相适应的加减速曲线)；另一方面，需要在控制系统中采用特殊的方法来实现这种动态规律(多变的加、减速曲线)，显然，传统数控系统采用的固定加减速方法是无法实现这一要求的。为此，根据开放式数控的思想，提出一种可根据任意曲线对数控机床的运动进行自动加减速控制的方法。这种方法将自动加减速控制由传统的固定模式推向新型的柔性模式，为提高数控机床的动态性能探索出一条新路。

9.3.4.1 柔性加减速控制的基本思想

传统数控系统中，一般由系统程序直接实现特定的(如直线、指数曲等)自动加减速控制功能。在这一方式下，要对系统的加减速特性作大的改变或增加新的加减速控制规律，就必须修改数控系统程序，因而普通用户无法按自己的意愿使数控机床具有最佳的加减速功能。与此相反，本节介绍的柔性加减速控制方法则采用数据库的原理，将加减速控制分为加减速描述与实施两部分，并将加减速描述与系统程序相分离。这样，若要改变系统的加减速控制规律，只需独立地修改加减速描述数据，而不需要修改数控系统的程序，从而为用户提供一种按自己实际情况改变系统的加减速性能的新功能。在这一新的控制方式下，数控系统的自动加减速控制功能将具有高度柔性并对用户完全开放。

为做到加减速的计算和控制过程与加减速曲线形状无关，可以实时数据库的形式来独立存储加减速曲线，即将用户给定的加、减速曲线或系统自动生成的加、减速曲线进行数字化处理，得到其离散形式，并以数表形式存放于 PC 数控系统内的加减速曲线库中。在数控系统软件中,则设计一条通用的与加、减速数据库内容(曲线形状)无关的控制通道,由其独立完成加减速计算和轨迹控制。

该方法的实现原理如图 9-12 所示。图中,加减速曲线库中存放着用户给定或系统自动生成的加减速曲线。系统运行时,首先根据数据处理模块给出的有关控制数据和来自检测及反馈环节的机床实际状态信息进行加减速分析。如需加减速控制,则通知曲线选择模块从加减速曲线库中选出最合适的加减速曲线,并发出加减速控制指令给加减速计算模块,由其根据所选定的加减速曲线计算出采样周期的瞬时速度。然后,由轨迹插补计算模块生成刀具运动轨迹,并发出运动控制指令送往驱动装置。最后由驱动装置以希望的加减速控制规律驱动机床运动部件运动,从而使机床运动的动态特性达到最佳。下面讨论在该环境下自动加减速的实现过程。

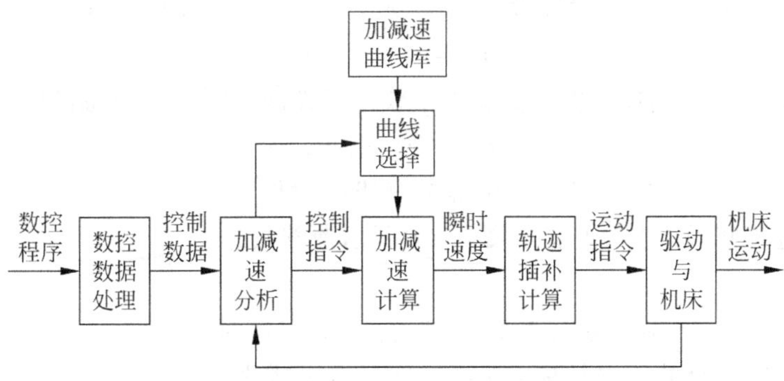

图 9-12　柔性加减速控制原理框图

9.3.4.2　柔性自动加速控制

设给定的加速曲线(解析曲线或非解析曲线)如图 9-13 所示,现将其作为样板曲线以数表形式存放于加减速曲线库中。图中,f_d 为加速过程进给速度总改变量(以下将其称为样板速度差),t_d 为加速过程所需时间(样板加速时间)。根据加速曲线数表实现自动加速控制的过程如下:

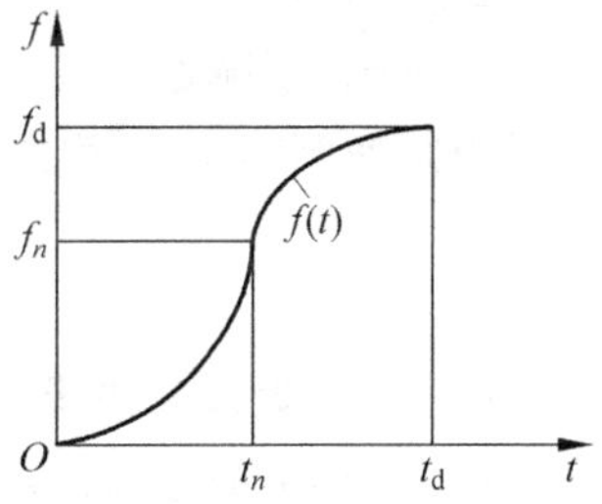

图 9-13　自动加速曲线

首先,根据加速开始前的进给速度 F_1,加速过程结束后的希望进给速度 F_2,求出加速过程速度差 $F_D=F_2-F_1$,并据此计算出实际速度差与样板速度差的比值

$$K = F_D/f_d \tag{9-21}$$

然后,根据加速开始到当前时刻所经历过的插补周期个数 n,计算出查表时间

$$t_n = \Delta T n/K \tag{9-22}$$

式中:ΔT——采样周期。

根据 t_n 查加速曲线表可得样板速度增量 f_n。由此可计算出经过 n 个插补周期后实际速度的改变量:

$$\Delta F_n = f_n K \tag{9-23}$$

进一步,将求出的 n 周期速度改变量 ΔF_n 代入下式,求出当前插补周期的实际进给速度

$$F_i = F_1 + \Delta F_n \tag{9-24}$$

最后，根据所求得的 F_i 计算当前采样周期中插补直线段的长度，并据此进行轨迹计算，即可实现满足图 9-13 所示曲线要求的自动加速控制。

9.3.4.3 柔性自动减速控制

给定的减速曲线如图 9-14 所示，如同加速曲线一样，将其作为样板以数表的形式存放于加速曲线库中。根据减速曲线数表实现自动减速控制的过程如下：

首先，根据减速开始前的进给速度 F_1，减速过程结束后的希望进给速度 F_2，求出减速过程速度差 $F_D = F_1 - F_2$。

然后，按照与加速控制相同的过程由式(9-21)、式(9-22)求出查表时间 t_n，并查减速曲线表得样板速度增量 f_n。由此可计算出经过 n 个插补周期后实际速度的改变量

$$\Delta F_n = F_D - f_n K \tag{9-25}$$

进一步，将求出的 n 周期速度改变量 ΔF_n 代入下式，求出当前插补周期的实际进给速度

$$F_i = F_1 - \Delta F_n \tag{9-26}$$

最后，根据 F_i 计算当前采样周期中插补直线段的长度，并据此进行轨迹计算，即可实现满足图 9-14 所示曲线要求的自动减速控制。

对于自动减速控制，减速前还需预测减速点，决定何时开始减速。确定减速点的依据是减速距离 s，其计算公式为

$$s = \left(\frac{F_1 - F_2}{f_d}\right)^2 s_d + \frac{F_1 - F_2}{f_d} t_d F_2 \tag{9-27}$$

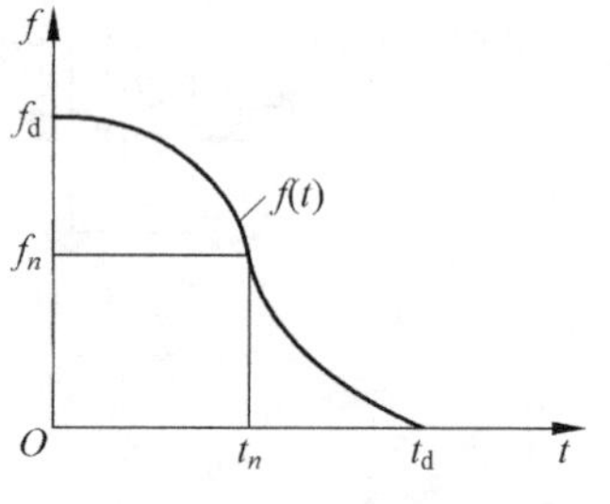

图 9-14 自动减速曲线

式中：F_1、F_2——减速过程前后的进给速度；

f_d——减速曲线样板速度差；

t_d——样板减速时间；

s_d——样板减速距离。

样板减速距离 s_d 可通过下式的离线方式预先求得，并存储于加减速数据库中。

$$s_d = \int_0^{t_d} f(t)\,dt \approx \sum_{i=1}^{m} f_i \Delta t \tag{9-28}$$

式中：f_i——样板减速曲线 $f(t)$ 离散取值；

m——样板减速曲线离散点总数；

Δt——数值积分的时间增量。

由于上述柔性加减速控制方法将加减速描述与系统程序相分离，使得改变系统加减速性能时只需独立地修改加减速描述数据，而不需要修改数控系统程序。这样，用户可按自己的实际情况方便地改变系统的加减速控制规律，从而获得最佳的机床动态性能。

9.4 PC 数控的轨迹控制原理与方法

前已述及，数控的轨迹插补是数控系统最重要的核心技术，轨迹插补的任务是实现数控轨迹的密化，其输入为数控轨迹的描述信息，输出为数控轨迹上各密化点的坐标值，或密化

点之间的坐标位移增量。而本节所要讨论的轨迹控制则是 PC 数控的另一个核心技术。轨迹控制的主要任务是将轨迹插补产生的希望轨迹尽可能准确地转变为刀具的实际运动轨迹。插补完全可以由计算机等微电子技术硬件及软件实现，尽管它要求精度高、误差小、速度快，实现难度相当大，但轨迹控制要求刀具的实际运动能准确复现希望轨迹，对于电子-电气-机械传动部件组成的一个拖动刀具的动力控制系统来说，在较大负载和惯性情况下，实现几近与希望轨迹一致的运动就显得格外困难和不易了。

轨迹控制从原理上分为两类，一是直接控制法，二是间接控制法。直接控制法通过检测刀具的实际运动轨迹，以轨迹闭环方式实现轨迹控制。从原理上讲，这是一种理想的轨迹控制方法，但是，由于技术条件的限制，目前还难以精确地、实时地检测到刀具的实际运动轨迹，特别是对于一些复杂的运动轨迹更难以实现。而间接控制法是通过运动控制加误差补偿的方式实现轨迹控制，在实现上难度较小，而又能保持一定的轨迹精度，满足实际工程上需求，因而得到广泛应用。本节将主要介绍轨迹的间接控制法。

9.4.1　PC 数控轨迹控制的基本原理

对于数控加工来说，理想的轨迹控制应按图 9-15 所示来进行。

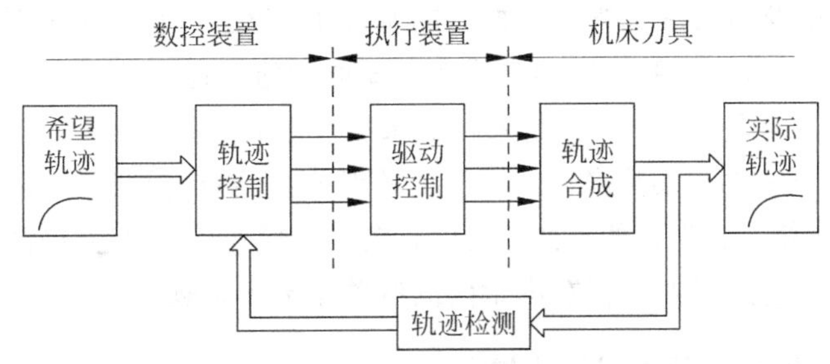

图 9-15　轨迹直接控制法原理图

这是一种通过直接检测刀具实际运动轨迹，并将其作为反馈信息而构成的闭环控制。其中，轨迹控制器是轨迹闭环控制系统的核心，其任务是根据希望轨迹数据和实际轨迹数据(由轨迹检测得到)计算出轨迹偏差，然后根据轨迹偏差在各坐标方向分量的大小求出驱动各坐标运动的运动量，并通过运动驱动环节和机床结构予以执行，从而消除轨迹偏差，最后保证刀具实际轨迹与希望轨迹一致。因此这一方法可称为轨迹直接控制方法。

由上述可知，实现轨迹直接控制的关键是要实时获取刀具实际运动轨迹信息，然而，在实际数控加工中，要对刀具实际运动轨迹进行实时精确的检测是很困难的，在很多情况下都是无法实现的。因此，在现有数控机床上，普遍采用图 9-16 所示的间接控制方法，来实现刀具运动轨迹控制。

间接控制法的基本思想是：将总的复杂轨迹控制任务分解为两个层次的较为简单的子控制任务。第一层次的子任务为坐标运动控制，第二层次的子任务为误差补偿控制。然后针对各层次子任务的特点，采取相应措施进行有效控制。对于第一层次的坐标运动控制，由于轨迹插补后各坐标已成独立通道，相互之间影响很小，因此可对各坐标轴的运动单独进行控制，如采用闭环(或半闭环)等控制方法来实现准确的坐标运动控制。对于第二层次的误差补偿控制，主要是采取误差补偿方法对机床误差、伺服误差等进行补偿控制，从而保证合成轨迹的准确实现。在对轨迹精度要求较高的情况下，可采用实时反馈闭环补偿控制法。

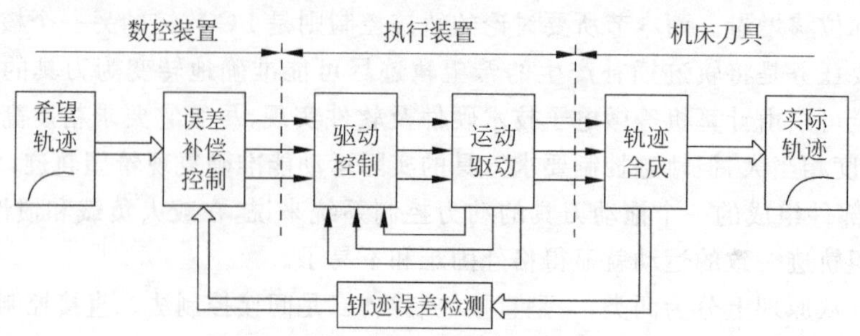

图 9-16 轨迹间接控制法原理图

对于一般要求的数控机床,可采用离线测量在线控制的补偿方法。对于精度要求不高的情况,第二层次的误差补偿控制也可以省略。

在轨迹间接控制法中,第一层次的坐标运动控制是基础,是保证轨迹精度的关键。只有在准确实现坐标运动的基础上,第二层次的误差补偿控制才能发挥出应有的作用,达到锦上添花的效果。因此,为按间接控制法实现轨迹控制,最基本的前提是要解决坐标运动的精确控制问题。这是本节所讨论的主要问题。

在通过坐标运动控制实现基本轨迹控制的基础上,为进一步提高间接控制法的轨迹控制精度,可在第二层次的误差补偿控制中采取必要的措施。通过分析可以发现,影响合成轨迹精度的因素主要有两大类:第一类是来自机床结构方面的误差,主要有几何误差、热变形误差、受力变形误差等;第二类是来自伺服系统的误差,主要有伺服跟随误差、后加减速过程引起的误差等。关于第一类误差的补偿方法已有较多文献进行过论述,因此这里不再介绍了。

第二类误差的补偿控制方法将在本章内的有关小节中论述。

9.4.2 PC 数控的连续运动控制

在中高档数控机床上,为克服步进电机系统存在的低速运动不平稳、噪声大、速度低、出力小等问题而采用连续运动控制交流伺服电机等执行元件。在早期的交流驱动伺服系统中,主要是采用模拟控制法,而后才被数字化控制所逐渐取代。鉴于目前生产现场仍有不少模拟系统在使用,因此本小节首先介绍如何对 PC 数控实现模拟连续运动控制法。

1. 模拟伺服运动控制系统的组成

目前,市场上所流行的模拟伺服系统实际上是包含电流环和速度环的交流伺服电机双环运动控制系统。由于模拟伺服系统本身并不包含位置环,因此要用其构成数控机床进给驱动伺服系统,必须在 PC 数控装置中设置位置控制器,并通过 D/A 转换器与外部的模拟伺服系统相连接。同时,还需通过脉冲数字转换环节接收来自编码器的电动机角位移反馈信息或来自光栅等检测装置的工作台线位移反馈信息,由此形成完整的半闭环或全闭环控制回路。图 9-17 所示是这类基于模拟运动控制系统的基本结构。

2. 模拟伺服运动控制系统的控制器设计

为使基于模拟伺服的连续运动控制系统具有良好的控制性能,位置控制器的设计是比较重要的一环。由于从位置控制系统的角度看,内环的速度单元仅是位置控制环中的控制对象的一部分,因此,根据随动系统的工程设计方法,可将速度单元的传递函数简化为

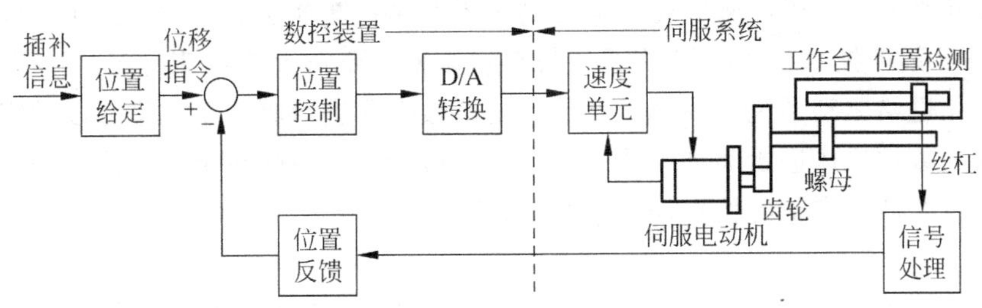

图 9-17　模拟伺服运动控制系统组成

$$G_{n}(s)=\frac{N(s)}{N^{*}(s)}=\frac{K_{n}}{T_{n}s+1} \tag{9-29}$$

式中：T_n——速度单元的等效时间常数；

K_n——速度单元的等效增益。

经过上述处理后，位置控制环的动态结构如图 9-18 所示。

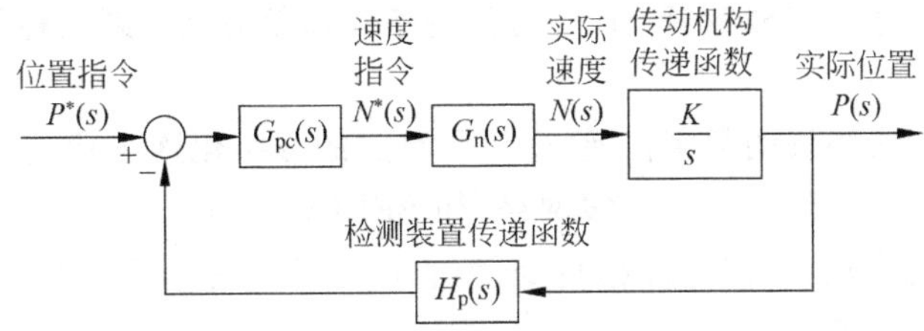

图 9-18　位置控制环的动态结构

随动精度是数控机床运动控制系统追求的主要指标。因此，为了提高随动精度，一般将图 9-18 系统校正成Ⅱ型系统。为达到此目的，位置控制器可采用 PI 调节器结构，其传递函数为

$$G_{pc}(s)=K_{pc}\frac{T_{pc}s+1}{T_{pc}s} \tag{9-30}$$

式中：K_{pc}——比例系数；

T_{pc}——积分时间常数。

由于在基于 PC 的连续运动控制系统中，式(9-30)的调节计算是通过 PC 数控装置中的软件来完成的，因此在具体实施时，需要式(9-30)表示的差分方程形式。

3. 模拟伺服运动控制系统存在的问题

基于模拟伺服的运动控制系统存在的主要问题是：由于这类系统在速度环、电流环的信号处理、调节计算等环节中采用了较多的运算放大器等模拟电子元器件，因而对系统内部状态和外部环境的变化比较敏感，零漂、温漂、干扰等影响比较严重，使系统的控制精度难以提高。对于结构比较复杂的系统，其稳定性不易得到保证。

9.4.3　PC 数控的数字化连续运动控制

9.4.3.1　连续运动数字化驱动

模拟式连续运动控制方法虽然具有响应速度快等优点，但存在精度低、抗扰能力差等问

题。近十几年来发展起来的数字化运动控制技术为解决模拟方法所存在的问题，为发展高速、高精度PC数控技术和系统提供了一条有效途径。要对数控机床进行数字化运动控制必须将数字化进给驱动系统作为执行环节。所谓数字化进给驱动系统是指以数字式交流伺服系统构成的数控机床进给驱动系统。由于目前市场上出售的数字式交流伺服系统本身已是一个包含位置环的完整的位置伺服系统，因此，大大方便了PC数控中运动控制系统的构建和调试。

采用数字化驱动系统实现PC数控的连续运动控制有多种方案，下面将介绍直接控制、闭环控制、双位置环控制等几种典型方案。

9.4.3.2 连续运动的数字化直接控制

数字化驱动系统的直接控制是指，通过数字化通信方式将PC数控装置和数字化驱动系统直接连接起来，从而实现高性能数控所需的数字化连续运动控制。

目前数字化驱动系统的输入信息方式主要有三种：第一种是基于实时网络协议的数字传递方式；第二种是基于RS232、USB等协议的串行通信方式；第三种是无协议的直接脉冲传递方式。

对于基于实时网络协议的数字传递方式，所组成的数字化连续运动控制系统如图9-19所示。其中网络系统一般采用现场总线网络，如SERCOS、Profibus、CAN等。在这种方式下，在一根介质(如光缆)上可传递位移指令、位置反馈等多种信号，因而PC数控装置与数字伺服系统的连接非常简单。

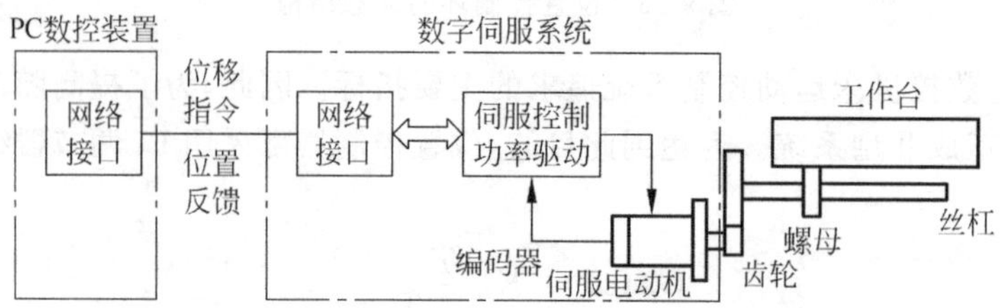

图9-19 基于实时网络数字传递方式的数字化连续运动控制系统的基本结构图

对于串行通信方式，所组成的数字化连续运动控制系统如图9-20所示。其中串行接口一般采用RS232、RS422、RS485等，近来也有采用USB的。这类系统中，虽然通信线上传递的也是编码数字信号，但接线量比网络方式大。

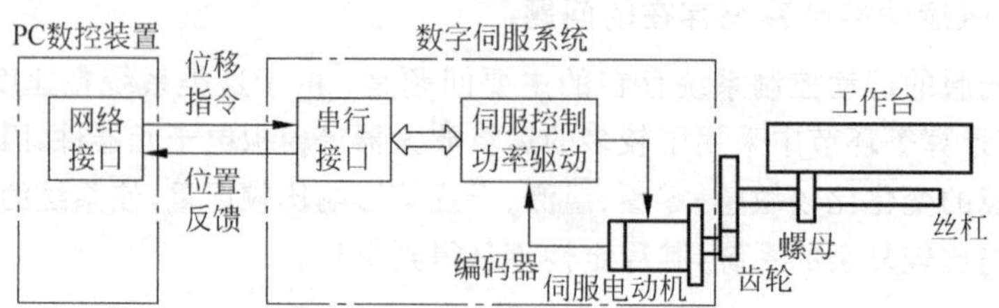

图9-20 基于串行通信方式的数字化连续运动控制系统的基本结构

对于直接脉冲传递方式，所组成的数字化连续运动控制系统如图9-21所示。其中，PC数控装置中的脉冲转换模块的功能是，将采样插补产生的数字指令转换为脉冲序列，并将其发往伺服系统。数字伺服系统中的脉冲接收模块的功能是接收脉冲序列，并将其转换为数字控制器所能接受的数字量。如果PC数控装置需实时获取机床运动坐标的实际位置信息，则可在PC数控装置中设置一脉冲计数器，通过此计数器对来自伺服电动机编码器的位移反馈脉冲进行可逆计数，即可得到机床运动部件的当前实际位置。

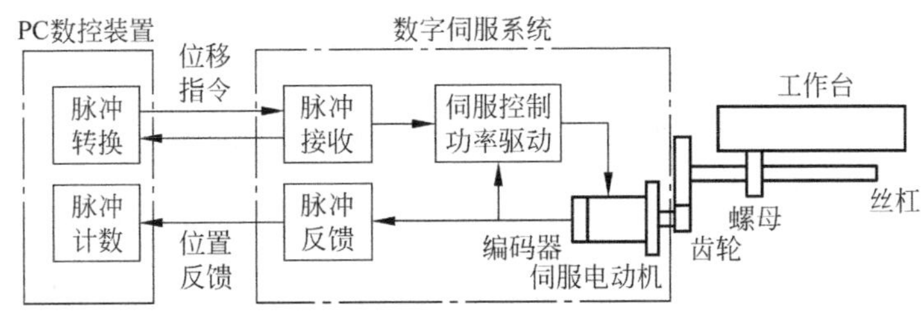

图9-21 基于直接脉冲传递方式的数字化连续运动控制系统的基本结构

在上述三种方案中，第一种方案的性能最好，但价格较贵；第二种方案价格较低，但速度不易提高；第三种方案价格较低，灵活性好，但也存在速度较低、抗干扰性能差等缺点。

近几年，基于直接脉冲传递方式的交流步进伺服系统在国内市场上应用较多，由此推动了第三种方案在步进电机系统中的广泛应用。

9.4.3.3 连续运动的数字化闭环控制

根据介绍的直接控制方法的数字化运动控制系统，一般是一半闭环系统，这种系统的位置反馈信号取自电动机轴，因此无法对电机轴到机床工作台之间的机械传动误差进行校正。为进一步提高PC数控系统的运动控制精度，可采用下面介绍的数字化闭环运动控制方法。

1. 系统组成

考虑到目前市场上出售的数字式伺服系统多为脉冲控制式，因此，下面以此为代表进行讨论。

采用脉冲控制式伺服系统组成的闭环连续运动控制系统的总体结构如图9-24所示。图中伺服驱动模块与交流伺服电机等共同组成一个角度闭环随动系统，其输入为指令脉冲，输出为伺服电机转角。在以光电码盘为检测元件的闭环反馈作用下，伺服电机轴转角将严格跟随指令值变化，即给定一个脉冲，电机轴按脉冲当量转过相应的角度，输入连续脉冲，电机转角将与指令脉冲的频率成严格的积分关系，其数值等于指令脉冲数与脉冲当量的乘积。从输入输出特性上看，可以将该角度随动系统看成是一台等效的小步距角的高性能步进电机。虽然这里的驱动电机是选用了交流伺服电机，但由于图9-22所示的数字式闭环运动控制系统的作用，系统的步进运动和连续运动之间的界限已经不是很清晰了。由数字式交流伺服系统构成的闭环运动系统具有精度高、出力大、调速范围宽、效率高等优点，因而在中高档数控机床中得到了广泛应用。

2. 位置控制器的设计

为提高运动控制系统的综合性能，位置控制器可采用复合控制结构。由此构成的复合控制系统的动态结构如图9-23所示。复合控制器由闭环(反馈)控制器和前馈控制器两部分组成。其中，闭环控制器主管系统的动态性能，前馈控制器主管跟随精度。

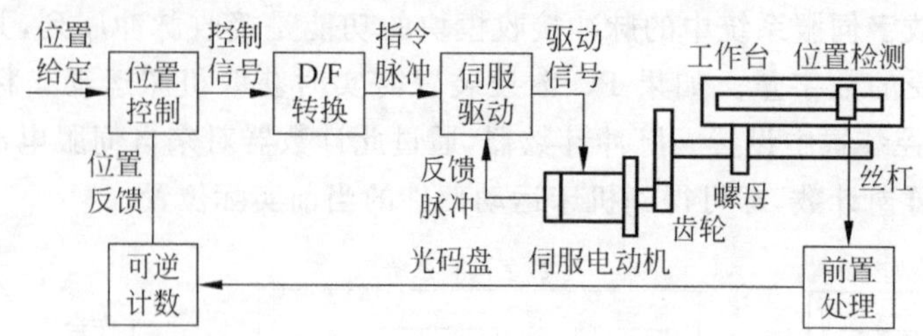

图 9-22　数字式闭环运动控制系统的组成

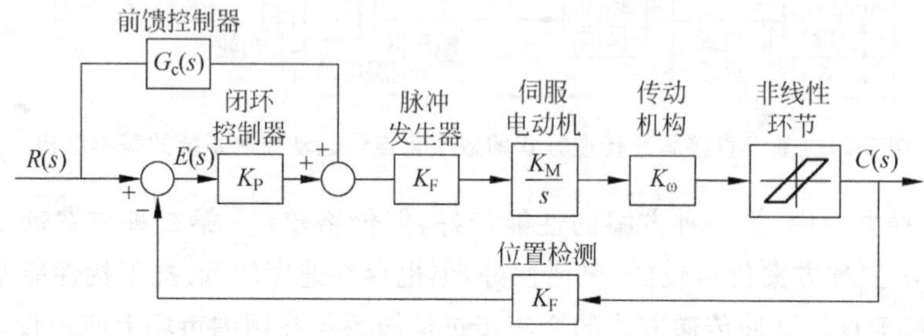

图 9-23　闭环运动控制系统的复合控制结构

闭环控制器的设计主要是确定比例系数 K_P。通过合理设计反馈通道使 $K_f=1$，则图 9-23 系统中反馈控制环的闭环传递函数为

$$\Phi_b(s)=\frac{K_P K_F K_M K_\omega}{s+K_P K_F K_M K_\omega}=\frac{1}{Ts+1} \tag{9-31}$$

式中：T——系统时间常数，$T=1/(K_P K_F K_M K_\omega)$。

从理论上看，如果将 T 的数值取得很小，可使 $\Phi_b(s)\approx 1$。这意味着系统具有理想的动态性能，无论指令怎样变化，系统的输出将快速跟随其变化。

但实际上 T 的取值将受到一定的限制。这是因为，闭环控制器的比例系数

$$K_P=\frac{1}{TK_F K_M K_\omega} \tag{9-32}$$

当 T 很小时，K_P 将很大，在不能保证伺服电动机为理想的积分环节时，将引起 $G'(\mathrm{j}\omega)$ 形状扩张，从而有可能与 $-1/N$ 轨迹相交，使系统不稳定。因此实际设计时，应根据伺服电动机的性能和驱动对象的特性，合理选择 T，尽量做到 $\Phi_b(s)\approx 1$，使系统具有较高的动态性能。

下面进一步讨论前馈控制器的设计。

前馈控制器设计的目标是，力求在不增大系统增益的条件下，提高系统的跟随性能。

由图 9-23 可求出复合控制系统的传递函数

$$\Phi_x=\frac{C(s)}{R(s)}=\frac{\dfrac{K_P K_F K_M K_\omega}{s}+G_c(s)\dfrac{K_F K_M K_\omega}{s}}{1+\dfrac{K_P K_F K_M K_\omega}{s}}$$

$$=\frac{K_P K_F K_M K_\omega+G_c(s)K_F K_M K_\omega}{s+K_P K_F K_M K_\omega} \tag{9-33}$$

误差传递函数(指系统误差 $E(s)$)与输入 $R(s)$ 间的传递函数

$$\Phi_e(s)=\frac{E(s)}{R(s)}=1-\Phi_x(s)$$
$$=\frac{s-G_c(s)K_FK_MK_\omega}{s+K_PK_FK_MK_\omega} \tag{9-34}$$

令前馈控制器的传递函数为

$$G_c(s)=\frac{s}{K_FK_MK_\omega} \tag{9-35}$$

有

$$\Phi_e(s)\equiv 0 \tag{9-36}$$

上式说明，当引入式(9-35)所给定的前馈后，系统的动、静态误差将为零。这意味着系统具有理想的跟随性能，无论指令值怎样变化，系统的输出将严格跟随其变化。

9.4.3.4　连续运动的数字化转角-线位移双闭环控制

1. 常规全闭环系统存在的问题

目前，数控机床中应用较多的是以交流伺服电动机为驱动装置、以光电编码器为检测元件的半闭环位置控制系统。这种半闭环系统在技术上比较成熟，现场安装调试较为简单，但其控制精度难以进一步提高，不能满足现代数控机床向高速高精度发展的要求。虽然从理论上讲，以交流伺服电动机为驱动装置，以光栅、感应同步器等直线位移检测元件代替光电编码器可以构成全闭环运动控制系统，从而有效提高数控机床的加工精度，但实际上由于这种常规全闭环系统的稳定性问题复杂，现场调试困难，因而使其难以推广应用。

现对常规全闭环系统的稳定性作简要分析，这类系统的基本结构如图9-24所示，其中伺服驱动包含电流环和速度环控制功能。从位置环的角度看，内部的速度环只是位置控制环被控对象的一部分。完整的被控对象还应包括机械传动环节、非线性环节等。因此该系统的动态结构可表示为如图9-25。

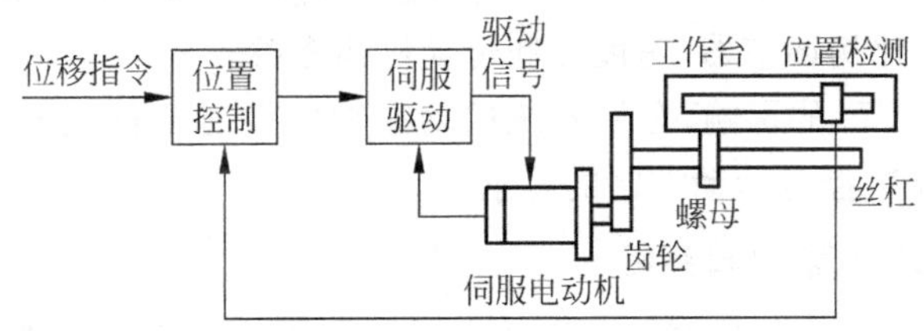

图9-24　常规全闭环运动控制系统组成

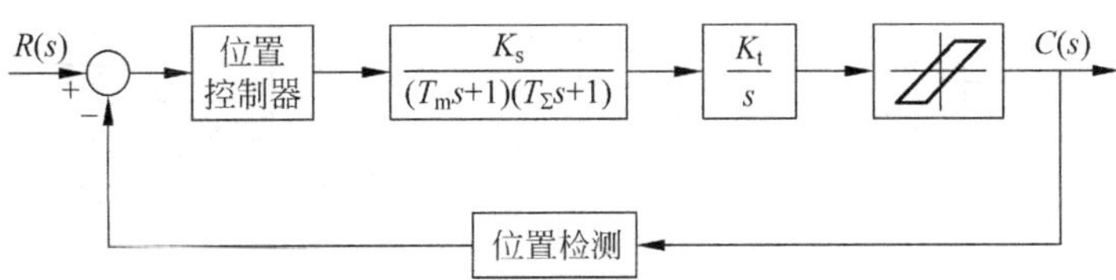

图9-25　常规全闭环控制系统的动态结构

为便于分析，将系统中速度环的动态结构近似为两部分，一部分为系统机电时间常数T_m构成的大惯性环节，另一部分为由系统中其他小惯性时间常数之和$T_\Sigma=T_1+T_2+\cdots$构成的小惯性群合并环节。

根据电力拖动系统的工程设计方法，设计该系统时，位置调节器应选用 PI 或 PID 调节器，以利用调节器的零点对消速度环传递函数中的大极点，从而使系统获得较快的动态响应性能。

然而，在实际中按上述思路设计的系统却往往难以稳定正常工作，特别是在机械系统性能较差的情况下，问题更加突出。究其原因，非线性环节的影响是造成系统不稳定的主要因素。下面以间隙非线性为例，对产生上述状况的原因作进一步分析。

由控制理论可知，间隙非线性的负倒幅特性，如图 9-26 中 $-1/N$ 曲线所示。图 9-25 所示系统有两个积分环节，属于Ⅱ型系统，其开环频率特性如图 9-26(a)中 $G(\mathrm{j}\omega)$ 轨迹所示。根据非线性系统的描述函数分析法可知，由于 $G(\mathrm{j}\omega)$ 与 $-1/N$ 轨迹相交，系统将出现非线性自持振荡而无法正常工作。

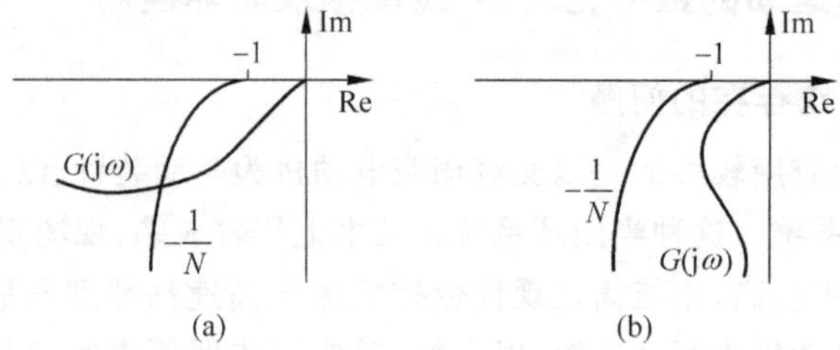

图 9-26　常规全闭环系统的频率特性与非线性环节的负倒幅特性

(a) Ⅱ型系统；(b) Ⅰ型系统

在图 9-25 中，如果采用 P 调节器，可使系统变为Ⅰ型系统，其开环频率特性如图 9-26(b)中的 $G(\mathrm{j}\omega)$ 所示。此时，虽然适当地选择比例调节器的增益，有可能使系统稳定工作，但系统闭环传递函数将变为

$$\Phi_{\mathrm{b}}(s)=\frac{C(s)}{R(s)}=\frac{K_{\mathrm{p}}K_{\mathrm{s}}K_{\mathrm{t}}}{T_{\mathrm{m}}T_{\Sigma}s^{3}+(T_{\mathrm{m}}+T_{\Sigma})s^{2}+s+K_{\mathrm{p}}K_{\mathrm{s}}K_{\mathrm{t}}} \tag{9-37}$$

式中：K_{p}、K_{s}、K_{t}——比例调节器、速度环和传动机构增益。

由于时间常数 T_{m}、T_{Σ} 的影响，会使系统的动态响应性能变得很差，并产生较大的跟随误差，难以满足高性能数控对运动控制的要求。

2. 转角-线位移双闭环控制系统

为了克服常规全闭环位置控制系统存在的缺陷，有学者提出一种新的转角-线位移双闭环控制系统，其基本组成如图 9-27 所示。

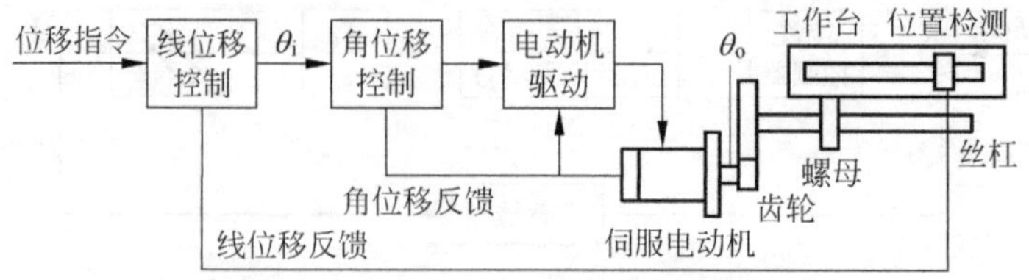

图 9-27　转角-线位移双闭环系统的组成

该系统的特点是：整个系统由内外两个位置环组成。其中内部闭环为转角闭环，其检测元件为装于电动机非负载轴上的光电编码器，伺服电动机驱动装置为具有电流随动控制

功能的 PWM 逆变器，由此构成以电动机转角 θ_o 为输出、指令转角 θ_i 为输入的角度随动系统。这实际上是前述过的半闭环系统。外部位置闭环采用光栅、感应同步器等线位移检测元件直接获取机床工作台的位移信息，并以内环的转角随动系统为驱动装置驱动工作台运动。而工作台的位移精度由直线检测元件决定。

该系统的设计思路是，使线位移闭环系统内的局部转角闭环不包含间隙非线性环节，然后通过合理设计该局部闭环系统，使其成为一理想的角度随动系统，即传递函数近似等于 K_θ（角度随动系统输出与输入间的比例系数）。在此基础上采用积分调节器作为外环位置控制器，将系统校正成Ⅰ型系统，以有效抑制非线性因素的影响，保证系统可靠稳定工作。由此得到的系统动态结构如图 9-28 所示。

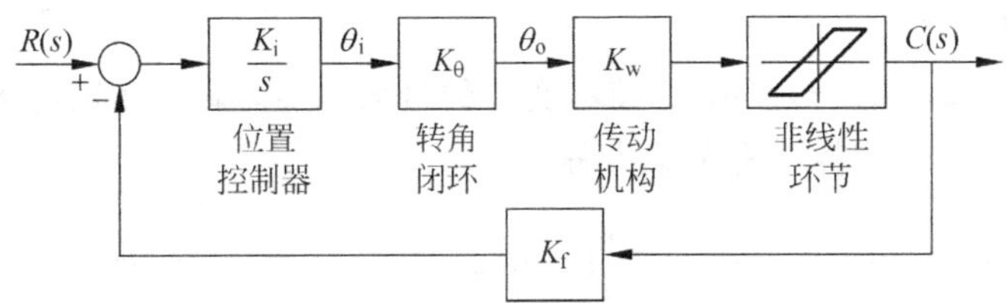

图 9-28　转角-线位移闭环系统动态结构

由图可求出系统的开环传递函数

$$G(s)=\frac{K_i K_\theta K_\omega K_f}{s} \tag{9-38}$$

合理设计反馈通道使 $K_f=1$，则系统的闭环传递函数为

$$\Phi_b(s)=\frac{C(s)}{R(s)}=\frac{K_i K_\theta K_\omega}{s+K_i K_\theta K_\omega}=\frac{1}{Ts+1} \tag{9-39}$$

式中：T——闭环系统的时间常数，$T=1/(K_i K_\theta K_\omega)$。

由式(9-39)可见，只要适当加大位置调节器的增益 K_i，则既可使闭环系统获得很快的动态响应速度，又可得到很小的跟随误差。

为分析非线性作用下系统的稳定性，将非线性环节的负倒幅特性和系统的开环频率特性一同画在奈氏图上，如图 9-29 所示。

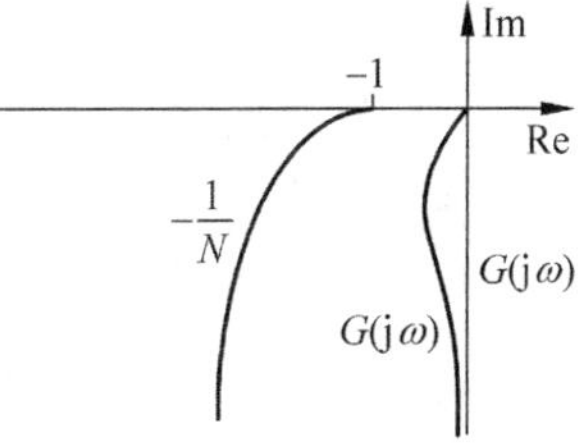

图 9-29　双闭环系统的频率特性与非线性环节的负倒幅特性

由图 9-29 可见，当转角闭环的传递函数为 K_θ 时，线位移闭环系统的开环频率特性 $G(j\omega)$ 是一与 −Im 轴重合的直线。因此，$G(j\omega)$ 将永远不会与 $-1/N$ 轨迹相交或将其包围，系统总是稳定的。若转角闭环的传递函数近似等于 K_θ，则 $G(j\omega)$ 轨迹将是一条位于 −Im 轴附近的曲线，如图 9-27 中 $G'(j\omega)$ 所示。此时，因线位移闭环系统的开环传递函数只包含一个积分环节，为Ⅰ型系统，只要合理选择位置调节器增益 K_i，同样能使系统稳定，且保持较高的动态响应性能。

3. 转角闭环设计

为保证双位置闭环系统的稳态和动态性能，其关键之一是要合理设计转角内环，使该局部闭环成为一理想的角度随动系统。为此本文以快速随动控制的思想来设计转角闭环系统的控制器。

首先令 $x_1=\theta_o$，$x_2=\dot{\theta}_o$ 为状态变量，$u=I_d-I_L$（I_d 为与电动机转矩 M_d 对应的转矩电流，I_L 为与负载转矩 M_L 对应的负载电流）为控制变量，建立被控对象的状态方程：

$$\begin{aligned}\dot{x}_1&=x_2\\ \dot{x}_2&=-ax_1+bu\\ a&=\frac{C}{J},b=\frac{K_m}{J}\end{aligned}\tag{9-40}$$

式中：J——转动惯量；

C——速度阻尼系数；

K_m——转矩常数。

然后，以 $|u|\leqslant u_m=I_{dm}-I_L$（$u_m$ 为控制变量的最大取值，I_{dm} 为转矩电流最大值）为约束条件，求解式(9-40)得最优控制开关线方程

$$\theta_o=-\frac{\dot{\theta}_o}{a}+\operatorname{sgn}(\dot{\theta}_o)\frac{bu_m}{a^2}\{\ln|bu_m+a|\dot{\theta}_o||-\ln|bu_m|\}\tag{9-41}$$

因闭环控制系统中，$e=\theta_i-\theta_o$，当 $\theta_i=0$ 时，$e=-\theta_o$，所以式(9-41)写成

$$\theta_o=\frac{\dot{\theta}_o}{a}-\operatorname{sgn}(\dot{\theta}_o)\frac{bu_m}{a^2}\{\ln|bu_m+a|\dot{\theta}_o||-\ln|bu_m|\}\tag{9-42}$$

由此建立电机电流的反馈控制律

$$I_d=\operatorname{sgn}[e-f(\dot{\theta}_o)]I_{dm}\tag{9-43}$$

$$f(\dot{\theta}_o)=\frac{\dot{\theta}_o}{a}-\operatorname{sgn}(\dot{\theta}_o)\frac{bu_m}{a^2}\{\ln|bu_m+a|\dot{\theta}_o||-\ln|bu_m|\}\tag{9-44}$$

最后，根据以上结果建立快速随动控制器结构，并画出系统框图，如图 9-30 所示。该系统即可实现以时间最短为目标对电动机转角进行快速随动控制，从而保证 θ_o 严格跟随 θ_i 变化。

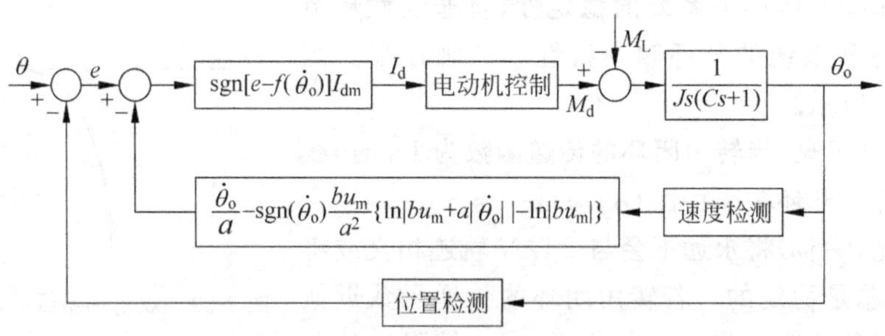

图 9-30 转角闭环系统的结构框图

为防止控制变量切换不准确所引起的振荡，可将上述非线性控制方法与线性控制方法、智能控制方法等相结合构成变结构快速随动控制系统。其基本思想是：当被控量的偏差较大时，采用非线性控制，以快速消除偏差；当偏差小到一定程度后，控制器切换到线性控制结构，进行精细控制，获得高的随动精度。

4. 线位移外环设计

双闭环系统仅要求线位移外环为Ⅰ型系统，因此其稳定性问题比较容易解决，设计外环时应重点解决跟随问题。为此，在系统中引入前馈补偿通道，构成复合控制系统，其动态结构如图 9-31 所示。

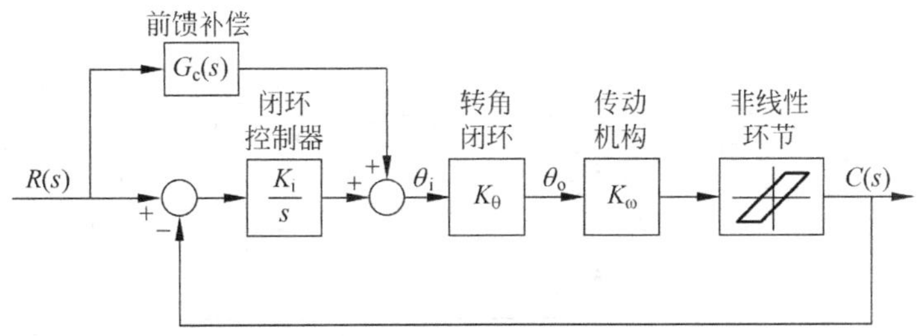

图 9-31 线位移闭环复合控制结构

当转角闭环的传递函数近似为 K_θ 时，可保证双闭环系统稳定工作。因此这时可忽略非线性因素影响，求出该系统的闭环传递函数

$$\Phi_b(s)=\frac{C(s)}{R(s)}=\frac{\dfrac{K_iK_\theta K_\omega}{s}+G_c(s)K_\theta K_\omega}{1+\dfrac{K_iK_\theta K_\omega}{s}} \tag{9-45}$$

由此得到误差传递函数

$$\begin{aligned}\Phi_e(s)&=\frac{E(s)}{R(s)}=1-\Phi_b(s)\\&=\frac{s-G_c(s)K_\theta K_\omega s}{s+K_iK_\theta K_\omega}\end{aligned} \tag{9-46}$$

设计前馈通道，使

$$G_c(s)=\frac{C(s)}{R(s)}=\frac{1}{K_\theta K_\omega} \tag{9-47}$$

有

$$\Phi_e(s)=0 \tag{9-48}$$

上式说明，将前馈控制器的传递函数设计成如式(9-47)所示，系统的动、稳态误差都将被有效消除。这意味着系统具有理想的跟随性能，无论指令值怎样变化，系统的输出都将跟随其变化。

值得指出的是，式(9-47)给出的前馈控制器只是一个比例环节，不需进行微分运算，不仅很容易实现，而且具有较强的抗噪声能力，这也是该系统的一优点。

9.4.3.5 交流直线同步伺服电机直接驱动的连续运动闭环控制

高速高精度驱动系统将为 PC 数控提供了更为有效的执行环节，使现代数控机床达到更高水平的综合性能。其中以交流永磁直线同步伺服电机驱动系统最具典型，它所构成的高速高精度进给驱动系统取代了传统的以滚珠丝杠螺母副为核心的机械传动部件，而实现直接驱动，电机的动子与机床的被驱动部件间实现“零传动链”，这就从根本上解决了由于存在机械传动链所带来的一系列问题，为数控机床的发展开创了新途径。

由于在第 4 章中对直线永磁同步伺服电机的结构、基本工作原理、电磁力及定向磁场控制方法做了介绍，在此不再论述。现就这种伺服驱动构成位置系统如何设计速度控制器及位置控制器作简要说明。

在实现电磁力控制（见第 4 章）的基础上，可进一步构成交流永磁同步直线电机的速度和位置控制系统，其基本结构如图 9-32 所示。

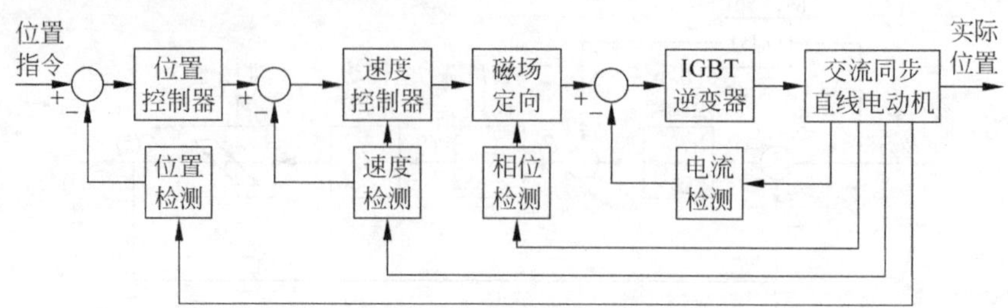

图 9-32 交流永磁同步直线伺服电机位置控制系统结构框图

由于经过磁场定向后，交流永磁同步直线电机已可与直流直线电机相等价，因此，其速度与位置控制系统设计可以参考相应的直流直线电机设计，也和传统的相应的直流旋转电机设计相类似。在电机动子上的力平衡方程式，用动子系统的总质量 m_{Σ} 取代旋转电机转矩平衡方程式中的转动惯量 J_{Σ}，力 f 取代相对应转矩 M。可采纳永磁式旋转电机的对应的方程式，在此不再多述。需要指出的是，在直线电机的直接驱动系统中，消除机械传动环节取得了许多优势，但同时也失去了缓冲作用，使其对负载扰动、端部效应、摩擦力扰动等因素的不确定性更为敏感，这些因素将直接作用于直线电机的动子上，中间不经过任何缓冲过程，从而使速度环和位置控制的难度更大。为达到有缓冲作用时的效果，就必须采用另外的特殊方法，如增加负载扰动前馈控制、自适应控制等。另外，直接驱动也提高了对检测装置的分辨率的要求。

9.5 PC 数控提高轨迹精度的控制方法

轨迹控制的主要任务是将轨迹插补产生的希望轨迹尽可能精确地转变为刀具的实际运动轨迹。实际轨迹控制目前只能采用间接控制法。这种控制方法的思想是：通过运动控制加误差补偿的方式来实现轨迹控制，即将总的复杂控制任务分解为两个子控制任务。第一层子控制任务为坐标轴的运动控制，因此，可对每个坐标轴运动通过闭环（或半闭环）方式来实现精准控制；第二层子任务控制就是实现误差补偿控制，误差主要来源之一就是伺服系统误差，包括伺服跟踪误差（随动误差）、后加减速过程引起的误差等。这是本小节要讲述的内容。

9.5.1 什么是精密加工

这里所讨论的数控机床是高精度加工的数控机床，所谓精密加工是指加工精度在 0.1～1μm 之间、表面粗糙度 R_a 在 0.02～0.1μm 之间的零件加工，它包括通常所讲的跟踪误差、轮廓误差和零件表面的光洁度。所谓粗糙度 R_a 是对零件表面微观不平度的一种描述，以前称为光洁度。现在，国家标准已确定表面粗糙度的参数有轮廓算术平均偏差 R_a、微观不平度 10 点高度 R_z 及轮廓最大高度 R_y 等三种，如图 9-33 所示为 R_a、R_z、R_y 的表示方法定义。三个参数定义如下：

$$R_a = \frac{1}{l}\int_0^l |y|\,\mathrm{d}x \text{ 或近似为 } R_a = \frac{1}{n}\sum_{i=1}^{n} |y_i|$$

式中：y_i——第 i 点的轮廓偏距。

$$R_z = \frac{\sum_{i=1}^{5} y_{pi} + \sum_{i=1}^{5} y_{ui}}{5}$$

式中：y_{pi}——第 i 个最大的轮廓峰值；

y_{ui}——第 i 个最大轮廓谷深。

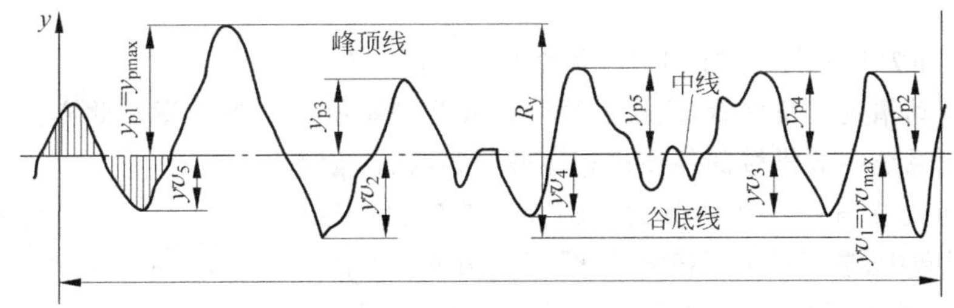

图 9-33　R_a、R_z、R_y 的表示方法定义

常使用 R_a、R_z 两个参数，因为这两个参数基本上可以表示被加工工件表面的粗糙度。目前常用轮廓仪测 R_a，用干涉显微镜和双筒显微镜测量 R_z。表示不平度的这两个参数不能用进给伺服系统运动方程来表示，只能测量。

表面粗糙度的大小，对生产精度、使用性能和寿命等都有直接的影响，对于精密机械，不仅要求有较高的尺寸和形位精度，也要有较小的粗糙度值，对互相配合使用的零件，对配合的表面必须对粗糙度有相应的要求，才能保证使用性能和寿命。以上的粗糙度是零件平面高低不平的描述，是指在垂直于平面的高度起伏不平的描述，不是机床进给伺服轴运动方向上的特性表现。

9.5.2　进给轴跟随误差对轨迹精度的影响

1. 跟随误差

进给轴运动控制系统动态结构的一般形式如图 9-34 所示。系统的跟踪误差(或称随动误差)是指希望位置与系统的实际输出位置间的稳态误差。

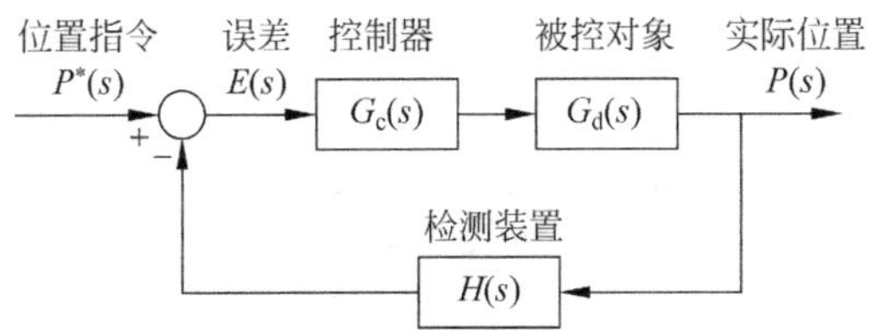

图 9-34　进给运动控制系统动态结构的一般形式

由控制理论可知，跟随误差可分为：位置误差、速度误差、加速度误差等类型。其中，速度误差(以 e_v 表示)是数控机床跟随误差的主要形式，它表示了在恒速(斜坡位置)输入信号作用下，系统存在的稳态位置误差。速度误差的有无和大小可根据系统结构和参数进行分析。

由图 9-34 可写出系统开环传递函数的一般形式

$$G(s)=G_c(s)G_d(s)H(s)=\frac{b_ns^n+b_{n-1}s^{n-1}+\cdots+b_0}{s^k(a_ms^m+a_{m-1}s^{m-1}+\cdots+a_0)} \tag{9-49}$$

式中：k——积分环节的个数；

$b_n,b_{n-1},\cdots,b_0$ 和 $a_m,a_{m-1},\cdots,a_0$——分子和分母多项式系数。

当 $k=1$ 时，即系统为Ⅰ型系统时，存在速度误差，其大小为 $e_v=v/K_v$(v 为进给速度，K_v 为速度增益)。

当 $k\geqslant 2$，即为Ⅱ型及Ⅱ型以上时，无速度误差，$e_v=0$。

从提高随动精度的角度看，应将系统设计成Ⅱ型系统。在第 2 章对此亦作过讨论。但由于运动控制系统中的机械部件往往存在非线性特性，使系统的频率特性轨迹与非线性环节的负倒幅特性($-1/N$)轨迹相交或将其包围，造成系统不稳定，见图 9-35 中的 $G_{Ⅱ}(j\omega)$。

因此，在非线性明显时，通常将系统设计成Ⅰ型，其频率特性轨迹如图 9-35 中的 $G_{Ⅰ}(j\omega)$所示。这时将不可避免地存在速度误差。

由于数控机床是通过多轴联动来合成刀具运动轨迹的，因此上述各坐标轴自身存在的跟随误差必将对合成轨迹精度造成影响。下面对此进行具体分析。

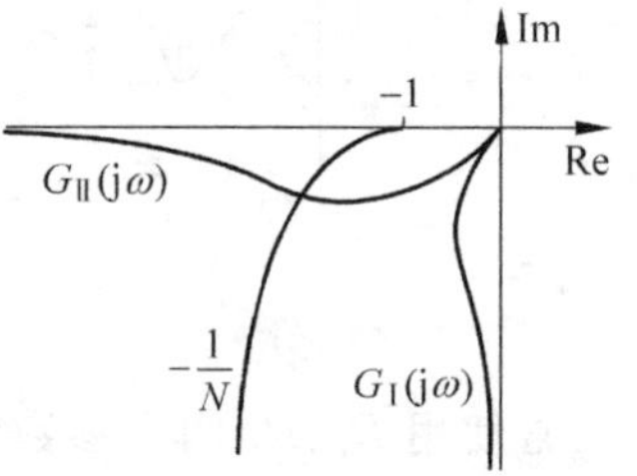

图 9-35 进给轴频率特性

2. 数控机床三大类运动轨迹

按机床刀具和工件之间相对运动轨迹可分为三大类数控系统。

1) 点位控制

点位控制只要求控制机床移动部件的终点位置，而不管移动所走过的轨迹如何，可以是一个坐标移动，也可以是两个坐标同时移动，在移动过程中不进行加工，只保证定位点的准确性即可。通过以快速移动速度接近终点坐标，可采用图 9-36(a)所示的分级降速、连续降速或单向定位等方式提高定位精度，尽可能缩短定位时间，这类机床有数控钻床、数控冲床等。

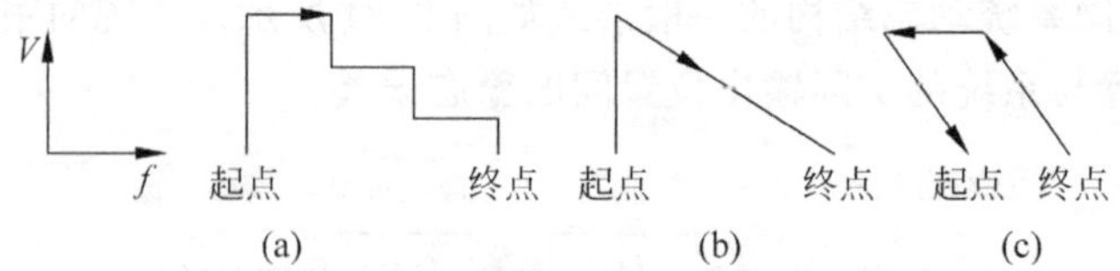

图 9-36 点位控制定位方式

(a) 分级降速；(b) 连续降速；(c) 单向定位

2) 直线切削控制轨迹

直线切割数控机床可控制刀具或工作台以适当的进给速度沿着平行于坐标轴方向进行直线移动和切削加工，这类系统能按 45°进行斜线加工，但不能按任意斜率进行切削。如直线控制的简易数控机床，只有两个坐标轴，可用于加工台阶轴。也可以将点位控制和直线控制相结合，成为点位/直线切削控制系统，如数控镗床就是此类机床。

例如，下面以两轴联动系统加工 x-y 平面上的直线为例来讨论直线加工时的轨迹误差。

设直线指令轨迹方程为

$$y = Kx \tag{9-50}$$

式中：K——直线斜率。

两坐标轴的进给速度满足以下的约束关系

$$\frac{\mathrm{d}y}{\mathrm{d}t} = K\frac{\mathrm{d}x}{\mathrm{d}t} \tag{9-51}$$

考虑到合成轨迹误差与各进给轴间的速度增益匹配情况有关，为此，分速度增益相等和不相等两种情况来讨论加工直线时跟踪误差对轨迹精度的影响。

(1) 两轴速度增益相等

设 K_{vx}、K_{vy} 分别为 x 和 y 轴的速度增益：

$$K_{vx} = K_{vy} = K_v \tag{9-52}$$

将式(9-51)两边除以 K_v 得

$$\frac{1}{K_v}\frac{\mathrm{d}y}{\mathrm{d}t} = K\frac{1}{K_v}\frac{\mathrm{d}x}{\mathrm{d}t} \tag{9-53}$$

根据速度误差的定义，上式可写成

$$e_{vy} = Ke_{vx} \tag{9-54}$$

由于速度误差的存在，合成轨迹上的实际轨迹点将与指令轨迹点不重合。设实际轨迹点坐标为(x',y')，则其坐标值 $x'=x-e_{vx}$，$y'=y-e_{vy}$。将 x'、y' 值代入直线方程(9-50)，得

$$y - e_{vy} = K(x - e_{vx}) \tag{9-55}$$

根据关系式(9-54)化简上式得 $y=Kx$。由此可知，实际点(x',y')位于指令线上，如图 9-37(a)所示。

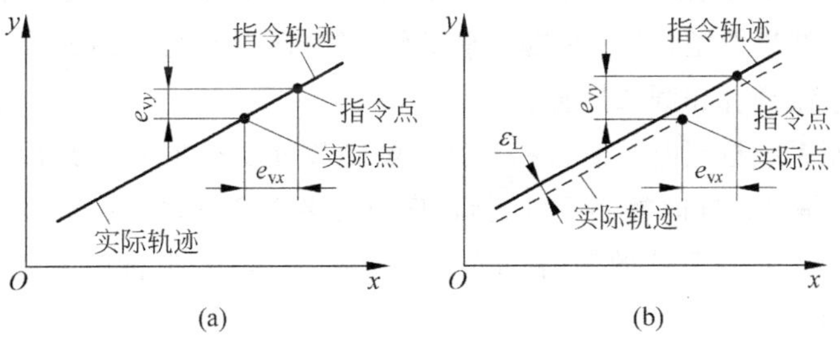

图 9-37　加工直线时的指令轨迹与实际轨迹

(a) 两轴速度增益相等；(b) 两轴速度增益不等

上述结果表明，在两轴速度增益相等的情况下，虽然实际点滞后于指令点，但却位于指令轨迹上，不会造成轨迹误差。

(2) 两轴速度增益不等

设

$$K_{vx} = K'K_{vy}, \quad K' < 1 \tag{9-56}$$

将式(9-51)两边除以 K_{vx} 得

$$\frac{1}{K_{vx}}\frac{dy}{dt} = K\frac{1}{K_{vx}}\frac{dx}{dt} \tag{9-57}$$

将式(9-56)关系代入有

$$\frac{1}{K'K_{vy}}\frac{dy}{dt} = K\frac{1}{K_{vx}}\frac{dx}{dt} \tag{9-58}$$

即

$$e_{vy} = K'Ke_{vx} \tag{9-59}$$

即此时实际点的坐标为 $x'=x-e_{vx}$，$y'=y-e_{vy}$。将 x'、y' 值代入直线方程(9-50)得

$$y = K'Ke_{vx} = K(x-e_{vx}) \tag{9-60}$$

即

$$y = Kx-(1-K')Ke_{vx} \tag{9-61}$$

可见，实际点不满足直线方程(9-50)，说明该点不在指令轨迹上，存在轨迹误差，如图 9-37(b)所示。下面就轨迹误差的大小做进一步分析。

轨迹误差的大小可用实际点到指令轨迹的最短距离 ε_1 表示。对于指令轨迹为直线的情况，就是点(x',y')到直线 $Ax+By+C=0$ 的距离。其计算公式为

$$\varepsilon_1 = \frac{|Ax'+By'+C|}{\sqrt{A^2+B^2}} \tag{9-62}$$

将实际点坐标 $x'=x-e_{vx}$，$y'=y-e_{vy}$ 和直线方程系数 $A=K$、$B=-1$、$C=0$ 代入上式即可求出轨迹误差的大小：

$$\varepsilon = \frac{|K(x-e_{vx})-(y-e_{vy})|}{\sqrt{K^2+1}} = \frac{|K(K'-1)e_{vx}|}{\sqrt{K^2+1}} \tag{9-63}$$

3) 连续切削控制轨迹

连续切削控制，又称轮廓控制切削，它能对刀具与工件相对移动轨迹进行连续控制，可加工曲面、凸轮、锥度等复杂的零件。连续切割控制系统的核心装置是插补器，它可以插补出多种基本数控曲线以及抛物线、螺旋线等高次曲线，甚至对自由曲面直接插补，但最基本的插补功能还是直线插补和圆弧插补。

连续切削控制系统按同时控制且相互独立的轴数可以有 2、2.5、3、4 和 5 轴控制。

2 轴控制指的是可以同时控制 2 轴，但机床也许多于 2 轴，如 X、Y、Z 三个移动坐标轴，可以进行如图 9-38 所示零件的轮廓加工；同时控制 X、Z 坐标轴和 Y、Z 坐标，可加工如图 9-39 所示的轮廓。

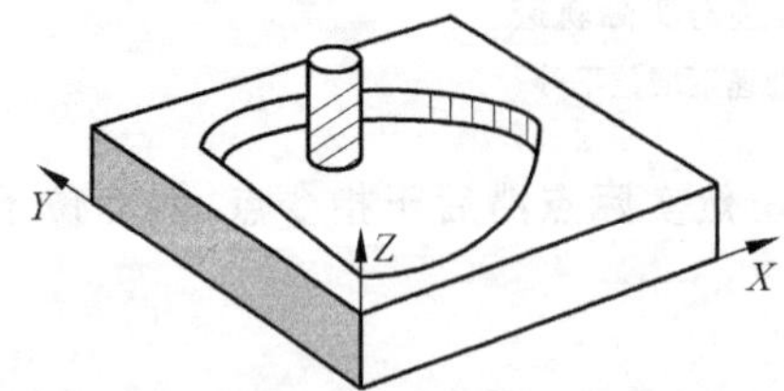

图 9-38　同时控制两个坐标的轮廓控制(1)

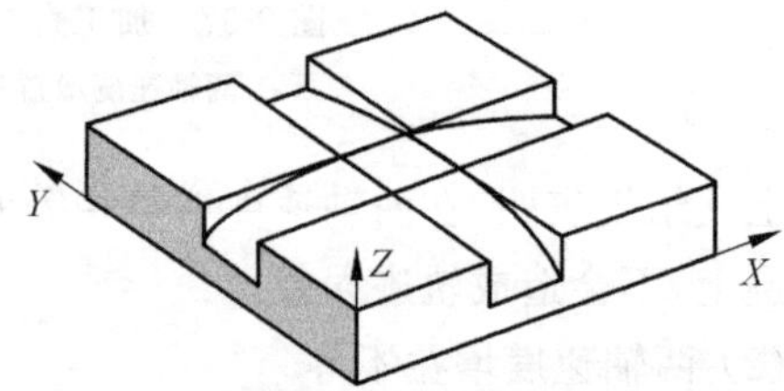

图 9-39　同时控制两个坐标的轮廓控制(2)

2.5 轴控制是指两个轴连续控制，第三个轴点位或直线控制，从而实现三个主要轴 X、Y、Z 内的二维控制。

3 轴控制是指同时控制 X、Y、Z 三个坐标轴，这样刀具在空间的任意方向都可移动，因而能够进行三维立体加工，图示于 9-40。

4 轴控制是指同时控制四个坐标运动，即在三平面坐标之外，再加上一个旋转坐标，同时控制四个坐标的数控机床加工，如图 9-41 所示，可用来同时加工叶轮和圆柱凸轮。

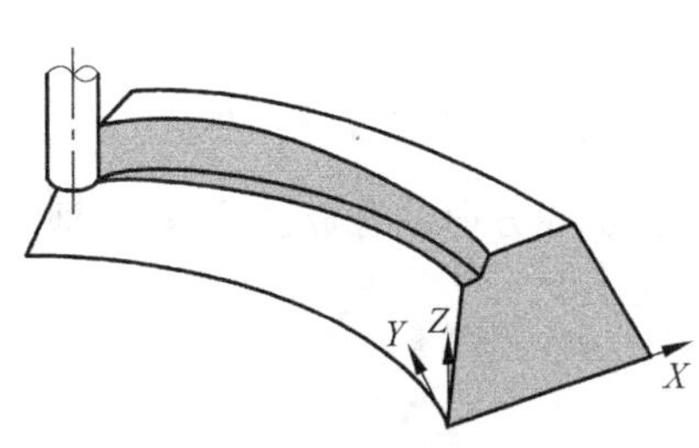

图 9-40 三轴联动数控加工

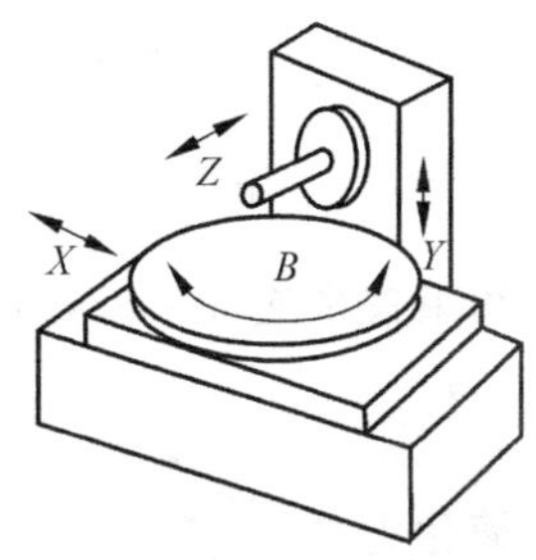

图 9-41 同时控制四个坐标的数控机床

5 轴控制中有三个平动坐标 X、Y、Z，再加上绕这些直线坐标旋转坐标 A、B、C 中的两个坐标，形成了同时控制的五个坐标轴，这时刀具可以给定在空间的任意方向。因而在进行如图 9-42 所示的曲面切削时，可以使刀具对曲面经常保持一定的角度，也可以进行图 9-43 所示零件侧面切削。此外，在一次装卡的情况下，能实现任意方向的孔加工。由于刀具可以按数学规律导向，使之垂直于任何双曲线平面，因此特别适合于加工透平叶片、机翼等。

图 9-42 5 轴联动的数控加工(1)

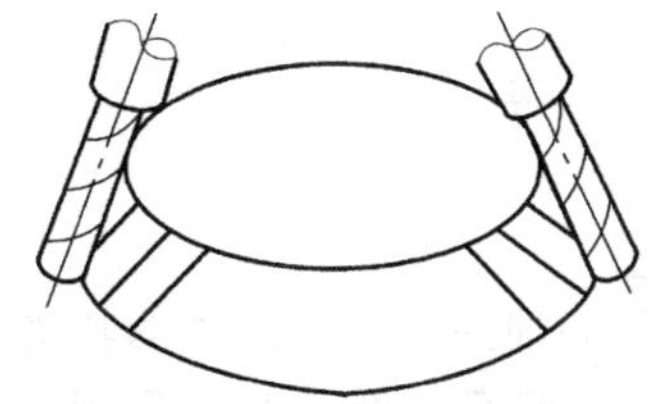

图 9-43 5 轴联动的数控加工(2)

3. 加工圆弧时的轨迹误差

圆弧插补是轮廓轨迹控制的基础。设圆弧指令轨迹如图 9-44 所示，其方程为

$$x^2 + y^2 = R^2 \tag{9-64}$$

式中：R——圆弧半径。

对于图示圆弧轨迹，x、y 轴的进给速度满足以下的约束关系

$$x\frac{\mathrm{d}x}{\mathrm{d}t} + y\frac{\mathrm{d}y}{\mathrm{d}t} = 0 \tag{9-65}$$

设 x 和 y 轴的速度增益相等：

$$K_{vx} = K_{vy} = K_v \tag{9-66}$$

由图 9-44 可知，

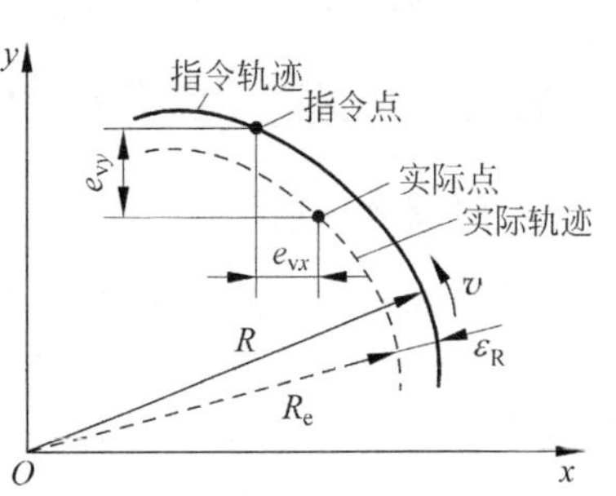

图 9-44 加工圆弧时的指令轨迹与实际轨迹

$$e_{vx} = \frac{1}{K_v}\left(-\frac{dx}{dt}\right) \tag{9-67}$$

$$e_{vy} = \frac{1}{K_v}\frac{dy}{dt} \tag{9-68}$$

由于跟随误差的影响，实际点坐标为$(x+e_{vx}, y-e_{vy})$。

设该点距圆心的距离为R_e，则有

$$(x+e_{vx})^2 + (y-e_{vy})^2 = R_e^2 \tag{9-69}$$

将跟踪误差式(9-67)、式(9-68)代入式(9-69)得到

$$x^2 + y^2 + \frac{1}{K_v^2}\left[\left(\frac{dx}{dt}\right)^2 + \left(\frac{dy}{dt}\right)^2\right] - \frac{2}{K_v}\left(x\frac{dx}{dt} + y\frac{dy}{dt}\right) = R_e^2 \tag{9-70}$$

考虑速度约束关系式(9-65)，并令v表示沿轨迹切线方向的合成进给速度，即

$$v^2 = \left(\frac{dx}{dt}\right)^2 + \left(\frac{dy}{dt}\right)^2 \tag{9-71}$$

式(9-70)可以简化为

$$x^2 + y^2 + \frac{v^2}{R_v^2} = R_e^2 \tag{9-72}$$

将式(9-72)与指令表达式(9-64)相减得

$$\frac{v^2}{K_v^2} = R_e^2 - R^2 \tag{9-73}$$

取

$$R_e + R \approx 2R \tag{9-74}$$

$$R_e - R = \varepsilon_R \tag{9-75}$$

代入式(9-73)得

$$\varepsilon_R \approx \frac{v^2}{2RK_v^2} \tag{9-76}$$

式(9-76)即为加工圆弧时的轨迹误差表达式。根据计算结果，可得出如下结论：

(1) 从伺服系统设计方面看，为减小加工圆弧的轨迹误差，在保证稳定前提下，应尽量增大K_v值。

(2) 在零件设计时，对精度要求较高的圆弧，应尽量加大其半径。

(3) 在加工时，适当降低进给速度，有利于提高圆弧加工精度。

9.5.3 高速PC数控的轨迹前瞻控制方法

1. 问题的提出

PC数控系统的推广应用，为实现复杂零件的高速高精度加工提供了强大的计算能力。为实现高精加工，编程给出的刀位点往往非常密集，连接刀位点的微线段长度极短；另一方面，为实现高速加工，要求刀具沿工件轮廓表面的进给速度大幅提高，在短时间内需走过大量的空间微线段。此时，如果按照常规的控制方法，只在相邻两段间进行插补前加减速处理，当遇到急转弯的时候，就将产生巨大的加减速度，不仅会造成很大的轮廓误差，而且所产生的冲击力将使机床结构无法承受。这是在连续复杂形状轨迹控制中，当轨迹急转弯时所产生的严重的现象。为避免这种现象的出现，一种有效的方法就是在系统中设置前瞻控制。

它是一种提前发现轨迹突变、并对进给速度进行有效控制的方法。从高速加工的特点可知，当以很高的进给速度加工复杂工件表面时，如果工件轮廓突变，造成刀具运动轨迹产生急转弯时，必须经过一定过程，将进给速度从很高值降到较低值，即要走过较长的加工路径才能将速度减下来。因此，需要提前发现轨迹的突变，从而提前减速。为实现这一要求，必须要求数控系统具有前瞻控制能力。由于前瞻控制所需的计算量较大，在普通数控系统中要实现有一定困难，一般只有在档次较高的数控系统中才具有这种功能。在 PC 数控中，由于 PC 具有强大的计算与处理能力，这一问题的解决将更具有效性。

2. 前瞻控制方法

1）基本原理

在如图 9-45 所示的刀具运动轨迹中，刀具运动轨迹在 P_i 点附近出现急弯时，为保证急弯处的轨迹精度，并避免机床结构承受过大的动力冲击，必须限制 P_i 点处的进给速度，即该处速度必须小于或等于由弯道情况确定的允许进给速度。为此，数控系统需根据允许进给速度的大小以及最大加速度和加速度变化率的约束，在 P_i 点之前的 P_s 点开始减速，使到达 P_i 点时速度正好满足允许进给速度要求，并在走过 P_i 点后逐步加速，使进给速度恢复正常。为实现轨迹前瞻控制，需解决两个关键问题，一是减速特征识别，二是进给速度处理。

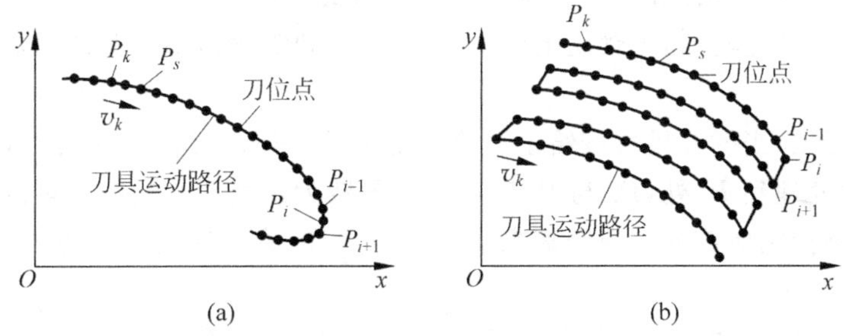

图 9-45　轨迹前瞻控制示意图

(a) 光滑轨迹；(b) 非光滑轨迹

2）减速特征识别

减速特征识别涉及刀具运动轨迹的几何形态和进给速度的变化。

对于光滑轨迹(图 9-45(a))可根据曲率半径大小和进给速度变化信息，实现轨迹减速特征的识别。具体做法是，在预处理过程中超前插补求出刀具运动路径在各刀位点处的曲率半径，然后根据曲率半径越小、允许的进给速度也越小的原则，确定该点的允许进给速度 v_o，最后将允许进给速度 v_o 与插补点处给定进给速度 v_k 的差值作为是否进行提前减速的判据，如果速度差值超过规定的阈值，即意味着必须进行提前减速处理。

为实现光滑轨迹下的减速特征识别，必须实时求解刀具运动路径上各刀位点处的曲率半径 ρ_o。为此，需导出 ρ 的计算公式。下面从便于实时计算的角度，给出一种根据 P_{i-1}、P_i、P_{i+1} 三点求 ρ 的近似公式。

首先，根据空间圆弧上三点写出以下关系：

$$2\rho = \frac{|\overrightarrow{P_iP_{i+1}} - \overrightarrow{P_iP_{i-1}}|}{\sin(\overrightarrow{P_iP_{i+1}},\overrightarrow{P_iP_{i-1}})} \tag{9-77}$$

然后，根据叉积公式，将矢量$\overrightarrow{P_iP_{i+1}}$与$\overrightarrow{P_iP_{i-1}}$夹角的正弦表示为

$$\sin(\overrightarrow{P_iP_{i+1}},\overrightarrow{P_iP_{i-1}})=\frac{|\overrightarrow{P_iP_{i+1}}\times\overrightarrow{P_iP_{i-1}}|}{|\overrightarrow{P_iP_{i+1}}||\overrightarrow{P_iP_{i-1}}|} \tag{9-78}$$

将式(9-78)代入式(9-77)，即可得到P_i处曲率半径的表达式

$$\rho=\frac{|\overrightarrow{P_iP_{i+1}}||\overrightarrow{P_iP_{i-1}}||\overrightarrow{P_iP_{i+1}}-\overrightarrow{P_iP_{i-1}}|}{2|\overrightarrow{P_iP_{i+1}}\times\overrightarrow{P_iP_{i-1}}|} \tag{9-79}$$

对于非光滑轨迹(图 9-45(b))，可将拐弯前后两段轨迹在拐弯处的切线间夹角的大小作为减速特征。

对于离散化的刀具运动轨迹，可用$\overrightarrow{P_iP_{i-1}}$近似代表拐弯前轨迹在拐弯处的切线矢量，$\overrightarrow{P_iP_{i+1}}$代表拐弯后轨迹在拐弯处的切线矢量，$\alpha$为两矢量间的夹角，其大小可通过下式计算：

$$\alpha=\arccos\frac{\overrightarrow{P_iP_{i+1}}\times\overrightarrow{P_iP_{i-1}}}{|\overrightarrow{P_iP_{i+1}}||\overrightarrow{P_iP_{i-1}}|} \tag{9-80}$$

求出α后，即根据其取值确定拐弯处进给速度的允许值v_o。一般，当α接近90°或为锐角时，进给速度的允许数值可取为0，即刀具运动到拐弯处必须将进给速度减小到0，过完拐弯后再逐步恢复；当α为钝角时，进给速度允许可以不为0，需根据角度大小合理确定。最后，将由此确定的允许进给速度v_o与插补点处的给定速度v_k间的差值作为是否进行提前减速的判据，如果速度差值超过规定的阈值，则必须对进给速度进行处理，以实现提前减速。

3) 进给速度处理

从图 9-45 可见，当插补模块按给定进给速度v_k沿图示进给方向插补到P_k处时，预处理模块已经超前处理到P_i处，P_k与P_i间的微线段数为预处理需超前处理的段数。超前段数的多少，由前瞻控制所需的减速距离来决定。显然，前瞻控制的减速点P_s必须位于插补点P_k之后。

前瞻控制中速度处理的主要任务是确定减速点P_s，并对P_s至P_i间各微线段对应的进给速度进行修正，以满足以下要求：①P_i处的进给速度v_i等于允许进给速度v_o；②P_s处的进给速度v_s等于进给速度v_k；③P_s至P_i间各微线段的进给速度递减，相邻段间速度的变化和加速度的变化必须小于允许值a_{max}和j_{max}(a_{max}和j_{max}分别为最大加速度和最大加速度变化率的允许值)。

当给定进给速度与允许进给速度间的速度差较大时，需经过较长路径才能将进给速度降至允许进给速度范围内。由于刀具路径是由许多微线段组成的，这意味着减速过程要涉及很多微线段。至于到底需要经过多少微线段才能将进给速度降至允许范围内，可通过递推过程计算出，其流程框图如图 9-46 所示。

进入该程序后，首先进行初始化处理，确定a_{max}和j_{max}，计算允许速度v_o，并令当前微线段的指令速度v_i等于允许速度v_o。然后进入减速处理循环，第一步是计算当前被处理微线段的长度L_i，然后根据v_i和a_{max}及j_{max}的约束值，进行减速计算，求出该段起点速度v_i'，并进行速度差判断。如果起点速度v_i'大于或等于给定速度v_k，则进行结束处理。否则进行速度修正处理。令$v_{i-1}=v_i'$，即将原来由编程给出的前一段的指令速度修正为本段的起点速度。最后将段号减 1 返回循环起点，进行下一微线段处理过程。这一循环过程将一直进行下去，直到某段的起点速度大于或等于给定速度v_k。

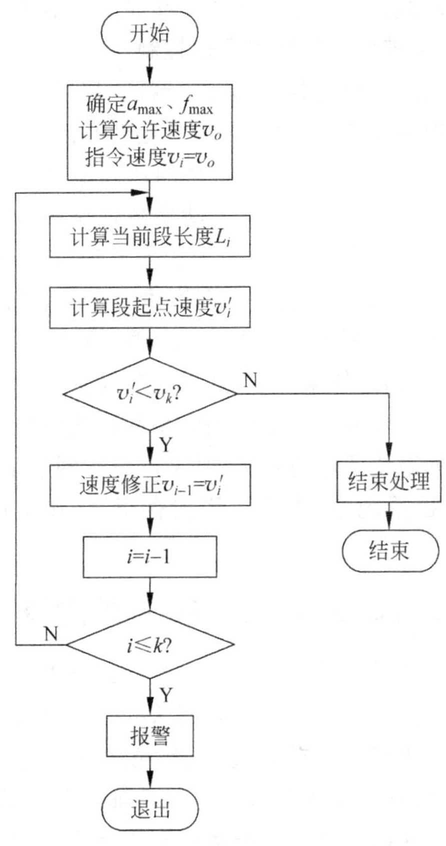

图 9-46　轨迹前瞻控制减速处理流程框图

图 9-46 下部最后三个框的作用是，如果上述循环过程进行到 $i \leqslant k$，那么减速点 P_s 反向超越插补点 P_k，表明缓冲区长度不够，无法将进给速度从给定值减到允许值，于是给出报警信息，程序退出。

3. 前瞻控制的实现

在 PC 数控系统中。轨迹的前瞻控制的实现框图如图 9-47 所示。

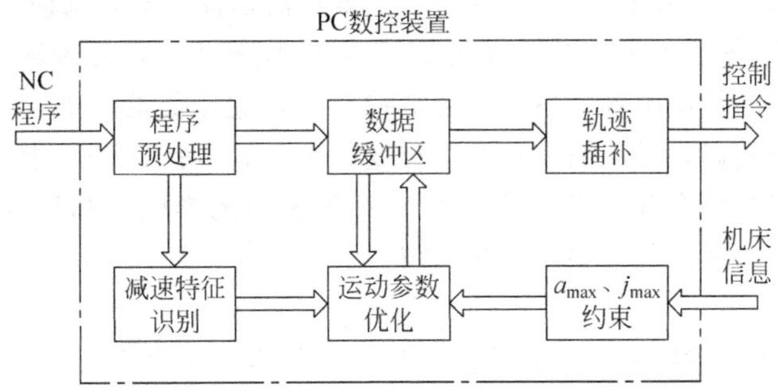

图 9-47　轨迹前瞻控制的实现框图

图中上部是完成常规数控所需的软件模块。其中，程序预处理模块的功能是对输入的 NC 程序（零件加工程序）进行译码、变换、刀补等处理，并将处理结果送入数据缓冲区中

FIFO 队列的尾部。插补模块则从 FIFO 队列的头部取出最早处理的数据进行插补运算，并将插补结果送往后续轨迹控制模块实施加工轨迹控制。

图中下部三模块为前瞻控制模块，其中，减速特征识别模块的任务是，根据预处理输出的数据，按照上述减速特征识别方法，及时发现刀具运动路径的突变，并根据速度变化情况，确定是否需要进行速度处理。a_{max}和 j_{max}约束模块的功能是，根据加工要求和机床特性生成最大加速度及最大加速度变化率的约束值。运动参数优化模块的功能是，对缓冲区 FIFO 队列中各微线段的进给速度进行修正。以从整体上实现速度、加速度和加速度变化率的最优化。该模块的工作过程是：根据减速特征识别模块给出的信息和加速度及加速度变化率的约束值，对数据缓冲区 FIFO 队列中存放的各微线段，逐条进行分析和处理，使相邻微线段间的加速度和加速度变化率满足约束要求，这一过程按照从前到后(从当前向历史)的顺序进行，所需处理的微线段数主要取决于速度差大小和微线段的长度。如果速度差很大，微线段又非常短，则需要处理的微线段数将很大，甚至可以达到数千段。因此这就要求缓冲区空间必须足够大。在 PC 数控系统中，由于可用内存很大，在实现这一要求方面是独具优势的。

9.5.4 从控制角度看提高合成轨迹精度的途径

在多轴联动数控系统中，各进给轴的跟随误差是造成合成轨迹误差的主要原因，尤其在高速加工时，这一因素的影响更加明显。因此如何从控制角度减小跟随误差对轨迹精度的影响，是提高合成轨迹精度的关键。目前，解决此问题途径主要有两条：一是“实现单轴高精度”；二是“实现多轴协调高精度控制”，即通过对各轴跟随误差进行协调控制，使得即使各进给轴存在一定跟随误差，实际轨迹与指令轨迹点不重合，但也能位于希望轨迹上，从而保证合成轨迹达到高精度。

1. 实现单轴高精度控制

为提高进给轴自身的跟随精度，必须以先进控制理论为基础，采取有效的先进的控制方法和技术。目前这些方法主要包括前馈控制、学习控制、自适应控制、自适应逆控制、鲁棒控制等。

1) 前馈控制

在位置控制系统中引入前馈环节，通过合理设计前馈控制器和反馈控制器，理论上可以使系统闭环传递函数等于 1，从而完全消除跟随误差，使输出准确复现输入。然而实际应用中，由于前馈控制器的传递函数不易调整为被控对象传递函数的倒数，且系统存在摩擦、间隙等非线性因素，跟随误差只能消除到一定程度。实际应用表明，前馈控制虽然对减小跟随误差、提高轴运动控制精度有一定效果，但它对系统参数的准确性和稳定性要求较高，如果参数不准或时变，则前馈控制效果将不甚理想。

2) 学习控制

该方法主要适用于数控加工轨迹周期性重复的场合和抑制重复的周期性干扰，其工作原理为：当系统跟踪第一个周期指令时，将产生一定的跟随误差。于是控制器进行学习和改进，即根据误差的大小和特点对自己的控制作用进行适当调整，使系统跟踪下一周期指令时，跟随误差得以减小。通过这一学习过程，最后系统将跟随周期性指令的误差减小至极小。但目前的学习控制方法，对于减小非周期指令作用下的跟踪误差效果不太理想，有待进一步改善。

3）自适应控制

自适应控制系统由内外两个控制环组成。内环为普通反馈控制环，包括被控对象和一个反馈控制器，控制器的参数由外环调节。外环为自适应控制环，由对象估计器（辨识）、参数调节器等组成。当被控对象发生变化时，估计器对被控对象的变化量进行实时估计，并通过参数调节器调节内环控制器参数以适应变化后的被控对象。这样，可使整个系统的动态性能保持最优，从而减小跟随误差。由于自适应控制要求在线辨识对象模型，计算量大，难于实现高实时控制。

此外控制器参数的调节受到系统稳定性等的限制，适应范围是有限的。自适应控制系统还可按照参考模型控制原理构建，但需解决模型的准确性和求解的实时性等方面的问题。

4）自适应逆控制

自适应逆控制方法为解决时变控制系统设计问题提供了一种很新颖的途径。与常规自适应控制方法不同，该方法将控制指令与对象输出之差作为误差信号，并以该信号的均方误差最小为目标来调节控制器参数。对于数控机床的轴运动控制，所构成的自适应逆控制系统的基本结构如图 9-48 所示。在该系统中通过自适应控制算法对位置控制器的参数进行实时调节，使其传递函数总是等于被控对象（包括速度环、电流环、伺服电动机、传动机构等）传递函数的逆，即系统的总传递函数等于 1。这样，系统的输出将准确跟随输入指令的变化，从而有效消除跟随误差。但在实际应用中，要将控制器传递函数设计成恰好等于被控制对象传递函数的倒数往往比较困难，因此一般采用近似方法，这时跟随误差只能得到部分抵消。

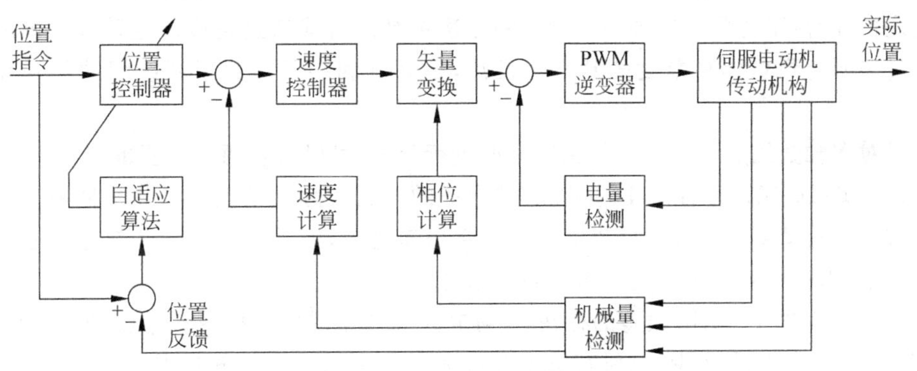

图 9-48　轴运动自适应逆控制系统原理框图

5）鲁棒控制

所谓鲁棒性，粗略地讲，就是指系统的性能对不确定性保持不变的"强健"能力。在经典理论中，被控对象的数学模型传递函数是设计控制系统的主要依据，不管用什么方法得到被控对象的数学模型，同样都带有不确定性。按照理论上的数学模型来引入控制器，设计出系统的性能指标，而在实际运行时，仍然不能完全达到理论上所预期的性能指标。就是用现代控制理论设计控制器，其在应用上也是困难重重。所以就提出鲁棒控制问题。通俗地说，鲁棒控制问题，就是如何将这些已知但不完整的信息（不确定性）利用到系统设计中，也就是在建立被控对象数学模型和设计控制器过程中主动地考虑不确定性因素，并对其影响给出定量的结论。这种鲁棒控制的基本思路是将含有不确定性的被控对象表现为一个系统集，即基于有关不确定性的不完全信息构造表现该系统集的数学模型，再根据该模型设计出能够使系统集中所有成员即被控对象满足期望性能指标的控制器，该控制器应该是非脆弱的。这里所谓的非脆弱控制器是指控制器有承受自身参数不确定性的能力，即控制器自身由于某种原因发生参数变动时，仍能保持控制器的良好作用。这样，数控机床进给驱动伺服控制系统中，被控对象与控制器在设计上都全面考虑了鲁棒控制，其系统的稳定性和性能指标在实际运行中就能较长时间保持稳定不变。

2. 协调高精度控制

单轴高精度控制方法虽然从理论上可以实现数控加工轨迹的高精度控制，但实际上由于算法复杂，难以满足高速高精度轨迹控制对实时性的严格要求，从而限制了这些方法在轨迹控制系统中的应用。即使个别方法，如前馈控制等，通过一定假设(如假设对象模型不随时间变化等)进行简化设计可以满足轨迹控制系统对实时性的要求，但由于假设和简化造成实际系统的控制作用和理论计算间存在较大差异，跟随误差减小效果有限，因而使合成轨迹精度难以达到理想境界。

单轴高精度控制方法难以实现高速高精度轨迹控制的根本原因在于，它试图以局部最优(轴高精度)来实现总体最优(合成轨迹高精度)，而目前局部高精度控制问题本身还没有得到有效解决，因此总体高精度控制必将难以实现。而协调高精度控制则是一种基于系统工程原理的控制方法，它不刻意追求局部最优，但注重关联、把握全局，通过各局部系统间的合理协调来实现总体最优。也就是说，协调高精度控制方法在达到相同合成轨迹精度的前提下，对各坐标轴跟随精度的要求比单轴高精度控制方法要低，因而易于以低成本获得高的合成轨迹精度，甚至达到比单轴高精度控制方法更高的合成轨迹精度。这种以合理的局部精度通过协调达到总体高精度的基本出发点，是充分利用了局部子系统间的关联和信息交换。

通过对多轴数控加工系统中的关联情况进行分析，可以发现两个重要事实：

(1) 为实现高精度数控加工，多轴联动形成的刀具实际运动轨迹必须与插补产生的希望轨迹重合。这就要求实际轨迹点必须位于希望轨迹上，但并不要求指令轨迹点必须位于希望轨迹上，即指令轨迹不一定与希望轨迹重合。

(2) 由于各进给轴跟随误差的存在，实际轨迹点总是滞后于指令轨迹点，但不管实际轨迹点滞后于指令轨迹点多少，只要其位于希望轨迹上，将不会产生轨迹误差。

基于上述事实，协调高精度控制方法通过以下途径来提高合成轨迹精度：

(1) 通过协调控制改变各轴跟随误差的比例，即改变跟随误差合成矢量的长度和方向，使实际轨迹点正好位于希望轨迹上或尽量靠近希望轨迹，从而使轨迹误差得以减小或消除。

(2) 通过协调控制改变各进给轴的输入信息，即对指令轨迹进行校正，从而将实际轨迹与希望轨迹重合，使轨迹误差得以减小或消除。

(3) 将以上两措施综合应用，以达到更好的轨迹误差消除效果。

对于解决高速、超高速数控加工中的高精度轨迹控制问题，协调高精度控制是一种比单轴高精度控制更有前途的控制方法，因此，下面将对实现方案作进一步讨论。

9.5.5 轨迹误差增益匹配控制方法

轨迹误差增益匹配控制方法的基本思想是对各进给轴位置的增益进行动态调节，使其变化保持一定关系，从而对实际轨迹点的位置进行控制，达到对轨迹误差的控制。这种调节是通过在线计算轨迹误差，由协调控制器根据轨迹误差各分量的分布情况，对各进给轴的增益进行的动态调节。调节的结果使有的轴增益变大，跟随误差减小；有的轴增益变小，误差变大。这样，虽然合成跟随误差并没有减小(甚至有所增大)，实际轨迹点仍滞后于指令点，但可使其位于希望轨迹上，因此不会产生轨迹误差。

对于两轴联动控制系统，增益匹配控制方法的实现框图如图 9-49 所示。图中，轨迹误差计算模块的作用是根据各进给轴的跟随误差计算合成轨迹误差，增益协调控制模块的作用则是根据轨迹误差大小，产生增益调整命令，实现对各进给轴位置控制器的增益进行动态调整，从而减小合成轨迹误差。

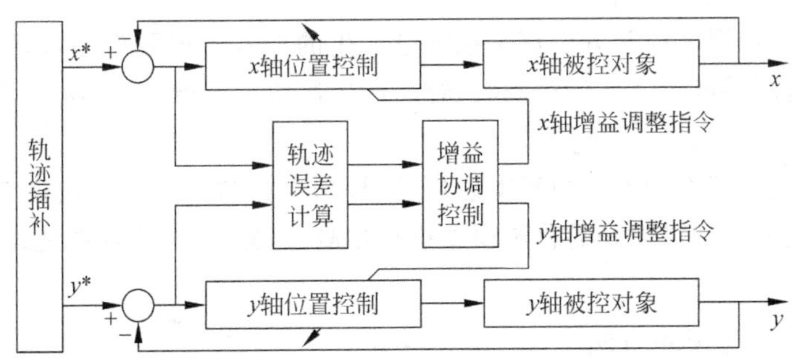

图 9-49 增益匹配控制实现框图

由于这种方法要在较大范围内改变系统的增益，因此当增益被调整到接近临界状态时，将对系统的稳定性和鲁棒性造成不利影响。

9.5.6 轨迹误差交叉耦合控制方法

轨迹交叉耦合控制方法的基本思想是，数控机床加工出的工件轮廓是由各进给轴联动产生的合成运动轨迹形成的，提高轮廓精度的关键是如何消除合成轨迹误差或将其大幅减小，但这并不一定要求跟随误差为零。因此，可直接将各轴联动产生的合成轨迹误差作为误差信号，通过交叉耦合控制器，产生针对轨迹误差的控制信号，并将其分配到各进给轴作为控制指令的修正值附加到位置控制器的输出信号中，由此形成直接针对合成轨迹误差的闭环控制，从而直接减小轨迹误差。

交叉耦合控制方法的实现框图如图 9-50 所示。图中，轨迹误差计算模块的任务是根据各进给轴的跟随误差计算合成轨迹误差；交叉耦合控制模块的作用是根据轨迹误差大小，产生合成轨迹控制信号；控制信号分配模块的功能是将合成轨迹控制信号进行分解产生各进给轴的附加控制信号，并将该信号耦合到进给轴位置控制系统中去，从而实现对合成轨迹误差的闭环控制。

交叉耦合控制系统是一个多变量、非线性、时变控制系统，因此其控制器的设计和实现等方面均有一定难度。

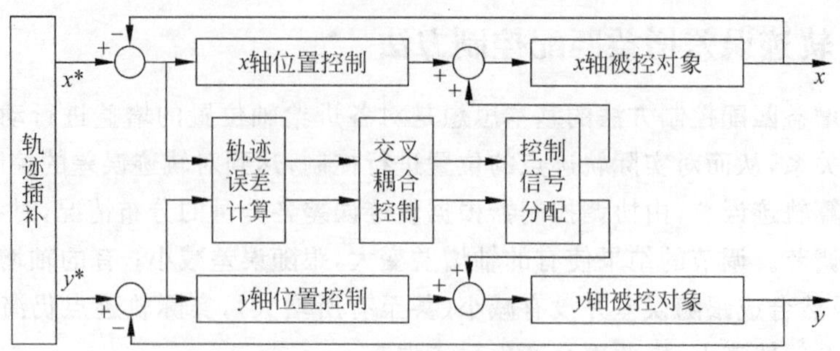

图 9-50 交叉耦合实现框图

9.5.7 轨迹误差预测补偿控制方法

1. 轨迹误差预测补偿控制原理

前面介绍的轨迹误差控制方法都是根据已产生的误差来消除误差，由于时间滞后等因素的影响，在高速高精度轮廓加工控制时，容易产生过切。轨迹误差预测补偿控制方法为解决此问题提供了新的途径。

轨迹误差预测补偿控制方法的基本思想是，根据当前和过去的轨迹误差数据建立误差预测模型，然后根据模型对未来的轨迹误差进行预测，这样，在未来误差还未产生作用之前，就将其予以校正。

2. 轨迹误差实时预测方法

为实现轨迹误差补偿控制，必须首先解决轨迹误差实时预测问题。考虑到常规的基于AR模型的时间序列预测方法计算量大，难以满足轨迹控制对实时性的严格要求，下面介绍一种具有良好实时性的基于指数平滑原理的轨迹误差预测方法。

该方法的基本思想是，将轨迹误差 ε 在各采样时刻的取值看作为一时间序列。在已知过去时刻和当前时刻误差 $\varepsilon_1,\cdots,\varepsilon_{i-1},\varepsilon_i$ 的基础上，根据数据变化特点确定预测模型结构，并通过指数平滑计算预测模型参数，然后根据该模型求出未来时刻误差 ε_{i+1} 的估计值。指数平滑预测算法可以解决平稳、线性、非线性、周期性等复杂过程的预测问题。下面以基于三次指数平滑的非线性预测为例，介绍该方法的实现步骤。

首先，确定预测模型结构如下式所示：

$$\hat{\varepsilon}_{i+\tau}=A_0(i)+A_1(i)\tau+\frac{1}{2}A_2(i)\tau^2 \tag{9-81}$$

式中：$A_0(i)$、$A_1(i)$、$A_2(i)$——模型参数；

τ——预测周期。

然后，将时间序列 $\varepsilon_1,\cdots,\varepsilon_{i-1},\varepsilon_i$ 作为原始数据，用下列公式求 i 时刻(P_i 点处)轨迹误差 ε 的一、二、三次平滑值 h_i、h_i^2、h_i^3：

$$\begin{aligned} h_i &= \alpha\varepsilon_i+(1-\alpha)h_{i-1} \\ h_i^2 &= \alpha h_i+(1-\alpha)h_{i-1}^2 \\ h_i^3 &= \alpha h_i^2+(1-\alpha)h_{i-1}^3 \end{aligned} \tag{9-82}$$

式中：h_{i-1}、h_{i-1}^2、h_{i-1}^3——$i-1$ 时刻(P_{i-1}点处)ε 的一、二、三次平滑值；

α——平滑指数。

进一步,按照下式计算模型参数:

$$\begin{cases} A_0(i) = 3h_i - 3h_i^2 + h_i^3 \\ A_1(i) = \dfrac{\alpha}{2\,(1-\alpha)^2}[(6-5\alpha)h_i - 2(5-4\alpha)h_i^2 + (4-3\alpha)h_i^3] \\ A_2(i) = \dfrac{\alpha^2}{(1-\alpha)^2}[h_i - 2h_i^2 + h_i^3] \end{cases} \tag{9-83}$$

最后,根据以上模型进行预测计算,例如预测下一时刻的轨迹误差,可以取预测周期 $\tau=1$,代入式(9-81)有

$$\hat{\varepsilon}_{i+1} = A_0(i) + A_1(i) + \frac{1}{2}A_2(i) \tag{9-84}$$

由此可求出 ε_{i+1} 的预测值 $\hat{\varepsilon}_{i+1}$。

由上可见,指数平滑预测算法计算简单,因此,易于满足轨迹控制对实时性的要求。

3. 轨迹误差预测补偿控制的实现

轨迹误差预测补偿控制方法的实现框图如图 9-51 所示。图中,x、y 轴伺服系统是由位置控制器和被控对象组成的闭环系统。插补指令存储模块的功能是保存过去一段时间内的插补线段;轨迹误差计算模块的任务是计算实际轨迹点与希望轨迹(即插补线段)间的距离,由此得到当前轨迹误差;轨迹误差预测模块的任务是根据以上介绍的预测算法,对未来时刻的轨迹误差进行预测。

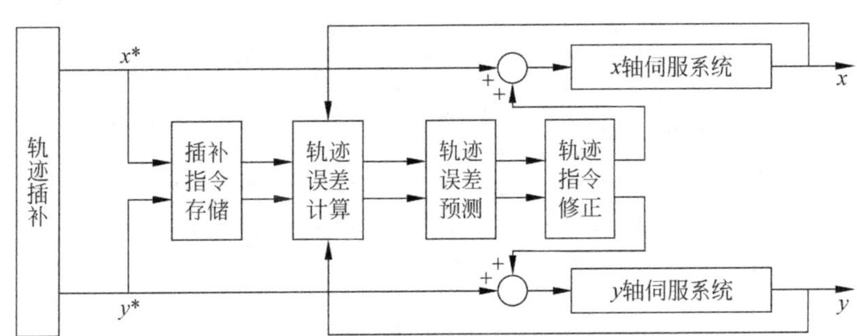

图 9-51　预测补偿控制实现框图

轨迹指令修正模块的作用是根据预测计算求得的未来时刻轨迹误差大小,产生轨迹修正信号,并将该信号叠加到进给轴输入指令中去,对插补产生的指令轨迹进行修正,从而实现对实际轨迹的修正,达到消除或减小轨迹误差的目的。

由图可见,轨迹误差预测补偿控制系统,不向进给轴位置控制环(即伺服系统)内部加入信号,无须改变伺服系统结构,因此不但易于实现,而且不影响系统的稳定性和鲁棒性。

AR 模型(autoregressive model),亦称自回归模型,是一种线性预测,是一种处理时间序列的方法。

9.5.8　轨迹误差的仿真学习控制方法

1. 轨迹误差仿真学习控制原理

轨迹误差仿真学习控制方法的基本思想是通过超前于实际系统运行的仿真学习,提前

掌握轨迹误差的大小和变化规律，然后在随后的实际控制中，将超前仿真学习得到的指令修正值叠加到插补指令中，从而使实际运动轨迹得到修正，轨迹误差得以减小。

仿真学习控制方法的学习作用体现在，仿真系统的运行超前于实际系统的模拟运行，虽然它的运行过程会受到挫折(产生轨迹误差)，但其结果为实际系统的运行提供了避免误差再次产生的"经验教训"。实际系统运行时可以吸取仿真系统给出的"经验教训"，采取措施对其控制作用进行校正(对运动轨迹进行校正)，从而不再犯仿真系统的错误(产生轨迹误差)，使实际系统的轨迹控制精度得以有效提高。

通过仿真系统学习与通过实际系统学习相比，其最大好处是，仿真学习过程中不会对实际控制对象造成不利影响，即仿真产生的轨迹误差不会真正影响实际工件轮廓的精度。此外仿真系统是在计算机中实现的，随着计算机软硬件水平的提高，仿真系统可以运行得足够快，这样可以超前于实际系统进行更多的学习，从而获得更好的效果。

2. 轨迹误差仿真学习控制的实现

轨迹误差仿真学习控制方法的实现框图如图 9-52 所示。图中，x、y 轴建模信息是根据进给轴实际伺服系统的结构和参数得到的仿真系统建模信息。为保证仿真模型与实际系统模型相一致，获取的建模信息应尽量准确。x、y 轴指令存储模块是一 FIFO 队列，其作用是将提供给仿真系统的插补指令 $x^*_{超前}$ 和 $y^*_{超前}$ 延时 Δt 后再送往实际伺服系统执行，这样可保证仿真系统超前于实际系统运行。

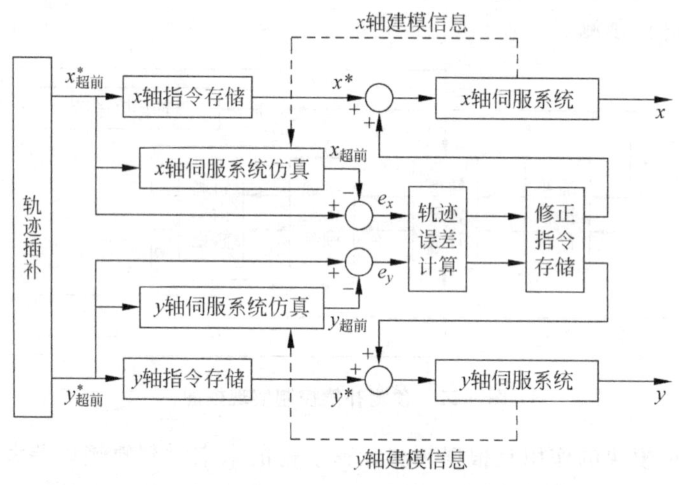

图 9-52　轨迹误差仿真学习控制方法的实现框图

x、y 轴伺服系统仿真模块(即仿真系统)的任务是对实际伺服系统的运行过程进行超前模拟。经仿真模块模拟运行将 $x^*_{超前}$ 和 $y^*_{超前}$ 转变为输出信息 $x_{超前}$ 和 $y_{超前}$ 后，即可计算出 x 和 y 轴的跟随误差 e_x 和 e_y，据此可预先掌握各轴跟随误差的大小和变化规律。轨迹误差计算模块的任务是根据仿真得到的跟随误差 e_x 和 e_y 计算合成轨迹误差，并产生轨迹误差校正控制信号。修正指令存储模块的作用是将轨迹误差校正控制信号进行分解产生各进给轴的校正控制信号，并将该信号延时 Δt 后叠加到延时了相同时间的插补指令中去，从而实现对合成轨迹误差的准确修正。这里将校正控制信号延时 Δt 的目的是为了保证校正信号与插补指令 x^* 和 y^* 同步。

3. 伺服系统仿真建模问题

为实现轨迹误差仿真学习控制,必须首先解决伺服系统的仿真建模问题。与一般的控制系统分析用仿真建模相比,轨迹误差仿真学习控制的仿真建模有更严格的要求。一是模型必须十分准确,以实现实际伺服系统向仿真系统的精确映射,这样才能保证在相同输入信号作用下仿真系统的输出与实际系统的输出完全一致;二是所建立的模型必须便于实时求解,以保证仿真系统至少达到与实际系统相同的运行速度。如果仿真系统能够以高于实际系统的速度运行,则更有利于获得好的学习效果。由于实际系统参数一般具有一定的时变性,因此仿真建模不是一劳永逸的。在建立初始仿真模型后,还应在实际系统运行过程中通过在线辨识方法对其参数变化进行动态跟踪,并据此不断对仿真模型进行修正,以确保仿真模型总是与实际系统保持一致。通过分析建立的仿真模型一般用微分方程或连续状态方程表示,但为了便于仿真模型的实时求解,需要转化为差分方程或离散状态方程的形式。

附录 加加速度jerk简介

1. 加加速度

加加速度又称急动度，是描述加速度变化快慢的一个物理量。加加速度是由加速度的变化量和时间决定的。

加加速度可由下式求出：

$$j=\frac{\mathrm{d}\boldsymbol{a}}{\mathrm{d}t}=\frac{\mathrm{d}^2\boldsymbol{v}}{\mathrm{d}t^2}=\frac{\mathrm{d}^3\boldsymbol{s}}{\mathrm{d}t^3}$$

式中，$\boldsymbol{a}$、$\boldsymbol{v}$、$\boldsymbol{s}$、t 分别为加速度、速度、位移和时间。

急动度是一个矢量，它有数量的大小和方向，急动度的符号尚没有一般共识，但大多数情况下使用 j，它是 jerk 缩写的字头。在国际单位制中，急动度的单位是米每三次方秒($\mathrm{m \cdot s^{-3}}$或$\mathrm{m/s^3}$)。

2. 非加工切削领域的主要应用

在大多数实际物理系统中，主要涉及位移、速度、和加速度的讨论，而这里提及的急动度却较少用到，其原因可能是由于急动度的物理意义不太直观，不具有专门讨论的必要；或实际上由于加速度的变化不大，相对较平稳，从而急动度对问题的影响较小，又和加速度的影像混杂在一起，不易感受分辨。但仔细想想，仍然有一些问题需要用到急动度这一概念才能说清楚。

在工程学中经常需要用到急动度，特别是在交通工具设计和材料应用等问题中。交通工具在加速时将使乘客产生不适感，这种不适感不仅来自加速度，也与急动度有关。在这种情况下，加速度反映人体器官在加速运动时感受到的力，急动度则反映这个作用的变化快慢。所以在发射载人飞船时，加速度本身的大小以及它变化(急动度)的大小必须受到一定的限制，控制其在人体所能承受的范围内。

在电梯升降、汽车、火车等加速和转弯的过程中，加速度和急动度对人体的效应一般会同时存在，因而在交通工具设计上急动度就是必须考虑的因素。对于材料的应用，急动度相当一种“柔性碰撞”，会使材料产生疲劳，因此在机械设计和高层建筑的抗风、抗震设计中也需要考虑急动度问题。

此外，在物理学与非线性动力学中，急动度也有一定的应用。在机械加工中的应用，才是我们最为关心的问题。

3. 加加速度控制在加工中的应用

在高速高精度数控机床进行加工时，编程给出的刀位点往往非常密集，连接刀位点的微线段长度极短，以保证加工精度；另一方面为实现高速加工，必须大幅提高进给速度，当加工轨迹急拐弯时，将产生巨大的加(减)速度变化，这不仅会形成很大的轮廓误差，同时也会对机床的结构产生非常大的机械冲击，使其难以承受。所以在高速高精度数控加工中，必须增设 jerk 控制环节。因此，需要提前发现轨迹的突变，从而提前减速。为实现这一要求，必须使数控系统具有前瞻控制能力。一个具体的应用实例是美国 Anorad 公司的超高精度龙门数控机床的数控系统。在这一数控系统的高性能数字化伺服控制器 PCI-2000 中，在采用了速度前馈、加速度前馈、凹形切口低通滤波器的先进的 PID 补偿技术后，在加速度的变化过程中，采用了 jerk 控制新方法，在确保轨迹精度达到亚微米级的同时，有效地实现了机械冲击最小化。jerk 作为反馈信号对于旋转电机来讲暂时尚无好方法检出，只可在检出电流或加速度信号后，求取其变化率，将其近似视为 jerk 信号参与系统闭环反馈控制。jerk 控制环节不仅能限制 jerk 的幅值大小，而且对其连续变化能实行平滑的任意调节，的确是当前高速高精度数控机床最重要的伺服技术了。

在第 5 章中，通过分析旋转电机伺服系统转矩动态平衡方程式可知，在 PMSM 中，加速度就相当于交轴电流 i_q，如果能平滑控制交轴电流的变化规律，也就相当于控制加加速度 jerk 了，这是解决旋转运动的 PMSM 检测加速度和 jerk 最方便的方法了。

由输出速度微分求取加速度也是一个可行的办法，但再次微分求 jerk 可能就不容易获得稳定可靠的效果了，因为可拾取的噪声太多了。

最近几年来，由于新技术的发展，人们对 jerk 的研究重视起来了。搞物理学的人开始提出了 jerk 的力学理论问题；搞工程技术的人开始在数控机床、机器人、交通工具以及各种工艺生产线中，进行开发研究与应用，企图保证工业生产的实际要求；在军工领域，针对高机动目标跟踪的快速性和精确性的高要求，提出了各种新型的 jerk 模型和跟踪算法进行研究，如需要导弹瞄准高机动目标，将以迅雷不及掩耳之势击中目标。

总之，国内外在多个领域中都在开始对 jerk 的理论与应用重视起来并开始应用于实际。

参考文献

[1] 王爱玲，白思远，赵学亮，等. 现代数控机床[M]. 北京：国防工业出版社，2003.

[2] 周凯. PC数控原理、系统及应用[M]. 北京：机械工业出版社，2007.

[3] 王爱玲，张吉堂，吴雁. 现代数控原理及控制系统[M]. 北京：国防工业出版社，2005.

[4] 寇宝泉，程树康. 交流伺服电机及其控制[M]. 北京：机械工业出版社，2008.

[5] 廖效果，刘又午. 数控技术[M]. 武汉：湖北科学技术出版社，2002.

[6] 钱平. 伺服系统[M]. 北京：机械工业出版社，2006.

[7] 陈世乐. 多轴运动系统之循迹控制简介[N]. Motor Express，59：1-7.

[8] 周惠兴，王光逵，等. 内燃机异型活塞型面的高速数控车削先进制造技术[M]. 北京：机械工业出版社，1996.

[9] 高文章. 数控机床主机共性关键技术[M]. 机械部北京数控技术开发中心，1955.

[10] 郭庆鼎，孙宜标，王丽梅. 现代永磁电动机交流伺服系统[M]. 北京：中国电力出版社，2006.

[11] 肖英奎，尚涛，陈殿生. 伺服系统实用技术[M]. 北京：化学工业出版社，2004.

[12] 陈伯时. 电力拖动自动控制系统[M]. 3版. 北京：机械工业出版社，2005.

[13] 胡寿松. 自动控制原理[M]. 3版. 北京：国防工业出版社，1997.

[14] 李宁，徐俊，王晓伟，等. 电子齿轮原理及实现方法[J]. 电气传动，2002(3)：53-55.

[15] 王成元，夏加宽，杨俊友，等. 现代电机控制技术[M]. 北京：机械工业出版社，2009.

[16] SAUTTER R. 机床数控装置[M]. 傅棨，译. 北京：清华大学出版社，1994.

[17] 张莉松，胡祐德，徐立新. 伺服系统原理与设计[M]. 3版. 北京：北京理工大学出版社，2006.

[18] RIGELSFORD J. Linear synchronous motors：transportation and automation system[J]. Assembly Automation，1999，403(3)：644-657.

[19] BOLDEA I，NASAR S. Linear electric actuators and generators [M]. London：Cambridge University Press，1997.

[20] 韩光鲜，程智，王宗培. 永磁同步电动机齿槽定位转矩的研究[J]. 伺服控制，2006(2)：21-24.

[21] 赵希梅，郭庆鼎. 活塞加工中的周期性参考与干扰信号的鲁棒二自由度控制[J]. 电工技术学报，2006，21(3)：123-126.

[22] 赵希梅，郭庆鼎. 基于学习前馈补偿的直线伺服系统 H_∞ 鲁棒跟踪控制[J]. 电工技术学报，2005，20(4)：78-82.

[23] 赵希梅，郭庆鼎. 为提高轮廓加工精度采用DOB和ZPETC的直线伺服鲁棒跟踪控制[J]. 电工技术学报，2006，21(6)：111-114.

[24] 赵希梅，郭庆鼎. 基于扰动观测器和重复控制器的永磁直线同步电动机鲁棒控制[J]. 中国电机工程学报，2010，30(15)：64-69.

[25] 赵希梅，郭庆鼎. 数控机床多轴联动伺服电机的零相位自适应鲁棒交叉耦合控制[J]. 中国电机工程学报，2008，28(12)：129-133.

[26] 赵希梅，郭庆鼎. 基于ZPETC和DOB的永磁直线同步电机的鲁棒跟踪控制[J]. 中国电机工程学报，2007，27(30)：60-63.

[27] 李宁，刘启新，张丽华. 交流伺服电动机转子初始位置的精准测定[J]. 电力电子技术，2003，37(2)：66-68.

[28] 敖荣庆，袁坤. 伺服系统[M]. 北京：航空工业出版社，2006.

[29] 曲家骐，王季秩. 伺服控制系统中的传感器[M]. 北京：机械工业出版社，1998.

[30] 袁哲俊,王先逵.精密和超精密加工技术[M].北京:机械工业出版社,2003.

[31] 庞滔,郭大春,庞楠.超精密加工技术[M].北京:国防工业出版社,2000.

[32] 叶云岳.直线电机原理与应用[M].北京:机械工业出版社,2006.

[33] 李幼涵.伺服运动控制系统的结构及应用[M].北京:机械工业出版社,2006.

[34] 刘孝,李晖.现代检测技术[M].北京:机械工业出版社,2005.

[35] 刘德君,郭庆鼎,翁秀华.直线电动机驱动 3-DOF 磁浮平台推力解耦控制[J].机械工程学报,2005,41(1):234-238.

[36] 孙宜标,郭庆鼎.基于加速度补偿的龙门移动式镗铣床双直线电动机滑模解耦同步控制技术[J].机械工程学报,2002,38(12):39-43.

[37] 赵希梅,郭庆鼎,陈冬兰.通过直线伺服鲁棒跟踪控制方法提高轮廓加工精度[J].机械工程学报,2006,42(6):166-169.

[38] PIAZZI A. Global minimum-jerk trajectory planning of robot manipulators[J]. IEEE TRAN. ON IN. EL.,2000,47(1):140-149.

[39] SHIEH R, LU Y S. Jerk-constrained time-optimal of a positioning servo[C]. International Conference of Control, Automation and Systems, 2010,6425(6):1473-1476.

[40] KIM Y S,et al. Anti-jerk controller design with a cooperative control strategy in hybrid electric vehicle[C]. IEEE International Conference on ECCE Asia,2011:1964-1968.